U0000814

孔子這個人

邵耀成 著

臺灣商務印書館

此書獻給

在吉大完成學業的大姊

邵蓮君關生

邱維成題

二零一零年春

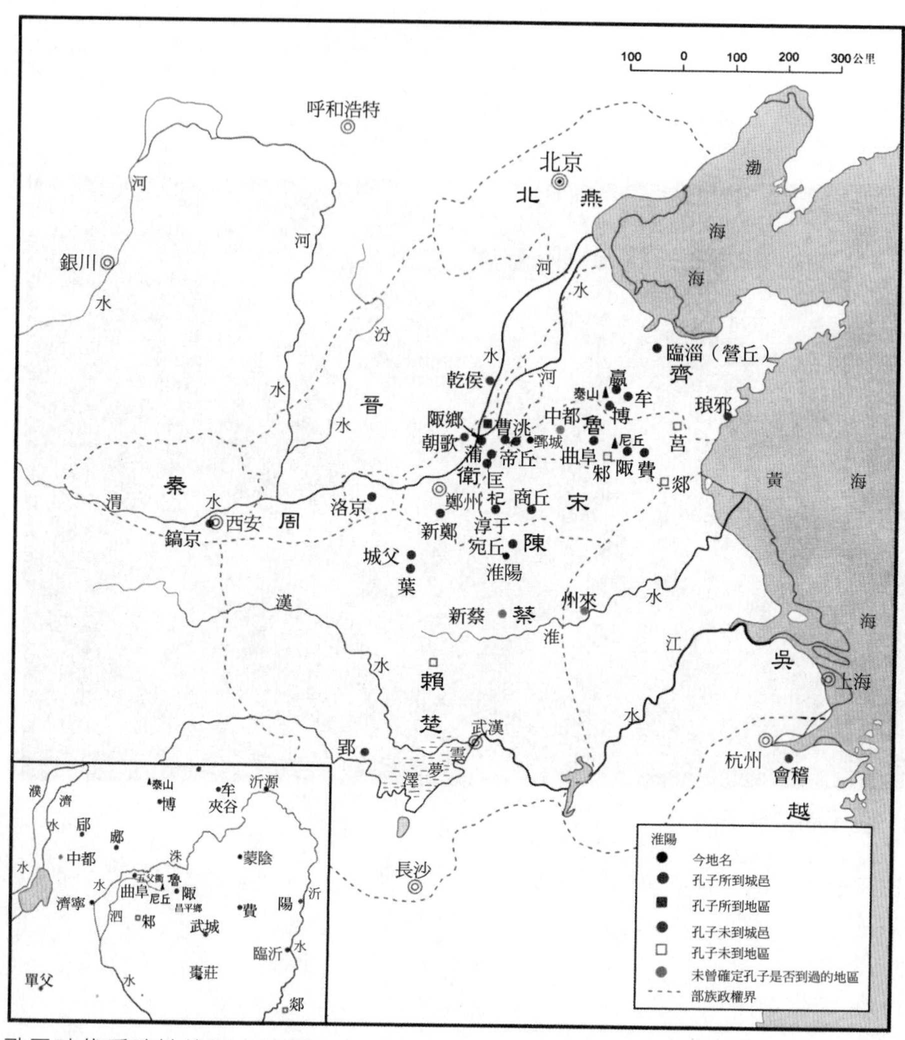

孔子時代重建性的歷史地圖　　黃玉成製

孔子問禮老子圖

序

I

今天寫孔子的書難，難在難有新意。要寫一本有新意的書，它至少要有新材料；要有新的學術視域；要有一個現代與世界的眼光，才會有可觀的成績。邵耀成先生的《孔子這個人》，在我看，是一本有新意，是一本大有可觀的書。

孔子是儒學（家）的開山宗師，儒學是中國文化的核心，儒學二千五百年來已成為中國學術的一個大系統。很自然的，孔子被視為儒家的象徵性人物，但孔子畢竟不等同於儒家。歷來孔子的研究獨立自成一門學問。可稱之為「孔學」（或「孔子學」）。孔學之起始是太史公司馬遷寫的〈孔子世家〉、〈仲尼弟子列傳〉，自此以後，論孔子其人、其事、其學的書與文，幾無代無之，不僅乎此，中國之外，日本、韓國及歐美諸國亦多有寫孔子者，寫孔子之著作真可謂汗牛充棟，無怪乎哈佛大學治中國思想史的史華慈（B. I. Schwartz），在其一九八五年出版的傳世之作《古代中國思想世界》（*The World of Thought in Ancient China*）一書中，一開卷就提出一個自問問人的問題：「關於孔子的還有任何沒有說過而需再說的嗎？」

邵耀成先生顯然認為關於孔子其人、其事、其學、其時代，其在中國文化上的貢獻與地位還是有話需再說的。邵耀成說希望通過他這本書，「引發起大家對孔子以及他的時代作進一步的討論，特別是二千五百年前，在衣、食、住、行與教育上，中國人是怎樣生活的。」他說：「要以平常心來看孔子這個經過二千四百年神化，又經過一百年醜化的人物，是非常困難的。我們嘗試把孔子放在一個有血有肉的凡人的位置上，來看他所生活的社會，他所面對的時代和社會問題。」

邵書所要做的是在神化、醜化之外，還原孔子是一個人的一項學術工程。他要說的是「一個稟賦有七情六慾，出乎其類的凡人，成長為在行為與思想上拔乎其萃的文化偉人」的故事。簡言之，他想說的是一個「真實的孔子」的故事。當然，這個孔子是人的故事前人不是沒有說過，事實上，太史公就是第一個。（馮友蘭指出〈孔子世家〉所說，有許多不合事實之處，但在西漢時，「一般人方以孔子為神，而司馬遷仍以孔子為人」。）邵耀成的孔子的故事，所以說得翔實、具象、生動，說了有前人未說的，是因為他不僅接觸到近年來地下發掘的新材料，更是因為他對大量有關的古文獻的消化貫通（不是搬字過紙），這使他構築的故事有了堅實的素材，而他又能善用考古學、人類學、存在主義、人本心理學的多種學術視域去建構孔子的時代與社會的實相，以及孔子自身悟覺與道德自我發展的天路歷程。誠然，近人的研究成果，如錢穆的《孔子傳》，李啟謙、李零有關孔門弟子的著作，黃玉成的〈孔子時代重建性的歷史地圖〉等更充實豐富了他的孔子的故事。

II

邵耀成寫孔子生平、孔門弟子，占的篇幅最多，也是作者用心著力最多的。作者為建構孔子與其時代的歷史，特別做了一個孔子的年表。從孔子一歲（西元前五五一年）起到孔子七十二歲卒（西元前四七九年）止。孔子一生中每一年的時代大事，孔子每一年的生存情狀與當時政治上發生的問題，都有真切的描繪與演繹。這個年表不啻是一幅孔子自少而老，曲折跌盪的人生畫卷。邵耀成的孔子年表，可說有述有作，有批判性。更富有想像力。

孔子作為一教育家（至聖先師）的一生與他的一眾弟子是不能分開的。所以講孔子，就必須講孔門弟子，太史公就是這樣落筆的，而最能展現孔子思想的《論語》即是孔子與弟子的問答對話。「孔門弟子」是「孔學」中一個重要章節，但自來就不易作，寫了第一本有現代學術趣旨的《中國哲學史大綱》的胡適就指太史公的〈仲尼弟子列傳〉一篇，「多不可靠」，並說：「今日若想作一篇〈孔門弟子學說考〉是極困難的事。」邵耀成寫的「孔門弟子」，不是做「孔門弟子學說考」，但他把七十二弟子（邵書的弟子名單為八十二人）的年分、出身、國籍、仕途、事蹟都作了交代，（當然有許多是無從稽考的），他更為三十六位有事蹟可考的孔門重要弟子一一作了「小傳」。我們如將「孔子生平」與「孔門弟子」二篇文字合起來看，就更看到了孔夫子與弟子們的互動圖像。邵書中說，孔子三十而立之年開始了萬世師表的事業，《論語》的記錄大約也始於此時，而孔子的稱謂也是他的學生那時起尊稱他的，孔子三十六歲前招收的第一批學生中，有子路、漆雕開等人。孔子四十八歲之前幾年，招收了第二批學生，其中顏回、冉雍、冉有、子貢與宰予占了孔門十哲之一半，有了這些英才，教學相長之樂，可以想見！孔子五十四歲時，在半自願半被迫下離魯適衛，開始了十四年的遊走列國的生活，歷經匡難、蒲難、宋難、陳蔡之厄等事故，邵耀成考證當時跟隨孔子的弟子約十人左右，其中必有子路、顏回、子貢、冉有、子羔、宰予、公良孺，可能也包括曾點、公西赤等，在顛沛流離中，我們固然聽到師生弦歌不絕的樂音，也看到老夫子成為「喪家狗」的狼狽形象。邵耀成對孔子與弟子種種事蹟的描述，鮮活生動，考證與發明兼而有之。在他的筆下，孔老夫子與弟子間有的對話的歷史場景重現了，《論語》中師生有些問答的語境立體化，一個有血有肉，一個有焦慮、無奈、光火、哀傷與歡愉的孔子進入我們的眼簾了。邵耀成先生在人化孔子的工作上成績是可觀的，他是真正花了氣力的。

III

說孔子其人，其事外，邵書也用了近三分之一篇幅討論了孔子的思想與學說。邵耀成先生對儒學中的重要概念「仁」與「禮」作了細緻深入的探討，同時又提出了孔子的倫理美學觀，孔子的天命觀，並從「自我價值觀」來看儒家的君子，這些具有創意的論述進入到「孔學」與「儒學」的重疊範疇。在我看，邵耀成論述的主調是突顯孔子是周之禮文化的傳承者與禮文化的理論建構者。他認為周是中國的「文明之花」，而孔子所傳承的中國文化的基本特色是「以禮的眼睛看世界」的。孔子之所以為百世師的文化偉人正是因為他在思想上集古代中國文化之大成，同時又是禮文化的道德實踐者，邵書說孔子在五十歲之前完成了他倫理道德的構思，五十歲以後完成了這個理論的實踐或實驗。邵耀成認為孔子不止「完成了人格的整體化，而且是整個中國『文化人格』的整體化。」誠然，孔子有教無類，一生推行的禮樂教育，其終極意向即在為中國建構一個以禮為本的道德的文明秩序。

邵耀成先生討論孔子的思想，特別是對孔學中「仁」與「禮」二個最重要的概念的闡析，詳實真切，一言之不盡必再言之，又言之。凡有可疑難判處，必反復論證，力求真解。最使他緊緊不肯放鬆的問題是：仁與禮究竟是什麼樣的關係？孔子認識到禮與仁是不對等的，但為何又把禮與仁放在同一水準上？孔子把道德修養最高境界的仁和禮聯結在一起，那是為了什麼？邵耀成最關切著意的是「仁內禮外」這個觀念。在簡體版的原著中對於以「仁內禮外」這個觀念來看待仁與禮的關係，他是採取反對立場的。後來，他受到余英時先生對「仁內禮外」看法的影響，他對這個問題又重新思考。在臺灣繁體的修正版中，他寫了〈立國之本的憲禮：把仁的崇高理念放到禮制中去〉，他把禮提升到一個憲禮的層次。（我不知道他是否受到史華慈對禮的看法的暗示或啟發？）他說：「在這個層次，禮的行為反映了或包容了一個文化中最崇高的理念，我們稱這個層次的禮為『憲禮』，稱仁為『憲禮精神』。」

邵耀成對「仁內禮外」的演繹，真是一波三折，峰迴路轉，我盼讀者能循其思維讀之，不論贊同其論點與否，亦不論同意前之邵耀成或後之邵耀成，必能有一番學術趣味也。

IV

縱觀全書，邵耀成先生對於禮或禮文化的論述，真有不少新意與獨特的見解，我覺得他的論述還有一種理論化的嗜好，我且舉書中若干節段與讀者同享：

㈠孔子是個愛禮遵禮的人，而自己卻偏偏是父親叔梁紇與生母顏氏不合禮（野合）行為降生，因此邵書認為孔子的痛苦有「原罪那樣的深沉」，是一種「原生矛盾性」，也是一種文明焦慮與不安，也因此成為他追求道德完美的最原始的推動力。

(二)孔子在《論語》中從來沒有討論過夫婦之道，或者男女應該是怎樣相處的，雖然孔子說了一句名言「唯女子與小人為難養」，近代成為一個最熱門的討論題目。邵書認為，「孔子這句話並不是在評論男女關係，而是他在與女子打交道上他自己有一點受挫後的牢騷罷了；不能作為他對男女交往的一個倫理觀來看。」

(三)孔門第一期弟子子路，六十三歲，在西元前四八〇年，赴義而死，死前把冠帽綁好，才闔眼死去，邵書說，這是子路「所記得的夫子的禮教。在他結纓的瞬間，他所想到的不是死亡，而是相伴近四十年的老師，以及合禮節意義的『死之美』」。

(四)孔子說「七十而隨心所欲，不逾矩」。邵書認為「孔子有意識地把道德修養與禮樂連結在一起的」。孔子說：「興於詩，立於禮，成於樂。」邵書覺得「孔子在人生快要結束的七十歲，他在道德行為的樂舞中游刃而有餘，不逾矩。」這個「隨心所欲，不逾矩」的高深境界，邵書說，「予人一種絕美的感覺」。

(五)太史公記載孔子遊學洛京，問禮於老子。這一說法是歷史上千年的大懸案，也是「孔學」中的頭痛問題。邵耀成以為「孔子未必與老子見過面」，但又說：「在歷史上這件事是否發生過，還有待我們專家學者的論定。」不過，邵書認為尊禮（立於禮）的孔子與非禮（反禮教）的老子，「這樣偉大的兩個人，聚在一起，所摩擦出來的火花，一定是光焰萬丈的，但我們還不能從《史記》的這二則記載中看到光耀千載的火花。……因此可以這樣說：若果沒有產生思想領域上的火花，孔子是否與老子論過禮或道，變成不是很重要的事。」邵耀成沒有擺出老吏斷獄的本事，但卻把這個懸案提升到中國思想史的高度，讀者或許能會心一笑，欣然領之吧！

V

邵耀成先生的《孔子這個人》，所描繪論析孔子其人、其事、其學、有小心的論證，但也有大膽的假設與判斷，當然不是讀者（包括我）都能同意的。不過，我們倒看不見他有什麼武斷的地方，凡是不能確然立論的，他都說「待考」，都說有待以後學者專家的研究核實。我想說，邵耀成寫此書是渴望讀者與他對話的，是開放式的，我不得不說《孔子這個人》是孔學中一本有新意，一本大有可觀的書。

我與邵耀成先生迄今未嘗一面，邵君其人、其書是余英時先生向我推介的。余先生對邵君之學識與治學態度，頗多推美。邵耀成先生的《孔子這個人與他所面對的問題》一書於二〇〇九年在大陸問世，甚得陳毓羆、馮其庸、余英時諸先生之獎贊。今邵書將以《孔子這個人》之名在臺灣商務印書館出版繁體修訂本。余先生知我早年曾在臺灣商務編輯部任事，要我為邵書寫篇臺灣新版序，因此，我有機會看到邵耀成先生之大著，拜讀之後，欽佩歡喜不已，遂寫下我的讀後感言，是為序。

金耀基　二〇一〇・六・二　香港

目錄

前言：把孔子與現代接軌起來

目下這本繁體版的書，題為《孔子這個人》（此後文內通稱「本書」），雖然根源自二〇〇九年中國社會科學出版社簡體版的書，題為《孔子這個人與他所面對的問題》（此後文內通稱「原書」），但內裏卻又增加了一些作者新的看法。自從二〇〇八年尾簡體版完稿後，就有好幾個問題一直盤桓在腦海之中，不肯寧靜下來。其中的一個問題乃是：我們大家都知道孔子偉大，對現代人來說，他到底偉大在哪裏呢？他對我們現今這個世界最大的意義是什麼呢？另外，在原書的分析中，我們認為「禮外仁內」這個觀點是錯誤的；但一位像余英時先生那樣優秀的學者，以畢生的功力閱讀儒家典籍，卻認可禮外仁內的看法，導致我們重新思考這個問題，進一步探討仁與禮的關係，把禮提升到「憲禮」的地位。因而在第五章中加進了一個章節，題為〈立國之本的憲禮及其精神〉。同時，在我們目前生活的世代，有一個更迫切的問題，那就是中國文化的發展是否能像它的經濟一樣，充滿創新的活力與生機。有一個感覺乃是，我們文化思維大腦有一部分在萎縮退化，因此，我們應該把一個活活潑潑的孔子帶到我們的中間來，跟他學習獨立思考、聞一反三、好問好學（另國文化的優點）、學術上的誠信、不說沒有經過大腦思維過的話、不說沒有根據的假話。與他一同分享中國文化初創性的源流，聽那遠古充滿生機的古琴聲。

我們這個民族有極強的意願要重建盛世，但人類史上的盛世，包括雅典、英、美、漢唐都是在文史哲這方面有著輝煌燦爛、光焰萬丈長的成就的。回看我們自己這個時代，在文史哲方面，不獨缺乏「五四」時的激情與衝勁；連在做學問的方法上，經過了九十多年，我們並沒有超越「五四」。應該說，是更萎縮了；也就是說，我們文化思維大腦有一部分萎縮退化了，這影響了我們整體文化思維的進展。這或許可以解釋：為什麼我們在科學理論思維上進展得不快。所呈現的現象就是我們無法在本土的教育制度中培養出諾貝爾水準的科學人才。我們若在文化思維上再沒有突破性進展的話，中國恐怕會錯過新世紀即要來臨的又一場科學革命。那時，中國人仍會是追隨者、模仿者，而不是開創新科學的參與者；如此，什麼盛世，那都只是阿Q式的空想。而且，我們的時日並不多——我們是這樣計算下一個科學革命出現的時間的——牛頓（一六四二—一七二七）與愛因斯坦（一八七九—一九五五）相距約二百四十年，以我們今天科學的進展，比起十七世紀和二十世紀來，那是光的速度，因此在愛因斯坦到下一個科學革命應不超過一百二十年，愛因斯坦離我們已有五十年，也就是說，二十一世紀的八〇年代，將是新一代科學出現的日子，那也只有七十年的時間讓我們追趕上去。過去的六十年裏，我們在科技上的進展是相當驚人的，但在純理論基礎科學上，還是相對落後的。對後者進展的不夠迅速，我們歸咎在文史哲上有病夫一樣的狀態——在文史哲上活脫脫像煞一個東亞病夫的我們①，在基礎科學理論上，就真的能夠孤單地成為奧林匹克的金牌選手嗎？——那是由於我們始終相信人文學科是一個民族文化的靈魂，文化創新的泉眼。如果這個生命創造力的源頭已乾涸，那麼，我們必須回到我們文化最有生命力的年代，去尋找活力。中國最有活力的年代，毫無疑問是諸子百家時代，而孔子是百家中的領軍人物。我們通常會在孔子處尋找道德的力量，但在他身上尋找科學精神的力量，大家恐怕會大不以為然的。然而孔子確確實實是我們文化中罕有的有一顆大好科學頭腦的哲人，這一點在傳統評估中是被人所忽視的。

孔子的科學精神特別顯露在歷史紀年這個領域上。當他刪《書》的時候，因為缺乏文獻佐證，不能界定堯、舜、禹、夏代的年分，他寧可缺失，所謂「疑則存疑」②，也不願瞎造假年分。太史公繼承了這個「慎」的傳統，也沒有在《史記》中為三代紀年，雖然在太史公那個年代，已有五德終始的學說，為神話性質的祖先們虛構了世系傳承。孔子就不一樣，他認為這些神話性的歷史缺乏文獻佐證，因此他不談堯舜以前的歷史。同時，孔子是第一個把歷史年分像釘子那樣牢牢地釘在歷史紀年上的人。我們一般都說，中國歷史第一個有記載的年分是周朝的共和年（前八四一年）。其實這個年分是從春秋紀年推演而來的。《史記集解》記載了「尤精數術」的徐廣（三五一—四二五）的推演，那是根據《春秋經》始年（前七二二）與終年（習慣上是前四八一年，而徐廣則以周敬王四三年，前四七七／四七六來計算）。因此，前七二二年是中國歷史上第一個被確切記載的年分。

孔子憑他這種科學精神為自己界定什麼是可以知道的，什麼是不可以知道的，對不可知的東西拒絕研究，因此他不願討論神鬼的問題，他這種科學精神在他的那個時代是非常特殊的，但他還是受到中國文化本身的侷限的。

我們目前有一個共識，那就是，中國文化思維缺乏分析性和系統性，因此，我們沒有柏拉圖（約前四二九—前三四七）那種長篇大論像錦繡那樣千絲萬縷但經緯井然的邏輯論證性的哲學著作，也缺乏亞里斯多德像水晶那樣晶瑩透明的分析性的系統論述。談到中國系統性的思維，一步一步的推理，我們不能不討論一下《墨子》，因為它是中國諸子中唯一有這種思維的典籍，李約瑟先生認為：墨子或墨徒們是唯一可能產生類似歐氏幾何的流派，可惜他們並沒有成功，而且由於文獻殘破不全，未能確切地知道他們在推理性的幾何（deductive geometry）上建立初步的定義與命題到達多深遠的程度，但離成熟的「歐幾」必有一個長遠的距離③。中國由於沒有歐幾那樣的思維模式，因此思維散亂，缺乏連貫性，這一點連孔子也不能避免，他沒法系統性地把「仁」這個哲理闡述出來，因此不獨他的弟子們不太明白仁，連後來的追隨者也是對仁有口惠而未能實際性地放進到他們的哲學系統中去的，孟子算是一個例外，用四分之一的位置把仁安置在他的哲學思想中。事實上，孔子時中國沒有整個篇章性的議論文章。這個文體，孟子（前三七二—前二八九）開其端，是文氣的發軔者，是墨子（他這個人雖然約活躍於前四六八—前三七六，其典籍則約成書於前三〇〇年）、莊子（前三六九？—前二八六？）與荀子（約前三一三—前二三八）三個學派所完成的，因此議論文體的完成約在前三五〇—前二五〇年之間，與孔子年代相距約二百年，孔子之所以「述而不作」，一個原因，可能是他缺乏議論文這個工具，他想「作」也寫不出鴻篇巨著來。或者我們會問：為什麼他不學老子（其人不詳，傳說中是孔子同輩長者，活躍於前五五一—前五一五）寫篇幅較短的文字呢？孔老二人都繼承他們之前可能有數千年的文化，但老子的思想來自「獻（口語記載）④」的傳統，因此他的文字充滿口耳相傳韻文的痕跡；孔子思想來自「文（文字記載）」，大量文物經過他老人家消化後，再以「筆（散文）」法，用對話形式說出來，再被他的學生以生動精妙的句子記錄下來。如果我們今天所看到的《論語》是未曾經過漢朝人潤色的話，則孔門弟子中，文采風流的人物應該是不缺少的；他們若生活在今天，必是大文豪。但孔子這種吃桑葉吐真絲的消化功夫，並沒有被我們後人所學習到。中國後來成為一個「背書的文化」，不講究學習消化，大家搬字過紙，不知道消化是什麼東西，機械式地以「複製—粘貼（copy-paste）」方式把我們的背書文化打造出來，我們文化創造的生命力也因此越來越衰敗，使我們在文史哲上浸浸然有病人的體質，要重回健康，我們必須用心修煉孔子老人家啃桑吐絲的消化神功。

因為文化傳統的限制，孔子未能有系統性地構建他的思想，但這並不是說他（也是中國）缺乏思維的法則，中國是滿有活潑生動的思維能力的，只是缺乏系統性罷了。當初我們書寫簡體版時，原本是想寫一篇題為〈希臘的思維方式與孔子可能的思維方式〉文字的，由於作者自忖學養不足，有二十年沒有靜心好好地看書，不敢動筆。最近在北京出版了一本含金量極高的書，那就是陳方正先生論述為什麼近代科學發生在西方的著作⑤，他以一個科學家條理分明的頭腦，把錯綜紛雜的大量資料梳理出一個明晰的條理來。有了這樣優秀著作的幫助，我們也大著膽子寫就一些我們對這方面的看法，在第四章中加進一個章節，題為〈中國科技背後的思維系統〉，因為這一個題目太重要了，關係著我們在未來新生一代科學上所能做出的貢獻。自然，我們還得承認，由於學養有限，還有待這方面專家學者的指正與更進一步的發揮。

陳方正先生除了論說現代科學為何出現在西方之外，他還極詳盡地介紹並討論了「李約瑟問題」，那就是，「為什麼中國（或者印度）文明沒有發展出現代科學（來呢？）」⑥對於這個問題李約瑟先生有一個假設，那就是，從西元前一世紀到西元十五世紀之間，中國的科技可能比西方高⑦（後者不在我們討論範圍之內，我們無條件地接受中國在這個期間有很高的科技水準，但與西方相比孰高孰低不是我們想討論的問題）。我們認為結論是很簡單的：有科技但沒有基礎理論科學是不可能創造現代科學的。問題在：中國有沒有基礎理論科學呢？答案是肯定的：沒有，因為中國沒有建設科學理論的思維系統。因此作者一直以為「李問題」是一個開玩笑性質的問題，在上面我們提到李約瑟先生明確地指出：墨子是唯一一個中國先哲有可能創建一個像「歐幾」那樣推理性的幾何的，但墨子沒有成功。同時，他明確地指出中國很早就有「零」的觀念但缺乏代表它的符號⑧；他也指出，中國有方程式的觀念，但沒有代表「等號」的符號⑨，如此一來，也就書寫不出符號式的方程式來。在這種情形下，中國即使有歸謬法的概念，也不可能創造出「微積分」來⑩。而後者象徵現代數理的開端；那是，我們相信，大家都會承認是現代科學的核心部分的。相信李約瑟先生也不會否認下面這個命題：十六世紀時，微積分不可能在中國被創造出來。那麼，在表面上，「李問題」：「為何中國在科技發展上長期領先西方，而現代科學竟出現於西方而不是中國」就有了一個很簡單的答案：中國缺乏創造現代科學的一些基本性的「數理零件」，因此中國不可能產生現代科學。問題在：未來新生代的科學是否能在中國產生呢？我們過去科技上的進步對我們創建一個新生代的科學有幫助嗎？所以，「李問題」還是能在蛻化中變成一個活的問題的。可以稱之謂「李問題推論（corollary）」。

李約瑟先生作為一個優秀的科學工作者，以及後來成為科技史的巨人，為什麼要堅持中國有創造現代科學的能力呢？看了陳先生的書後，這個問題一直困擾著作者，使我們再不能把「李問題」當作一個開玩笑性質的問題來看待，而是一個使作者連在睡覺時也要思索的問題。因為作者從來不知道這位科技史巨人是嚴肅地以畢生的生命來問這個問題的。我們大家都知道愛迪生（Edison, 1847-1931）是大發明家，但他對理論物理是不太通曉的；因此他不太可能創建現代物理的。但我們可以反過來看這個現象，我們對他發明的思維法則也是不瞭解的。是不是有一天，當我們能瞭解他發明的思維法則時，我們的科學也會更上一層樓呢？讓我們再來思索另一個例子：如果中國在十七世紀就學好了西方數學，達到德國那個時候的數學水準，那麼，某一個中國數學家就有機會在易卦的啟發下發明二位元數系統的⑪。萊布尼茲（Leibniz, 1646-1716）雖然表示在看到易卦之前他就已發明了二位數，但他不否認易卦是能夠啟發二位數的發明的⑫。所以，如果我們能夠內化西方系統性的思維法則，老祖宗的一些東西確實是可以引發科學新領域的開創的。因此「李問題推論」需要一個先決條件，那就是先要內化了西方科學思維，中國才能建新科學。目前來說，我們只局部性地在科學範疇中內化了西方系統性的思維，對人文學科來說，這種思維還是一個異體。

雖然我們對科技發明背後的思維法則並不瞭解，但我們老祖宗三千年來沒有停頓過的科技創新傳統使我們今天有能力很快地去吸收西方的科技與科學，導致我們在這一百年間，在科技方面與西方已有亦步亦趨的味兒，在純科學上，則差了一些。但在所有文明古國中，包括希臘在內，只有中國與印度顯示出它們未來是有能力追趕上西方國家的。李約瑟先生的斷言至少準確了一半，另一半則要看未來一百年間，中國與印度是否能夠創造出新世紀的科學來。「李問題推論」變成：「由於中國上古與中古科技底蘊的深厚，中國在二十一世紀開始的時候勉強追上了西方，它在這個世紀末也有可能與西方平分秋色地創造下一代的科學的。」當我們成功地證明這個推論時，中國的盛世才是真真的到來了。

李約瑟先生還有一個精闢的見解，那就是，沒有一個文化是可以獨自創建現代科學的，只有在融匯各國科學知識之後，現代科學才能誕生⑬。這與孔子必須學習別人的優點才能增進自己的學問或道德的觀點是一致的。一個人大腦不開放，精神生命就會萎縮。我們人文學科研究者犯的正是這種毛病，沒有把別人優越的系統性的思維方法應用到自己的研究範圍中。

我們一般認為：自從漢武帝（前一五六—前八七）「罷黜百家，獨尊儒術」之後，中國人的大腦就開始閉塞，缺乏包容性與開創性，既不能接受外來文化不同的思潮，也不能開創出，自我嶄新的新文化思想。那是一個非常、非常錯誤的認識，因為漢朝三百年之後的南北朝是中國文化發展史上的花樣年華，是最有光輝思潮、以及最具燦爛藝術的開創性時期。

由於南北朝時印度中亞文化的影響，我們今天才可能坐在椅子上（一個來自埃及的生活習慣）⑭，能以口語（白話文——近代「白話文運動」之所以能在短短三年間風行整個中國，那是因為一千五百年前《世說新語》的出現，那裏已有白話語法的結構）寫文章⑮。南北朝時，我們開始認識到自己的語言在傳統認識中欠缺文法、聲韻的觀念，也認識到傳統文化缺乏靈界第四空間的思維層面；我們雖然有反省的概念，但缺乏一套按部就班、井然有序的嚴謹性的方法來檢查我們內在的精神生活；在石刻方面⑯，我們有浮雕，卻缺乏雕刻，受了中亞印度希臘雕刻的影響，因而有雲岡石窟那種震撼千古的佛像造型。當我們認識到自己文化中有所欠缺的時候，我們敞開心胸，以坦然無畏的開闊精神接受印度中亞佛教文化，我們創造了人類史上第一個大規模有系統性的譯經運動⑰，使我們認識到自己的口語有「平上去入」四聲，因而創造了中國最完美的詩律體裁；僧人的生活群體組織建立了中國有史以來政府官僚制度以外唯一（在一定程度上，有些像今日的大學機構）可與政府抗衡的社會機構組織（起碼在民國時期是那樣的），那就是寺廟制度。佛經的貝葉啟發了古紙的發明，弘揚佛法促進了印刷術的發明。有紙有筆有楷書才可能有中國獨一無二的書法，與它的孿生姐妹的寫意畫。佛教促使廟會、說書、戲劇、小說與武術的產生。那個時候的中國人接受並消化外來文化，再為自己創造新文化。自南北朝到明朝的一千年間，我們一氣呵成的創建了我們的藝術文化：書法、繪畫、雕刻、詩詞、戲曲、小說、武術。

但南北朝時很多創新概念，我們到了今天還沒有完成，例如，以虛字概念為基礎而建立的文法體系（有別於從西洋語而來的文法體系）；界定賦比興的近代意義與建立能精確地分析中國傳統文學修辭技巧的術語；一個能排除囫圇吞棗弊病有嚴謹的邏輯系統性的文學批評理論架構。

我們往往喜歡把「五四」當作中國第二個「中軸時期（指文明發展最塑形的關鍵時期，最初特指世界宗教道德的塑形期，後來卻泛指一個文化最有創造力的關鍵時段）」（諸子時期是第一個），這個看法是有一定的道理的，我們近代新文化的先知先覺者確實為我們打開了一個視窗，讓西方的清風吹進來，使我們有機會再創造像一千五百年前佛教引發所產生的文化偉業的。但後繼無人，我們這一代人文學科的工作者造假、抄襲、說沒有根據的話、套公式、說不經大腦的話，立心把這個有希望成為中軸時代的新文化運動埋葬，重新泡製一個文化大腦閉塞的祖蔭時代。

從文化移植與融匯的視野來看「李問題推論」是相當有意思的。如果唐末時候，中國通過伊斯蘭教的傳入而把希臘與伊斯蘭科學文化移植到中國，掀起像翻譯佛經那樣的狂熱去翻譯伊斯蘭古籍⑱，則西方科學是有可能匯流到中國來的；特別是朱熹（一一三〇—一二〇〇，一個非常有科學頭腦的哲人）若有機會接觸到西方科學的話。因此，中國未嘗不能有科學革命的。問題在：唐朝以後，是什麼東西使中國文化對外來文化如此地冷漠呢？為什麼唐以後，中國人的大腦開始閉塞呢？這種閉塞的精神狀態是否還殘留在今天中國人的大腦中呢？為什麼我們對佛教如此地狂熱，對伊斯蘭教卻如此地冷漠呢？後者在中國雖然有廣大的信徒，但有如水過鴨背，完全沒有深化到中國核心文化中去。在在都是值得我們大家一起來思考的問題。

我們所面對最核心的問題乃是，如何把科學思維帶進人文學科的領域中？今天，我們大家都學過「歐幾」，也就是說，我們都有科學思維的能力，但我們沒有把我們科學思維的能力發揮出來，用在人文學科上。我們需要培養能把科學思維帶到人文學科的新一代，讓這新一代成為點火者，點起星星之火，在十到二十年間，燎原神州大地，十幾億人民都能以科學思維的方式思考人文學科的問題。作者有一個狂想曲一樣的念頭，那就是中國開辦一個在現有教育體制外的教育園地，可以稱之謂「孔子園地」，把每年最優秀的五十到一百個中國青年人放進這個園地裏受教育，再請世界上在社會與人文學科中最尖頂的人物去教育他們（我們也可以同樣方式去教育我們的科學人才），十年下來，有科學頭腦的人文新生一代也就誕生了，中國分析性、系統性文化的建設也就有希望了。

這個繁體版除了凸顯我們以上的主題之外，還要把簡體版有些散漫的結構連貫起來。在臺灣商務印書館編輯部的提議下，我們以開章介紹的方式把第四與第五章中舊的各五章節與新的各一章節連接成各一篇。在孔子生平方面，我們加進了一個孔子生平論述，討論一些重點性的問題，以便給讀者一個整體性的認識。我們刪略了原書中的十五個附錄；為了篇幅的考慮，我們對簡體版原著放在附錄中的一些論點在繁體版中只作撮要的介紹，有興趣的讀者可進一步參閱簡體版。書的體例不變，自然，繁簡在格式與標點上有各自的風格，會有相應的調整。至於鳴謝，則將放到新的〈後記〉中去。

【注釋】

① 特別指思想性、創作性方面。無疑，在考古文物與古籍的整理上、各類百科全書構建上、各自學者在網上對國學以明白清楚的方式作撰述與努力上，都在為中國邁向現代化奠下良好的基礎。絕對不敢抹殺。

② 《史記・三代世表》載：「孔子因史文次春秋，紀元年，正時日月，蓋其詳哉。至於序尚書則略無年月；或頗

有，然多闕，不可錄。故疑則傳疑，蓋其慎也。」

③ Joseph Needham, *Science & Civilization in China: Mathematics and the Sciences of the Heavens and the Earth*, Vol. III, p. 94.

④「獻」義是余英時先生告訴我的。

⑤陳方正：《繼承與叛逆：現代科學為何出現於西方》，北京：生活．讀書．新知三聯書店，二〇一〇年重印二〇〇九年版。

⑥同上，頁一五。

⑦同上。

⑧同注③，pp. 148-49.

⑨同注③，p. 152.

⑩同理，希臘人也書寫不出符號式的方程式來，也不可能創造出「微積分」來的。

⑪關於易卦和二位數的討論，請見本書文章〈《易》卦變化程式的探討〉。

⑫關於萊布尼茲對二位數的發明與他對易卦的看法，見 Joseph Needham, *Science & Civilization in China: History of Scientific Thought*, Vol. II, pp. 340-45.

⑬同注⑤，頁一七—一八，頁六二二—六二七。引申而來的「科學發展平等觀」則是待商榷的一個觀點。

⑭椅子由佛教僧人介紹到中國，中國人由跪坐到坐在椅子上，約經過三百年的時間調整，宋初才習慣坐椅。介紹椅子到中國來的印度和中亞國家沒有改變坐的方式，還是席地而坐。連受中國文化影響的日本和韓國也沒改變跪坐的習慣。

⑮是張洪年先生告訴作者的。一次作者和他提起李煜詞中語文的結構，他提到一個日本學者的研究；乃志村良治：《中國世語法史研究》，江藍生、白維國譯，北京：中華書局，一九九五年版。

⑯我們很早以前，可能不晚於春秋年代，就有泥塑、木雕、以及與之相關的漆雕，成績輝煌璀璨。

⑰任繼愈主編：《中國佛教史》第三卷，北京：中國社會科學出版社，一九九七年重印一九八八年版，頁一二八—一五二。

⑱人類史上第二個大規模的翻譯活動乃是，伊斯蘭文明把希臘的哲學和科學典籍以阿拉伯文字保存了下來，西方基督教文明因而能從阿拉伯文翻譯為拉丁文，重新發現雅典文明，開創了文藝復興與以後一系列人類文明的高峰。見陳方正：《繼承與叛逆》，頁三〇九—三六九。

一、時代背景

春秋末年的混亂與繁榮

孔子出世時，中原有二大盟主國，一是晉國，一是楚國，前者是一個比較守周禮的國家，但君主的大權已旁落，國家的行政權掌握在貴族權臣的手裏，權臣間的內爭非常劇烈；後者則另有文化傳統，雖然接受了周朝文化，但不太遵守周禮，有赤裸裸惡霸的味道，例如把鄰國的蔡滅了還不甘心，還要人祭蔡世子①，後來雖然讓蔡復國，卻因為蔡昭公不願納賄，竟然讓權臣把他拘禁起來，達二年之久，在蔡國人納交贖金後才放昭公回國。不像晉國，楚君主在孔子時是掌握行政權的，其他君主掌權的國家，有秦國、齊國、吳國、越國和衛國。與衛國大小相當的魯國、鄭國與宋國則像晉國一樣是權臣掌權。國與國之間戰爭不斷，只有在孔子五歲的時候，產生了一個國際性的和平弭兵大會，最少有五年的時間，中原同盟國之間沒有什麼戰爭；最後是禮儀之邦的魯國破壞了同盟國間的協議，攻打它近鄰的小國莒國，那時孔子十歲。

一般來說，在春秋期間，強國侵占或滅亡弱國，那是司空見慣之事；但也有例外，如果有任何諸侯國欺負宗周的話，晉盟主一定出來干涉。其他像杞國（大禹後裔）、宋國（殷商後裔）、或魯國（周公後裔）有外侵或內亂，其他諸侯國都會拔刀相助。

吳越是南方新興的國家，雖然有長遠的政治傳統，吳稱王則在前五八五年（離孔子出生約三十四年），越稱王在前四九六年（那時孔子五十五歲），吳王夫差與越王句踐都是野心勃勃、有雄才的君主，二人都曾經成功地稱霸過中原，做過諸侯國的盟主。二國間的恩恩怨怨是大家都耳熟能詳的故事，我們不在此贅言；大家較陌生的乃是夫差在伍子胥的協助下，開發了中國運河的第一段，由今天的揚州市西向北到一百五十公里外的淮河，用以運糧草，其中一個目的就是攻打魯國與齊國。結果，在孔子弟子的保衛戰下，魯國得以保存。

在我們專題介紹魯國的政治經濟文化之前，讓我們先介紹一下春秋末年的經濟起飛情形。

孔子那個年代已有鐵器，但並不精良，數量也似乎不大量。但已有鐵犁與牛耕，已有官道與官舍，因此交通方便，人口的流動與貨物的運轉應能暢通無阻；加上戰爭頻繁，物資消耗快，因而刺激了生產，也刺激商業的利潤。我們缺乏當時的經濟資料，但以下的一些間接性的情況證據（circumstantial evidence）或可給我們提供一些當時的經濟情況：與孔子同時的范蠡在自越政壇退隱後的三十年間，二次累積巨量財富，可能是中國土地上第一個百萬富豪；緊追在他後面的是孔子的弟子子貢，也是一個一呼百應的財主。如果民間沒有作幾何級數增長的大量財富，作為平民士人的范蠡與子貢是沒法在短短數年間白手起家而致富的，那時的民間是富庶的，怪不得在前四九七年，孔子一進衛國就說：「庶矣②！」他進一步說要「富之③」，已預見日後富庶的經濟繁榮。我們可以作如下的猜想：人口在倍增，每日多了吃飯的人，每日多了飲酒的人，每日多了勞動生產當兵的人，每日也多了消費的群眾。農作物與日常用具都在作幾何級數的倍增，商品的交流像洪水氾濫那樣超越了政府控制的門檻。市場中，人頭洶湧，市中心的繁榮已不是筆墨所可以形容，舞榭歌臺，通宵達旦。城市的周邊邊界每日每月不住地在向外擴張，這是鐵犁與牛耕所做成的生產效益，也就是所謂「鐵革命」。形成在百年後的戰國，一萬人的縣鎮變成十萬人的城市④，而且為數不少。

孔子七歲時，鄭宋發生饑荒，由於鄭國的施發公糧與宋國的施行借公糧而不用立借據的政策，鄭宋無挨餓之人⑤。孔子三歲時，有特異天象與天災人禍：甲子日全蝕，八月日再蝕，七月魯大水。這年冬天魯發生大饑荒⑥，相信不會沒有挨餓之人，有多嚴重，則缺乏文獻記載。直到孔子死前二年，才有因蝗災而來的饑荒，從前五五一年到前四七九年的孔子生平其間，相信很少人是生活在饑餓邊緣的，完全不像佛祖時的印度，或孟子時的戰國，餓殍遍野。

孔子時的貧苦人家還算是相當幸福的。

魯國的政治與文化

孔子時代的魯國的歷史：北面事齊

我們現在提到魯，就會想到山東。不過，在西周初年魯國大約只有山東西南一帶的土地，面積約為山東省的六分之一。到春秋戰國時，國土更萎縮，沒有原來開國時的一半。大部分給強鄰的齊國拿了去，一小部分給衛國侵占了⑦，連在南面的吳國後來也在魯地建立了一個北上的據足點⑧。唯一沒有侵占魯地的是鄰國的宋國，雖然兩國間也曾經有過一些小衝突。我們在下面將論說，宋國是殷商後裔，即使在武庚叛亂之後，仍被宗周允許保留的一個國家，孔子的先人就住在那裏。

曲阜是當時魯國的國都，是一個相當有歷史性的城邑。你如果能相信《史記正義》的話[9]，那麼軒轅黃帝就生在「兗州曲阜東北六里」的「壽丘」（因此黃帝比孔子更有權利，說自己是曲阜人）。不過黃帝的出生帶著極大的神秘性，我們只能姑妄言之，姑且聽之，不能太認真。據說治大水之後的大禹（約前二〇七〇年登基）很喜歡旅遊巡畋，也在這裏停留過。殷商早期遷都八次或十二次，其中有一次（第六或第十次[10]）就在曲阜，因此殷文化在曲阜是留下了一些遺跡與影響的。但有多深遠，我們目前不清楚。根據《尚書》，殷商每一趟遷都，統治者與臣民之間都有些吵吵鬧鬧，不是上下齊心協力的一回事[11]。有可能一部分的殷民族留了下來也說不定。從歷史上來看，山東江蘇一帶是九黎、淮夷甚至三苗居住的地方。因此，是古民族戰爭與交融的一個匯聚點。

孔子時，曲阜已沒有民族戰爭，但朝廷中的權利鬥爭確實是非常兇殘險惡的[12]。而且經常受到齊國吞噬的威脅。但在文化上有它特殊的一面，那就是在文物與文化上領先於其他國家之上，雖然在物質文明與娛樂文化上可能還是落後在齊晉楚三強國之後。魯國之所以能在禮教文物與史學文化上超越群倫，那是由於周公與他的兒子「伯禽（約前一〇四六—前九九八在位）」。

周文王（約前一〇九九—前一〇五五在位）雖然擁有了中原三分之二的土地，所謂「天下三分，其二歸周者[13]」，與得到大部分部族領袖的擁戴。但一直到死，還是不敢動武消滅把他拘禁過七年的紂王（他的臣下以美女奇物把他贖出來），文王把滅殷的大業囑咐給了兒子武王（前一〇五五—前一〇四四在位）。武王在登位九年後，雖在八百諸侯的慫恿下，也未敢立即動手攻打殷周。直到二十三年之後，紂王大殺忠臣時，才敢動武，斬紂王於鹿臺[14]。文武二王都是大有才幹的人，竟然震懾於商紂的威望，二十多年不敢冒險動手。殷商大約有很深厚的國力基礎，同時，被形容得像魔鬼一樣的紂王（在位約三十年，約前一〇七五—前一〇四六[15]），不過，子貢在《論語》中說：「紂之不善，不如是之甚也。」（《一九・二〇》）那就是說，周宗室的宣傳有些渲染得過了頭，雖然兇殘淫亂，也不是一個平凡缺乏才能的人（《史記・殷本紀》說他聰明敏捷，而且力氣過人，但自視高而不肯納人言）。文王最得力的軍師就是有名的姜太公呂尚（活躍於前一一二三—前一〇四四，生卒年不詳，可能活到一百歲也說不定），他與周公都是滅殷的兩大功臣，後者因為是宗族（武王的弟弟），所以在朝中的名位還在前者之上，但周公卻預見他的後裔要對姜太公的後裔北面稱臣。這個故事大約是這樣的：

武王封周公在泰山南面的魯國，周公因為要留在京都鎬京[16]幫助武王處理朝政，不能去魯國處理封土的事情，就派了兒子伯禽去接收管理魯國，伯禽一去就是三年，因為他要魯國按周室的典章制度與禮教來辦事，所以大事改革魯國原來的典章制度與禮儀，三年下來，興沖沖地跑回鎬京向父親周公宣告自己已成功地把魯國「變其俗，革其禮」[17]，變成一個有純粹周文化的國邑。雄才偉略的周公不知是好氣還是好笑，因為周文化的典章制度是周公自己設計的。照理、那是子傳父業，兒子在盡心盡力地把父親的理想建立在封土的魯國上，應該好好誇獎的。但另一方面，他看到了自己兒子「婆婆媽媽」的一面，缺乏做大事業大刀闊斧的行事方法，不像能與他分庭抗禮的姜太公，只用半年的時間就把他的封地，在泰山以北的齊國變成周文化的一部分。姜太公的做法是，考察齊國國情，小處保留，大處更改。五個月下來，齊國國家不折不扣地成為周宗室的一個封國⑱。

老人家心裏不舒服，卻又不能說「子承父業」的伯禽有什麼不對，只好喟然嘆道：「嗚呼！魯後世其北面事齊矣⑲！」歷史證實了他老人家的真知灼見。

孔子時代的魯文化之一：魯宗廟的優越地位

在霸業上，伯禽的婆婆媽媽是一個缺點。在文化上，魯國繼承自伯禽「婆婆媽媽」的氣質，卻做就了它獨特的文化環境。在史學上，它領先其他諸侯國，執其牛耳，開創中國史學的先河。這除了它史學的傳統與人才的輩出之外，還得益於它宗廟（相當現代的國家歷史博物館）中所收藏的典籍與禮樂文物的豐富與齊全。可以這樣說，周宗室的宗廟有什麼樣的文獻與文物，魯宗廟一樣都不少。魯宗廟之所以有這樣高的地位，那是因為周公，因為他與成王之間的矛盾，也因為成王最終認識到周公的真情實意。

在絕對的統治權力下，是沒有親情可言的，這是為什麼在中國歷代帝王的家庭，總是父殺子、子弒父、兄殘弟、弟殘兄的。人類最珍貴的人際關係——家庭親情——是不適宜應用在皇族家庭中的。可以說，周公建立了一個榜樣，不為絕對的權力殘殺侄子成王。在成王冠禮成年之後，就功成身退，把南面治臣下的統治權力還給了成王⑳。不過、在他攝政的七年中，成王的日子是很不好過的，天天在擔心周公什麼時候會因為統治權柄而動手把他斬草除根的。在《尚書．洛誥》（今文古文都保存有）中，周公要成王遷都到東都的洛京來，成王不願意，但提出二分天下的意見，即成王自己占有西部鎬京而周公占據東都洛京[21]為權力中心，所謂「我二人共貞[22]」。周公沒有那樣做，倒是真的「還政於成王」。而且周公從此以敬畏的態度「北面就臣位」於成王（《史記．魯周公世家》）。

但周成王對周公的猜忌並沒有因此而消除，周公後來逃往楚國以求自保，最終成王發現周公曾在他少年生病時，禱河神「欲代王死」，感動了，乃從楚國迎歸周公，對周公敬禮有加。周公死後，把他葬在文王的旁邊，以示「小子不敢臣周公也」（《史記．魯周公世家》）。同時，上天降下暴風雷雨，把農作物都毀壞了，成王開啟周公留下的金藤書，又發現周公在武王生病時又一次要替代武王生病的占卜之策，決定出郊以國禮祀周公（那是給予周公天子的地位）。於是，農作物都恢復正常生長，那年大豐收。從那個時候開始，「魯有天子禮樂」，魯的宗廟享有周宗廟同等的地位。二百年後，西周為犬戎所消滅，鎬京被毀，周宗廟遷往東周的洛京，文物已殘破不全。唯獨魯宗廟還保全有西周初年時齊全完備的文物。孔子十二歲的時候，《左傳》曾經記載道：晉國的宰相韓宣子（？—前五一四）到魯國去訪問，在魯「大史氏」的陪同下，參觀了魯宗廟的典籍、法令與史籍後，讚嘆地說：「周禮盡在魯矣，吾乃今知周公之德與周之所以王也[23]。」成年後的孔子後來也有機會看到韓宣子所看到的典章文物，因此極力推崇周公「之美」。同時認為自己已弄明白了「周之所以王」的來龍去脈。因此，非常有信心地認為自己若給予機會的話，也能使自己當政的國邑「王」起來。是什麼東西使周之所以王，因而導致孔子那樣地有信心呢？

孔子時代的魯文化之二：魯宗廟所保存的文物

對魯宗廟到底存放了一些什麼東西，因為沒有文獻的記載，我們只好猜。當顏回問「為邦」時，孔子曾說：在曆法方面他選取夏曆；車駕方面他選取商朝的車輛；在禮帽方面，他選取周朝的服裝㉔。孔子與商亡相隔六百年，與夏亡相隔超過一千年，在日常生活中，是不可能接觸到夏曆與商車駕的。能認識，宗廟是一個最可能的地方。

夏朝以正月為一月，而商周二代則以冬至所在的那一個月為正月：殷商為十二月，周為十一月。孔子認可夏曆，認為它合乎天象運行的自然規律，至今仍為現代人所援用㉕。人類在能用文字記載年月日的曆數時，已有數萬年觀察天象的歷史。例如，美洲印第安人由於沒有文字，建築巨大的石結構建築物來登記一年中日影的方位。孔子時，已有文字記載的日曆，宗廟中自然少不了歷代觀察天象的儀器，與計算天象的籌算工具㉖。與之相關的，乃是占卜所用的龜甲與牛骨，以及文王發明的筮卜的卦象與卦辭。數量有多少，我們很難估計。我們今天發掘了超過二十萬塊的卜占甲骨。西周占卜與筮卜並用，而魯宗廟有六百年占卜與筮卜的歷史，或許也存放有成千上萬的甲骨。自然這是一個猜想，但是占卜祭祀是國之大事，數目一定不可能太少；同樣筮卜的記錄也應相當。那就怪不得孔子要花十年的工夫才能看完這些原始資料。

在「為邦」建國上，孔子認為應該採用殷商車駕。一般的解釋認為殷車質樸，周車華美，所以他認可質樸的殷商車駕。這個說法是否有實物根據，還是一種一相情願的猜測，我們不能確定。但我們認為我們可以從另一個角度來看這個問題，在《尚書》中，曾經記載周人因為不知道雄馬需要閹割後才能用來做戰馬，因此他們沒有經閹割過的雄馬到處追逐雌馬交配而導致戰馬到處亂跑㉗。如果真的是這樣的話，周人製造戰車的經驗是很不夠的。孔子是車駕的能手，自然應該知道車駕品質的孰優孰劣。作為一個內行人，若他認為周的車駕比不上商朝的車駕，那是一個有分量的見解。這個見解有一個旁證，那就是殷商青銅器的精美遠超過周朝的（正如秦俑的工藝水準，遠超越漢俑的），而車駕需要青銅配件與製造車駕零件的青銅工具。說殷商的車駕工藝業凌駕在西周之上，也就是說，殷商的青銅武器比西周的精良，這恐怕是為什麼文武二王遲遲不敢動武打紂王的一個原因。

西周滅殷後，第一件事就是像後來的元朝蒙古人那樣，掠奪工匠，一族一族的把優秀的工匠家庭遷往去鎬京、魯國、齊國、衛國等西周封土。甚至對留在東京洛京的二流工匠也特別優待。別的殷族臣吏酗酒鬧事，會被「執拘」「歸於周」，再被刑殺。但工匠「湎於酒」，則只能教之，而不能殺，即所謂「姑惟教之㉘」。因此魯宗廟要擺放殷商的車駕讓魯國工匠們好好學習。後來魯國出了個鼎鼎大名的工匠祖師魯班（約前五〇七－前四四四），他比孔子約小四十餘歲，是中國由青銅時代進入鐵革命時代生產工具改革的主導人物。

鐵在中國的出現，約在殷末，主要用來鑲在青銅兵器的鋒刃上作刀鋒。鐵器的出現在中東與歐洲約比中國早兩千年，但鐵革命（鐵成為主要生產工具）的出現，彼此間相差約幾百年。中國大約在孔子出世時開始大量出現鐵器㉙，在孔子死後四五十年間，開始成熟，全面性地改變了中國的農業與工業生產，以及經濟與社會的結構。孔子與魯班都是大時代的關鍵性人物，魯班開始用鐵工具製造的車駕一定比用青銅工具製造的殷商車駕來得精美。不過，孔子可能沒有看到。

與車駕兵器陳列在魯宗廟的可能展示物還有兵書、車駕的列陣圖、與原始性的軍用地圖。與孔子同時代的孫子（活躍於前五一二—前四八四）的《孫子兵法》是一部集大成的著作，很難想像在他之前沒有原始性的用兵著作的存在㉚。目前中國最古老的地圖是約二千三百年前的《兆域圖》，我們也很難想像擁有圓規尺具的大禹在他十多年治水工程中能不製造原始性的地圖而進行疏導水流的。知識從累積中而來，沒有文獻與繪圖的記錄，知識就很難累積下來。秦國之所以能夠成功地建設輝煌後代的三大水利工程㉛，恐怕是繼承了大禹的水利知識。而這個知識的獲得，有一個可能，就是在犬戎滅周時，秦人從周宗廟中得到這方面的文獻。如果真是這樣的話，魯宗廟中也應該有一份，孔子也有機會能看得到。在《論語》中，孔子對兩個人毫無保留地推崇備至，一個是大禹㉜，一個是周公㉝。這兩個人不但有偉大的人格（但他從來沒有討論周公在仁德上的成就），還有一顆大好的頭腦，是畫時代的設計者。有大好頭腦的孔子，雖然把德放在第一位，還是惺惺相惜，對這兩個人有一種由衷的敬佩感。

孔子採用周朝禮帽，也就是周朝的典章制度，這個制度的設計人就是周公，那是一個非常全面性的宗族式的全國統一制度。在殷商時，每一個部落可以有自己的衣飾禮制；在姬周時，各諸侯國不能有自己獨特的衣飾禮制，必須統一採用周制，按不同的等級實行不同的禮制與採用不同的禮器，有大一統的氣象。據說周分封七十一個諸侯國，四十國是宗族的姬姓（荀子則說有五十三國㉞），其他三十一國是非姬姓的功臣或像堯舜禹那樣大聖人的後裔，其他千多個部落都被七十一國所瓜分，強制尊崇周禮與周文化㉟。魯宗廟有天子級的禮樂器，包括編鐘、玉磬等；也有國家一級的文件，《尚書》中大概保留了一些。採集到的詩作文獻可能極大部分保留在《詩經》之中。禮則不好說，宗廟中一定有關於禮的文獻，但我們今天的《周禮》、《儀禮》與《禮記》有多少原始資料包括在裏面，連猜都猜不出來的。在樂的文獻方面㊱，還有待我們原野考古學家的努力，找出中國在什麼時候開始用樂譜記錄音樂（曾侯乙墓編鐘的出現，示意在西元前四七八年之前，音樂十二律㊲的數理運算應已建立，照理應有這方面的文獻）。自然還有關於易象的文獻，因為它的重要性，本書專節討論㊳。

孔子時代的魯文化之三：魯宗廟所保存的歷史文獻

魯國的宗廟自然不能沒有魯國最優秀的史學傳統的文獻，但文獻的形式與內容我們現在已不能知道。如果《春秋》真的是孔子記述的話，那麼宗廟中一定有自魯穆公元年（前七二二）以來的魯國歷史文獻與公家的歷史記載，而孔子就是根據這些原始文獻而摘要出王安石（一〇二一—一〇八六）所謂的「斷爛朝報」（即不成文句，只記每年大事）的編年記述，孔子為什麼要做一份這樣的記錄，我們不很清楚。一個可能是他自己明確地知道：歷史年分與歷史上的重大事件是歷史的里程碑，他利用《春秋》的記載把這些他所認為是歷史上的里程碑給我們或者他的學生記錄了下來。他自己從來沒有說過什麼微言大義，要亂臣賊子懼怕的話，那都是他的徒子徒孫們為了神化孔子而虛構出來的騙人說法㊴。《公羊》與《穀梁》二傳的微言大義，對研究漢朝君權與經學一尊結合的上層意識形態是重要的文獻，與孔子的思想是風馬牛拉不上關係的。《左傳》必定是經過參考魯宗廟（可能加上周宗廟）的原始史學文獻而寫成的，但也受孔子一些說話的影響。例如，孔子好幾次對兒子與弟子說：「不學詩，無以言㊵。」因此他在任何外交聘約與盟會記載中，都大量引用《詩經》，這種引詩的行為是否與歷史事實相符合，是很可懷疑的。

王安石因為沒有受過科學的洗禮，又中了微言大義傳統的流毒，才會以這樣輕蔑的態度來批評《春秋》的。我們現代人也要在受過科學訓練之後，才知道歷史年代與歷史事實的正確性是歷史作為一種學問，最重要的一件事。二千五百年前的孔子已有這樣清醒的科學實證頭腦，是應該讓我們後人肅然起敬的。不過，我們認為《春秋》成為中國最早的一部編年史，是孔子無意中做成的，他編述這些當時的史實是為了他的學生們㊶，要他們知道事實之後，才好去討論時政，以及相關的禮節與得失。事實若有錯誤，則相應的討論也就會失去了它們的價值的。

另外，我們相信魯宗廟也可能有像《爾雅》（成書年分不詳，傳說是周公所著）那樣同義或同類字的工具書。中國字因為那時的書寫是用刀把字刻在甲骨、牛骨上，加上刻字的工匠未必識字，各朝代與各諸侯國的字體也不一致。因此錯字白字一大堆，一個字有好幾個或幾十個化身或版本。沒有工具書的幫助，真會戛戛然其難哉的。近人鄭張尚芳先生認為四千年前就有標準語或官話（讀書與辦公語言，一種發音標準化的文言語言），以為「雅」和「夏」可互相借用，夏朝人的話語就是雅語（標準語），「爾雅」這個詞就有「就（爾訓近，作就近解）正音」的意思㊷。我們認為西周由於禮法的統一，而導致語言發音的統一，那是極可能的一回事。但為什麼殷要沿用夏音，周仿之，則令人費解。下面我們會進一步討論：孔子用哪一個口音來讀經文與進行外交談判的。

孔子時代魯國的政治情況：三桓的由來

魯國雖然有一種溫文爾雅的文化傳統，但政治人物生活的腐化與其他諸侯國是沒有什麼差別的。我們且舉三桓的由來以說明之㊸：

魯莊公（前六九三—前六六二在位）有三個弟弟，最大的弟弟叫「慶父」，二弟叫「叔牙」，三弟叫「季友」。莊公的夫人叫「哀姜」，她與慶父私通。她自己沒有兒子，但陪她從嫁的妹子卻有一個兒子「子開」，子開到底是莊公的兒子還是慶父的，史書沒有說㊹。

莊公生病要死的時候，因為兒子都是庶出，沒有嫡長子，他特別鍾愛的一個如夫人，叫「孟女」，是大夫「黨氏」的女兒，她有一個兒子叫「子斑」，他想立子斑做自己的繼承人，他於是問二弟叔牙，他應該傳位給誰，叔牙是個老實人，認為莊公既而沒有嫡長子，根據周禮應兄終弟及，由他的二哥慶父接位，那是魯國的常規。莊公不高興這個答覆，又召來三弟季友商量，把心裏的意思告訴了他，季友是一個極機靈的人，他告訴大哥說，他會以死來維護子斑的繼承權，所謂「請以死立斑也㊺」。莊公裝糊塗，對弟弟說，叔牙欲立二弟慶父，那怎麼辦呢？季友為了討好莊公，逼死自己的三哥，他以答應保存叔牙的子嗣為條件逼自己的哥哥飲毒而死。他在莊公那年八月死時，繼承莊公遺命立子斑為君。子斑住在祖父黨氏的家中侍喪，等待登位。

做二哥的慶父自然怒火沖天，私下計謀要怎樣剷除子斑這個眼中釘。別人告訴他，有一個有勇力的馬夫叫「犖圉」，曾經隔著牆頭與子斑所喜歡的梁氏女孩子調笑，子斑在妒火衝動下，曾鞭打過他。犖圉是一個上上佳選的刺客，既有勇武之力，又有仇子斑之恨。慶父大喜，以重金買通這個馬夫，不到三個月的時間，就在黨氏住處把子斑殺了。機靈的季友一聽到這個消息，知道大勢已去，忙逃去了陳國避風頭，因為他媽媽來自陳國。

慶父掌權之後，立八歲大的子開為魯閔公。姦夫淫婦的戀情更趨白熱化，合謀把還是孩童的閔公弄死，哀姜以正夫人的身分想擁立慶父為魯國最高的統治者。季友登高而呼，擁立莊公的少主「子申」為厘公，同時煽動魯人誅慶父，得到魯人的回應，慶父在逃亡中自殺而死。哀姜是齊貴族，在逃到邾後，為齊桓公（前六八一年確立霸業）召歸齊國，先在齊國殺死，再把屍體送回魯國受戮刑，魯厘公心有所不忍，在他的要求下被歸葬了。

季友因他的功績，成為魯國的宰相。他的家族世世代代保持這個職位，在孔子出世時，這個「季氏」家族在魯國的權勢已浸浸然凌駕於魯國國君之上。其他的二個權貴家族，就是上面所提到的慶父與叔牙，二個人都用自殺的手段保存了子孫的宗廟與封土，慶父後裔為「孟氏」，叔牙後裔為「叔孫氏」。他們是霸占魯國行政權的權臣家族，稱為「三桓」。而以季氏家族執牛耳的地位，孔子弟子們主要的政府職務都與季氏有關。

從上面我們瞭解到孔子所處的社會背景中的政治的黑暗。是什麼使孔子認為他有能力或方法使這樣兇殘惡劣的政治環境回復到一個彬彬有禮、各安其位、仁愛忠義的社會中去呢？這是一個要探討的問題。但我們認識到：孔子本人對這個社會的黑暗是知之甚深的。

【注釋】

①同一時期，魯國也在前五三三年做了人祭的野蠻事，因此人祭可能源自中原文化。

②原文：「子適衛，冉有僕。子曰：『庶矣哉！』冉有曰：『既庶矣，又何加焉？』曰：『富之。』曰：『既富矣，又何加焉？』曰：『教之。』」（《一三．九》）

③同上。

④見本書文章，題為〈孔門重要弟子介紹〉的序言。文中指出：「孔子弟子出仕為官可謂彬彬之盛，占了魯國中上級官場的半壁江山。孔子雖然不談『向較高階層流動爬升（upward mobility）』的觀念，但我們這位沈默的革命家從根本上改變了魯國不任用平民異姓的傳統。」並見書中有關仁、禮、天命的文章。

⑤《左傳．襄公二十九年》載：「鄭子展卒，子皮即位。於是鄭饑而未及麥，民病。子皮以子展之命，餼國人

粟，戶一鐘，是以得鄭國之民。故罕氏常掌國政，以為上卿。宋司城子罕聞之，曰：『鄰於善，民之望也。』宋亦饑，請於平公，出公粟以貸。使大夫皆貸。司城氏貸而不書，為大夫之無者貸。宋無饑人。叔向聞之，曰：『鄭之罕，宋之樂，其後亡者也！二者其皆得國乎！民之歸也。施而不德，樂氏加焉，其以宋升降乎！』」

⑥見〈孔子生平〉年表兩歲時內容。

⑦見《史記．魯周公世家》。

⑧見《史記．吳太公世家》與《史記．魯周公世家》。

⑨晉皇甫謐《帝王世紀》云：「黃帝生於壽丘，長於姬水，因以為姓。」唐張守節《史記正義》注：「壽丘在魯東門之北，今在兗州曲阜縣東北六里。」

⑩統治中國後是第六次，成立殷朝國家則是第十次。

⑪見《尚書．盤庚上》：「盤庚遷於殷，民不適有居，率吁眾感出。」

⑫見《史記．魯周公世家》所載「三桓」的產生。

⑬《史記．齊世家》云：「西伯政平，及斷虞、芮之訟，伐崇、密須、犬夷，大作豐邑，天下三分其二歸周者，太公之謀計居多。」

⑭見《史記．殷本紀》。

⑮由李學勤先生領導二百多位專家所界定最早的，也是最可靠的歷史年分，是近年來最重要的一項歷史工作，稱「夏商周斷代工程」。見李學勤、郭志坤：《中國古史尋證》，上海：上海科技教育出版社，二〇〇二年版。

⑯鎬京，今陝西西安市長安區西北，灃河東。周武王即位後，由豐（長安區西北，灃河西）遷都鎬。

⑰《史記・魯周公世家》載：「周公卒，子伯禽固已前受封，是為魯公。魯公伯禽之初受封之魯，三年而後報政周公。周公曰：『何遲也？』伯禽曰：『變其俗，革其禮，喪三年然後除之，故遲。』太公亦封於齊，五月而報政周公。周公曰：『何疾也？』曰：『吾簡其君臣禮，從其俗為也。』及後聞伯禽報政遲，乃嘆曰：『嗚呼，魯後世其北面事齊矣！夫政不簡不易，民不有近；平易近民，民必歸之。』」

⑱同上注。

⑲同上注。

⑳見《史記・周本紀》和《尚書・周書》。

㉑洛京，今河南洛陽。

㉒見《尚書・洛誥》。

㉓《左傳・昭公二年》載：「二年春，晉侯使韓宣子來聘，且告為政而來見，禮也。觀書於大史氏，見《易》《象》與《魯春秋》，曰：『周禮盡在魯矣。吾乃今知周公之德，與周之所以王也。』」

㉔原文：「顏淵問為邦。子曰：『行夏之時，乘殷之輅。服周之冕，樂則韶舞。放鄭聲，遠佞人；鄭聲淫，佞人殆。』」（《一五・一一》）

㉕見范文瀾著：《中國通史簡編》（共四冊），北京：人民出版社，一九六四年版，頁一九五—二〇〇。

㉖同上。

㉗《尚書・費誓》：「馬牛其風」。賈逵注云：「風，放也；牝牡相誘謂之風。然則馬牛風佚，因牝牡相逐而遂至放佚遠去也。」

㉘《尚書・酒誥》有云：「（王曰：）厥或誥曰：『群飲。』汝勿佚，盡執拘以歸於周，予其殺。又惟殷之迪諸

臣惟工，乃湎於酒，勿庸殺之，姑惟教之。」

㉙中國在齊桓公（在位前六八五—前六四三）時鐵器就開始普遍了（見白雲翔：《先秦兩漢鐵器的考古學研究》，北京：科學出版社，二〇〇五年版，頁二一；魚易：〈東周考古上的一個問題〉，《文物》一九五九年第八期，頁六四），有斧、鐽、鍤等生產工具，以及戈、矛、劍等兵器。到孔子時候大約有加速趨勢，開始了鐵兵器取代銅兵器的歷史進程，且所用器具種類有所增多，車馬機具產生，鐵器向生活的各個領域擴展（見白雲翔：《先秦兩漢鐵器的考古學研究》，北京：科學出版社，二〇〇五年版，頁三五二）。鐵工具的農工商業影響進城邑的發展（見周一良、鄧廣銘、唐長孺、李學勤等編：《中國歷史通覽》，上海：東方出版社，一九九四年版，頁一二七）。《戰國策．趙策》說戰國以前，「城雖大，無過三百丈者；人雖眾，無過三千家者」，而戰國時則「千丈之城、萬家之邑相望」。

㉚見李零：《〈孫子〉十三篇綜合研究》（中華書局，二〇〇六年版）中導言〈《孫子兵法》與先秦兵學〉，頁一一三。

㉛見（英）傑瑞米．布萊克（Jeremy Black）著，張瀾譯：《地圖的歷史》（*Visions of the World*），太原：希望出版社，二〇〇六年版，頁一〇。

㉜見《八．一八》、《八．二一》、《一四．五》、《二〇．一》。

㉝見《七．五》、《八．一一》、《一一．一七》、《一八．一〇》。

㉞《荀子．儒效》載：「（周公）兼制天下，立七十一國，姬姓獨居五十三人焉。」

㉟見周一良，鄧廣銘，唐長孺，李學勤等編：《中國歷史通覽》，上海：東方出版社，一九九四年版，頁八三。

㊱見本書文章〈六藝的教學材料與弟子的出路〉。

㊲見夏野：《中國古代音樂史簡編》，上海：上海音樂出版社，一九八九年版，頁二六—二九。

㊳見本書文章〈論伏羲八卦與文王易象的意義〉。

㊴「微言大義」一詞語出劉歆（前五三—二三）《移書讓太常博士書》及班固（三二—九二）《漢書．藝文志》，取意於《孟子．滕文公下》：「世衰道微，邪說暴行有作，臣弒其君者有之，子弒其父者有之。孔子懼，作《春秋》。《春秋》，天子之事也；是故孔子曰：『知我者其惟《春秋》乎！罪我者其惟《春秋》乎！』」亦取意於《荀子．勸學》：「《春秋》之微也。」《荀子．儒效》：「《春秋》言是，其微也。」亦見太史公《史記．孔子世家》。

㊵見《論語》原文：「（伯魚）對曰：『未也。嘗獨立，鯉趨而過庭。曰：「學詩乎？」對曰：「未也。」「不學詩，無以言！」鯉退而學詩。……』」（《一六．一三》）又：「子曰：『小子！何莫學夫《詩》？《詩》：可以興，可以觀，可以群，可以怨。邇之事父，遠之事君；多識於鳥、獸、草、木之名。』」（《一七．九》）

㊶我們這個意見採用自楊伯峻先生。見楊伯峻：《春秋左傳注》，中華書局，一九九〇年版，頁一五。

㊷見中國網新聞〈中國古代普通話歷時四〇〇〇年以洛陽話為標準音〉〈http://www.china.com.cn/news/txt/2007-05/10/content_8232156.htm〉

㊸見《史記．魯周公世家》。

㊹春秋時人對雜交是相對容忍的。見〈孔子生平〉列表六十八—七十二歲中的季康子妹妹條、孔文子條。

㊺見《史記．魯周公世家》。

二、孔子生平

孔子生平論述

我們大家都會說：孔子是我們的聖人。那麼，在我們的文化中，「聖」與「聖人」的意思是什麼呢？

《說文解字》釋「聖」為「通也」。也就是通達廣博有學問的意思。這與《尚書》「睿作聖」，聰明得沒有事不通曉的意思是一致的。春秋時，開始有聖人這個觀念，那是一個不單止睿智，而且有仁愛之心的統治者，也因此是一個道德超卓的人。《老子》書中的聖人就是指一個統治者，一個像母親那樣愛著子民的統治者，由於老子去仁義，因此他不強調聖人仁義道德的行為①。孔子恰恰相反，認為仁義是構成聖人主要的成分，在他心目中，只有三位聖人，那就是堯舜禹②，前二者還是有瑕疵的聖人，只有大禹是他心目中最到位的聖人③，後來儒家所推崇的文王周公，在他心目中，都不是聖人，連仁人都算不上④。從這個意義上來說，孔子確實不是春秋定義下的聖人，因為他既沒有統治權，也因此沒有可以帶給人民幸福的行政權。我們今天說孔子是聖人，不是用春秋時候的定義來界定他的，而是另有我們自己的涵義的，根源自孔子自己的行為。

由於孔子的存在，聖人的意義也開始有所改變，聖人意指我們中間最有道德的人，也就是偉人中的偉人。孔子成為聖人，這是中國歷史上其中一個最偉大的思想革命。這話怎麼說呢？因為我們由孔子開始，評判一個人，已不從他的階級成分（貴族統治者）來審判，而是從他個人的質素與成就來審判⑤。孔子道德高尚，學問淵博，對向他求學的人，

「誨人不倦」（《七・二》），把他「己欲達而達人」（《六・三〇》）的理念完全表露在他的教育行為中。他的學生子貢和子有認為傳統對聖人的定義，差矣，要更改，要從一個人的表現來定位一個人的成就，因此鼓吹要把孔子放上聖人（人類所能達到最高的道德成就）的地位⑥。二千五百年來，中國人心服口服，上至帝王，下至市井山野之人，都沒有什麼不同的意見。自然，在近百年來，受西方先進文化的衝擊，我們有點受不了了，孔子成為中國文化保守、不求進步的文化符號而成為代罪羔羊。但是，我們雖然看到魯迅、胡適、陳獨秀等文化開創者要打倒孔家店，卻沒有聽到他們說孔子是一個沒有道德的人，要摘去他聖人的帽子。

在西元前五二一年左右，孔子在他簡陋的住家開了一個私家學院，教育平民中貧苦但有志向的青年人。這種由基層開始的教育事業為平民打開了知識的大門，讓他們能學習到正宗的貴族教育。孔子那時可能也有其他私學，但教育的可能是山寨六藝，虛假的成分很重，品質自然很差。孔子則不一樣，他的六藝具正宗性與權威性，貨真價實的貴族知識從他的手中，再經過他的弟子的傳播，流傳到各地民間，連後來的莊子也可能是一個受益者。莊子雖然好編寓言故事來嘲笑孔子，但縱觀全書，他對孔聖人是有一定的尊重的。他也可能因為孔子門徒的傳授而對貴族知識有所認識的，因而能建立一個從根本上對傳統價值觀提出質疑的哲學系統。孔子不獨把知識傳授給了他的弟子們，還賦予他們一種自我尊貴的心理狀態，認為自己不比貴族差。莊子也可能得益於這種自我尊貴的培養，而有一種傲視群倫的氣質。

就是這樣，在春秋戰國那個時代，一場沉默的革命展演開來，中國平民出身的讀書人形成了一個士人階級。在前二〇六年，漢朝成立的時候，母氏社會以來的貴族階級完全崩潰，中國再沒有姓與氏的分別。這個平民士人階級也是後來形成秦始皇（前二五九—前二一〇）官僚制度的中堅分子，這個制度一直被沿用到今天。可能還出口到海外去，當一八〇六年英國要建立它的民政制度的時候，向中國取經，而產生了有名的大不列顛文官考試制度（British Civil Service）⑦，這個制度也被美國所採用，也因為這樣，美國國家檔案館的進口處設有孔子的圖像。

以下我們論述四個改變孔子一生的轉捩點：一、在十五歲的時候，他在曲阜最主要的衢道上為母親停靈，目的是為了想找到自己的父親。一個馬夫的媽媽告訴了他爸爸的墓地，他因而能重返父家，受貴族六藝的教育。十五歲的他，所表現出來的膽色是氣魄驚人的。二、他十七歲時帶了孝去參加宰相季氏招待魯國年輕菁英的宴會，給季氏的私生子陽虎趕了出來。他的人生路向也就因此而完全改變了，他放棄了家族世襲軍人的仕途，去當了芝麻綠豆性質的低級小官吏，在僅足糊口的青菜淡飯中，他開始了他做學問的生涯。後來成為當時最有學問的人。三、他在三十歲左右開始辦私學，成就了他萬世師表的功業，也就是我們上面所說的，導致中國產生了一個沉默的社會革命。在其他三件人生的轉捩點上，我們知道孔子是經過苦心焦慮，精心打造而來的。唯獨這件事，他有可能因為環境的湊合，無意中促成的。四、孔子四十八歲時，在三十年前扼殺孔子想當高級行政官慾望的陽虎卻要招請他出來做官。孔子以唯唯否否的態度把陽虎的邀請拒絕了。但卻導致他內心中波瀾起伏，有一種巨大的意願想當行政官去實現他仁政的理想。他毅然放棄了他安適的象牙塔生活，跑進了政治舞臺。在仁政上，應該說他是不成功的；但在人格的測試上，他證明了自己，他不獨完成了自己人格的完整性，也完成了整個民族人格的完整性。可以說，在他自己生活的年代，他失敗了；但他征服了其後的世世代代。

孔子最少在三方面，是被傳統評論家有所忽略的：一、他有很強的武打軍事才能；二、他有重建夏曆的天文知識，以及「疑則存疑」的科學治史精神；三、他的禮教設施是有「富民（民間經濟財富）」為基礎的——他是警覺到下層結構的存在的。請見書中有關的討論，不在這裏重複贅言。

最後，我們列述一下他五十歲時，日常生活中的衣食住行如下：

大家都知道孔子對飲食在精緻上、在衛生上、在節制上是非常講究的，他對精緻的要求有如下的名句「食不厭精，膾不厭細」。而且一定要煮得恰到好處，不能太生，也不能太熟，否則對飲食有研究的孔子就不肯下筷子了，所謂「失飪不食」，而且他對配料也很講究，因此「不得其醬不食」（《一〇・六》），做他的廚師或太太，那可真不是一件容易的事。意想不到的是，在他生命後期的十四年中，竟是雄糾糾武夫的子路照顧他的飲食。

在衛生保養方面，他不吃變餿的飯、餒臭的魚、腐壞的肉。他不亂吃零食，按時飲食，所謂「不時不食」；而且他食有適量的節制，案前雖然大碗酒肉，他也不使性過飽。飲則稍微過量，所謂「惟酒無量」，不過「不及亂」（《一〇・六》），所以孔子不是一個酒鬼。

這樣一個喜歡食肉飲酒的人，出外旅行時卻特別小心，為了怕拉肚子，「沽酒市脯不食」（《一〇・六》），也就是，從小攤攤上買回來的酒肉不立即食用，那是怕它們不衛生，必須燒煮後才敢食用。由此推論孔子周遊在外，如果他那時有麥當勞，他也是寧可在麥當勞飲食，也不願在小飯莊上飲食的。

關於孔子飲食，有一句名言「割不正不食」（《一〇・六》），字面上的意思自然是「切得不方正不吃」，但真義之所在，大家並不明瞭。我們作一個嘗試性的解釋，那就是孔子那時是「有酒食先生饌」（《二・八》）的時代，所以老師未吃完，學生是不敢動筷子的，孔子與弟子們一起吃飯，看到面前十多二十個學生都不敢動筷子，就只他一個人吃悶飯，那並不是一件太有趣味的事。想想，還得找一個藉口，讓弟子們可以不拘束地自由夾菜肴，大家能吃得高興。因此說老師我有點古板，只吃切得方正的肉，你們還年輕，還沒有我這種古板習慣，就隨便夾不方正的肉來吃吧！從此，弟子吃切得不方正的肉比老師吃方正的肉還來得快一些。

孔子不吃腐壞之肉，也因此不吃隔了夜的肉，所謂「宿肉」（《一〇・七》），但祭肉則吃上三天，那是因為祭肉是鎮在冰上由國君送給大夫百官的⑧。孔子這時已是大夫，是所謂「伐冰之家」⑨的一個成員。孔子對這一點看得很重，因此後來在墮三都失敗之後，當統治者不分派祭肉給他的時候，也就是不承認他是「伐冰之家」的一個成員的時候，他知道是自己離開父母墓地所在的魯國的時候了。

從《論語・鄉黨篇》來看，孔子不獨講究飲食，對穿衣服也不隨便，而且擁有珍貴的狐裘，那自然是他當高官後的情況。上朝有朝服，出外有羔裘玄冠，夏天穿葛布衣服，且有罩衣；不在喪期時，還佩帶上各式衣飾（《一〇・五》）。從這些對服飾的講究與重視來看，他大概與別的高官沒有什麼分別，但他非常講究顏色的配搭。

他穿黑衣服，就配搭上深墨色的羊皮外套；穿白衣，就配白毛鹿皮外套；穿黃衣裳，就配深黃色的狐裘。同時不用青布或紅布做衣服的鑲邊，家居的便服沒有大紅大紫的顏色。從反面上來說，孔子外出的衣服可能有些是由紅布或紫布裁剪做成的。因此，孔子除了單色衣服外，有時也穿雜色的衣服，孔子那時可能衣服都是單顏色的，還未有雜色的花布。

孔子可能是右手寫字的人，因此他「短右袂」（《一〇・五》），把右面的袖子修短了。同時，他在家穿的皮外套比出外時穿的要長了一些；他睡覺穿睡袍，睡袍比上身長一倍半。所以，他一天要換好幾套衣服，特別在要上朝的那一天；因此，他可能有專人打理他的各式衣服。在經過幾年這樣舒適的生活，後來還能毅然出走，離開魯國，是一件很不容易的事，怪不得他有點戀戀不捨。

孔子那時家裏已有高堂，因此當朋友有喪事，沒有地方安置，他就慷慨地說：就在我家停靈出殯吧！所謂「於我殯」（《一〇・二〇》）。他十五歲喪母的時候，沒處停靈，竟要把靈柩放在曲阜主要衢道的棺材店停放，因而改變了他一生的命運；這一幕浮現腦際，使他特別能體會朋友辦喪事困難的地方。

孔子不獨有高堂，也有馬廄，一次馬廄著火，他不問馬，只問「傷人乎？」（《一〇・一五》）。從現代的生活水準來看，孔子不獨有車，還是住在一幢有車庫的大房子之中。

孔子時可能還沒有供乘客坐的馬車，因此，雖然是乘客，也必須是站著的，孔子「正立執綏」，腰挺得直直的，在車中，他「不內顧，不疾言，不親指」（《一〇・二四》），非常尊重駕駛人的獨立性。恐怕，他在駕車時，也是不喜歡旁邊有一個乘客對他指手畫腳地說話的。

孔子簡介

西元前五三六年：十五歲喪母⑩，不知道自己的父親是誰，在曲阜交通要道的五父之衢辦殯葬喪事⑪，引來同鄉人的注意，一個馬夫的媽媽證實了孔子父親的墓地，導致母親與父親在防山的合葬⑫，孔子得以重歸父家，受貴族禮樂射御書數「六藝」教育。孔子由那時開始到三十歲，被人稱為「陬人之子⑬」。

西元前五三四年：曾帶著母親的孝（可能是一件不合禮常規的事情⑭），想參加宰相季氏（季平子，？—前五〇五）的招待士人的宴會，為季氏的權臣陽虎（活躍前五一五—前四八六）所取笑，被轟了出來⑮。

西元前五三二年：孔子十九歲時做了一件不合禮常規的事情，未到二十歲的冠禮就娶了宋國姑娘亓官氏，十個月之後生了兒子孔鯉，孔鯉（前五三二—前四八三）要在自己四十九／五十歲去世前才給孔子生了一個孫子孔伋（前四八三—前四〇二）[16]（孔子那時六十九／七十歲）。所以，孔子幾乎無後。孔子放棄了父親家族的軍人行業；因此而沒有了車馬與車戎的配給，去當了乘田（管理牛馬的小行政官員）、委吏（倉庫管帳員）那樣的小吏[17]。過他那曲肱而枕的做學問生涯。

西元前五三一年：二十歲冠禮後，能入典籍禮器所在的有點像近代國家歷史博物館的宗廟學習與研究[18]。大約三十歲時，在魯宗廟自學畢業，開始招收學生，被人稱為孔子。

西元前五二五年：二十六歲時就警覺到正統的官學在古文明史方面，已失傳；要追求這方面的學問還得到四方邊遠的小國去尋求[19]。

西元前五二一年：三十歲，孔子的學生大約分三期收錄：四十歲之前，他收了第一批學生，包括子路（約前五四二—前四八〇）、曾點（蒧）（約活躍前五〇五—四七五）等；四十四歲左右，收了另一批子侄輩的弟子，包括顏回（約前五二一—前四八一）、子貢（約前五二〇—？）、冉有（約前五二二—？）等；五十四歲周遊列國時收了第三批孫子輩的學生，包括曾子（約前五〇五—前四三二）、子張（約前五〇三—？）等[20]。有關弟子生平請見本書〈孔門重要弟子介紹〉一文。

西元前五一七年：在他三十四歲時，魯國的權臣三桓把他們的君主魯昭公趕走到齊國[21]，兩年後孔子貴族血統的周邊學生孟懿子與季氏權臣陽虎打敗支持昭公的民眾[22]，孔子沒有過問這件事，後來也沒有在齊國朝見昭公。

西元前五一五—前五一四年：三十六歲或三十七歲時，吳國的公子季札（活躍前五四四—前五一四）（是讓君位的吳公室貴族，有賢名，他在孔子七歲時曾到魯考察周音樂與周禮舞）葬長子於魯地，孔子往觀南方吳國的葬禮[23]。之後，可能與季札討論賢人問題。同時期，三十六—三十七歲的孔子到東周首都洛京遊學，與可能是老子（生卒年不詳，其人也不詳，按傳統的說法，乃是孔子的長輩，約活躍於前五一八）的藏室史見了面[24]。也去了齊國學韶樂[25]。同時去了宋國（今河南商丘市市南）考察殷禮的文物與文獻，以及殷人遺留下來的風俗習慣，但是因文獻的缺乏不能完全考定商禮[26]。他去夏禹後裔所在的杞國[27]，得到同樣的結論，但他找到夏曆的文物與文獻，把夏朝的曆法重新復原，從漢朝開始，直到今天還為我們沿用[28]。是一個不折不扣的天文學家。在去齊返魯前，可能遊泰山。

西元前五〇五—前五〇三年：四十六—四十八歲時，陽虎權侵宰相季氏，殺季氏族人，想任用孔子，孔子唯唯諾諾，終於沒有出來做官[29]。

西元前五〇二年：四十九歲時，陽虎叛季氏，為三桓所敗，陽虎奔晉[30]。季氏宰公山不狃（活躍前五五五—前四八四）據費叛。召孔子，孔子欲往，子路止之[31]。

西元前五〇一年：三十七至五十歲，完成以仁為主的倫理思想體系，因此而知天命；知道或相信上天要他承傳文王的「斯文」文化[32]，以及他已是一個修養達到「仁德」境界的人[33]。

西元前五〇一—前五〇〇年：五十一—五十一歲為大夫、為相禮。對《史記》說他為中都宰，為司空，為大司寇，我們有所保留[34]。

西元前五〇〇年：五十一歲，傳說孔子大開殺戒，殺與他爭學生的少正卯[35]。夾谷之會上，殺侏儒（載《史記》，但不載《左傳》㊱）。我們存疑。

西元前四九八年：五十三歲時，孔子與子路要拆三個權臣封地的城牆，成功的拆了叔孫氏的「郈」，季氏的「費」，但孟孫氏（周邊弟子孟懿子（前五三一－前四八一））的「成」拆不成功。隳三都因此失敗㊲。孔子與子路種下了以後出走的因果。

西元前四九七年：五十四歲孔子出走，與弟子們周遊列國十四年。五年之後，心裏極想返魯，但放不下自尊心㊳。

西元前四九二年：魯宰相季康子㊴（？－前四六八）召冉有回魯任季氏宰（一個部長／副部長級的職位），子貢私底下要冉有一有機會就說服季康子召孔子回魯㊵。

西元前四八八年：吳太宰伯嚭（活躍前五一五－四八〇）召季康子，康子不敢往，召在衛的子貢代往㊶。子貢在這一年離開孔子。

西元前四八七年：弟子有若（約前五〇八－？）參加三百壯士的義勇軍，衛魯抗吳㊷。

西元前四八四年：弟子冉有與樊遲（約前五一五－？）敗侵魯齊師㊸。因為弟子的戰功，六十七歲獲權臣季氏以幣（禮品）召而返魯㊹。

西元前四八三年：作為魯國最有名望的在野退休大夫，開始扮演一個言責者的角色，對政府不正當的政策作猛烈的批評。先批評宰相季康子的苛稅政策㊺，再批評他越禮跳六十四人的「八佾」君王禮舞㊻，以及天子才有資格到泰山的祭天行為㊼。倒楣的弟子冉有夾在老師孔子與上司季康子之間，是孔子口舌箭矢之所指，孔子甚至鼓勵其他弟子「鳴鼓而攻之㊽」。最後在七十大壽那一年，齊戒沐浴三日，盛裝請魯君與三桓伐齊，因為齊弒其君㊾。

西元前四七九年：七十二（陽曆）或七十三（陰曆）歲卒。這五年間，他可能刪《詩經》，定禮樂，也可能修《春秋》[50]。很多弟子都得到官職，弟子做官的運氣比他好，魯國官場孔子弟子占了半壁江山[51]。在這個時期，他三次白髮人送黑髮人[52]，先是兒子孔鯉死，但留了一個孫子孔伋給孔家。再是最稱心的弟子顏回過世，孔子在那一年絕筆，不再記述《春秋》每年大事。再過一年是他最親的弟子子路赴義而死，他傷心得連最愛吃的碎肉也吃不下去。死前七天另一個心愛的弟子子貢使齊回來看他，他支著拐杖，顫巍巍地從病床爬起來，在房門口與子貢相見，充滿感情地說：「賜，汝來何其晚也[53]？」子貢為這個老師守了六年的喪[54]。

關於孔子與其年代評論式的詳細年表

一歲（前五五一）

年表形式的敘述：

孔子生於陰曆八月二十七或二十八日，魯襄公二十二年[55]，在離曲阜西南二三十公里外的陬邑出世，父親叔梁紇六十七歲，母親顏氏約十五至十八歲之間。孔子額頭突起中間微凹成丘狀。長大後，身長一・九一米[56]。

這一年，晏嬰[57]（？—前五〇〇）表達與孔子相同的關於「信」的見解：齊莊公[58]（前五五三—前五四八在位）納晉之亡臣欒盈[59]（？—前五五〇），晏子認為齊國這樣做是失去信用的，因為晉是齊的盟主，齊以小事大，講的是信用。君主自己如果拋棄上信下恭的天道，則其在位是不能長久的。這與《論語》中「無信不立[60]」的涵義是相近的。

討論的問題或進一步的解釋：野合、貌醜、孔子造像

野合：父親六十六歲與正當妙齡的「顏氏」女「野合[61]」，有了孔子。歷來對野合一詞有種種的議論，主要來自《史記》的兩位有名的注家，唐司馬貞（約活躍七一三—七二三）《史記索隱》與唐張守節（約活躍七一三—七五六）《史記正義》。後來為所有要擁護孔子家世清白的傳記作家所引用。關於這方面的討論，請見原書〈附錄一：論孔父孔母的野合與孔母的家世〉。

而事實上，野合（不通過婚姻關係而發生男女關係）是周時期社會所允許的婚前習俗。周時期的統治者，出於關懷民生以及繁衍人口（以擴兵源和發展農業）的需要，對婚姻也是較為重視的。《周禮》記載：大司徒地官掌管土地與人口，春官大宗伯掌邦禮，地官遂人掌邦之野，而「媒氏」即地官職。據《周禮‧地官司徒‧媒氏》載：「中春之月，令會男女，於是時也，奔者不禁。」即是說媒氏會在仲春之月，按照習俗組織適婚男女自由集會、隨意擇偶，為他們創造野合成婚的機會[62]。

基本上，大家同意孔子是在不合禮法下結晶而生的。這對愛禮儀如生命的孔子來說，那種打擊與痛苦，是像原罪那樣地深沉，那樣地永恆。這與生俱來的恥辱和缺陷像鞭子那樣，督促著我們的孔聖人在禮教與人格完美的追求上，有「任重而道遠，死而後已」的使命感。我們可以稱之為「孔子原生矛盾性」，這是孔子追求道德完美的最原始的推動力。

作為地方上有體面的父老輩士紳的叔梁紇，在一個多妻制度的社會，為什麼不通過明媒正娶把顏氏好好地討回家中，而要像年輕小夥子那樣在一時衝動下野合呢？那是一件不可思議的事；也是中國歷史上最可以慶幸的事。這話怎樣說呢？我們老先生與他原配「施氏」只有生鳳的命，而且是家有九鳳；老先生不服氣，討了一門侍妾，生了一個兒子「孟皮[63]」。孟皮足部殘廢[64]，不能繼承老先生軍人家業傳統。老先生腎氣旺盛，不服氣，還有信心自己有能力播種。我們不知道他是在怎樣的場合下與顏氏見面的，不過，他們兩人的荷爾蒙一定起了化學作用，才會野合。而且，這個是得到天時地利人和的萬神祝福的喜事。從生物學上，我們知道老年人的精子數量只有壯年時期的三分之一或更少，而且大部分的精子品質不佳；所生的孩子可能有缺陷。這可能是為什麼大兒子孟皮足部殘廢。孔子則不僅是身強力壯，體格魁偉，而且壽高無疾。這表示他有優良的遺傳種質，是極健康的卵子與精子的結合；獲得他父親萬中一選的精子。對一個普通人來說，那已是夠幸福的了。對孔子的結晶來說，沒有抓到癢處。因為這個精卵的結合是驚天地、泣鬼神，萬年不會發生一次的基因種質突變。那就是說，在孔子的天賦上有了聖人種質的進化演變；正如猿人股骨變粗變大可以直立行走那樣。不是老先生所有的精子都有這種神妙的力量；對種質突變的進化是怎樣產生的，目前在科學上我們還是很茫然的。不過，與顏氏卵子結合的精子的獨一無二性，應該是可以肯定的。精蟲的生命期很短；不野合，恐怕這獨一無二的精子已不存在。因此、是一場萬神祝福的野合。

貎醜：民間傳說，孔子剛要來到這個世界的時候，母親顏氏在娘家，古禮規定女兒不能在娘家生產，故顏氏急忙回夫家。孔子等不及，在母親還沒有到家的途中就誕生了，這與佛祖的誕生故事有類似的地方。那是在泥山腳下的一個山洞裏，山洞今已成名勝，叫「夫子洞」。孔子生來鼻露孔，眼露睛，耳露輪，奇醜無比，父親見了噁心，把他丟在泥山上。天氣炎熱，鳳凰為他打扇，一隻老虎把他啣到山洞裏。母親不忍心，派人在山洞內找回了孔子。所以孔子醜的傳聞是從這樣一個充滿迷信的傳說而來的[65]。

這個傳說是怎樣而來的，則並不明確，史籍上是沒有記載的。我們大家都知道有這樣一句成語「以貎取人，失之子羽[66]」。那是孔子自責的話語，因為他有一個學生叫「澹台滅明（字子羽）」，生得貎醜，孔子就認為他不會成大材，結果子羽有弟子三百人，而且名動諸侯。孔子知道後責備自己說：我因為以貎來判斷人，因此錯失了像子羽那樣的賢人。所以，孔子自己如果太醜，恐怕是不好意思去輕視別人樣子難看的。我們應該可以假設孔子不是一個太難看的人。

孔子造像[67]：我們最通行的孔子造像乃是：傳說是吳道子（六八〇—七五九）所畫的萬世師表畫像。自然是一幅憑空虛構的圖像[68]，不獨樣子不是孔子的真相貎，連頭冠衣飾鞋襪也缺乏時代的真實性。希望有一天我們野外考古學家為我們找到一幅接近孔子時代的畫像，讓我們真正能景仰到他高大雄偉的樣子。二〇〇七年下半年魯西地區發現一座漢代壁畫墓，內有山東地區唯一保存完好的孔子向老子問禮故事繪畫圖。我們從新華網上複印下載[69]，附於文前，供大家參考。我們認為這個屬於早期的孔子造像，比目前網上二百多個造型，更為接近歷史上的孔子。

三歲（前五四八年）

年表形式的敘述：

父親在這一年或之前過世，與母親住在離曲阜三里路外的闕里[70]，一直到十五歲母親死後才返回陬邑[71]，在這期間，孔子大約受過不太正規的教育，他能識字，能背誦一些章句，能灑掃應對，對慶喪典禮有一定的認識。他為兒嬉戲時，常陳列盛載祭品禮器來敬拜父親，想從母親處知道父親是誰，未果。

孔子二—三歲時，魯國與列國的政治：

前五五〇年：孔子出生後第一個平民百姓殺貴族權臣事件，發生在陳國慶氏[72]之亂，陳哀公（前五六八—前五三四在位）奔楚，慶氏使被徵役的人（大約是平民百姓的自由人）築城，役人不小心墜築城工具，慶氏殺之，引起眾怒，役人起義殺慶氏。

前五四九年：有特異天象與天災人禍：甲子日全蝕，八月日再蝕，七月魯大水。這年冬天魯發生大饑荒。

范宣子[73]（？—前五四七）當上了晉國的國卿，晉國那時是北方諸侯國的盟主，要求各諸侯國增加進貢，但鄭國名大夫子產[74]（？—前五二二）力爭，晉國總算減輕了諸侯的貢品。

作為南方大國的楚國，感到在東面崛起新興的吳國是一種威脅，因此建立水師攻打吳國，但無功而還。

晉國在山東的夷儀⑮會盟北方諸侯國，有攻打齊國的意思，山東當時有水災，軍隊為大水所阻。

楚國作為齊國的同盟國，用圍魏救趙的戰略，攻打近鄰的鄭國，以救遠離三個國家外的齊國。這個策略生效，諸侯救鄭。

這一年：記載了孔子出生後第一個弒君，同時記述了中國史家的史筆精神，那就是「崔杼弒其君」的故事⑯。齊莊公私通大夫崔杼⑰（？—前五四六）的夫人，為杼所殺，立莊公異母弟，是為有名的齊景公。齊大史秉筆直書：「崔杼弒其君」，杼殺之，大史二弟三弟嗣書之，皆為杼所殺。四弟仍嗣書弒，杼乃舍之。南史氏聞大史氏盡死，執簡以往；聞已書，乃還。

齊國以大量的錢財向晉國求和，得以與各國會盟議和於山東的重丘⑱。

吳國人後來以柔弱見著，但在春秋時則以兇悍見稱，吳楚開始三十年不斷的戰爭。

討論的問題或進一步的解釋：史筆精神、不為叔梁紇家族所接受、少也賤、弒君

禮法是一種大眾、包括列祖列宗所共同認可的社會常規。孔子時代男女關係的禮法我們知道一點點，它的實踐是怎樣的我們知道得少之又少；因為對那時候的人的日常生活我們可以說非常不瞭解。《尚書》[79]與《左傳》所描述的都是上層社會人士的生活，而且都是不尋常的故事。由於孔子的出生不合禮法，顏氏與孔子所要面對的日常生活問題，我們只好從後來中國人的生活習慣與習俗中去推敲猜想。

史筆精神：中國文化能連續不斷的保持四千年（從諸夏開始），與這種精神是不能分割的。如果真的有什麼春秋之筆的話，這才是春秋之筆精神之所在，而不是誰都弄不懂的什麼「微言大義[80]」。在孔子三歲的時候，中國文化中一個像擎天一柱那樣崇高的精神已存在。

不為叔梁紇家族所接受：一直到顏氏死亡，母子不為叔梁紇家族所承認和接受。這可以從二點來見證：一是孔子不在祖家的陬邑長大；二是顏氏死時未能與丈夫叔梁紇合葬。近人的傳記多數認為孔子頭三年與父親家族同住，父死才搬遷到曲阜縣三里外的闕里，與顏氏相依為命。這只是種臆測，缺乏文獻的支持。如果孔子的伯叔輩族人真的承認和接受孔子是叔梁紇的骨肉，有希望繼承祖宗的武業；無論元配施氏多凶，伯叔輩也不會讓她把孤兒寡母流落到曲阜去的。為什麼叔梁紇未能把母子二人帶進家族，讓族人認可，那是一個歷史上的謎。有一個可能是：孔子生下沒多久，父親就死了。《史記》（成書前八七年）說：「丘生而叔梁紇死[81]」。《孔子家語》（王肅（一九五—二五六）撰）則稱：「生三歲而梁紇死[82]」。如果太史公所說是正確的話，則母子二人被排在家族之外，就有一個很好的解釋；那就是叔梁紇未來得及把野合的結晶正規化，就撒手人寰。也因此，孔子的青少年是在艱苦中度過的。

少也賤：十五歲之前、孔子是如何過活；我們只有一個模糊的概念，孔子自己在《論語》中說：「吾少也賤，故多能鄙事。」（《九・六》）《史記》也說他少年之時，「貧且賤[83]」。孔子可能種過田，放過牛羊。但是，他與他母親是靠什麼維生的，我們並不清楚。不過，我們可以作這樣的推測：孔子一家，他們生活清貧，但並不生活在饑餓的邊緣上。這從孔子能讀書識字就能推測到；至於他如何能做到這一點，還有待我們歷史學家的努力。

因為孔子那個時代，作為一個平民，要讀書識字，那可真不是一件簡單的事。那個時代沒有書、沒有紙、也沒有筆。只有竹簡木牘用繩索串連成的「版籍」，那可是一種神聖的東西。即使後來當孔子當了大夫，坐在馬車上，看到路上走過負載著版籍的馬車或牛車時，也會在車上憑著車軾致敬的[84]。在「貧而賤」少年時代的孔子怎麼能得到神物般的版籍，就很是費人猜疑的了。一個可能的解釋乃是：作為貴族的父親給他留下了一些版籍。孔子利用它們來讀書識字，充實自己。

中國文字一直到清末民初還是神權的一種工具，普通不識字的老百姓對文字本身有敬畏的心理。近代費孝通（一九一〇—二〇〇五）先生在農村作人類學普查時，對這方面有生動溫馨的描寫[85]。事實上，中國普通平民能在傳統社會受教育，大家都歸功於孔子。可是，孔子自己是怎樣受到教育的？我們只有以下的臆測：

一個說法：孔母顏氏出身自一個士族大家庭，甚至說與顏回（前五二一—前四八一）出自同一個家族[86]；因此知書識禮。既是慈母，又是嚴師；一個典型的傳統禮教故事[87]。它的可靠性是微乎其微的。

另一個說法：除了貴族子弟可以上官校（稱庠或序，貴族子弟必須受文武全材的教育，太平時能文治，戰爭時能打仗；學習六藝的禮樂射御書數。且有大小學之分，八歲入小學；十五歲入大學）受教育之外[88]，經過夏商周三代一千五百年的變革，到孔子那個年代，已有大量有文字知識的貴族因犯罪而被貶為庶人；文字知識已流落民間，平民也可以到私校受教育[89]，這是所謂「王官失守」。在孔子自己接收別人拜師的臘肉之前，他也以同樣的方式尋找老師，教他識字知禮以及音樂。如果真的是這樣的話，他必須有一定的資源來償付他的教育經費。也許，他父親留下一些貴重的衣物手飾給他母親；經過典賣這些飾物，換取臘肉，自己不敢吃，以蔬食清水過日子，拿捨不得吃的臘肉作為拜師的見面禮。

我們雖然不認為母親顏氏知書識字，但她必會是一個斯文懂禮的女子；否則，孔子不可能從小吃有吃相，坐有坐相。顏氏粗菜淡飯，守著十多年的寂寞，沒有改嫁，斷去孔子重回貴族門檻的機會。孔母在追求道德堅韌的精神上，足可為孔子的典範。這個偉大的女子三十出頭，就離開了這個艱辛的世界[90]。怪不得孔子要堅持三年之喪的禮教。

弒君：春秋時弒君有一個極大的特色，那就是「取而代之」的觀念，只用在同一個階級身上，而不超越其階級的成分。也就是說，公室貴族殺了君王，會取而代之；權臣貴族雖然也常常會殺了他們的君王，但不會取而代之，而會在公室中找一個有王族血統的人代而立之，哪怕這個人還是一個小孩子。所以說西周開國以來的血統觀念還是被保留的，雖然我們常常說禮崩禮壞，那只是說貴族們不按照自己的身分行喪祭禮的儀式，以及慶典享宴中禮樂與禮舞的演奏有失規格。但在最基本的血統傳承上，還是保持了周初的意識形態的。

孔子對他一生中所發生的十五個弒君，前十四個一個都不吭聲，到了第十五個有所批評，那是他七十歲的時候，他說話了，那是他「從心所欲，不逾矩[91]」的一個例子[92]。

六歲（前五四五年）

年表形式的敘述：

文獻中無孔子事蹟記載。

孔子四—六歲時，魯國與列國的政治：

前五四七年：發生了孔子出生後的第二個弒君，乃權臣寧喜[93]（？—前五四六）殺衛殤公[94]（前五五八—前五四七在位），迎獻公[95]（前五七六—前五五九以及前五四七—前五四四在位）自齊（前五五九年奔齊）返衛復位。晉會諸侯伐衛，執衛獻公與寧喜歸晉。齊公與鄭公赴晉為衛獻公請罪，晉允獻公歸衛。

秦國地處西陲，是當時的睡獅，國力可能已可與晉楚相抗衡，但在春秋時基本很少過問中原諸侯國的事情，但與楚國有皇族的婚姻關係，因此有的時候會幫助楚國一下。當楚秦二強在這一年聯合侵吳時，吳敗。

楚國聯同附庸國的陳蔡攻打鄭國，鄭國不敢抵禦，割地求和。

前五四六年：孔子出生後第一個國際和平弭兵大會的成立，事情的經過大概如下：連年不斷的戰爭使大家都有點厭倦了，諸侯間開始有息戰的議論，宋大夫向戌⑯（活躍前五七六—前五四六）欲弭諸侯之兵，在國際上他與晉國六卿的正卿趙文子⑰（？—前五四一）關係很好，與楚國令尹屈建（？—前五四五）也談得來。他因此赴晉說趙文子，推銷他這個意見，文子在與晉國大夫們商議之後，同意建立一個弭兵同盟。他也赴楚得到同樣的認可。再告之於齊秦，許之，其他諸侯國亦相隨允許。於是在這一年秋天，各諸侯國的大夫與附庸國的君主盟於宋國的蒙門（宋都東北門），乃是為了表示對發起人向戌的尊重。楚晉為大會的雙盟主，口號乃「勿用兵，勿殘民，利小國⑱」。吳越二國似未參加盟會，北燕也沒有參與，秦則只同意弭兵之議而可能未與其會。

衛獻公復位前曾答應寧喜：「苟返，政由寧氏，祭則寡人。」（《左傳‧襄公二十六年》）也就是說，行政的實權由寧氏家族掌握，禮儀名位上的尊貴則歸衛公，有點像近代的君主立憲制中君王的地位，自然春秋時的君主是有君主範圍內的生殺之柄的，但朝堂上的主權則盡失。衛公因此開始對寧喜不滿，認為他太專斷。寧喜終為衛大夫公孫免余⑲（活躍於前五四六）所攻殺，衛國君主因此重新得到國家的行政權。

前五四五年：前一年，齊大夫慶封（？—前五三八）滅崔氏，盡俘其家，逼死崔杼，慶封執政，驕橫。為公族大夫所逐，慶封奔魯，再奔吳。

討論的問題或進一步的解釋：國際和平弭兵大會

孔子採用周朝的典章制度，這個制度的設計人就是周公，那是一個非常全面性的宗族式的全國統一制度。在殷商時，每一個部落可以有自己的衣飾禮制；在姬周時，各諸侯國不能有自己獨特的衣飾禮制，必須統一採用周制，按不同的等級實行不同的禮制與採用不同的禮器，有大一統的氣象。據說周分封七十一個諸侯國，四十國是宗族的姬姓（荀子則說有五十三國⑩），其他三十一國是非姬姓的功臣或像堯舜禹那樣大聖人的後裔，其他千多個部落都被七十一國所瓜分，強制尊崇周禮與周文化⑩。

「強制」是有武力作為後盾的，有一點國際警察的味道。諸侯國在宗周領導下組成國際聯軍用以維持周禮（或周宗室國際秩序）的體制。任何一國若有弒君叛亂事件，周宗室都會會盟諸侯國組織國際聯軍平亂，或有諸夏（認同夏文化的各諸侯國）以外的少數民族入侵，也會組織這樣的聯軍的。東周時，諸侯中的大國——如上述晉會諸侯伐衛，執衛獻公與寧喜歸晉——取代宗周的地位而為各中州諸侯國的盟主，維持國際間的秩序。

齊桓公⑩（前六八五—前六四三在位）是第一個這樣的盟主——國際警察的領導人。孔子讚他說：「桓公九合諸侯，不以兵車。」（《一四・一六》）也就是說，他九次會盟諸侯，擺出國際警察的姿態，沒有使用兵車武力，就維持了國際間的秩序。孔子時，晉楚俱是武力大國，各有勢力範圍，晉的盟國為齊魯衛宋鄭等，楚則為陳蔡等國，秦、吳、燕、越則獨立於這兩個聯盟之外。在吳要滅楚的時候，與楚有姻親關係的秦出兵保衛了楚。吳楚之間，戰事連年，休戰的時間少，戰爭的時間多。

國際和平弭兵大會：這個和平弭兵大會不但可能有響亮的口號「勿用兵，勿殘民，利小國⑩」，作為盟誓而且也有實效。五年間，諸侯國間沒有戰爭，包括吳楚在內。破壞和平聯盟的竟是禮儀之邦的魯國，我們下面將會再論及。之後的七年也相對戰爭少了很多。和平大會不止是形式上的一場政治表演，而是有實際政治意義的盟會。

但在盟會形成之初，雖然大家同意結盟，晉楚間進行了多次外交會議，以定禮儀規章，統一對外口徑。但結盟的前一晚，晉楚都帶了軍隊來，「以藩為軍，晉楚各處其偏」（《左傳・襄公二十七年》），將結盟時，楚人衣下穿甲，引起大家不安，商量是否要求楚軍去皮甲。晉名臣叔向認為宋國有足夠的軍隊來保護大家，不用擔心。而且楚人雖然常常食言，但這一次是打著停止戰爭的招牌來召集諸侯國的，卻發動戰爭來對付大家，若楚國真的那樣做的話，對我們晉國太有利了。盟會歃血時，楚人爭先，晉人也讓步，促成和平大會的成立。

《左傳》作者以不同的觀點來描述大會。晉韓宣子提供正面的看法說：戰爭殘害人民，像蠹蟲那樣消耗國家的財力，是小國的大災難。宋子罕則認為諸侯小國在晉楚大國威脅下，反而會上下慈和，因而安靖其國家，得以保存。兵家由來已久，可以之威不軌之臣而昭聖人之德，誰能去之？去之不祥。向戌本來還想向宋平公要求賞賜六十個城邑的，聽了這話，趕忙推辭，不敢接受城邑。《左傳》又記載說，孔子也看了會盟的「舉」（記載），批評說：文辭修飾得過了頭。大概門面話太多，這大概是任何以道德為標榜的會議的通病[104]。

十一歲（前五四〇）

年表形式的敘述：

文獻中無孔子事蹟記載。

孔子七—十一歲時，魯國與列國的政治：

前五四四年：鄭宋發生饑荒，由於鄭國的施發公糧與宋國的施行借公糧而不用立借據的政策，鄭宋無挨餓之人。

吳王餘祭（前五四七—前五四四在位，一說前五四七—前五三〇）使其四弟吳公子季札[105]（活躍於前五六一—前四八五）出使北方各諸侯國。在魯請觀周樂，發表了可能是中國最早對藝術品（在這裏是與詩相關的音樂與禮的群體舞[106]）的「純印象性質（impressionistic）」的鑑賞評語[107]。

晉平公[108]（前五五七—前五三二在位）因為母親是杞人，因此動員各諸侯國大夫修築杞國城牆，引起有些大夫例如鄭大夫子大叔[109]（活躍於前五二二）的不滿。

前五四三年：宋都失火，眾諸侯謀恤救宋災。

鄭以子產為執政。

蔡國發生孔子出生以後第三個弒君事件：蔡景侯[110]（前五九一—前五四三在位）為太子娶婦於楚，而又與她私通，太子殺其父侯而自立，是為蔡靈侯（前五四三—前五三一在位）。

前五四二年：子產論鄉校議政的好處，鄭人遊息鄉校，議論時政。鄭大夫然明請毀鄉校，子產不允，說：「夫人朝夕退而遊焉，以議執政之善否。其所善者，吾則行之。其所惡者，吾則改之。是吾師也，若之何毀之？」（《左傳・襄公三十一年》）

莒太子[111]（前五四二—前五四一在位）弒父莒比公[112]（前五七七—前五四二在位），自立為王，這是自孔子出生後第四個弒君事件。

前五四一年：魯季武子破壞諸侯國際和平弭兵大會盟約，伐莒，占鄆[113]。

楚公室令尹公子圍弒其君而自立，是為靈王（前五四〇—前五二九在位）。這是自孔子出生後第五個弒君事件。

晉楚發起孔子出身後第二次國際和平弭兵大會於鄭地虢[114]，重申五年前第一次的盟誓。盟會還沒有結束，魯國就違反和平協議，攻打莒國，莒國向大會投訴。作為盟主的楚國最先想懲罰魯國的，結果最終放棄，盟會對諸侯國的約束力乃名存實亡，失去威信。晉師戰群狄於太原[115]，大勝。由於群狄並沒有參加和平大會，晉不算違背大會盟誓。

這一年：晉國的宰相韓宣子[116]（？—前五一四）到魯國去訪問，在魯「大史氏」的陪同下，參觀了魯宗廟的典籍、法令與史籍後，讚嘆地說：「周禮盡在魯矣，吾乃今知周公之德與周之所以王也[117]。」成年後的孔子後來也有機會看到韓宣子所看到的典章文物，因此極力推崇周公「之美」。同時認為自己已弄明白了「周之所以王」的來龍去脈[118]。

子產執政三年，鄭國百姓稱頌他說：「我有子弟，子產誨之；我有田疇，子產殖之，子產而死，誰其嗣之。」（《左傳・襄公三十年》）

討論的問題或進一步的解釋：兒嬉戲時陳列祭器、國際間的人道援助、周宗室與夏商後裔國的公共建設、國際賢人吳公子季札、子產鄉校議政與他的執政

兒嬉戲時陳列祭器：《史記》說：「孔子為兒嬉戲，常陳俎豆（盛祭品禮器），設禮容。」一般對這段話的解釋乃是：孔子天生愛禮這種東西，因此在兒童時玩遊戲也以祭禮為樂。另一個更合理的解釋似乎是：從小沒有父親的孔子，在里巷中是一個野孩子，必定受其他孩子的欺負；母親顏氏又不肯透露父親是誰。但從母親平日拜祭亡父的行動中，孔子開始懷疑父親墓地在魯東的「防山」，而且是一個有一定社會地位的人物。知禮的孔子不敢直接追問他母親，而以擺設祭祀父親祭品容器的「俎豆」來表達他對父親的懷念，並間接向母親表達自己慕求父親的心意。慈母不是不知道兒子的心意，但是不知為了什麼原因，或許曾經對父親家族作過某種承諾，硬著心腸，三緘其口，對兒子「諱之[119]」。最後，正如我們在上面所提到，一個老婆婆的仗義，導致父族的認可[120]。貴族教育的大門因此而為他打開；沒有貴族「六藝」教育的訓練，就不可能有孔門六藝的「射（狹義為弓箭，廣義為軍訓武打）」與「御（狹義為車駕，廣義為行軍布陣）[121]」。

國際間的人道援助：鄭宋二國所發生的饑荒，並沒有得到國際諸侯國的援助，而是靠自己政府的努力克服了饑荒災難。但在宋都失火事件上，眾諸侯就謀求恤救行動，國際間有某種程度的人道關懷。

周宗室與夏商後裔國的公共建設：特別在修築城牆上面，各國常會被盟主召集起來替

聖人後裔的杞與成周修城牆。由於大禹後裔的杞已人丁稀少，因此受到諸侯國的抱怨。後來在成周城牆的修建，則沒有抱怨的記載，大家對周宗室還是有相當的尊重的。

國際賢人吳公子季札：吳國王族賢臣季札之所以在春秋時享大名，乃是因為他是四個兄弟（諸樊、餘祭、夷末、季札）中最小的一個，但他最是賢能，先是他開國稱王的爸爸壽夢要把王位傳給他，他不肯接受，說：「奈何廢前王之禮，而行父子之私乎？」（《吳越春秋・吳太伯傳》）後來他哥哥吳王夷末將死時，也要把王位傳給他，他不肯接受，因此僚（夷末長子，引起諸樊長子光的不服）得立，造就了他不愛權位、禮讓謙退的賢名，那時孔子二十四歲。十二年之後，當孔子三十六歲時，由於專諸刺王僚事件，更使季札戴上洞察先機、未卜先知的光環，具有退讓君位而保全生命的先知先覺性。因此當《左傳》的作者在前五四四年記述他訪問列國的時候，把他形容成一個先知式的人物，大大神化了他。但他無疑是一個智商與修養都得到同時代人所稱讚的人。所以孔子第一個遇到的國際級的賢人，不是老子（如果周藏室史是老子的話），而是季札，他大約比孔子年長十五到二十五歲。

魯國官方的聘會應有官方文書的記錄，在魯宗廟中與吳宗廟都應有存檔，而《左傳》作者如果真的是根據宗廟存檔文獻寫就季札的觀感的話，則季札在孔子之前三十年已討論了禮樂美的空間度，那他或許是中國印象派美學的創始人。

子產鄉校議政與他的執政：孔子晚年歸魯，以言責自命，戮力於議論魯政。《左傳・襄公三十一年》記載說：「仲尼聞是語（子產充許鄉校議政）也[12]，曰：『以是觀之，人謂子產不仁，吾不信也。』」子產的話大約是會存檔鄭宗廟的，孔子這話不入《論語》，《左傳》作者是怎樣知道的呢？我們沒法確定。如果孔子真的說過這句話，允許百姓議政是仁者作為統治者的一個充足條件之一。同時，孔子返魯後五年中大鳴大放地批評魯國政治，也是他完成仁者的一個政治使命。

子產可能是中國第一個以明文法則治國的主政大臣（再是晉秦步其後塵），他的政績是得到老百姓認可的，那是一個有飯食、有書讀的社會。但百姓是否包括農民，不能確定，有待專家考定。孔子的仁政在那一方面超過他，也待考。

十五歲（前五三六）

年表形式的敘述：

約在這一年孔子喪母[123]，在曲阜交通要道的五父之衢辦殯葬喪事，引來一個二三十里外孔父家鄉郰邑馬伕「曼夫」或「輓夫」的注意，輓夫之母出來證實孔子父親的墓地，導致母親與父親在防山的合葬，與孔子的重歸父家。孔子開始接受貴族禮樂射御書數「六藝」的教育，給予他在體力和腦力上平均的發展。

孔子十二—十五歲時，魯國與列國的政治：

前五三九年：《左傳》中記載了有名的晏子論權族陳氏將取代姜姓公室的言論，以及晉名臣叔向預言晉「公室將卑，政在家門（私人權族）」，與五年前吳公子季札的言論相同。如果這三個人不能預知未來的話，則是《左傳》作者根據後來歷史發展的結果把一套預言式的政論放在這三個名人的口裏。

經過十五年行政的經驗與表現，子產被任命為鄭國宰相。

前五三八年：楚吳戰爭不斷，由於吳沒有參加和平大會，楚不算背盟。可是，楚滅賴國[124]，則無疑已違反大會「勿用兵，勿殘民，利小國」的精神。

鄭子產作所謂丘賦，以兵役賦國人，賦重，子產受謗。

前五三七年：莒魯交戰，莒敗，九年前的和平大會有進一步瓦解之勢，楚吳繼續交戰。

這一年：齊晉伐北燕。

鄭子產在金屬鼎上鑄刑書，為中國刑法公布的開始，意味被統治階級法律觀念的抬頭，晉名臣叔向致書子產反對鑄刑書

討論的問題或進一步的解釋：殯母於五父之衢、孔母家世、孔父家世、孔子原生矛盾性、六藝教育、子產作丘賦、子產鑄刑書

殯母於五父之衢：孔子不在居住區的大眾聚會的地方或家中殯母，卻在曲阜人來人往的通衢大道上殯母，那可是魯都人氣最旺的地方，宣傳的效應是非常大的。《禮記‧檀弓上》是這樣記載的：「孔子少孤，不知其墓，殯於五父之衢，人之見之者皆以為葬也，其慎也，蓋殯也。問於郰曼父之母，然後得合葬於防焉。」一個曼父或輓父的母親告知他墓地的所在，因此而能把他父母合葬在一起。合葬象徵父親正式承認孔母是孔家合法的一個

配偶，他是孔家的一個成員，他因此能享受到孔氏家族子弟的生活條件與教育，那是士族的生活條件與六藝的貴族教育，那是孔子一生最大的轉捩點[125]。

孔母家世：一般來說，大家都同意魯國在春秋時就有二支顯貴的顏氏，一是小邾國之顏，那是郳武公[126]（約卒於前七九六）之子「友別」被封於郳地的顏氏，另一支是魯周公大兒子伯禽的支庶，食采於顏，為姬姓的顏氏。無論是曹姓顏氏，或者姬姓顏氏，都是君王的後裔，有貴族的血統，目的就是給人造成一個印象，孔母（自動假設孔母與其中一支有關係）是有王族血統的[127]。

孔父家世：孔子的出生是卑微的，恐怕還有點不光彩；不過，他父親的家世倒是滿顯赫的，是殷商王室的後裔。請見原書〈附錄四：孔子的先世的介紹〉一文。

孔子原生矛盾性：父親六十六歲與正當妙齡的「顏氏」女「野合」，有了孔子。歷來對野合一詞有種種的議論，見原書〈附錄一：論孔父孔母的野合與孔母的家世〉；基本上，大家同意孔子是在不合禮法下結晶而生的。這對愛禮儀如生命的孔子來說，那種打擊與痛苦是像原罪那樣地深沉，那樣地永恆。這與生俱來的恥辱和缺陷像鞭子那樣，督促著我們的孔聖人在禮教與人格完美的追求上，有「任重而道遠，死而後已」的使命感。我們可以稱之為「孔子原生矛盾性」，這是孔子追求道德完美的最原始的推動力。

母子兩人在社會地位上、物質生活上，為這場萬神祝福的野合付出可觀的代價。孔子可能是一個超重的嬰兒，顏氏十月懷胎的後期恐怕不會太好受；因為是野合，別人的冷言冷語，那是免不了的。如果這胎生下來不是男的話，以後的日子將會更難過。顏氏恐怕每天每夜都在禱告「尼丘」的神祇，保佑她得生男胎。在母親的憂慮與盼望中，孔子來到這個把他塑造成聖人的中國文化中；那是西元前五五一年，陰曆八月二十七或八日。

六藝教育：孔子能受到貴族六藝的教育，中國因而有了一位萬世師表的聖人。沒有六藝教育，他可能成為一個思想家，或者像六祖那樣的宗教家，而不會是一個承先啟後，與周公對話的大學問家。貴族六藝與孔門六藝一樣，包括禮樂射御書數。請見本書第三章的〈六藝的教學材料與弟子的出路〉一文⑫⑧。

子產作丘賦：丘賦的內容是什麼，歷來學者說法不一，多數認為與軍賦有關，子產增加了軍賦，以丘為單位，徵收軍兵與車馬。鄭國人受不了沉重的兵役軍賦而以流言謗子產，說他毒害人民。他的助手子寬告訴了他這件事。子產說：「何害?苟利社稷，死生以之。」子寬批評他說：「政不率法。而制於心。」認為他這種做法缺乏客觀性的法制，純是主觀性的以心做法，而且「作法以貧」（《左傳・昭公四年》）。子產是一個聽聞社會批評聲音的政治家，這可能是為什麼子產要在下一年在金屬鼎上鑄刑書，以示他是以客觀性的法來治理國家的。

鄭國由於它的地理位置，是「鐵革命」中最先人口增長的國家，人口給基礎建設造成極大的壓力，財政因而匱乏，五十年後的魯國面對同樣的問題。

子產鑄刑書：這是最早的公布明文法典的記載，象徵中國以法治國意識的抬頭，開後世法制社會的先河，子產聽到人民的聲音，這是他做出的回應，中國開始有公開性的法典，為後來的法制社會立了一個奠基石。中國那個時候的平民百姓要爬起來，一個可能是通過孔子的六藝教育，得以為吏為宰；一個可能是通過軍功，奴隸可以變成自由人，庶人士商可以進仕為官，士可以得田畝，例如前四九三年，趙鞅誓師所作的諾言[129]。但春秋時還未法制化，到戰國商鞅[130]時則完全法制公開化，庶人百姓可以憑籍明文法令改變自己的社會地位，最後完全取代傳統的貴族階級。甚至可以這樣說，貴族禮制社會的崩潰自子產公布刑法始，這是為什麼晉國名臣叔向要致函子產反對他的這種做法[131]。叔向想不到的是二十三年後的晉國也開始公布刑法，三家分晉之後的韓國更出現法學理論的集大成者韓非子[132]，為秦大一統帝國理論架構的思想創造者。鄭國可能是春秋時期有新潮意味的法家思想的發源地，有名人物除了子產之外，還包括開私校教人打官司的鄧析[133]，由於鄭人有這種新潮的法家思想，因此沒有一個鄭人是孔子的弟子，因為孔子代表傳統的禮樂教化思想。意想不到的是乃是這二種斷然不同一陰一陽的思潮卻相輔相成地把可能自黃帝以來的中國第一個貴族門第統治打得一個粉碎。

十七歲（前五三四）

年表形式的敘述：

帶著母親的孝——纏在腰間的「要絰」——興沖沖地跑去參加「季氏饗士」的大宴，結果給季氏的家臣，乃季平子的私生子（？—前五〇五），也是權臣的「陽虎[134]」（活躍於前五〇二）轟了出來，說：「季氏饗士，非敢饗子也。」（《史記・孔子世家》）討了一個大大的沒趣。

孔子十六—十七歲時，魯國與列國的政治：

前五三五年：齊燕議和。

這一年：陳哀公之弟司徒招[135]（活躍於前五三四）以兵圍公，哀公自縊，是孔子出生後第六個弒君。

楚滅陳國，至是，國際和平弭兵大會經過十二年的歷史，因為盟主楚國的違背盟約而岌岌可危。楚靈公乃和平弭兵的罪人。

討論的問題或進一步的解釋：季氏饗士、楚滅陳國

季氏饗士：雖然我們對春秋時期統治階級是如何招聘管理人才，特別是一般性的官員並不太瞭解。但饗士似乎是一種讓上層官員與下層未有官職的年輕貴族士人互相認識的場合。孔子約在十五至十七歲之間去參加季氏的饗士之會，那時他可能已受到六藝的教育，而且應有傑出的表現，因此滿有信心的去參加這個非正式的招聘大會，結果給轟了出來。孔子雖然為家族所認可，卻還未為同階級的社會上層貴族所接受。一直要到十五年之後，當他三十歲時，他才建立了他在封建社會的地位。他說自己「三十而立」（《二・四》），恐怕不單指自己在學識上已有自己的見解；在社會上，也建立了獨立的地位。

楚滅陳國：楚國是那時的惡霸型的盟主，不像另一個盟主晉國那樣溫文有禮。陳國是一個有千年歷史的國家，據說是舜的後裔，嬀姓陳氏，因此也是聖王之後。周文王時，嬀遏父繼承帝舜製陶的專長，於周朝有功，周文王把長女嫁給遏父之子嬀滿。周武王封滿於陳，以奉舜杞。建都宛丘[135]。同時，陳國公子完的後裔，在逃亡到齊國後，越二百年，於前三七九年，齊陳權族的田齊完全把姜齊吞併。

十九歲（前五三二）

年表形式的敘述：

孔子娶宋閨女丌官氏[137]，開始乘田（管理牛馬的小行政官員）與委吏（倉庫管帳員）的工作[138]。

孔子十八—十九歲時，魯國與列國的政治：

前五三三年：周宗室與晉有爭議，後和解。

這一年：齊權族陳桓子[139]（活躍於前五六五—前五三二）逐公室貴族欒施與高強，陳族（田族）開始在齊稱霸。

季平子、子叔子、孟僖子伐莒，取郠[140]，獻俘於亳社（殷社），人祭（將活生生的人殺了做祭品）。

討論的問題或進一步的解釋：娶宋女、沒有繼承父業、乘田委吏、齊權族陳桓子、人祭

娶宋女：孔子家族來自殷商後裔的宋國，娶宋國閨女是順利成章的事。兒子孔鯉似乎也不是娶魯國本地人，媳婦可能是衛國人[141]。

沒有繼承父業：以古禮只要求兒子三年不改父行為由[142]，三年軍訓後，孔子放棄了父親家族的軍人行業，因此而沒有了車馬與車戎的配給，還去當了乘田委吏那樣的小吏。過他那曲肱而枕的做學問生涯。

乘田委吏：一般大家都認為孔子大約在這個時期擔任乘田委吏的小官職，這大約是一個合理的猜測，與魯君送鯉的故事也相吻合。孔子飼養牲畜有一手的本領可能來自他「少也賤」的童年，他可能趕羊餵豬的事情都做過。他會計好，自然與他籌算好是分不開的。

齊權族陳桓子：陳國的公子完因為陳國內亂，為了避難而逃到了齊國，改姓田（古音田陳相近），那時為齊桓公十四年（前六七二）。到孔子時的百餘年間，田族或陳族已是田、欒、高、鮑四大家族之一。齊景公十六年（前三二二年），陳氏聯合鮑氏攻滅了欒與齊惠公後代的高氏。之後的幾十年間，陳桓子與釐子大肆收買民心，陳家以大斗借米，但收米以小斗，民心因此歸田陳。孔子老年時，陳成子已開始大權獨攬，權傾朝廷。孔子死後一百年的前三七九年，田齊完全把姜齊吞併，是戰國的開創者。

人祭：孔子對人殉深痛惡絕，長大後以中國人罵人最凶的話「其無後乎（絕子絕孫）[143]」來批評這種野蠻的做法。我們一般都認為周公創建了中國一等一有仁德的禮法，《尚書》與《左傳》更是仁義道德一大堆，但周公並沒有把不仁道的野蠻時代的人祭與人殉從禮制中剷除，這著實讓我們現代人迷惑。孔子「始作俑者，其無後乎」這句話也是一句使人不太好理解的話，用俑來代替活生生的人殉，應該是合乎人道的行為，孔子為什麼會這樣批評，也叫人迷惑。由他對人殉的批評導致我們認為他也深惡人祭，應該是一個合理的推論。

二十歲（前五三一）

年表形式的敘述：

魯昭公十一年，孔子行成年人的冠禮，並生兒子孔鯉，由於工作表現良好，魯君送他一條又肥又大的鯉魚，因此給兒子起名「鯉」，字「伯魚[144]」。

這一年，楚師圍蔡，晉以和平弭兵大會的盟主身分號召各諸侯國聯合救蔡，不成功，和平大會由是壽終正寢，楚滅蔡。諸侯國間的戰爭從此頻繁，連年不斷。

討論的問題或進一步的解釋：生兒子孔鯉、行成年人的冠禮、楚滅蔡

生兒子孔鯉：魯君昭公為了獎賞孔子的帳做得明快清楚，又加倍地繁衍牛羊畜牧，因而賞賜了他一條又肥又大的鯉魚，孔子高興之餘，就衝口而出地命新生兒為「鯉」，字「伯魚」，魚應該是多產的，可惜伯魚有名無實，只在臨死的那年生了一個兒子「子思」（前四八三—前四〇二），總算讓孔子在血統上與思想上都有了繼承人。

行成年人的冠禮：行冠禮使他成為叔梁紇家族的一家之主，因此獲得家族的封建俸給，可能從此不必工作，把魯宗廟作為家，用十四年的功夫學習與研究宗廟所收藏的禮樂文物與各種典籍，包括甲卜與筮卜的文獻與實物，天文的記載與測量，曆法的運算，以及歷史文獻與記載。孔子是先有孩子，還是先行冠禮，我們不清楚。要行了冠禮之後，禮教上才會承認他是一個成年人，可以當一家之主。《論語》中有他主持侄女婚嫁的事宜的記載，他是一家之主是不成問題的。孔子要成為一個大學問家，雖然他天縱英才，還得花上十來年的全副心智，才能把學問弄好。因此，我們認為他應有經濟上的來源，讓他能安心地研究學問。

楚滅蔡：新興有惡霸味道的楚國再一次滅周初的姬姓諸侯國。前五三一年，楚靈王在西申[145]以重禮誘蔡靈公，將其殺害。楚軍圍蔡都，將蔡世子人祭於岡山[146]，蔡國第一次為楚滅亡。後楚恢復蔡國運，然後再亡之。

二十六歲（前五二五）

年表形式的敘述：

前五二五年，在魯國東南方，山東與江蘇邊界上的一個還保持遠古圖騰形式的小國，郯國的王子到魯國來朝見。郯國王子的到來，給了孔子一個認識古禮的機會。

孔子二十一——二十六歲時，魯國與列國的政治：

前五三〇年：晉昭公[147]（前五三一——前五二六在位）新立，眾諸侯國國君皆赴晉朝賀，魯君亦往，為晉所拒，以責其前年伐莒。晉國作為和平弭兵大會的第二個盟主，還想維持盟會的盟約。

魯季氏采邑「費」的宰「南蒯[148]」（活躍於前五三〇——前五三二）叛季氏，欲以其邑歸公室。

前五二九年：楚眾公子謀去靈王，最終靈王師潰而自縊。這是自孔子出生後第七個弒君。

吳趁楚亂，侵楚。

楚平王取得王位，得陳蔡人之助良多，乃復陳蔡兩國，使陳蔡故太子之子各歸其國，並使被遷陳人蔡人各還舊邑。孔子晚年曾周遊兩國，受到蔡隱士清議的批評。

前五二八年：費民叛南蒯，蒯逃奔齊。

前五二七年：吳王夷末在這一年卒，季札當立，這是他第二次讓王位，夷末子僚⑭（前五二六－前五一五在位）得立。季札因此不獨有賢讓之美名，更得洞察後來專諸刺吳王僚事件的先見之明的美名。

前五二六年：魯鄭皆旱。鄭子產派了三位大夫祭祀於桑山。三子斬其木。子產曰：「祭祀於山，應種植山林，反而砍伐樹木，其罪大矣。」把他們的官位與食邑都剝奪了⑮。

這一年：晉滅河南陸渾⑮之戎。

吳楚戰於長岸⑮。

討論的問題或進一步的解釋：問古禮於郯子、費宰南蒯、環保者子產

問古禮於郯子：秋天時，一個有悠久歷史的小國王子郯子到魯國來朝見昭公，叔孫昭公子就問他：他祖先少皞氏用鳥名作為官，是什麼緣故呢？郯子列舉黃帝以「雲」為圖騰，炎帝以「火」，共工以「水」，大皞氏以「龍」，自己的祖先少皞氏以「鳥」，也就是以各式各類的鳥來名名與分類百官，這反映了「傳說人物」與其氏族的血緣關係，並用

動植物或自然現象作氏族圖騰形象的標誌。進一步的討論請見本書第五章的〈孔子「天生我德」的「天命觀」〉一文。

而孔子對郯子的問禮更為我們提示了一個問題：孔子時，是否有足夠的文物與文獻讓孔子追尋出禮的整體發展呢？他說：按我所知，在正統的官方記錄中，上古的禮已經失傳，要研究，還得向四夷所在的小國去搜求。我們將在本書《孔子「天生我德」的「天命觀」》一文中再討論這個問題。

費宰南蒯：南蒯能做得到魯國第二大邑的主要行政官，大約是有來頭的貴族，可能是季氏的親屬。《左傳．昭公十二年》有很大的篇幅記載他。認為他「家臣而君圖（是季氏家臣卻為公族國君謀策）」，是不合做人的道理的。同時，他占卜，得到〈坤〉卦變成〈比〉卦，爻辭說：「黃裳元吉。」是大吉之兆。但當時的魯國賢人子服惠伯提出相反的意見，從道德的立場來解釋爻詞，認為：「忠信之事則可，不然必敗。」所以，如何釋卦爻，也是見仁見智，立場不同，各有不同的解釋的。《左傳》作者對南蒯的批評也反映了他對魯昭公的批評，不是很認可的。

環保者子產：子產可能是中國歷史上第一個把祭祀與生態破壞聯結在一起的長官。中國那時沒有具體的神靈偶像，生態似乎就是神祇的代表。

二十九歲（前五二二）

年表形式的敘述：

齊景公[153]（前五四七—前四九〇在位）與晏嬰傳說在這一年去過魯國問禮於孔子，我們存疑。

孔子二十七—二十八歲時，魯國與列國的政治：

這一年：楚平王（前五二八—前五一六在位）殺伍子胥[154]（？—前四八四）的爸爸伍奢[155]（？—前五二二）與他的哥哥伍尚[156]（？—前五二二），子胥逃奔吳國，楚太子建[157]（？—前五二七）奔宋。

宋有大型的華氏權族與向氏權族之亂。（華氏與向氏都是宋國有幾百年歷史的權族）

衛有較小型的齊豹、北宮喜之亂。

一代賢相鄭子產卒。

討論的問題或進一步的解釋：問禮於孔子、子胥奔吳、華向之亂、北宮喜之亂、子產卒

問禮於孔子：昭公二十年（乃孔子陰曆三十歲），孔子是否在這時與齊景公與晏嬰見過面，我們存疑。《史記．魯周公世家》只說齊景公與晏嬰「入魯問禮」。並沒有說他們與孔子見了面，《史記．孔子世家》則插進了一段孔子與景公關於秦穆公為什麼地僻國小而能稱霸的對話。孔子十二歲的時候，《左傳．昭公二年》曾經記載道：晉國的宰相韓宣子到魯國去訪問，在魯「大史氏」的陪同下，參觀了魯宗廟的典籍、法令與史籍後，讚嘆地說：「周禮盡在魯矣，吾乃今知周公之德與周之所以王也。」《春秋經》載：（昭公）

二年春，晉候使韓起（晉宰相，即韓宣子）來（魯）聘。但地位遠高於晉相的齊國君主景公與一代名相晏嬰來聘，則《春秋經》不太可能沒有記載的。由於《春秋經》不載，因此，齊景公與晏嬰是否在孔子二十九歲那一年去過魯國問禮，那是一件可疑的事。同時，晏嬰那時的地位、學問與識見都在孔子之上，不太可能向剛而立的孔子問禮的。

子胥奔吳：楚平王還是太子的時候，去了蔡國，引誘了新蔡縣封人（守邊疆的縣官）的女兒，這位庶夫人為他生了太子建。平王登位後，派伍子胥的爸爸伍奢做他的老師，派費無極⑱（？—前五一五）做少師，由於費無極與太子合不來，就在平王面前要害他。他進言平王為太子娶妻，楚王為他聘定了秦國的嬴氏，費極言嬴氏美貌，勸王自娶，導致平王把太子未過門的夫人奪為己有，成為他的秦夫人。因為這樣，平王反而對太子起了戒備之心，為了疏遠他，把他出居在邊界上的城父⑲。

楚大夫費無極進一步向楚平王說太子與其老師伍奢的壞話，說他將以方城之外叛。太子出奔宋，王殺伍奢與其長子伍尚，次子伍子胥奔吳，吳自此得一傑出人物，伍子胥曾極力推薦寫《孫子兵法》的孫子⑳給吳王闔閭，孫子的建議雖為吳王所採用，但孫子本人似乎並未被重用，孫子後來的出處不明。吳楚的衝突在孔子出世後就連年不斷，但伍子胥奔吳給於吳國一個建國方案，並為之築城壘，鑿運河，使之強大成霸業。前五〇六年，攻入楚都郢⑯，伍子胥終於償掘楚平王墳墓的願望，並鞭屍洩憤，孔子對這個同時代的傑出人物，沒有批評，也沒有讚賞。

華向之亂：宋有華向之亂，華氏與向氏乃宋國二大權族。孔子曾祖父的曾祖父曾經給華氏先代所害死，那是為了搶奪他美麗的妻子；向氏家族的司馬牛是孔子的弟子，但他的二哥向魋（桓魋）[162]（活躍於前五〇〇—前四八一）卻在前四九五年威脅要殺孔子。這是一場很大型的宋君主與當權貴族間的鬥爭，持續了二年，雙方子弟死亡的數字累累可觀。第一輪的殘殺，就死了六個王子，亡奔者不計其數。後來因為諸侯列國出兵的支援，把宋元公保全了下來，但宋國因此元氣大傷。

北宮喜之亂：衛有較小型的齊豹、北宮喜之亂。衛靈公雖然晚年因為寵愛美人南子，而逐太子的做法受到孔子的批評，但比較起來衛靈公要比宋元公強得多，衛國的動亂一下子就平息了下來。在掌握權柄方面，衛靈公也要比魯、鄭、晉的君主來得本領大一些，但他比不上吳、越二國國君積極進取的雄才偉略。在私生活方面，他雖然也迷戀女色，但還不會像楚平王那樣荒唐到霸占兒子未過門的妻子。孔子也承認衛靈公最少有一個優點，就是能任用賢人。

子產卒：一代賢相鄭子產卒。他任相十八年，之前任執政四年，在此之前為卿十五年，三十七年公職中建樹良多，是一個既能幹，又能跑在時代前面的大政治家。

三十歲（前五二一）

年表形式的敘述：

三十而立，從「陬人之子」到被尊稱為「孔子」。

這一年，諸侯列國齊、晉、衛、曹等聯盟平宋亂。

討論的問題或進一步的解釋：三十而立、聯盟平宋亂

三十而立：孔子開始在禮法的階級社會建立起初步的聲名與地位，別人再也不以「陬人之子（陬邑家族子弟）」目之。從他的學生開始稱他為「夫子」或「孔子」後，周邊的鄉里也開始這樣稱呼他，只有貴族高官才會叫他「仲尼⑯³」，萬世師表的事業就這樣開始了。《論語》的記錄大約也是從這個時候開始的，其中有孔子批評剛入門的弟子子路彈瑟不入流的說話，大概是這個時期的記錄⑯⁴。

有名有姓的孔門弟子大約有七十七人，其中三十四人年代可考，其中有六個人（秦商、顏無繇、冉耕、仲由、漆雕開、閔損）⑯⁵，在孔子三十六歲前成為他的學生。在那四十三個年代不可考的弟子中⑯⁶，也一定有不少人是他早期的學生，例如南宮括⑯⁷，他娶了孔子的姪女（應在她二十歲之前）。同時，孔子可能有不入「七十二子」之列的周邊學生，例如，他在三十三歲時收了上卿階級的子弟：孟懿子⑯⁸（約活躍於前五三一－前四八一）與南宮敬叔⑯⁹（約活躍於前五一八－前四九二）。

孔子後來建立了一套尚德的教育理論，學生以修德為主，學藝為副。但在這個初始的階段，他的倫理道德思想還未成熟，他自己的學習經歷也是從博學開始，所以教的是大約是「藝」吧！而且是傳統貴族的六藝。而與孔子同時代的新派人物像鄧析或計然⑰⁰（約活躍於前五一二－前四九二）則不一樣，鄧析在鄭國開始辦私校教人如何打官司，那是因為鄭國是當時刑法先進的國家。計然在楚國與吳國教范蠡⑰¹（活躍於前四九四－前四七二）市場

經濟，那是因為吳、楚都是因為「鐵革命」而經濟迅速膨脹的南方新興國家。孔子生活在有特殊宗族地位的魯國，禮教的氣氛比較濃厚，雖然魯國也已經進入了鐵器生產的時代，經濟已開始膨脹，社會結構也已開始分化，但六藝的傳統還是最深厚的一個國家。弟子們也能通過向他學習六藝而獲得政府的工作，最初可能是「吏」階層的公務員的職位，之後極能幹的弟子得到「宰」階層的主管性的職位，在他第一期的學生中，只有子路脫穎而出，憑他的軍事政治才能任「季氏宰」，一個相當於部長／副部長級的官位。

中國在孔子時代已有雅言，有一點像歐洲中古時代的拉丁語，是一種誦讀性的標準發音，而且伴著音樂的節奏誦讀交談，以減輕誦讀者的鄉音或土音。當曾子的父親曾點發表他有名的「浴乎沂」（《一一・二六》）⑰²的人生志向時，他「鏗爾」停止了鼓瑟，而以清唱的形式說他嚮往的人生意境。在這一次的言志聚會上，子路遭到孔子的取笑，那是因為他對自己的軍事行政才能太有信心。但在十多年前，當他初入孔門的時候，連他彈琴瑟的能力也遭到孔子的取笑。孔子說：子路彈琴瑟的技能太糟糕了，孔丘門下哪能有這樣不到家的彈瑟技術啊⑰³，弄得門人開始不敬子路。孔子大約也開始覺察到自己這句話殺傷力太大，因此連忙打圓場說：「由也升堂矣！未入於室也！」，後來的《孔子家語・辨樂解》與《說苑・修文》說子路的鼓瑟，乃「北鄙殺伐之聲（北方的老粗的打打殺殺之聲）」，恐怕是根據《論語》這一章想當然而來的一個結論，而我們則相信子路在自己努力之下，孔子的薰陶之中，三二年間一定升堂入室，可以出大場面，在高堂上演奏瑟而不出洋相。否則，他是沒法當季氏宰的。

聯盟平宋亂：宋國作為殷商的後裔，還是受到北方中州齊晉衛曹等諸侯列國的照顧的，因此諸侯列國聯盟幫助宋國平內亂。

三十三歲（前五一八）

年表形式的敘述：

魯孟僖子[174]（？—前五一八）因為在前五三五年隨魯昭公出使楚，不能答郊勞之禮，深以為恥。在這年臨終的時候，囑二個兒子孟懿子與南宮敬叔師事孔子。

孔子三一—三三歲時，魯國與列國的政治：

前五二〇年：成周的周景王卒，長子悼王[175]（前五二〇年在位）與庶子王子朝[176]（活躍於前五二〇—前五〇五）爭王位，後悼王卒，母弟立為敬王[177]（前五一九—前四七六在位），王子朝爭王位的野心未止，內亂持續。

前五一九年：王子朝逐敬王，入居王城。

這一年：楚平王得到越師相助，但乃為吳師所敗。

討論的問題或進一步的解釋：危邦不入、孟懿子與南宮敬叔

危邦不入：一般大家都認為孔子在三十三四歲離魯遊學中州地帶，由上面所記載的兩件事使我們相信他遊學的時期應在三十六七歲時，因為他三十二歲到三十五歲時成周有叛亂的戰爭，不入危邦的孔子不可能會選擇在這個時候去周宗廟所在的洛邑去拜訪藏室史的，而且貴族子弟南宮敬叔是陪伴他一起去的，那時南宮氏剛喪父，要守三年的喪，不可能在孔子三十三歲那一年不守父喪而跟隨孔子去成周的。孟懿子也要在孔子三十六歲時才會有公眾的軍事活動，與季氏宰的陽虎打敗魯昭公的支持者。

唯一費解的乃是孔子是從誰的手上得到一輛雙馬馬車與一個童子馬夫的，因為他三十四歲時，魯昭公為三桓所逐，逃亡到了齊國，自己也要把季氏送來的馬匹賣掉作經濟上的補給，不可能賞賜馬車給孔子的。那孔子是從哪裏得到馬車的呢？唯一可能的來源乃是來自孟氏家族，如果真的是這樣的話，孔子不單止收臘肉，偶然也有意外驚喜，像車馬那樣的拜師禮物。孔子一生中可能不止一次有人饋贈車馬，《論語》說：「朋友之饋，雖車馬，非祭肉，不拜」（《一〇・二二》）。

孟懿子與南宮敬叔：孟懿子與南宮敬叔兩個貴族子弟，在守喪期間，雖然不能參加公共活動，但讀書學習應該是可以的，他們向孔子學習了一些什麼則不清楚，可能是禮樂方面的學問。他們二人對孔子的一生都有很大的衝擊與影響，孟懿子是孔子墮三都失敗的主要抵抗力量，而南宮敬叔陪著三十多歲的孔子遊學周宗廟，孔子是否有問禮於老子還是目前學術界爭論的一個問題，但這幾年的遊學使孔子眼界始大，思辨遂深，那大概是大家可以同意的事。對孟懿子與南宮敬叔的介紹，請見本書第三章的〈孔門重要弟子介紹〉。

三十六歲（前五一五）

年表形式的敘述：

孔子重返回有馬車的階級。

國際名人吳國公族賢臣季札因避專諸刺吳王僚之亂而離吳訪齊，長子亡於途中，葬長子於齊魯之間的嬴博⑰⑧，孔子往觀，以觀察南方吳國的葬禮。

孔子訪周宗廟，問禮於藏室史，藏室史是否是老子，乃學術上最具爭議的一個問題。

孔子三四－三六歲時，魯國與列國的政治：

前五一七年：魯昭公⑰⑨（前五四一－前五一〇在位）為三桓⑱⓪所逐，奔齊。

晉趙鞅⑱①（活躍於前五一三－前四五八）會諸侯之大夫於山西的黃父⑱②，令各國大夫給周王室送粟，並派人去衛戍周室。

宋元公為魯昭公赴晉，商量晉收納昭公事宜，想不到死在赴晉的途中。

前五一六年：晉助周敬王伐王子朝，勝。王子朝奔楚。敬王還都成周（洛邑），周室的內亂才算結束。

齊師取魯鄆邑，使魯昭公居之。彗星出齊東北，齊景公懼，欲使人禳（祈消災殃）之。齊景公好治宮室，聚狗馬，厚賦斂，重刑罰，民怨苦。晏嬰趁機諫說：「百姓苦怨以萬數，而君令一人禳之，安能勝眾口乎⑱③？」

這一年：孔子周邊學生孟懿子與季氏宰陽虎伐魯昭公所在的鄆，該處是前一年齊景公派兵所占取，再讓魯公居住的魯國城邑，他們打敗了昭公的支持者。

專諸⑱（？—前五一五）為公子光⑱（吳王闔閭）（前五一四—前四九六在位）刺吳王僚。

晉范鞅會宋、衛、曹、邾、滕之大夫於河南原陽西，謀為成周洛邑戍衛事宜，以及晉謀納魯昭公事宜，魯相季氏厚賂范鞅，晉納昭公議遂罷。

討論的問題或進一步的解釋：觀吳葬禮、重返馬車階級、問禮於藏室史、三桓逐昭公、專諸刺吳王僚、齊景公禳災、蘧伯玉

觀吳葬禮：上面我們已描述了吳國王族賢臣季札之所以能在春秋時享大名經過。孔子去觀禮，他一定拜訪過季札，季札是王侯，孔子是布衣，也是離職的小吏，二人間的社會地位極懸殊，一般來說，當孔子行祭祀敬禮的時候，季札會回禮，但不交談。可是，季札是一個異類的不平凡的人，可能在喪禮之後，接受孔子的問禮也說不定。如果是這樣的話，孔子或會從他那裏得到當時賢人的資料，也可能是季札把衛六君子之一的後來成為孔子好友的蘧伯玉⑱（約活躍於前五五九—前五三四）介紹給他，如果孔子在遊學期間沒有認識蘧伯玉，不太可能在五十四歲開始周遊列國後，曾多次住到他家中去的。

重返馬車階級：大約這時孔子重返回有馬車的階級。如果我們同意他是在三十六歲後遊學中州的話，則他是不可能從逃亡在外的魯昭公處取得馬車與馬夫的，應該是他周邊學生南宮敬叔送給他的，這自然有待我們專家學者的考訂。他大約在觀吳國喪禮之後不久，就有中州遊學之旅，那是與南宮敬叔一起進行的。

問禮於藏室史：傳統上說他遊學的第一站是去洛京問禮於老子，這自然是歷史上一大疑案，即使記載這個說法的太史公也是有所保留的，他也不能確知周宗廟的藏室史（周國家博物館的管理員）是否真的就是老子——自然，這個故事的來源是從《莊子》而來的，述說子路把「周之徵藏史」老聃推薦給孔子（老聃是否就是老子，也是一個待考的問題）[187]。

三桓逐昭公：魯國自前六〇八年的宣公開始，到孔子出世的六十年間，政權落在三桓的季氏手上，昭公在前五四一年登位後，總想把行政權拿回來，但缺乏客觀條件。這一年，魯國的其他權貴王族郈氏與臧氏也對季氏不滿，說服昭公領兵攻入季氏家，季平子也答應離開魯國。反倒是昭公不同意，想把季氏完全消滅掉。在唇齒相依的關係下，三桓的叔孫氏與孟氏聯手攻打王族與他的支持者，導致昭公出奔於齊。

由於魯君是周公的後裔，宋國齊國以及盟主晉國都過問這件事，五年後晉國甚至強迫著季平子迎昭公返歸魯國，但為昭公所拒絕，在《左傳》與《史記》的描述中，魯昭公是一個情緒不穩定的人。但作為一個君主，三桓對他的驅逐是否合乎禮法，孔子從來沒有評論過，三年後當他去齊國的時候，他也沒有去拜見這個曾經送他鯉魚的流亡君主。孔子那時的社會地位只能讓他沉默，未可多言惹禍。

專諸刺吳王僚：伍子胥逃到吳國的初期，不為重用。但他窺悉公子光欲為君王的野心，因而結識在民間的勇士專諸，立下專諸刺吳王僚的這步棋子。前五一六年，楚平王死，吳乘喪伐楚，失敗，而公子光乘機派專諸刺吳王僚，自立為王，號「闔閭」。闔閭

「乃以專諸子為卿」（《史記‧吳太伯世家》），平民階級的專諸以自己的生命改變了子孫的社會地位與命運。專諸兒子因為能力與教育，不一定能享大權；但卿階級大概是有封邑的，因此世世代代都可以飯來張口，衣來伸手的。在他那個時代，是最快的，也可能是唯一的，由平民百姓爬上卿的階級的途徑。這大概是為什麼專諸願意犧牲自己的生命為公子光刺殺吳王僚的原因。

齊景公禳災：晏嬰諫齊景公的說話，可能從官方擋案而來，反迷信的立場明確。但在《左傳》中，未卜先知的迷信描寫，處處皆有。這令人懷疑《左傳》作者可能不止一人。

蘧伯玉：春秋衛大夫。歷仕衛獻公、襄公和靈公。因賢德聞名諸侯。前五五九年，孫林夫將逐衛獻公，他聞而出奔。前五四七年，衛獻公謀寧喜助其恢復王位，他聞而又出奔。衛獻公三十三年（前五四四），季札聘諸侯，訪衛，讚其為君子。孔子亦曰：「君子哉蘧伯玉，邦有道，則士；邦無道，則可卷而懷之。」（《一五‧七》）孔子可能有不少互相激勵修德的好朋友，他是唯一被文獻所記載的；孔子曾多次住在他家中。

四十歲（前五一一）

年表形式的敘述：

孔子進入「四十而不惑」的年期，界定了「知」與「不知」的範疇，那是他從三十六歲開始遊學中州的成果。在成周，訪宗廟。在杞、宋，尋禮沿革，重建夏曆。在齊，學韶樂。在泰山，尋古祭禮。

孔子三十七—四十歲時，魯國與列國的政治：

前五一四年：魯昭公自鄆[188]遷居至乾侯[189]。

晉國六個卿位權族[190]消滅公室兩王族，晉公室益弱而六卿益強。

前五一三年：晉趙鞅鑄范宣子刑書於鐵鼎，步二十三年前鄭子產鑄刑書的先例，而反對鑄刑書的晉名臣叔向（為公室王族血統）的兒子楊食我卻為晉權臣的六卿所殺與滅族。

前五一二年：伍子胥開始行擾楚的政策，並把齊人孫武（祖籍魯）介紹給吳王闔閭，《孫子兵法》大約是他在吳國時完成的。孫武在闔閭時期或曾得到重用或重視，成功地助吳攻破楚都郢。在吳王夫差[191]（前四九五—前四七三在位）時代，則蹤跡不明。吳國軍事由楚之亡臣伯嚭主理。

這一年：晉最後還是想納魯昭公，召季平子[192]（？—前五〇五）赴晉，平子受命於晉，只好從晉國到齊國的乾侯迎昭公，想不到昭公拒絕歸返魯國。

伍子胥擾楚的政策得到相當大的成功，楚師疲於奔命。

討論的問題或進一步的解釋：知不知與不惑、遊學中州、重建夏曆、學韶樂、向齊求仕受阻、登泰山、晉鑄刑書、孫武與伯嚭

知不知與不惑：「知不知」這句話從《道德經》而來（《七一》），那是老子的立場，他要去知道或研究人類智慧所不能完全地或清楚明白地，知道或認識的東西。孔子採取完全相反的立場，當他知道或界定什麼是我們所不能知道的東西時，他把不可知的東西

放在他研究範圍之外，不再去碰它。在「知」與「不知」的界定中，孔子與老子的分野在：孔子界定自己在陽光下看事物；老子界定自己在「玄（幽昧不可測知）」中看事物⑲³。孔子所要研究的事物是能看得到摸得著的事物，能身體力行的事情，能在理性實證的陽光下弄得懂的東西；老子雖然也用理性來分析事物，但他也用理性意識以外、非理性意識來認知事物。並且他研究的事物往往是不可觸摸的形而上的東西，除了「有」之外，老子的重心在觀察「無」，在玄之又玄中觀察所謂「妙」⑲⁴。老子開章明義的承認這些東西是不可以用理性來認知的，但是這些「不可知」的東西才是宇宙人生最寶貴的東西，雖然不能明確的知道，但必須要去追尋，即使追尋所得到的東西是幽昧而不可測知的，但它們還是有價值的一種認知。老子努力的成果是輝煌的、彪炳的，《道德經》是世界上最流行的中國古籍，被翻譯成近百種語言，單單英文就有四五十個譯本。他在玄幽中所體會的精思妙想，觸發到不同文化背景人群意識深處原始性的沉澱物，母系社會在我們每一個人的文化DNA上都刻下心靈深處最深的符號痕跡。

孔子反是，他不願意去追求不能用理性所能理解的東西。所以他的「知不知」是去界定什麼是不能知道的東西，然後不去碰這些不可知的東西，他為自己畫了三個圓圈。由於缺乏文獻的可證性，他不談堯舜三代以前的歷史；由於玄學是形而上的，他不談宇宙的開創，以及萬物是如何生成的這些玄虛的問題⑲⁵；由於靈界的鬼神是不可觸不可摸的東西，他也禁止自己去討論這些問題⑲⁶。孔子雖然自己不追求不可知的東西，但他認識到追求不可知的智者哲學的價值，是與他的仁者哲學等量齊觀的。《論語》中三處所提到的與仁者平行的智者[197]，我們認為孔子不是在形容他的哲學，而是他承認在他那時代存在著一種智者的哲學，是有崇高價值的。中國除了道家哲學，還有哪一種哲學我們可以稱之為智者哲學呢？

如果不是老子，又是誰（有道家哲學思想的智者）使孔子體會到在他那個時代有一種智者哲學的存在呢？這還有待我們專家學者的努力。

遊學中州：孔子在外遊學了多久，以及他什麼時候回魯，我們不能確知，因為缺乏文獻的記載。一般認為他遊學了三四年[198]，但是他在遊學期間是否回過魯國，也是一個問題。他有幼女、幼侄在曲阜，還有一門子的學生，教學的收入可能是他生計一部分的來源，他能完全放心不顧嗎？

貴家公子南宮敬叔陪孔子看看宗廟，見見名人，那會是他所樂意做的事。但是要他陪著孔子考定禮的變革，夏曆的重新計算與修復，恐怕是沒有這份耐性的。如果孔子在齊學韶樂的時候，他也在旁，恐怕孔子也不會沒錢買肉吃的。我們認為極有可能南宮並沒有全程陪著孔子遊學各地的。

孔子遊學的範圍並不廣大，最遠的洛京與曲阜只有四百公里的距離，若以馬車一天一百五十公里的日程來計算，兩三天就可以到達。宋都商丘離曲阜只有一百七十五公里，夏禹後裔杞國在前五八八年的都城乃淳于[199]，離曲阜約二百三十七點五公里。另外齊都臨淄[200]離曲阜約一百九十公里，泰山約七十五公里（那是一天來回的路程）。如此近距離的旅遊範圍，竟會讓孔子在外滯留三四年，那是有點令人不能相信的。

孔子認為正統的官學在古文明史方面，已失傳；要追求這方面的學問還得到四方邊遠的小國去尋求[201]；在這段遊學時期，孔子是否還有到過中國其他地方去訪問，例如像郯國那樣的有遠古知識的四夷小國。因為沒有文獻的記載，也不好妄言。

我們做這樣的假設，孔子三四年間並沒有整段時間都在外，而是經常從曲阜往外跑，可能一去幾個月也說不定。孔子往外跑的一個主要原因乃是為了要追求答案，要為自己解「惑」。他往有文獻保存的杞都與宋都跑，乃是為了明白夏禮與商禮的沿革；他往洛京跑，除了追尋禮的沿革外，也有參閱歷史文獻的目的。他不一定只去了洛京一次，可能去了好幾回也說不定。他去齊都探討齊樂，並見識齊國先進的物質文明。他去齊國或從齊返魯時，可能在泰山停留盤桓過，一方面為了看風景，另一方面也可能有追尋文化源流的意向。因為在孔子之前，泰山已經是統治者拜祭天地的地方，又名岱宗。孔子去過泰山的次數，或者他是和誰一起爬十八盤道，攀登玉皇頂的，則還有待考訂。

重建夏曆：他在杞國除了考訂夏禮之外，孔子重新發現了夏朝的日曆，把它重建起來。他能這樣做，第一、他必須能看得懂它；第二、他必須知道它與當時流行的周曆的分別在哪裏，這需要天文學的知識；第三、當他做出喜歡夏曆的結論時，他必須知道二者的優劣在哪裏，而這種知識來自對天象的瞭解與曆法的計算。因為中國日曆（那是一種月與日互補的日曆）來自對天文準確的觀察，包括太陽運行的黃道（其實乃地球每年圍繞著太陽運行一周的軌跡；古人則錯誤地認為是太陽繞行地球一周，乃一個三百六十度的圓周）的二十四個點或星宿（黃道運行軌跡上的每十五度），太陽約需十五點二個日子的時間從一點運行到十五度的另一點，以及對月亮運行的各相位，例如月相的新月、上弦、滿月、下弦等的科學認識。而這種科學性的觀察必須有測量的儀器與數學的計算方法，否則沒法測量出太陽運行一周年是三百六十五點二五日，月球運行一周是二十九點五日，孔子對所謂「米頓迴圈週期（Metonic cycle）」必有所認識，該週期指每十九年／二百三十九月的迴圈，中國約比西方的米頓早一百年就認識這個現象。中國每月的第一日始自無月之日，又稱「黑月」，也就是日、月、地球連成一線，有別於希伯來的日曆以月牙（蛾眉月）作一個月的第一日。遠在殷商時期，中國人已知冬至在第十一個月，殷人為了把冬至作為一年的開始，因此年曆在第十一個月開始。周人因為閏月的關係把一年的開始放在第十二個月。孔子認為這些做法比不上夏曆以一月為一年的開始來得合邏輯，漢朝開始實行他這個說法，沿用至今。如果他對天文的觀察與曆法的計算沒有專業的瞭解，大約是不能作出這樣卓越的提議的，因此他是一個不折不扣的天文學家。

學韶樂：孔子也去了齊國，花了三個月的時間，學習了齊國特有的相傳由舜帝而來的韶樂，把錢都花在音樂學習上，沒有餘錢買肉吃，因此三個月不知肉味。他認為韶樂「盡美矣，又盡善（乃完美無瑕疵之意）也。」（《三・二五》）因此，他在齊國學習到最美好的音樂。

向齊求仕受阻：有一個說法，稱孔子在這次遊學中曾向齊景公求仕，景公有意，但為名相晏子所阻，且對所謂儒學有極嚴厲的批評。對這個記載我們存疑，理由有四：第一、孔子那時地位卑微，雖在家鄉魯國有些名望，出了國門之外，大家都不知道他是誰。如果沒有貴公子的南宮敬叔帶著他，恐怕像周宗廟藏室史那樣的中級官員也不一定會接見他。

這是為什麼在他遊學的各地上，並沒有提到他與地方上的任何貴人打過交道。突然冒出來當時可以稱為名君的齊景公見上面，論起治道來，那種可能是微乎其微的！在他已有名望的魯國，他想拜見魯定公，恐怕會碰門釘的。

第二、這是一個孤立的求仕記載，一直到五十歲，並沒有其他求仕記載。

第三、齊景公在位五十八年，恐怕是春秋時期在位最久的一位君主，雖然間中受到晏子的批評，但能吃得住手下一班蠢蠢欲動的世族權臣，不讓他們侵犯到他君主的權柄，那著實是很有本事的一個人。他的智商也一定是非常高的，在拒絕孔子時，竟會對他說：「吾老矣！弗能用也。」（《史記・孔子世家》）這可是一個智商偏低、性格軟弱的老好人所會說的話，而景公當時還只有四五十歲，那豈非睜著眼睛說瞎話。像景公那樣英武的人，要拒絕孔子，只需要說：君言甚高，然恐未合齊之國情，亦弗能用也！自然，當他六七十歲時，對孔子說這樣的話，就顯得合情合理了。

第四、關涉到儒這個問題。孔子從來就沒有說過自己是儒家，是後世非議他的人，例如墨子莊子，強加在他學派身上的一個名目，可能有貶意，因為儒有懦弱的含意。孟子也沒有自承自己是儒家，《孟子》中儒字出現過二次[202]，似乎是接受了別人對儒的稱謂。一直要到荀子，受了齊稷下議學的衝擊，坦承自己是儒家[203]，離晏子年代有二百多年。晏子時並沒有儒家學派的存在，儒是一種與執禮有關的官職，大約不是很重要的職位，在殷商時就已存在，因為甲骨文中已有儒字[204]。在《論語》中有一章也出現過二次，那是孔子叫子夏不要做「小人儒」，要做「君子儒（有君子品性的執禮官）」。太史公把《墨子・非儒下》

以及後人所編寫的《晏子春秋・外篇》中關於孔子見齊景公的故事美化一番，改寫在《史記》裏，把兩書中嚴厲批評儒家的話刪除了一部分，但晏子批評儒家的話大致保留了下來。其中有一句話透露了後出的資訊，那就是「當年不能究其禮」。當年指孔子當年，說他把禮弄得繁瑣複雜，當時的人就已經弄不清楚他所泡製出來的儀禮。這一定是比孔子晚生的人所說的話，把後來的話放到比孔子略早的晏子口裏，透露出整段話是虛構出來的消息。太史公不單記載歷史上的孔子，也把孔子作為一個偉人三百年來種種傳奇故事記載下來。他的《孔子世家》六分真實，四分虛擬。而且，人們往往更願意接受在虛擬世界中的孔子，忽視歷史上真實的孔子。正如我們更願意從好萊塢的電影中來認識美國，而不從現實社會中來認識美國一樣。從這個意義上來說，太史公這種記述方式更真實地反映了孔子文化傳播的雙軌性。不過，我們也不能忘記太史公生活在一個現代科學還未曾發生的世代中，不能以現代史學的標準來責備他的。

登泰山：泰山在孔子的年代就已不單是一個遊覽的風景區，更是一個有宗教文化意義的聖地。泰山以主峰玉皇頂為中軸，向四面八方作放射式的分布。由於主峰拔地而起，凌駕於周圍丘陵之上，超高達一千三百米，因此登高遠眺，給人一種世界盡在眼底下的感覺，這是為什麼孔子觸景生情地說：「登泰山而小天下。」（《孟子・盡心上》）雖然泰山的雲海也是一個大景觀，但孔子一定是在萬里無雲的晴天登上岱頂的；他可能從西南而來，在山旁的天外村下車，步行上中天門，再徒步攀越十八盤至玉皇頂。沿途巒峰秀逸，既有古木，亦有怪石，谷深瀑高，溪清潭綠，令人神清氣爽。孔子那時人在壯年，可能一口氣就攀上了峰頂。在華北平原最高的所在，一望無際，大有君臨天下的感覺。清風當襟，松香一陣陣襲來，神閒意遠，那種感覺是醉人的。

泰山曾經是三代以前古聖王祭天地的地方，可是孔子滿山的跑，也找不到任何遺跡可以幫助他瞭解古聖王祭天地的禮儀。

孔子為自己畫下了三個圓圈：不言遠古之史，不言宇宙開創之事，也不言鬼神靈界之物。那時孔子四十歲，自言：「四十而不惑」。此惑者，不是對事物不明瞭的求知上的惑，而是對認知範疇的不惑，他界定了什麼是可知與不可知的範疇，而決定只追求可知的範疇，完全放棄對不可知範疇的研究，因此對不可知的事物再不產生疑惑。同時，他對學問人生追尋的途徑，有專一不二的方向與目標，知道自己要走的道路，再沒有任何擺移不定的迷惑，因此也有意志上不惑的意思。可知的範疇包括思維上的學問，也包括身體力行的道德行為，以及美化人生的音樂與舞蹈的學習。

孔子也開始從博學的路徑走向立德的路徑。他要提升自己仁德的境界，也幫助他的弟子們走在修仁德的道路上；更希望進一步把人性的整體向善的方向跨上小小的一個臺階。

孔子仁的哲學在不惑中起步。

晉鑄刑書：晉名臣叔向的被滅族與晉鑄范宣子的刑書於鐵鼎意味著禮治日衰，法治意識日強。法治的意識可能起源自中州核心地區的鄭國，但鄭國是一個小國，到有盟主地位的晉國也感染上法治風潮時，法治開始在春秋時代抬頭，向西吹到秦國，從根本上改變了國家體制的結構。二百年間，國家明文規定一個普通人可以憑戰功得官位與封邑，一個貴族可以因為沒有戰功而失去官位與封邑，這與孔子教育運動中的一個普通人因教育而變成吏、變成宰或大夫的文治禮教向上爬移的社會結構完全不一樣。但二者都從根本上改變了貴族階級的統治，重新塑造了中國二千五百年來政治與社會的結構。

孫武與伯嚭：孫武承受當時軍事戰略的傳統，是謀略的集大成者，伯嚭似乎是軍隊組織的一個實用軍事領袖人才。孫武的品格怎樣，我們不清楚；但伯嚭是一個又貪又喜歡說假話的人，吳國的滅亡有一半敗壞在他的手上，他受了越國的錢財美女，因此替越王句踐說好話。據說弄得夫差頭腦迷糊、神魂顛倒的西施，就是通過伯嚭送給夫差的——自然，歷史上到底有沒有西施這個人，我們還沒有弄清楚。

四十四歲（前五〇七）

年表形式的敘述：

孔子進入教學的成熟期，那時他已有十來年的教學經驗，對教學課程的安排與內容都有相當的心得，對一個青年成長的發展有極深的體會。他瞭解一個青少年的求知慾望，但也不忽視一個人要改變自己命運的意願，他充分地讓他的弟子們在這方面發揮與成長自己，但他也要求自己的學生有基本的道德價值觀。從這一年開始，他招收了一大批年齡相近的青少年弟子，這是他招生的第二期，這一期學生的特色在政治、軍事、行政、外交上都有非常極出的表現。

孔子四十一—四十四歲時，魯國與列國的政治：

前五一〇年：吳王闔閭伐越。

諸侯國晉韓齊魯等為宗周修築城牆，宗周雖已不干預諸侯內政，但宗周本身還是受到諸侯國的供奉與幫助的。

前五〇九年：蔡昭公朝楚，楚權臣令尹子常索賂遭拒而扣留他，不讓他回國；達二年之久。

前五〇八年：吳敗楚師於巢[205]。

這一年：蔡人賂楚令尹子常，蔡昭公[206]（前五一八—前四九一在位）得釋。昭公東返，投玉漢水，誓言不再以臣禮事楚。赴晉，寧願以子為質，聯晉伐楚。

討論的問題或進一步的解釋：教學課程、教學材料、學生住宿問題、楚與蔡

教學課程：孔門六藝大家都知道是貴族的「禮樂射御書數」，那是文武全才的教育專案，是一種培育統治階層通才的教育，既培養頭腦，也訓練身體。教育一個人在戰爭時能打仗，在外交時能應對，在管理時能計算派遣地安排工作，那是傳統官學的課程。孔子辦的私學，他除了把官學的課程全拿過來教學生之外，是否還有他自己的特色呢？請見本書第三章的〈孔門的教學課程與教育方式〉。

教學材料：那就是六藝的教學材料與工具，請見本書第三章的〈六藝的教學材料與弟子的出路〉

學生住宿問題：孔子有年代可考的學生，第一期有六人，第二期有十人，共得十六人，再加上年代不可考的學生，若假設加倍的話，則有三十二人。三十二人中可能有一部分人的家不在曲阜城內，因此這些人必須在曲阜城中找地方住，例如子貢是來自衛國的，公皙哀來自齊國。想來孔子可能有一半的魯國子弟來自在曲阜以外的地方，這些弟子都需要解決食宿問題，孔子是如何解決他們這方面的需求呢？我們缺乏文獻的記載。一個可能是在孔子居處的相鄰地方建立房舍，例如娶他姪女的弟子南宮括很自然地變成了孔子的鄰居，我們不知道當時確切的數目。但據說漢高祖攻打曲阜時，孔門弟子已有相當數目的人家，聚居在一起過習禮的生活[207]。時至今日，遺留下來唯一的古蹟可能只有一口供孔家與弟子們食用的水井。

楚與蔡：我們今天由於有三星堆與金沙灣考古的發現，特別感到三楚文化必有很長遠的歷史，來自獨立於中原文化以外有極高水準的文化，這個文化源頭是否與三星堆有淵源，還是待考之事。但楚國有自己的語言音樂與詩歌，雕塑人物的造型也是高瘦飄逸，與中原凝重沉穩的造形有別，那是由來已久的共識。

孔子時的楚國已是諸候國中的盟主，而且是一個有惡霸味道的霸主，喜歡欺負在它周邊的較弱小的國家，而且不太守禮儀的規則。這一點，在我們上面討論當時的國際和平大會時就已論及。作為另一個當時盟主的晉，它的權臣有時也會敲詐小國的使者，勒索財寶，但還未到勒索不遂，扣留小國君主的程度。但楚國權臣令尹子常[208]（活躍於前五一九—前五〇六）在孔子四十二歲那一年，索賂蔡昭公遭拒後，竟扣留他達二年之久，經蔡人納厚賂之後，才釋昭公。這有點類似近代黑社會的行徑與作風。

在西周開始的時候，蔡國也是一個國力較強的周宗室姬姓國家，對周宗室在淮河流域的統治起過相當作用，鞏固了周的分封制度；它的衰落反映了西周的老化與滅亡。蔡國不像衛國那樣地任用很多賢人，是一個沒有朝氣的國家。同時蔡國在亂倫的荒唐上是可以與欺負它的楚國媲美的，蔡景侯為太子娶婦於楚，再與之私通，太子殺父景侯而自立，那是孔子出生以後第三個弒君事件，而楚平王在為太子禮聘秦女為媳後，竟把未過門媳婦強搶過來做自己的夫人，後來又放逐了太子。二個人都是父親，而行事實在不像父親的人。

但蔡國缺乏楚國的朝氣，蔡國沒有什麼可以稱道的賢人，而楚國則人才輩出。但楚國不能好好任用他們的人才。貴族出身的伍子胥與伯嚭在家破人亡中逃到吳國，為那時相對地落後的吳國建設城堡與水利，並創建行政與軍事制度。吳國因而能強大起來，成為楚國最有殺傷力的敵人。同樣，士人階級的范蠡與文種在楚國得不到發展，把他們的抱負帶到越國，成為吳國的心腹大患。

孔子不去有朝氣的楚國（孔子只在楚東北邊境會見了楚國統治層，但並沒有進入楚境內）、吳國或越國，卻滯留在暮氣沉沉的陳、蔡二國，達三四年之久，原因何在還有待學者專家的考訂。

四十八歲（前五〇三）

年表形式的敘述：

孔子這二三年間大量招收同齡學生，而且學生不單只是魯國人，還有其他各國的青年子弟，孔門私學開始進入國際化。孔子最欣賞的十個學生，有一半出自第二期所招收的弟子。

一個相貌身型上與孔子相類似，但在性格品德上完全迥異的人，在這段時期與孔子經過三十年後再相遇，導致孔子重新思索人生的道路問題。結果，他毅然跑出了自己一手所塑造的安適的象牙塔生活，向政治的拍岸浪潮作衝浪運動；一個跟斗下來，付出了十四年流浪的生涯，但也成就了他對仁境界追求的完成——這是他人生中一個不能逃避的考驗——這個人就是權勢凌主的魯國第一權臣陽虎。

孔子大約不晚於四十八歲時把女兒嫁了出去，嫁給一個曾經坐過牢的齊人公冶長[209]。

孔子四十五—四十八歲時，魯國與列國的政治：

前五〇六年：晉應蔡請，召會十六諸侯國並宗周，於召陵[210]盟，謀伐楚。晉大夫荀寅索賂於蔡侯，未果而生恨，進言范士鞅破壞之。伐楚之議乃罷，晉由是失信於天下諸侯。

晉使蔡滅沈國[211]，楚國因而伐蔡，蔡侯質子於吳，請共伐楚，吳王闔閭會蔡與唐[212]二國之師伐楚，五戰五捷，楚昭王出奔，吳入楚都郢。伍子胥挖楚平王墓，並鞭其屍。

曹聲公[213]（前五一四—前五一〇在位）之弟露殺隱公[214]（前五一〇—前五〇六在位）自立，是為靖公[215]（前五〇六—前五〇二在位）。

前五〇五年：越乘吳師在楚，進軍入吳。楚師因得秦助，攻吳。闔閭前後受敵，敗歸吳國，楚昭王還郢都。

秦楚合滅唐。

魯季氏家宰陽虎得勢權重，陵侵季氏，謂晉趙鞅說：「堂上之人，朝廷之吏，邊境之士，臣所樹者過半[216]。」強與季桓子[217]（？—前四九二）盟，殺季氏族人公何藐，逐公父歜。

前五〇四年：鄭伐宗周六邑，魯奉晉命率師伐鄭，取鄭之匡邑[218]，由於從魯至鄭要經過衛，而陽虎等在經過衛時，不假道（不與衛打招呼），衛公怒，派大夫彌子瑕[219]（活躍於前五三〇—前四八四）追之。

晉助宗周戍守，並為之築城。

吳再出師敗楚，楚恐，遷都於鄀[220]。

周再亂，周敬王自成周出走。

這一年：齊國歸還魯國鄆與陽關[221]，陽虎以之為食邑。

齊侯鄭伯盟於咸[222]，齊以魯君不赴鹹會盟，派軍伐之。

晉護送周敬王歸成周。

討論的問題或進一步的解釋：孔門十哲中的五哲、走出象牙塔、「吾將仕矣」、籠絡孔子的算盤、陽虎、陽虎謀權手段、鄭伐宗周、蔡昭公與牛脾氣、孔子嫁女

孔門十哲中的五哲：孔門十哲是指孔子自己心目中門下十個最優秀的學生。孔子這一年基本上完成了他第二期弟子的徵收，這一期我們所知道的九個學生的年齡從二十九歲到三十一歲，年齡間的差別微乎其微。一個試探性的推測乃是孔子這二三年間大量招收同齡學生，而且學生不單止是魯國人，還有其他各國的青年子弟，孔門私學開始進入國際化。孔子那時在博學上已集大成，在認知的範疇上已有明確的界定，在道德修養上也如松柏的後凋，經得起人生挫折的考驗，在教學上已有一定的程式與方向，孔子晚年自己列舉出來門下最優秀的十位學生，其中有一半來自第二期的學生，他們是顏回、冉雍、冉有、子貢與宰予。顏回的德行接近孔子；冉雍無為而治的仁政得到孔子的盛讚；冉有多才多藝，是孔門最傑出的全才，但在仁政的立場上，則受到孔子的批評；不過，如果我們從實際政治運作上評審他，應該承認他是相當有成就的，他在齊國與吳國的侵略下把魯國保存了下來，導致在外流亡十四年的孔子得以回家鄉魯國；子貢則以他的外交才能說服吳國不再侵魯國，同時他賤買貴賣的商業才能對孔子十四年的周遊起了經濟上的補助作用。冉有與子貢這二個在俗世上極成功的人物最終都沒有走老師仁政的道路，冉有在老師生前就坦白說了出來，子貢則在老師死後才離經，但可能沒有叛道。「利口辯辭」的宰予喜歡提出不同尋常的看法，惹得老師孔子老大不高興，但在仔細考察之後，還是把宰予列進他十個最優

秀的學生之中，並且自承「以言取人，失之宰予」（《史記‧仲尼弟子列傳》）。

走出象牙塔：浸沉在教學之樂的孔子，生活是相當適意的。他的居所，他的衣食，雖不華美，卻是既舒適而又豐足的。他出有馬車，常常可作遠足旅行；也可近作郊遊。曾晳在孔子約六十歲時的言志，可能是對從前美好的魯國教學生涯的回憶。那時，孔子已在外周遊了五六年，極想家。曾晳窺測到孔子的心意，重述當時愜意的生活。他是這樣說的：「莫（暮）春者，春服既成，冠者五六人，童子六七人，浴乎沂，風乎舞雩，詠而歸。」（《一一‧二六》）可以每年做新衣，不獨孔子，連他的弟子們，在經濟上，都是寬裕的。而且很多弟子已有家室，攜帶著下一代，又游泳，又跳舞，又唱詠詩歌，那種樂趣是令人羨慕的。孔門弟子的下一代可能在童年的時代就已開始跳禮舞，詠詩章；長大後，可能變成了孔子兒輩或孫輩的弟子。孔門私校的聚居地有仙界樂土的味道，但他老人家在這一年卻凡心大動，開始有出山之意。導致孔子凡心蠢動的人，不是別人，而是一個與孔子在相貌體型上相近似，也是一個高大勇武的人——陽虎。由於他是私生子因而不能當季氏家族禮法上的正主兒，但在二十多年季氏家臣的職位中，憑能力累積了豐厚的政治勢力，專了三桓所把持的朝政，變成魯國當時第一權臣，他想任用孔子。

「吾將仕矣」：孔子那時正當壯年的末期，一生的精力都用在學問的研究、道德的修養與弟子的教育上，從來沒有興起過要當官的念頭，突然被國家的第一權臣召見，他十七歲時在季氏招待青年士子的大會上受到過陽虎的侮辱，陽虎又好殘害自己家族中的同僚，深為孔子所不滿，因此婉拒與陽虎見面。陽虎也是一個有手腕的人，他給孔子送去一頭豬，孔子不得不回拜。為了不想彼此見面，他打聽陽虎不在家時，再去拜謝他。當時曲阜並不大，主要的街道並不多，想不到在半路上，冤家路窄，二人碰了一個正著。孔子保持禮貌，以「誾誾如也㉓」的態度答謝陽虎；後者則以責備的態度對孔子說：「懷其寶而迷其邦，可謂仁乎？」孔子對曰：「不可。」又說：「好從事而亟失時，可謂知（智）乎？」孔子對曰：「不可。」陽虎又說：「日月逝矣，歲不我與。」孔子敷衍地說：「諾，吾將仕矣。」（《一七・一》）結果，孔子沒有在陽虎手下做官；但陽虎已在孔子的心湖上投下一顆石子，引發起千層漣漪。孔子又有了新的夢想，要完成仁的境界，那就是對仁政的追求。自然，這是孔子內在世界的一個主觀性的理念追求，別人以旁觀者的外在世界看他，則往往會認為他放棄了寧靜淡泊的教育生涯而去追逐權力與地位，進了名利場。孔子也省覺到這個問題，他是伯夷叔齊的崇拜者，他花了二年的時間，從四十八歲到五十歲，才確切地知道自己這樣做是對的，是合乎天命的！

籠絡孔子的算盤：陽虎之所以要籠絡孔子，自然不是為了要推行仁政，他是以權力的角度作為出發點的，十幾年的教學已導致孔子成為魯國社會上與政治上的一股勢力。不獨他個人成為魯國最有學問的人，他的弟子也占了魯國知識分子的半壁江山。他的學生大部分出身貧賤人家，沒法像貴族知識分子那樣，進入領導層的行政圈內，必須從低層的吏或家臣階級起步，這包括他入門的通才學生，與不入門的專才學生，這一點我們上面已討論過。連子路那樣有才幹的人材也不可能突然間在孔子五十歲時被任命為季氏宰的，那是部級的職位，他必定曾經在基層做過事，有了良好表現後才會被宰相季氏所賞識的。即使後來逃到「汶上」不願當費宰的閔子騫㉔也必定曾經在政府任過職，立過功，有傑出的行政經驗，才會被季氏聘請當魯國第二大邑的市長的。至於為什麼陽虎要看中孔門弟子呢？那得由他的出身說起。

陽虎：陽虎是私生子，也就是所謂「孽子㉕」，在禮法家族中的地位是相當低微的；起初他只能當季氏家族中的家臣，經過十多年的努力成了季氏左右手的季氏宰。陽虎是一個相當有本領的人，他的勇武使他即使在逃亡時，別人還是怕他，不敢追得太近——當他準備逃離魯國時，他不急著上路，慢條斯理地停留在五父之衢做飯，隨從勸他快走，他誇誇自矜地說：我逃跑了，大家高興還來不及，因為不用再害怕我把他殺死，哪會有空來追我呢㉖？同時，他也精通筮卜，能說得一個頭頭是道㉗。他在季氏手上搶到了軍政權柄後，但由於是孽子，他沒有食邑，後來把齊國歸還給魯國的鄆邑與陽關霸占過來作自己的食邑，他需要大量的人材幫他建設這個基地，貴族士人怕他，但不真心擁護他；他必須另闢管道，在平民士人中找人才。如果他能把孔子吸收過來，那他一大群的門人就能為他所用。陽虎的算盤打得很精，但孔子不願與這個與他長得雖然相似但有反骨的人為伍。

陽虎的謀權手段：陽虎曾經很自豪地對晉國的權臣趙鞅說：廟堂上的大夫，政府中的官僚，地方上的長官，為他所任命的占了朝廷的一半㉘。他是以什麼手段來為自己謀權的呢？

第一、他從提拔人中，安插自己的親信在政府重要的位置上，而且不讓別人忘記他安插提拔的恩德。

第二、他為魯國樹立外敵，製造國際矛盾，導致魯國在外敵的威脅下沒法顧及內部的整頓，使他得以坐大。

他深悉季桓子的懦弱個性，利用了這個弱點，他一步步地把軍政大權掌握在自已手上，強迫季桓子簽訂賦權於他的盟約。再進一步殘殺反對他的季氏族人公何藐，放逐族人公父歜㉙，使魯國第一家族的季氏族人沒有一個人敢違抗他。

齊魯二國南北相鄰，常年都有一些紛爭，但也有一種喜歡冤家的親熱，與晉國的關係完全不一樣，那是冷硬性的敬畏。但是自從陽虎主魯政開始，魯晉關係變得親密起來，陽虎不獨與晉權臣趙鞅親善，還奉了晉命去攻打鄭國，掠奪了鄭國的匡邑，而且在這場戰爭中，魯軍是要經過西鄰的衛國才能去攻打鄭國的，卻又不與衛國打招呼，弄得衛靈公大怒，派軍隊追逐魯軍；後來在魯國內亂時，更把匡邑搶了過來。由於陽虎在占領匡邑期間，暴虐匡人，令匡人對陽虎恨之入骨，種下後來匡人對相貌身型與陽虎相似的孔子的圍困。魯衛一向是兄弟之邦，由於陽虎的無禮的舉動造就了二個鄰國間緊張的氣氛，而這種與四鄰緊張的氣氛有助於陽虎在魯國內鞏固自己的權力。

鄭伐宗周：鄭國是一個生活在夾縫裏的國家，北有晉國，南有楚國，是二個盟主大國的緩衝國，自己的生存都有問題，而且軍事能力不強，逢仗必輸。為什麼這一趟會在周宗室有內亂時去趁火打劫，搶掠宗周的六個城邑，是一回令人費解的事。另一方面，晉國不命令相鄰的衛國或宋國去攻伐鄭國，卻派遠在東面的魯國越境進軍，也是令人費解的，除非晉國已把魯國當作心腹盟國。

蔡昭公與牛脾氣：昭公如果是讀書人的話，他那種不願賄賂的牛脾氣是令人敬佩的。

不幸他生在帝王家，是一國的君主，有了這種牛脾氣，那可是禍國殃民的，種下了後來蔡國再一次亡國的禍患，發生在孔子死後的第一年。

不單只蔡國的君主有牛脾氣，蔡國的人民也是牛勁十足的。孔子在陳蔡所遇到的隱逸之士，恐怕很多都是蔡國的遺民，土地被楚國霸占之後，這些遺老就不願再出來做官，只願做一個「富農」，看到熱衷做官的孔子，就冷言冷語地奚落孔子。即使蔡國的平民百姓也看不慣孔子，聽說孔子竟要去替霸占他們土地的楚國服務時，在陳蔡官員的慫恿下，也暴動起來，把孔子與弟子一眾圍困起來，導致孔子絕糧於陳蔡——這個看法，源自孔子近代後裔孔祥林先生㉚。

孔子嫁女：大家都知道孔子的女公子嫁給了他的一個學生，叫公冶長的，是齊國人，而且曾經坐過牢。問題在：這個女婿是孔子看中的呢？還是孔家小姐看中的？我們認為是後者，因為孔子雖然認為這個女婿「無過」，但從來沒有誇讚過他有什麼優越的地方。孔子那時名望已很高，女兒嫁給坐過牢的人，恐怕家族中是有人反對的。孔子出來熄閒言閒語的火，說女婿公冶長「雖在縲絏之中，非其罪也」（《五・一》），由於公冶長是無辜的，他才會收他做學生，既然能收他做學生，自然是「可妻也」（《五・一》）。另一方面，公冶長一定也在風度上與魯國弟子有不同的地方，才會贏得女公子的青睞。至於是什麼使公冶長與眾不同，因缺乏文獻記載，也不好瞎說。

孔女大約是在孔子三十九歲至四十八歲之間嫁出去的。我們這個猜測是這樣來的：她哥哥孔鯉在母親死去一年之後還是哭哭啼啼的㉛。那麼，孔鯉那時應還在幼童時期，年齡不會超過十歲。因此，他與妹妹的年歲距離不會超過十年；同時，如果她按通常禮節，應在十八歲出嫁，則她若少孔鯉一歲，她會在孔子三十九歲時嫁人；若少孔鯉九歲，她會在孔子四十七歲時嫁人。孔子三十六歲時曾遊學齊國，因此收了齊國弟子，時間上也是相互吻合的。

五十歲（前五〇一）

年表形式的敘述：

孔子四十九歲時，陽虎謀反失敗，季氏宰公山不狃據季氏食邑費叛，召孔子，孔子欲往，子路止之[232]。

這一年，孔子自謂：「五十而知天命」（《二・四》）。《史記・孔子世家》載：魯以孔丘為中都宰，由中都宰為司空，由司空為大司寇，我們對這個記載存疑。

孔子四十九—五十歲時，魯國與列國的政治：

前五〇二年：齊叛盟主晉，魯為晉伐齊。齊反攻，晉師未達魯境而齊師已撤。晉軍由是駐衛，與衛盟，因其輕侮衛靈公於盟會，欲改盟伐鄭，為衛所拒。於是伐鄭之後，會魯伐衛。

陽虎聯手季氏叔孫氏子弟謀反，欲殺三桓，不遂，三桓敗陽虎，得力於孟孫氏家臣公斂父。

這一年：鄭大夫鄧析，有智巧，能有科技發明。亦好法律，制刑書，又辦私學（是法學師表），教人訴訟。執政大夫駟歂藉口他亂政而殺之，但採用了他所書寫的竹簡刑書。

陽虎逃離曲阜後，據陽關叛，魯三桓墮陽關，陽虎奔齊，再奔晉依趙鞅。

衛靈公以五百乘助齊之戰晉。戰後，齊以三城邑五百社酬衛（這個向孔子請教行軍布陣的靈公，自己也是一個打仗的高手）。

討論的問題或進一步的解釋：五十知天命、直升機式的官運、不避叛逆、法學家鄧析

五十知天命：這個命題有兩方面：一是天命的內容是什麼？一是孔子是用什麼方法或方式去認知這個天命的。讓我們先討論第一個命題。首先我們要強調孔子是在生命結束期，大約七十至七十二歲時，對自己一生的總結，才說這段話的。追述自己在二十年前五十歲時會走的那條人生道路；而不是在五十歲時受了天命的感悟時所說的話。如此則我們不知道他後來所走的人生道路是否合乎所顯示的天命的。因此、我們如果總結孔子這二十年來的所作所為就能知道天命的內容。這二十年來孔子做了些什麼呢？

他走出象牙塔，跑了出來當官，想推行他心目中的仁政，那就是提升普通人民的生活，並給於他們禮樂的教化，提升老百姓的文化質素。我們認為這是他的理想，但並沒有實現，雖然《史記》說：「為中都宰，一年四方皆則之。」這個說法的可靠性是很可疑的，後面將論說到。後來是他的弟子子游替他實行了他的理想。孔子另外一個理想是重建周朝禮制的政治秩序，這個理想隨著墮三都的失敗而潰滅，但他不氣餒，堅持他行仁政的理想，即使居無定所，食無定時，還是願意為仁政而努力的。可惜，十四年來的周遊卻沒有找到行仁政的機會；或者應該這樣說，雖然有一二個機會，但孔子必須犧牲他做人的原則，他不願意，他有他的騾子脾氣，堅持「良工能巧而不能為順」（《史記・孔子世家》）的原則，不求容於世，他這種騾子脾氣只有顏回能欣賞，連最親密的弟子子路都不以為然。而且，十四年來為石子路顛沛得骨散背駝齒落，沒有一句怨言，死前回顧他的一生，認為這就是他的天命，就是自己應該做的事。

天命就是要孔子參與社會，提升老百姓的經濟與文化的生活質素；但沒有統治者願意讓孔子「修道」而行仁政。而孔子也不願因為求取統治者的接納而「求為容」；因此在道德立場上不讓步也是天命的一部分，天命就是要孔子完成道德的實踐。也就是說五十以前孔子完成了他倫理道德的構思；五十歲以後，他完成了這個理論的實踐或實驗，證明那是一個在行為上可以完成的倫理人格，孔子完成了人格的整體化，而且是整個中國「文化人格」的整體化。在這個文化傳統中，是「自生民以來，未有如夫子者也[23]」的，這十四年的烘爐火的試驗，顯露出孔子人格的真金本質。這就是他的天命。

孔子又是怎樣知道他的天命的呢？這是我們要解答的第二個命題。這個命題在《中庸》中有討論。該章開章明議地說：「天命之謂性。」換言之，孔子五十歲而知「性」，此性者，乃形而上的存在，也就是孔子之所以為孔子的「真我」。孔子在五十歲時瞭解到自己的本性或真我。之後二十年間，實行了真我的體現；所謂「能盡其性」，也就是能盡其天命。而《中庸》很明確地指出：「唯天下之至誠，為能盡其性。」所以「誠」是通往天命的衢道，孔子是以對自我誠明的方式來測知所謂「天命」的。從這個意義上來說，有近代宗教上「內省（soul-searching）」的意義，但我們必須強調孔子時雖有魂的概念，但沒有靈魂（也就是真我）的概念。不過，他一定是用一種近乎內省的方式去追求對天命的認識的。

直升機式的官運：《史記．孔子世家》對孔子的出仕有二種描述，一說「（孔子）當為司職吏而畜蕃息，由是為司空」。另一說，則云「定公以孔子為中都宰，一年，四方皆則之，由中都宰為司空，由司空為大司寇」。兩個說法是有衝突的，前一說的乘田與委吏都是非常低級的小吏，屬家臣階級。中都[234]宰還算得上是一個官職，但似乎是當時的一個三級城市——三桓的食邑為一級城市，武城與莒父似是二級城市——由一個一級城市的宰升為季氏宰、叔孫氏宰或孟氏宰都是有可能的，任三公的司空則幾乎是不可能的事。

魯國無三公，在《左傳》隱西元年（前七二二）到定公九年（前五〇一——孔子五〇歲），司空一詞總共出現一〇五次，一〇四次都是談到其他諸侯國的司空，只有在昭公四年（前五三八年——孔子十三歲——那是唯一的一次）才談到魯國名譽性的司空官位。那是在這種情形下提起的：叔孫穆子[235]（活躍於前五四五—前五三八）去世，家宰杜洩[236]（活躍於前五三八年）要用「輅車（代表尊貴身分的禮車）」葬他，宰相季氏聽了穆子的孽子（野生子）的壞話，不允許他這樣做，杜洩振振有詞的說，三公這個官位是因為穆子對周宗室有功，周公室因此賜司徒給季氏，叔孫氏為司馬，孟孫為司空，雖然是空名，但魯君當年「不敢逆（周）王命而後賜之」，而輅車就是那個時候賜給他先君的，季氏才同意。

因此司空乃孟孫氏名義上的官職。孔子非孟孫氏家族成員，又怎能占有這個官位呢？

司寇這個官位到孔子五十歲時，《左傳》共出現過三十六次，關於魯國共二次，第一次在孔子出生前一年，臧武仲[237]（活躍於前五六九－前五五〇）在那一年任魯國司寇；另一個記載是關於孔子的，把孔子當司寇定在定公元年（前五〇九），孔子四十二歲的時候，後來注家把這個年分推遲了十年，魯國應該是有司寇這個職位的。自然，魯國是否有大司寇這個職位還是很成問題的，那可能是卿級的職位。但由《論語》中孔子「從大夫之後，不可徒行也」（《一一・八》）這個記載來看，孔子當過大夫那是不成問題的事。由於司寇是三公以外的官職，臧武仲是公室貴族，因此、司寇可能是公室任命的職位，孔子是由公室魯定公所任用的，這也是為什麼子貢在孔子葬禮上批評送悼詞的魯君；因此他這個司寇一方面是有相當高的地位的；另一方面，公室那時是沒有實權的，也因此孔子是沒有實權的。這是為什麼子路替季氏做事，反而在政府中的實權超過了孔子。有關內容請見本書第三章的：〈孔門重要弟子介紹〉仲由（子路）條。

鄭子產有了四年良好的主政政績後才被任用為宰相的。而《史記》則記載說：孔子在一年間（前五〇一）就由中都宰為司空，由司空為大司寇，到了第二年就「攝相事（有兼攝宰相事宜之意，實則為「相禮」）」，那是非常令人不可想像的事。孔子一生在私學的學院環境中生活，對實際政治執行一無所知，他或因熟讀史書，有很高深與敏銳的政治見解也說不定。但他作一個旁觀者，想在一年間就成為一個傑出的實行者，那真是天方夜譚，極之不能讓人相信的事。像子產那樣有大本事的人，早在十五年前就培養行政的經驗

（他是卿級的官），也要經過十一年才能當執政的官，十五年才得相位，而且是政績彪炳，大家公認的行政高手。孔子既沒有背景，又沒有政績，一年下來，竟可以從一個三級城市的小宰一下子坐上司空司寇的高位，太不能令人信服了。

像中都那樣的三級城市由孔子的弟子當宰還可以，讓一個名滿魯國的大學問家，魯國在野最有名的人去當小邑小宰，也太不像話了。陽虎聘請孔子必給予高位，同樣，以費叛的公山不狃也不可能請孔子來當小宰的，要拉攏孔子集團的魯國當政者不可能以小宰請孔子那樣有名望的人的——我們相信孔子是一上任就當上了司寇這個職位的。

不避叛逆：孔子四十八歲時因為他不喜歡陽虎，沒有接受陽虎的聘請。但一年後當公山不狃據費邑叛變時，召請他，他就想去了；結果由於子路的阻擋，沒去。後來晉國的佛肸據中牟叛，召孔子，也是因為子路的阻擋沒有去成。所以，孔子正統的觀念並不強，他反對弒君，但把不成材的君主架空或趕跑，他是認可的。

法學家鄧析：鄧析生活在當時法律觀念最先進的鄭國，這是他的幸運處，他因此能在法律上有所建樹，成為中國刑法開創人之一，《荀子・非十二子》指出：鄧析「不法先王，不是禮義」；為中國後來以法治國的制度立下建國的基礎，同時他對現有的鄭國子產權威性的刑法提出批評，並有創新的見解，因此私下寫竹刑，招公家之忌。但當時法律觀念剛萌芽，缺乏法律程式與制度的建立，也就導致他的不幸。因為在缺乏客觀法律的審判下，他被剛上臺的主政駟歂沒有經過法律程式就隨意殺死了。作為名家學派的創始人，對刑法上的名實繳繞，一定是能控名責實，參伍不失的。打官司可能打贏了，但在權力的鐵拳下，被擊打得粉身碎骨，身首異處。反倒是《左傳》的作者本著禮制的仁德觀念為他說了幾句公道話，他說：駟歂這樣做是不仁德的，他「用其道（用其刑書）而不恤其人」，「無以勸能矣」（《左傳・定公九年》）。

他辦訴訟私學也辦得很成功，《呂氏春秋・審應覽第六》說：鄧析「與民之有訟者約，大獄一衣，小獄襦袴。民之獻衣襦袴而學訟者，不可勝數」。

同時鄧析是一個有科學頭腦的發明家，作桔槔以取水；並且在修詞學上能「操兩可之說，設無窮之詞[238]」。他若生在今天，不獨成名，而且可能發大財。可惜生不逢時，得了一個橫死。

五十一歲（前五〇〇）

年表形式的敘述：

齊魯會於夾谷，孔子是這個外交盟會的「相禮」，是他政治事業頂峰的表現。

這一年，齊一代賢相晏嬰死。

討論的問題或進一步的解釋：夾谷之會、衣食住行、廟堂之儀、晏嬰

夾谷之會：齊魯會於夾谷[239]。孔子是這個外交盟會的「相禮（魯方禮節的主持人，這大約是《左傳》的意思，《史記》則似乎說是宰相，所謂攝相，我們對後說存疑）」，他看到齊方把山東土著的萊夷武裝列陣後，連忙引退魯定公，再對齊景公說大道理，強調齊國若用武力的話，則盟主大國的形象將斯文掃地。齊景公聽了之後，立即把夷兵撤了。《史記》則有加鹽加醋的描寫，把「旍旄羽袚矛戟劍撥」漢朝的儀仗都搬了進來，加上「優倡侏儒為戲而前」，熱鬧非凡，孔子命有司把優倡侏儒「手足異處」。如果真有其事的話，這大約是孔子第一次殺人，對這回事的真實性，我們存疑。在這個外交盟會上，齊要魯答應：下一趟打仗時，魯要援助齊三百軍車，齊則答應歸還魯汶陽之田，那是陽虎奔齊時所帶去的土地（《左傳・定公十年》）。

衣食住行：大家都知道孔子對飲食在精緻上、在衛生上、在節制上是非常講究的。他對精緻的要求有如下的名句「食不厭精，膾不厭細」。而且一定要煮得恰到好處，不能太生，也不能太熟，否則對飲食有研究的孔子就不肯下筷子了，所謂「失飪不食」，而且他對配料也很講究，因此「不得其醬不食」（《一〇・六》），做他的廚師或太太，那可真不是一件容易的事[240]。

廟堂之儀：這裏主要是介紹孔子在朝廷高堂上的言行舉止，主要來自《論語・鄉黨》頭四章，歷來注家雖然在小節上略有差異，在大體上是一致的；各家的白話翻譯也是如此，只是在可讀性上，出入還是不一樣。我們感到李澤厚先生的語譯可讀性很高，因此做一次文抄公，把他的語譯搬字過紙地抄寫了下來，通過他的譯筆來領會孔子在廟堂上的儀容舉止[241]：

「孔子在老鄉中間，恭順謙遜，好像不會說話。他在宗廟和朝廷中，講話雄辯，但很謹慎。在朝廷中，他與同級說話，直率暢快；與上級說話，溫和恭順；國君在的時候，敬畏不安，態度嚴肅[242]。」

「國君命他迎接外賓，面色馬上變得莊重，起步快速。向站著的人們作輯行禮，或左或右，他的衣服前後飄動，都很整齊。很快地行走，像鳥展開翅膀一樣。賓客走後，一定回來報告說：『客人已經不回頭了[243]。』」

「孔子走進國君的大廳，彎著腰，好像容不下自己似的。不站在大廳中間，行走不踩門檻。走過國君的座位時，面色變得莊重，行走快速，話也好像沒有了。提著衣襟走上臺階，彎著腰，輕聲呼吸而不喘氣。出來，走下一個臺階，就放鬆容貌，一種舒適、愉快的樣子。走完了臺階，快走前進，像鳥展翅。回到原來的位置，一副敬畏不安的樣子。手拿著玉圭，彎著腰，好像負擔不起。上舉，像作輯；下舉，像交接。面容莊重，戰戰兢兢。用緊湊的小步行進，像一條直線一樣。獻禮時，容色凝正。私下相見，則輕鬆愉快[244]。」

晏嬰：齊一代賢相晏嬰死，他提倡賢人政治，不信鬼神，與孔子的道德價值觀相通。事實上，他們二人都是傳統仁德政治的維護者。

晏子在靈公、莊公時期，主張偃武修文；在景公時期，主張寬政省刑，節儉愛民。景公能夠安享五十八年的統治，晏子是他的樑柱。他相貌醜陋，個子矮小，常常以滑稽機智的言語來規勸好宮室犬馬美色的景公。司馬遷把他與名相管仲並列，《史記・管晏列傳》對兩人作了這樣的評價：「晏子儉矣，夷吾（管仲）則奢；齊桓以霸，景公以治。」孔子在《論語》中對晏子有這樣的評語：「晏平仲善與人交，久而敬之。」（《五・一七》）

五十四歲（前四九七）

年表形式的敘述：

前四九八年，孔子與子路提出墮三都。

這一年，孔子半自願半被迫地離魯適衛，有流放的味道，但他似乎還保留了魯大夫的名銜。

孔子五十二—五十四歲時，魯國與列國的政治：

前四九九年：宋景公以孔子弟子司馬牛的哥哥向魋為最心愛的男寵，其他兄弟與卿相叛亂。

前四九八年：衛伐曹[245]克郊[246]。

這一年：晉卿大夫間發生了激烈的爭權，先是荀寅、范士吉射敗趙鞅；後韓、魏、趙三家以晉定公名義伐范荀，後二者奔朝歌[247]叛，趙鞅返晉為政。

句踐（前四九七—前四六五在位）立，越始稱王。

討論的問題或進一步的解釋：墮三都、離魯適衛、向魋亂宋政、越王句踐

墮三都：在二年前（前五〇〇）的夏天，三桓的老二叔孫州仇和老三仲孫何忌[248]就開始包圍叔孫氏的食邑「郈」，那是因為郈的馬正「侯犯」殺了曾經勸不立「叔孫州仇」為叔孫氏主要繼承人的郈宰公若藐。侯犯殺了公若後，以郈叛。武叔懿子圍郈，弗克。夏去秋來，在齊國的幫助下，還是未克。最後叔孫州仇聽從郈王師「駟赤」的建議，用計趕走了侯犯去齊，齊國再把郈邑的地圖戶籍交還給魯，叔孫州仇自是重新擁有食邑郈。由於這個經驗，當孔子與子路提出墮三都拆毀三個食邑的城牆的建議時，叔孫氏第一個回應，拆了郈的圍城牆。已叛的費邑宰公山不狃聽說魯君與三桓要拆費的圍城牆，就聯合叔孫輒帶著費人襲魯曲阜，季氏在國都有宮室，內有武子之臺，魯定公與三桓都被圍困在臺上，但費人攻不下來。按《左傳》說，是孔子教人領兵下臺，打敗費人，一直追到泗水，公山不狃與叔孫輒亡齊，費三丈高的城牆遂為拆毀。當魯定公要拆孟懿子食邑「成」的城牆時，他的家臣公斂處父㉔⑨（活躍於前四九八－前五〇四）就對孟懿子說：「墮成，齊人必至於北門。且成，孟氏之保障也，無成，是無孟氏也。子偽不知，我將不墮。」（《左傳・定公十二年》）這位公斂處父可是位有智有勇的人，是一個可以與陽虎匹敵的魯國勇士，在擊敗陽虎叛變中，建有奇功，把孟氏保存了下來。而且費與郈都曾經有過叛變，只有成則在孔子生平這段時間內從來沒有發生過㉕⓪叛亂，公斂是一個對孟氏非常忠心的家臣，深得孟懿子的信任。孟懿子是孔子的掛名弟子，不好正面與孔子起衝突，公斂是知道這一層關係的，就自告憤勇地站出來抵抗墮三都的政策。雙方軍隊從夏天對峙到十二月，嚴冬將至，魯定公最終放棄墮三都的政策，種下孔子、子路去魯的因果。

離魯適衛：孔子離魯適衛，大約是半自願半被迫的，雖然還保持官職的名分，但形同虛設，統治層的不分派祭肉（「致膰」），是暗示他已不是伐冰之家的一分子㉕①，要他棄官去國的意思。這孔子也領會到，知道自己若留在魯國，可能是會被殺害的，他借贈師己㉕②

（約活躍於前四九七）的歌暗示這個可能性，歌曰：「彼婦之謁，可以死敗。」（《史記・孔子世家》）他曾經考慮過去海外的，所謂「乘桴浮於海」（《五・七》）；也考慮過去落後邊遠的地區傳授他的仁道，所謂「子欲居九夷」（《九・一四》）。再三考慮之後，對文明世界還沒有完全失望，乃決定去魯的兄弟之邦的衛國（衛國開國君主康叔乃周公同母幼弟），看看有什麼發展的機會。孔子自己必有一輛馬車，做季氏宰的子路也會有，做費宰的子羔大概也有，我們相信冉有也應該有的，他必在季氏相府出任過官職，官職是什麼就不清楚，他若沒有任官的行政表現，六年後（前四九二），季康子就不會召他回去魯國，而且「大用」於他的，所以孔子一行最少應有四輛馬車，可能另有牛車也說不定，一行共有多少人則不清楚，因缺乏文獻記載。

如果所有第一、二期學生都隨行，則人數應不下二十人[253]。實際上的人數大約沒有這樣多，因為孔子的老家還留在曲阜，需要人打理，因此姪子孔忠、女婿公冶長，姪女婿南宮括大約會留在曲阜，同時，「歸歟！歸歟！吾黨之小子狂簡」（《五・二二》）一語似指在曲阜家鄉有了一批年輕小夥子弟子，學問做得蠻火熱的，孔門私學雖然孔子離開了，還在吸納學生，他較成熟的早期學生像冉耕、漆雕開、冉雍等可能已代師授課的了。如果我們將人數折半，則得十人左右，其中必有子路、顏回、子貢、冉有、子羔、宰予。可能也包括曾點、商瞿、梁鱣、巫馬施與宓不齊。公良孺可能是後來與孔子一起回陳國後，在離陳時，再帶領五乘車加入行旅之中返衛國的。

即以四輛馬車十個菁英分子來說，那也是一個不大不小的行旅，衛靈公接見了他們之後，雖然很慷慨，也很爽快地就答應給孔子相當於在魯時的俸祿，那就是六萬小斗粟，但對這十位左右都是猛人的外來客確實有些心大心細的，太史公就假借楚令尹子西[254]（？—前四七九）的話來說明統治者對他們一行人的忌諱，認為楚無使臣如子貢，輔相如顏回，將令如子路，官尹如宰我。如果楚昭王給孔子七百里（每里二十五家）封地讓他壯大，「非楚之福也！」（《史記・孔子世家》）衛靈公大約有同樣的理由對他們不放心，因此派公孫余假[255]（約活躍於前四九七）一出一入地監視著他們，弄得孔子十個月來心神不定，決定求去。

《史記》記載他去衛適陳，由於《論語》有載孔子、齊景公二人討論正名之道[256]，我們認為孔子可能在適陳之前造見了齊景公，談正名之道。並載景公先答應以（三桓）的季孟之間待孔子，後來卻推託說自己「吾老矣，不能用也[257]！」這句話應說在景公將過世十年之內，景公在前四九〇年卒，因此在死前七年說「吾老矣」是很合情景的；如果像《史記》那樣把二人的會面放在孔子三十五歲時，也就是景公去世前二十六年，當景公還是英年的時候，那是不合情景的。而且，前四九七年齊景公與衛靈公會師於山東荷澤西北結盟伐晉，孔子要去見他是滿方便的，何況他們二人在夾谷已見過面，因此是舊相識，成為孔子進階之道。孔子正名與富民的政見雖然獲得景公喜歡，但齊國的大夫們可不樂意了，計謀要害他，在這種情形下，「孔子行[258]」。

向魋亂宋政：向魋或稱桓魋，又稱司馬桓魋，是宋國權族的子弟，也是孔子弟子司馬牛的哥哥。從《左傳・定公十年》的記載看來，他是宋景公的男寵，當時公族的子弟「公子地」也有男寵，叫「蘧富獵」，公子地對他入了迷，把家財分成十一份，把五份給了蘧富獵，但他看不起宋景公所嬖愛的桓魋，桓魋喜歡上了公子地的白馬，景公把馬的尾巴與鬃毛染紅，給了桓魋，公子地知道後，把桓魋捉來打了一頓，並把馬奪回。桓魋心裏害怕，想逃往國外，景公關上門不讓他走，同時向他哭求，哭得眼都腫了，總算把他留了下來。但公子地、公子辰、公子仲佗與公子石彄則逃了去陳國，最後自曹進入蕭[259]地發動叛亂。

越王句踐：句踐是大禹的後裔，大禹死在越地的會稽山上，在這個南蠻的地方留下了子孫苗裔，很長的一段時期居住在那裏的人是「文身斷髮，披草萊而邑」（《史記・越王句踐世家》）的，大禹大約並沒有在越地留下太多的中原文化，包括物質文明。吳太伯[260]（約活躍於前一一五二）的「奔荊蠻[261]」給沿海的南方帶來了中原文化，除了禮制外，在物質文明上，最重要的大約是冶金術，從根本上改變了農耕與軍事。由於南方的天時與地理，生產工具的改進，導致生產的突飛猛進，人口作幾何性的飛躍。如此四五百年下來，文化水準已開始與中原勉強相接近，但正式的掛鉤，在吳國則始自「吳王壽夢」，他在前五八五年稱王，那是由於周室已微，他已不需要屈居在周簡王之下稱公稱侯的了。句踐則在吳國成立之後，在前四九六年稱王，但他一稱王就在戰場上傷了吳王闔閭（後來因傷而死），聲勢驚人。

句踐能在戰場上如此光輝超卓，自然是他必定擁有強大的國力，包括經濟與人力，但要從一個經濟強國變成軍事政治強國，還得有實際技術知識（know-how），為越國帶來這些知識的是二個從楚國來的移民范蠡與文種，前者長於經濟與軍事，後者長於典章制度與外交。因為他們，越國得以存活下來，並在後來把大仇人吳國滅亡。不過，越國一部分的實際技術知識可能是從吳國流傳過來的，包括如何建車輛，如何布戰陣，如何築城壘，如何建水利等。

句踐最有名的品質是能忍辱吃苦，禮賢下士，與百姓同苦樂，那是當他在患難的時候。但當他富貴得意時，就變了一個人，愛殺功臣，在漢朝韓信（？—前一九六）之前，范蠡就說了以下的名言：「蜚鳥盡，良弓藏；狡兔死，走狗烹。」（《史記・越王句踐世家》）越國的國祚並不長，在前三三三年就亡了國，享國運一百六十三年，恐怕與他不能保育人才有關。不過，太史公還是很稱讚他的，認為句踐能如此堅強，終稱霸王，那是因為他身上流著大禹不屈不撓的血液[262]。

五十八歲（前四九三）

年表形式的敘述：

前四九六年，匡難，再經蒲返衛。

前四九六—四九五年，子見南子，靈公問陳也可能發生在這期間。前四九五年，去曹適宋，司馬桓魋對孔子一行有意見，威脅要殺孔子。孔子於是去了鄭國，再到陳國。

前四九四—四九三年，蒲難，靈公郊迎孔子。前四九三年、衛靈公卒，靈公夫人南子拒絕前太子蒯聵回來繼承王位，立他的兒子輒（靈公孫子）為衛君，是為出公；孔子有出仕的機會。

孔子五十五—五十八歲時，魯國與列國的政治：

前四九六年：越敗吳，吳王闔閭傷大趾，可能得破傷風菌而死。

鄭出兵援晉叛臣范氏與中行氏，為晉兵所敗。

前四九五年：魯定公卒，哀公立。

鄭取宋鄭間尚未開墾的土地岩、戈、錫㉖③，齊衛謀救宋。

吳王夫差以伯嚭㉖④（活躍於前五一四—前四七三）為太宰，奮習御射，謀報檇李之恥。

前四九四年：楚降蔡，蔡偽許之，及楚師還，蔡請遷於吳。

吳王夫差經過一年多的刻苦練兵，以精銳之師敗句踐於夫椒㉖⑤。吳師侵占越地，句踐通過大夫文種賄賂吳太宰伯嚭請和，伍子胥極力反對，無效。夫差與越議和，句踐與范蠡屈身為質於吳，卑事吳王，越政授於文種。

齊魯衛鮮虞㉖⑥之師共伐晉，取棘蒲㉖⑦。

晉趙鞅伐范與中行氏所在的朝歌。

這一年：魯三桓代邾㉖⑧，奪取了漷水以東和沂水以西的田地。

齊助范氏以粟糧，鄭師押送，趙鞅敗鄭軍於戚㉖⑨，以軍功誓師，不獨貴族的大夫與士可因軍功得賞，連參加軍隊助戎的平民階級，例如庶人和工商都可以進仕（得官職），奴隸階級的人臣隸圉可以因為軍功而焚丹書（賣身契），成為自由人（庶人）。

討論的問題或進一步的解釋：孔子與子產對時政的認識、郊迎孔子、匡難、居陳國、蒲難、子見南子、好德好色、宋難、喪家之狗、南子立出公、存在奴隸的社會與奴隸社會、蔡遷州來

孔子與子產對時政的認識：孔子去了鄭國，鄭國最有名的賢相子產當時已去世。子產雖然也是一個擁有傳統美德的人，但已感覺到傳統禮教美德沒法維繫未來社會的秩序。可能因為他長時期生活在權力的脈搏上，感覺到時代的心跳，因此他比孔子更能洞見未來，知道他們的時代將會有一場天翻地覆的大變動——人口在倍增，每日多了吃飯的人，每日多了飲酒的人，每日多了勞動生產當兵的人，每日也多了消費的群眾。農作物與日常用具都在作幾何級數的倍增，商品的交流像洪水氾濫那樣超越了政府控制的門檻。市場中，人頭洶湧，市中心的繁榮已不是筆墨所可以形容，舞榭歌臺，通宵達旦。城市的周邊邊界每日每月不住地在向外擴張，這是鐵犁與牛耕所做成的生產效益，也就是所謂「鐵革命」。經濟膨脹的反面乃是犯罪率直線的上升，人人都想以僥倖的方法發財，到達前所未有的地步，所謂「盜賊滋長」。從前是一天只有幾個訴訟，若有十來個訴訟的話，那已是了不起的一天了；現在一天若少過半百之數，大家就要詫異，懷疑盜賊跑到哪裏去了。為了警惕要大家不犯罪，政府不得不在前五三八年把刑法鑄在金屬鼎上——子產之所以有這種敏銳性，知道一個新的時代就快將來臨，那是因為鄭國位在各國間的中心地帶，是各國交通網路的核心。因此它的經濟發展比魯國走快了五六十年，孔子七十歲的時候，魯國也開始盜賊多起來㉗⓪。孔子那時還是以青銅時期的政治道德觀來回答季康子，要康子自己不要太貪婪地聚斂財物，那樣，「雖賞之不竊（人民就算賞賜給他們也是不會偷竊的）。」（《一二．一八》）孔子只意會到禮崩樂壞的政治情況，而沒有真正認識到社會下層結構的經濟與生產已有根本性的質的變化。

郊迎孔子：春秋時的郊迎，相當於今天，一國的元首到機場來迎接；那是非常尊貴的禮儀。衛靈公與孔子，在不到五年間，建立起一種有歡喜冤家味道的君主與客卿關係。請見原書〈附錄十：有新興味道的衛國、與以郊禮迎孔子的衛靈公〉。

匡難：孔子一行發生了有名的匡難。那是因為六年前（前五〇四年），魯奉晉命伐鄭，陽虎率魯軍占取了鄭的匡邑。匡這時是衛國的領土還是鄭國的領土則不甚明確，可能是衛國的。由於孔子的體形相貌近似陽虎，而陽虎曾經暴虐過匡人，因此匡人把孔子一行包圍了起來，不讓放行，達五天之久。而散失了的顏回，卻奇蹟地重新出現在大家的面前，孔子心情大好，與顏回開起玩笑來，說：「吾以女為死矣（我還以為你給暴民殺了啦）！」顏回也知道自己在六藝中的射御武打功夫較差，身體也較弱，因此大家怕他打不過尋常剪徑亂民而遇害，因此也開玩笑說：「子在，回何敢死〔你老師還健在，我哪裏敢讓人殺了我（言下之意，三兩個暴民我還是應付得過來的）〕㉗①！」

匡人圍困的力度也有所加大，弟子們開始有點恐慌了，已在五十歲就知天命的孔子，第一次宣揚他對天命的認識，很有信心地說：「天之未喪斯文也，匡人其如予何㉗②！」言下之意乃是，天是不會滅絕斯文的，也因此不會讓匡人殺死我的。教從者去衛國官方打了一個招呼，匡人就讓路放行了。《史記》敘述孔子的解圍，所謂「孔子使從者為甯武子臣於衛，然後得去」，那是一句意義不太明確的句子，也就是說，我們對孔子的解圍沒有一個明確的瞭解。有一個可能是孔子沒有向衛官方打好離境招呼，因此衛官方動員匡人給孔子一點顏色看看。孔子後來出入衛境有好幾回，都不再發生問題，大約是知道了衛的出入境手續，又有子貢那樣的外交人才，因而從此通行無阻。過蒲去陳國，蒲地這時是衛土，因此沒出麻煩，三年後（前四九三），蒲人叛衛，孔子於是有蒲難。

居陳國：陳國是一個有千年歷史的國家，據說是舜的後裔，乃嬀姓陳氏，建都宛丘㉓。見：本書孔子年表十七歲的楚滅陳國條。

孔子去陳國的一個原因可能是由於弟子公良孺的關係，能提供五輛甲車的公良孺大約是陳國一個有勢力的人，孔子希望通過他得到陳閔公（前五〇一—前四七八在位）的重用，陳閔公大概對孔子浩浩蕩蕩的一群孔門影子內閣，也是有戒心的，因此沒有重用他。孔子在陳做了些什麼事，缺文獻的記載；大既不是太得意，三兩年後，只好重回衛國。

蒲難：又重回衛國，在走到衛邊境內的蒲地時，因為「公叔氏以蒲叛（衛）㉔」，不讓孔子一行過境。雙方因此打鬧了起來，孔子一行雖寡，但戰鬥力強，士氣也高，帶著五輛甲車的公良孺更是一名勇士，打得蒲人怕了，與孔子結了盟就放行。

子見南子：這趟在衛國發生了引起大家好奇心的「子見南子」事件，如果孔子不發惡誓「天厭之！天厭之！」（《六・二八》）的話，就不會引起這樣多的好奇心的，大家都想知道：孔子對南子的「禮答」（《史記・孔子世家》）㉕有哪裏不正常而引起子路生氣的呢？

好德好色：不過，當衛靈公要驅逐打算暗殺南子的太子蒯聵時，孔子還是採取了立場的，認為衛國無德，他不能再待下去，因此說：「已矣夫（還能抱什麼希望呢）！吾未見好德如好色者也。」（《一五・一三》）好幾年後還要對季康子數說衛靈公在這件事上的無道[276]。孔子於是離開衛國。《史記》對《論語》這話另有事件來解釋，我們同意錢穆先生的「不可信」的說法[277]。

宋難：孔子去衛過曹適宋，他三十多歲時，曾在這裏研究過殷禮，因此在一棵綠蔭如傘的大樹下教導弟子們殷禮與周禮異同的地方。宋貴族子弟的司馬牛也來學習，司馬牛的二兄，已受家族司馬官銜的向魋（他也是宋景公的男寵）不高興，威脅要殺孔子，先把大樹推倒立威。孔子只好離開，弟子們催他快走，他第二次宣揚他對天命的認識，說：「天生德於予，桓魋（向魋）其如予何！」（《七・二三》）孔子認為他不單是文化（斯文）的繼承者，也是道德的繼承者。司馬牛後來去了魯國成為孔子的弟子，是一個天生有極強意願想修仁德，但在性格上有缺陷的弟子。

至於為什麼司馬桓魋威脅要殺孔子，那是歷史之謎，沒有一個很好的解釋。

喪家之狗：。孔子一行大約是在匆匆忙忙中離開宋國的，走了一百七十五公里（約一天半馬車的路程）才到達鄭國的國都新鄭的，他們那時風塵滿面，可能一夜沒有睡覺，平常精神奕奕的孔子，這個時候看起來有點像喪家狗，這是一個在東郭城門看到孔子鄭人的印象，當子貢把這話轉述給孔子聽時，孔子「欣然」大笑，不以為忤，反而我們後人當一件大新聞來討論。

南子立出公：衛靈公卒，靈公夫人南子立太子蒯聵的兒子，靈公孫子輒為衛君，是為出公（前四九二－前四五六在位，中間有四年被父親蒯聵奪權，流亡在魯齊）。孔子那時有機會在衛出公手下做事，學生們都想知道孔子是否會「為衛君乎（為衛君做事）？」子貢自告奮勇以委婉的外交詞令，探得孔子的心意，出來跟大家說：「夫子不為也。」（《七・一五》）

孔子放棄了一個——也是周遊十四年中唯一的一個——可以掌實權的機會，那是因為他認為出公名不正、言不順，他不能違反自己的原則，所謂「吾道一以貫之」，去替出公做事，子路感到孔子「迂」，頂撞了孔子，惹得孔子大大地光火。

由於孔子不能再在衛國停留，只好重返陳國，而有所謂陳蔡之厄，弄到大家斷糧餓肚子，「從者病，莫能興[278]」，弟子們都「有慍心」，大約是怪孔子沒有在衛留下來做官，給大家一個安定的生活。子路不用說了，慍見孔子說：「君子亦有窮（走投無路）乎？」連不得罪人的子貢也勸孔子「求容」，只有顏回全力支持孔子，認為孔子失業，「是有國者之醜也[279]！」怪不得孔子那樣喜歡顏回，並且說：如果顏回「多財」的話，他就為他打工。

存在奴隸的社會與奴隸社會：齊助范氏以粟糧，鄭師押送，趙鞅敗鄭軍於戚，以軍功誓師，不獨貴族的大夫與士可因軍功得賞，連參加軍隊助戎的平民階級，例如庶人和工商都可以進仕（得官職），奴隸階級的人臣隸圉可以因為軍功而焚丹書（賣身契），成為自由人（庶人）。這個誓師內容之所以重要乃是因為它介紹了春秋時期禮制下的階級畫分，春秋有貴族—平民—奴隸的區分是大家都熟悉的，但平民包括那幾個階級則眾說紛紜，缺乏一個共識。因為這關係到春秋是否是一個奴隸社會的問題，有奴隸存在的社會，不一定是奴隸社會；有奴隸乃奴隸社會的一個必需條件，奴隸為生產的主要成員則為其滿足條件，後者為爭議的所在，關鍵在：農工商是平民呢還是奴隸？這裏明確指出工商階級不是奴隸。缺憾的乃是沒有提到農民的階級成分，如果農民也是平民階級的話，則春秋時期一定不是奴隸社會。

同時這個誓師盟約告訴我們軍隊的結構反映了社會的結構包括了各階層分子。而軍功給他們提供了「向較高階層流動爬升（upward mobility）」的機會，這是一種盟約式（合同式）的協議，是暫時性的；有別於商鞅後來憲法式的因軍功變更社會階級的法令，那是永久性的。但它們對鼓勵士氣是有相同效果的。趙鞅大勝鄭師，獲齊粟千乘，而商鞅變法導致秦國滅七國而一統天下。

蔡遷州來：由於蔡昭公之請，吳遣師入蔡[280]，遷蔡於州來[281]。蔡人因遷墓地而哭，歸怨於昭公。昭公恨楚畏楚，竟把蔡國出賣給吳國，實在是一個糊塗君主。孔子為什麼會在這個時候去蔡國，實在令人不明白。

六十歲（前四九一）

年表形式的敘述：

孔子五十九歲時，孔子離衛適陳。季桓子病逝，臨終囑咐其嗣季康子召孔子，康子卻棄孔子而召孔子弟子冉有。

孔子自謂：「六十而耳順」（《二・四》）。前四九一年，孔子自陳遷於蔡。

孔子五十九—六十歲時，魯國與列國的政治：

前四九二年：齊衛率師圍晉軍所在的戚，並向鮮虞的中山國求援。

晉叛臣荀范氏突圍出朝歌的包圍而奔邯鄲，投靠趙稷[282]（活躍於前四九七—前四九二）。

魯叔孫氏孟懿子圍郕。

這一年：蔡大夫殺欲赴吳的蔡昭公。

楚自上蔡伐蠻氏[283]，陰盟晉，合滅之。

齊伐晉獲取晉七邑之地。納逃難至柏人[284]的晉叛臣荀氏范氏。

越句踐折節下賢人，身自耕作，與百姓同作體力勞動，全國一心，皆欲報吳雪恥。

句踐上將軍范蠡的老師計然遊越。

討論的問題或進一步的解釋：六十而耳順、康子召冉有、蔡逸民隱士、計然

六十而耳順：傳統注釋中有些奇奇怪怪的注解，例如「言心識在聞前也」，「聽先王之法言，則知先王之德行」見劉寶楠[285]（一七九一—一八五五）或程樹德[286]（一八七六—一九四四）書。近人注解這句話，大概採取「逆耳順心」之意，例如，李零先生解為「什麼難聽話，他（孔子）都聽得進去[287]」；李澤厚先生解為「六十歲自然地容受各種批評[288]」。

我們在這個字面意思的基礎上進一步作哲理性的演繹。

我們認為「耳順」是孔子接受了各方面的批評，他承認了自己的失敗，但堅持自己一貫的原則，寧可接受失敗也不願「為容」自己的原則，從而完成了他在禮的人格上的「道德整體性化」。一般我們把孔子人格的完成放在他七十歲「從心所欲」的時候，但我們認為那時已是他進入美學的境界，這話有點玄妙，我們的意思乃是孔子在人格的修養有點像《莊子》的庖丁在解牛上的境界，下面將作進一步的討論。

道德整體性化乃指，一個人以行為完成他思想上的道德價值觀。在孔子而言，這樣還不夠，必得在實行道德行為時，還需要遵循禮的規範。例如，一個人不驕傲還不夠好，必須合乎禮的不驕傲行為，以之對待他人，才合標準（《一・一五》）。孔子五十歲之前，他在學院中，他的倫理思想是抽象的，未經考驗的。五十歲以後，進了政界與社會，遭受到嚴厲的考驗，孔子以伯夷叔齊[289]為榜樣，求仁得仁，不肯「為容」而屈事衛出公，那是因為他要維護禮的正名傳統，那是周室宗法禮制的根基。這是他的信仰所在，他不肯「貶」（彎折著）一點兒他的原則，連他的弟子子路也感到老師太古板了[290]，孔子可不是這樣想，如果一開始就名不正，又怎樣後來可以行仁政呢？

孔子為原則而放棄當高官的機會，到了蔡地，竟為在野的清議所譏笑，那是他所意想不到的事。但他堅持自己要當官行仁政的理念，雖然他也看重隱逸之士的批評，因為他們是這個社會的賢德之人，和他在本質上是同一類人；他想和他們打交道，和他們解釋他的立場，他們卻不願與他往來，導致孔子沒法為自己辯護[291]。孔子在清議中被孤立起來，但他不氣餒，還是求他的官做，因為他認為他自己是對的，有千萬人吾往矣的勇氣。

更有甚者，陳蔡的大夫聳動暴民圍困，使他一眾斷糧，連弟子們都開始有逆言的怨言，在這種嘈吵的氣氛中，孔子還是保持暢順的心懷，「講誦弦歌不衰[292]」，這是他「耳順」的境界。

孔子習禮守仁的道德勇氣就因為這樣而得到證明，他的道德感是真實的，六十二歲時的陳蔡之厄是孔子天路歷程上的一個道德責任感的終站。此後，他的道德視野已是往「隨心所欲」的終極點凝注。他所要完成的已不是他一個人的人格完整性，而是整個民族的人格完整性。當這個民族浮華虛假得不像話的時候，他還是為它保留了一縷綿綿不絕的真情實意的道德生命氣脈。

康子召冉有：季桓子病逝，臨終囑咐其嗣季康子說：你大概一定會做魯國的宰相，若然，「必召孔子」。康子受讒言，棄孔子而召孔子弟子冉有。冉有在這一年離開孔子一眾，回了魯國任季氏宰。孔子預言冉有必會被季康子「大用[293]」。原因大約是，如果魯國本地有人材，季康子不會巴巴地派人去二百八十公里外的陳國找冉有，孔子行蹤不定，他打聽孔子所在恐怕還得花一點力氣，而且孔子既不受魯統治者的歡迎，如今卻要向他要他的學生，除非真的有必要，否則是不會花這樣大的力氣的。

冉有大約是孔門弟子中最多藝的一個人，不獨六藝俱精，在經濟行政與軍事上都有相當傑出的表現。由後來的記述中，康子並不知道冉有有很強的軍事才能，因此那必定是看上了他經濟行政才能，也就是他富國的才能，魯國可能那時已受到其他鄰國經濟起飛的壓力，魯國經濟的落後影響人民的生活水準，為了追求更好的生活，有才能的魯國人都往繁華的鄰國跑，例如魯國的樂師們四方八面地去國外，都跑光了[294]。康子不得不進行經濟的改革，苦於魯國本地沒有這樣的人才，不得不厚著面皮向孔子索求冉有。

經過五年的求仕，孔子已有厭倦之意，很想回魯，藉口「吾黨之小子狂簡」，連呼「歸乎！歸乎！」善解人意的子貢知道孔子思歸，把冉有偷偷地拉過一旁，叮囑地說：「即用，以孔子為招。」（《史記・孔子世家》）想不到一去八年，在眾弟子包括冉有的衛魯功績下，季康子才以大幣[295]召孔子返魯。

蔡逸民隱士：蔡國變成強橫楚國的附庸國之後，蔡國原先的貴族都不願再當官，寧可做一個無官一身輕的隱士或富農，看到熱衷做官的孔子，那是打自心底的看不起，不獨嬉笑怒罵，還別轉面孔，不願意與孔子打交道。用自己雙手生產來養活自己的富農對四體不勤、五穀不分的孔子一眾更是鄙視。孔子想被清流諒解，幾乎是不可能的事。更加上孔子竟要與蔡國人最憎恨的楚國統治者打交道，那真是一回是可忍孰不可忍的事，怪不得連蔡國的普通人民也不喜歡孔子一眾，想截斷他們的糧食供應，餓死他們。從這個角度上看，孔子的確對蔡國的士族與人民缺乏敏感性的。不過，孔子可能認為自己做了蔡國的行政官就能把蔡國強大起來，再不用怕楚國了；反之，若做了楚國的官，他們更應該高興，因為孔子會行「存亡國，繼絕世[296]」的政策，蔡國更不用怕會被楚國所滅亡的了！孔子想得美，但沒有一個蔡國的知識分子願意相信他，與他交談，聽他解說。

計然：可能是在楚國統治下的蔡國人，先世是晉國出亡公子之後，因此是貴族之後，心算能力超常，是上古的經濟學家，有市場物流的認識，有通貨膨脹的論說。提供給越王七條政策，只用了五條，越國的經濟就興旺起來，所謂「越用其五而得意」（《史記・貨殖》）。經濟已是春秋時的熱門題目，富民與軍用物資的積累是國家富強的必需條件。這一點連孔子也不例外。

六十二歲（前四八九）

年表形式的敘述：

前四八九年，孔子居蔡。

這一年，去了楚方城外重地的葉，見了楚名臣葉公。

楚昭王[297]（前五一六—前四八九在位）自城父召孔子，因而有陳蔡之厄。七月楚昭王卒；之後，孔子自楚返衛。

孔子六十一—六十二歲時，魯國與列國的政治：

前四九〇年：晉趙鞅伐荀氏與范氏，後二者奔齊，結束了七年晉六權族間的內戰，實為三家分晉的先聲。范荀後裔將由貴族變成耕田的平民，所謂「宗廟之犧為畎畝之勤[298]」。

晉以衛助荀、范二氏，討之，圍哞[299]。

齊景公卒，少子荼立，為安孺子[300]（前四九〇—前四八九在位）。王族群公子因棄長立少而畏誅奔衛或魯。

這一年：晉趙鞅伐中山國。

陳附楚，吳王夫差因而伐之。楚昭王出兵救之，駐城父。

齊陳乞[301]（田僖子，活躍於前四八九—前四八四，祖先在二百年前因陳國內亂逃亡至齊而成為齊顯族）滅世卿高氏國氏，晏嬰之子晏圉奔魯。

七月、楚昭王卒於城父[302]，楚撤軍。

陳乞使大夫朱毛殺安孺子，迎歸公子陽生自魯，是為悼公[303]（前四八八—前四八五在位）。這是孔子出世後，第十三個弒君。

討論的問題或進一步的解釋：去陳居蔡、見楚名臣葉公、陳蔡之厄、楚昭王、返衛定居、向低層滑落（downward mobility）

去陳居蔡：孔子離開陳國的原因不明確，一個原因可能在楚吳二大國的夾縫中生活，風聲鶴唳，沒有安全感，不入危邦的孔子因此決定不在陳國住下去。另一個可能是陳國的官員對他有意見，例如陳國的司敗（司寇）挑他「為君隱」的毛病，孔子可能聞弦歌而知雅意，知道陳國的官員不歡迎他，因此離開了陳國。

至於孔子為什麼要到蔡國去，看蔡逸民的面色，聽他們的批評，則是一件待考的事。事實上，孔子是否去過新蔡或州來也是一個等待解答的問題。如果孔子去過州來的話，則他除了山東、河南兩省外，還去過安徽省。

見楚名臣葉公：葉公（活躍於前五〇五—前四七八），沈氏，名諸梁。他二十四歲時，楚昭王把他封到楚國北疆重鎮「方城之外」的葉邑[304]為尹，故史稱葉公。葉公發動百姓修建東西二陂的工程；西陂主要用於攔洪，東陂主要用於蓄水。開創了我國小流域治水的先河，現今遺跡尚存。

前四七九年，楚國發生了白公勝叛亂，葉公從葉地起兵平息叛亂，救出楚惠王，重整朝綱，被封為令尹與司馬，兼軍政大權於一身。前四七五年，他把令尹一職讓給公孫甯，把司馬一職讓給公孫寬（楚平王之孫，活躍於前四七九—前四七六），此即歷史上有名的葉公讓賢。然後，自己回葉地度晚年，留下美談。他是孔子時代的一個大賢人。

孔子去見葉公自然是希望通過他的推薦而能得到楚昭王的重用，因此與孔子討論了為政[305]，與及父親偷了羊，兒子應該怎樣處理才是好道德的問題[306]。並且葉公私底下問子路關於孔子，子路不知道怎樣答才好，葉公那時有多大年紀不清楚，但他似乎應該比孔子年輕很多，孔子那時已六十二歲，還想找工作做，那是非常不尋常的。孔子也知道大家的看法，夫子自道說：「其為人也，發憤忘食，樂以忘憂，不知老之將至云爾。」（《七・一九》）也就是說，他這個人做事還是很有勁，工作一開始連吃飯也往往會忘記；一敲打起音樂來就什麼憂患感都沒有了；不獨還未老，連老是否會來臨，他想也沒有想過這個問題。他是一個工作狂，也是一個玩樂（音樂）狂，沒有一刻鐘停下來想人之將老這個問題的。葉公相信了，把他推薦給楚昭公，後者因軍事到了陳蔡間的城父，召見孔子，卻導致孔子一行有陳蔡之厄。

陳蔡之厄：楚昭王為了救陳國，領兵到城父，那是陳國東面與吳交界的地方，與蔡舊都新蔡相距約一百九十二點五公里，與新都州來（是吳的國土）也相距約三百五十公里，孔子無論從新蔡或州來去這個地方，都只需一兩天的時間；在途中，陳蔡大夫相與發動徒役圍孔子於野，路斷糧絕，發生陳蔡之厄。孔子近代後裔孔祥林先生認為陳蔡都是楚的附庸國，絕對不敢用官方的軍隊來圍困楚君的客人的[307]。如果我們接受這個說法的話，則這些暴民是不堪一擊的，可能連正規的武器都沒有。孔子一行都是有軍事武打訓練的人，而且技藝是相當高的，又有戰車，願意殺人的話，應該是很容易衝殺出重圍的。這可能是孔子與子路爭吵的原因，子路想以武力衝出重圍，孔子不允，不願殺傷無軍事訓練的暴民；因此他說：「君子固窮（君子固守窮困日子），小人（窮）斯濫矣（小人一有窮困就亂做事了）[308]！」寧可要大家餓著肚子「誦弦歌不衰」（《史記・孔子世家》），把困境熬過去。

最後，子貢偷走出重圍，到了城父見楚昭王，後者興師迎孔子，暴民得消息後，作鳥獸散，孔子一行才得脫困。

脫險之後，雖然與昭王見了面，而且昭王願意給他一個七百「里」（每里有二十五個家庭）的食邑，但為楚權臣令尹子西所阻，對孔子浩浩蕩蕩的一群孔門影子內閣有所忌諱，列舉孔子弟子的人眾才俊，非楚朝廷的人才所可比擬，以後恐成大患——太史公就假借楚令尹子西的話來說明統治者對他們一行人的不放心，認為楚無使臣如子貢，輔相如顏回，將令如子路，官尹如宰我。如果楚昭王給孔子七百里封地讓他壯大，「非楚之福也[309]！」——孔子因為弟子們的人才傑出而遭統治者之忌，周遊列國最後的一個求官職的機會也就泡湯了。

楚昭王：楚昭王（前五一五—前四八九在位）是一個相當有趣的人，要與吳打仗之前，他做了一個占卜，那是戰也不吉，退兵也不吉，他就說：若打敗仗，那就生不如死；棄盟國而逃亡，也是生不如死。倒不如拼命死戰。結果，打仗前就病死了；病死前不肯禳祭，因為他不願把禍患傳遞給王族公子們。又因為他來自長江流域，因此不肯祭黃河的神祇（一個人只可以祭祀家鄉的神祇）。《左傳》說：孔子大讚他，認為他知禮㉚。

返衛定居：孔子向楚昭王求官失敗後，就再返衛，在那裏定居，一住四年多，再沒有求仕的行動。他這一趟求官不獨受到蔡國的隱者所鄙視，連自己的弟子也有怨言，心裏的壓力是非常大的。

他左右一看：曾晳已形老態，顏回未老先衰，二人的步履都有點不穩健，連鐵打的漢子子路背也沒有從前那樣直了。他自己雖然不認老，但路走多了就會氣喘，上樓梯膝蓋已有不舒服的感覺，正想到拐杖這個問題。他開始承認環境與歲月比人強的道理，知道這樣下去不是辦法。他雖然是一個盯著目標鍥而不捨的人，也感到是人生轉方向的時候。

那時、齊景公死了還不到一年，齊統治層就開始大亂，雖然在他五十八年的統治期間，權臣都不敢亂動；但當他一死，好像大家都忘記了他曾經存在過。孔子感觸良深地說：「齊景公有馬千駟，死之日，民無德而稱焉。伯夷叔齊餓於首陽之下，民到於今，稱之。其斯之謂與？」（《一六．一二》）他突然感悟到一個道理，伯夷叔齊無權無位，但他們是大家公認的仁人，所以仁人不一定要憑藉仁政來表達或提升人性中的道德品質的；當民眾看到他們崇高的行為，就已提升了他們的道德敏感性，認識到人是可以或能夠有這樣崇高的情操的，這個警覺性的本身就是人性的一種提升。在他進入衛境的時候，他想起八年前衛國一個守衛邊疆的官「儀封人」對他弟子所說的話：「天將以夫子為木鐸。」（《三・二四》）也就是上天將以孔子為金口木舌的禮器大鈴向天下宣揚仁政禮治。

沒有行政權是否也可以成為木鐸的呢？孔子要四年後才答覆這個問題。

向低層滑落（downward mobility）：晉卿大夫荀寅、范士吉射七年爭權失敗後，子孫流落齊國變成平民。晉大夫竇犨是這樣說的：「今其子孫將耕於齊，宗廟之犧為畎畝之勤。」（《國語・晉語九》）也就是荀、范二氏本為貴族，像宗廟的祭品那樣，是尊貴的「犧」，流落到齊，就得以勞動力去耕田才能有飯吃，這是卿階級貴族向低層滑落的一個例子。

六十七歲（前四八四）

年表形式的敘述：

孔子六十三歲時，在衛變成出公的「公養之仕」。同年，吳太宰伯嚭召季康子，康子不敢往，子貢代往。子貢在這一年離開流亡在外的孔子，回到魯國作外交使節。

孔子六十四歲時，吳王夫差伐魯，吳師至泗上。孔子弟子有若等三百死士，欲夜襲吳營，夫差聞之，一夕而三遷其營。知魯不可滅，乃盟而還。

這一年六十七歲時，齊伐魯，二師戰於魯郊。孟武伯所率右師不敢戰而奔。孔子弟子冉有為季氏宰，率左軍，另一弟子樊遲任冉有的車右，帶頭衝過了河溝，他們以矛衝刺齊軍，齊軍大亂而夜遁，因而大勝。

孔子返魯；魯季康子在孔子反對下用賦田，按畝徵稅，弟子冉有為之執行，孔子大大不高興，要其他弟子「鳴鼓而攻之」。（《一一．一七》）。

孔子六十三—六十七歲時，魯國與列國的政治：

前四八八年：鄭宋爭岩戈錫三地。

吳人會魯哀公於鄫[311]，令魯用百牢宴禮。

魯季康子伐邾，俘其君，吳王夫差許救邾。

宋圍曹，鄭師救曹，襲宋。

前四八七年：宋師破曹，殺其君，曹亡。

前四八六年：鄭宋戰事不斷。

吳夫差鑿邗溝，為中國第一條或第二條運河，自江蘇揚州市西的邗，北上至今淮安，再北入淮水。

前四八五年：吳王夫差率師北上伐齊，齊人[312]殺悼公以謝吳師，立簡公[313]（前四八四—前四八一在位）。這是孔子出世後，第十四個弒君。

晉亦伐齊，取齊三邑地而還。

楚伐陳，吳王請楚退兵，楚還。

這一年：吳王夫差討齊，大敗齊師，俘齊王統軍大夫，並革車八百乘，甲首三千。

夫差賜劍迫伍子胥自殺。十一年後（前四七三）夫差亡國而自殺，以巾蒙面，羞見在陰間的伍子胥。

討論的問題或進一步的解釋：公養之仕、吳會魯於鄫、子貢使吳、有若當死士、夫差鑿邗溝、抗齊衛魯、鳴鼓而攻之

公養之仕：意指掛虛名受年薪的名譽性的官員[314]，應為上等客卿的地位。因此孔子應有一個相當安定的生活，而且在眾多的居衛弟子的包圍下，生活大概是一點都不寂寞的，何況衛魯二國都間只相距一百七十五公里，那是馬車一天半的路程，魯國子弟，包括女兒女婿，要來看望孔子都是很方便的。可以這樣說，孔子流亡的生涯在前四八八年就已經結束了[315]；但是作客他鄉，孔子還是有梁園雖好的感慨，不能安心下來刪詩書，定禮樂；也不敢放言高論，雖然他認為出公當任國君是不合正名的禮法的。孔子大約這時已有為天下木鐸（言責者）之心，要他鉗口結舌不說心裏的話，不議政，特別是魯國的政治，憋得實在是有一點難受的。要四年之後他才償了以魯國言責為己任的心願。

照《左傳》記載，衛國上卿孔文子因為女兒的婚事問題曾經想攻打女婿大叔疾，為孔子所勸止。因此孔子雖然是客卿地位，在衛的朝廷高官中是有一定的影響力的。

孔子在這一段時期的一個春天，在山野間，看到錦繡般的山雉，嘆說：「時哉！時哉[316]！」我們不知道他是在感嘆「又一個春天！」還是在說「是回去的時候了！」不過，子路誤會了他的意思，以為夫子想吃山雉。打了山雉，教下人按師母燉野山雉的做法給孔子燉好，孔子吃了三口，就吃不下去。孔子是極想家的。

吳會魯於鄫：哀公與吳國人在今天棗莊附近會盟，吳人獅子大開口，要求進獻牛羊豬各一百頭。魯大夫子服景伯力爭無效，屈服在強權威脅之下，如數進獻。吳國有入侵魯國的意向，看魯國示弱，又進一步對魯擺大國姿態。

子貢使吳：吳太宰嚭召見季康子，後者怕被吳國扣留他做人質，不敢去。派專人到衛國請子貢代他出使吳國，太宰嚭給子貢下馬威說：連魯君都願意跋涉旅途到棗莊來會吳人，反而做臣子的季氏不肯出門，這是什麼禮啊？子貢回答說：本來吳國就沒有按禮法召請魯君，一切都是在害怕大國下做的事，寡君已不在國境，他的卿相自然更不敢離開國土。算是把吳國穩住了。

但季康子心有不甘，想把獻吳百牢的損失找回來，動念頭要打鄰近小國邾，秋天的時候在其他大夫反對中攻入邾國，軍隊在白天就開始掠搶。由於邾是吳國的附庸，吳國為此終於攻打魯國。

有若當死士：吳軍占領了魯國的武城、東陽、五梧、蠶室、庚宗。魯大夫微虎組織死士欲攻打吳王住處，得三百人，孔子弟子有若是其中的一個。還未進攻，吳王一個晚上就搬了三個地方；認為這個國家「未可望也（未可輕易得到）」，最後退了兵。

夫差鑿邗溝：吳王夫差有做中原盟主的夢想，在伐魯二年後，開鑿邗江，那是中國第一條或第二條運河，按譚其驤先生考證，認為胥溪的開鑿要比邗江早二十多年[317]；無論是胥溪或邗江的開鑿，都是伍子胥的功勞。因此除了教吳國建城堡外，還教導吳人築運河，伍子胥對吳的基建的貢獻是巨大的，夫差殺他，可謂自毀長城，宜其亡也。不過，他比明朝的崇禎還是好很多，亡國時，以巾覆面，不敢見伍子胥於九泉之下；崇禎沒有這種羞恥感，恐怕在陰間還要對袁崇煥說：君非亡國之君！

夫差築邗江，自然是為了運軍用糧草，作攻打北方之用，邗江鑿通後，吳國第一件事就是攻打齊國，建立它在中原的威望，三年後（前四八二）取代楚國，與晉國並立，成中原的雙盟主之一。同年，句踐伐吳，大敗吳軍。夫差最輝煌的時刻，也是他滅亡的開始。

抗齊衛魯：前四八四年，齊國因為魯國竟然在前一年加盟吳國攻打它，在春天的時候就進兵打魯國，魯國的三桓不知要怎辦才好。孔門弟子出來擔當保衛魯國事宜，因為弟子冉有的策略與年輕弟子樊遲的勇敢，魯國打了一場大大的勝仗。迫得宰相季康子不得不以幣迎孔子回魯，終於償了八年前希望回故鄉的心願。

鳴鼓而攻之：《論語》這樣記述：「季氏富於周公（指魯公，意喻也），而求（冉有）也為之聚斂而附益之。子曰：『非吾徒也，小子鳴鼓而攻之可也！』」（《一一・一七》）《左傳・哀公十一年》是這樣記載的：季康子想按田畝徵稅（田畝是何意，歷來有各種說法），派冉有問孔子的意見，連問三次，孔子不答。最後他拉了冉有私下地勸說，不要按田畝徵稅，季康子不接納。在這個記述中，孔子似乎委婉很多，不像《論語》記載那樣，孔子的批評有雷霆萬鈞之勢。這大概是季康子所想不到的，他原來以為十四年的流放一定把孔子的錂角磨得差不多了，想不到回來了一個以木鐸作獅子吼的孔子，他大概後悔自己有這樣一個禮貌性的詢問。

七十歲（前四八一）

年表形式的敘述：

孔子六十八歲時，兒子孔鯉是年卒，為他留下一個唯一的孫子子思，是否為遺腹子，則不明確。

孔子弔唁魯昭公夫人吳孟子。

這一年是他的七十歲，孔子自謂：「七十而從心所欲，不逾矩。」（《二・四》）

前四八一年，孔子沐浴朝魯君，請因陳恒弒齊簡公而伐齊；孔子周邊弟子孟懿子卒；七十二子的顏回與司馬牛卒。

孔子六十八—七十歲時，魯國與列國的政治：

前四八三年：吳會諸侯於鄖⑱，欲行霸主之業，衛侯遲至，欲執，孔子弟子子貢勸阻之。

宋鄭再戰。

前四八二年：宋鄭議和，結束達十四年為霸占岩戈錫三地的戰爭。

吳王夫差北上會諸侯，越王句踐伐吳，大敗吳師，破吳都。

吳王與晉定公會盟於黃池⑲，共享盟主，是夫差政治事業的最高峰，也是一路走下坡的開始。他以厚禮請和於越，句踐自度尚未能滅吳，姑許之。

十二月，發生蝗災。

這一年：齊相陳恒[320]（活躍於前四八四—前四五六）殺其君簡公而立公弟，是為平公[321]（前四八〇—前四五六在位），陳恒專國政。齊國十年中共有三次弒君，這是田氏家族第二次弒君。這是孔子出世後，第十五個弒君，也是孔子一生中最後的一個弒君。

宋景公逐宋司馬桓魋，桓魋奔齊。

魯國發生饑荒。

討論的問題或進一步的解釋：三朝魯君請伐齊、七十不踰矩、孔鯉卒、弔唁吳孟子、哭顏回、葬顏回、越敗吳、孟孫家族中落、司馬牛卒

三朝魯君請伐齊：齊相陳恒專國政，弒其君簡公。這是孔子出世後，第十五個弒君。孔子對他一生中所發生的十五個弒君，前十四個，個個他都不吭聲，到了第十五個，他鳴發木鐸之聲，要求魯統治者伐齊，因為他們的臣子殺其君簡公。那時他七十歲，已無顧忌。那是他「從心所欲，不踰矩」（《二・四》）的一個例子。也就是說，從前不能從心所欲地暢所欲言，對弒君的行為，明明應該批評的，卻有所顧忌，未能按禮的要求完成他做大夫的責任，那是踰矩。這一趟、他再不踰矩了。

七十不踰矩：孔子把跳禮舞的意境用到道德修養上去，而達到「七十而從心所欲，不踰矩」的高深境界，於人一種絕美的感覺。請見本書第五章〈孔子的禮樂美學觀〉一文。

孔鯉卒：孔鯉可能因為隨著父親常年周遊列國，與在魯國家鄉的媳婦見面機會不多，因此一直到五十歲沒有給孔家留個傳宗接代的子嗣。討論見本書第三章〈孔門重要弟子介紹〉孔鯉條。

弔唁吳孟子：吳孟子乃魯昭公的夫人，年紀可能比孔子略大，因為她是吳國貴族女子，因此與昭公同姓姬，孔子為了隱瞞這件事，在陳國遭遇到他們司敗（司寇在陳稱司敗）的批評。但孔子認為為君隱是對的，因此在《春秋經》中也沒有記她的姓，只說「孟子去世」。由於魯昭公是一個被驅逐的君主，因此宰相季康子沒有為她發訃告，沒有為她哭吊祖廟。當孔子到季氏家參加弔唁時，看到季氏不脫朝冠，不穿喪服；孔子以行動抗議，他也脫掉喪服，但下拜致哀[322]，這是孔子返魯後第二次鳴震他木鐸之聲。

哭顏回：顏回是孔子最賞識的一個學生，跟孔子一樣地好學忘憂。在禮樂與修仁上可以媲美孔子，但在體質上則遠遠不如孔子。因此四十一歲上就短命而死，弄得孔子失去了一個衣缽傳人，呼天號地說：「噫！天喪予！天喪予！」（《一一．九》）

孔子為顏回的死而絕筆，不再記述《春秋經》。由於我們猜想孔子記述《春秋》乃是為了教學弟子[323]，按這個思路，則七十歲的孔子為了顏回的死而停止正式開課教學。也因此停止去宗廟做筆記，由於不再去宗廟，因此沒有機會看到周公在宗廟中的遺物，而感物興思，在晚上夢見周公。孔子大約那時已不良於行，或者已不能過長時間立在馬車上，因此連最心愛的宗廟也不再去了，故有「甚矣吾衰也」（《七．五》）之嘆。

葬顏回：顏回父顏無繇（約前五四五—？）也是孔子的弟子，為顏回的喪事與孔子鬧意見。最終，弟子們出來打圓場，大家湊錢厚葬了顏回，孔子也為自己打圓場，說：「我把顏回當自己的兒子，所以要用葬孔鯉的同樣方式葬他，你們多事了[324]！」

也由此可以看到：孔子生活雖然安定舒適，但不奢華，他一些做高官的弟子年收入可能比他多得多。

越敗吳：吳王夫差是一位有雄才偉略的君主，幾乎稱霸中原，但有目如盲，大家都看到句踐復仇的野心，他看不到，或不願看到，連名相伍子胥的力陳利害，他也充耳不聞，變成一個聾子，可以說在這一件事上是一個又聾又盲的政治幼稚病患者。或真的如民間所傳，他為越國賣柴女子西施，中國第一美人，迷得失去了政治的警覺性，做出為千古所笑的愚笨事。不過，是否有西施這個人，我們還未弄清楚。

孟孫家族中落：秋八月辛丑，孟懿子卒。他不成材的兒子孟武伯（活躍於前四八四—前四六八），既膽小而又蠻橫。不一年間，在孔子生平從未發生過叛變的成邑，於前四八〇年發生叛變，邑宰公孫宿以邑歸於齊。孟武伯曾經問孝於孔子，後者以祖父的口吻教導他說：「父母唯其疾之憂。」（《二・六》）要他不要忘記父母的愛護，孔子的話孟武伯沒有聽進去。

司馬牛卒：孔子弟子司馬牛死在魯城門之外，文獻未載孔子知不知道這件事。司馬牛在他兩個兄弟向魋與向巢作亂時，把他在宋國的封邑與玉珪交還給宋君，去了齊國。他兄弟向魋也逃了去齊國，他大約不願與向魋在一起，交出了齊人給他的封邑，去了吳國，吳國人不歡迎他，他又回了宋國，晉國與齊國都召喚他，他又離開宋國，在到達魯的外城城門時，突然死亡。

七十二歲（前四七九）

年表形式的敘述：

孔子七十一歲時，孔子最親弟子子路，在孔悝[325]（活躍於前四七九—前四七八）邑宰任上，赴義而死。

這一年七十二歲時，孔子卒。

《春秋》編年史的《經》部記事結束，可能最後兩年為孔門弟子所記述。

孔子七十一—七十二歲時，魯國與列國的政治：

前四八〇年：魯孟氏封邑成的宰公孫宿以邑叛，歸於齊，孟武伯伐之，不克。魯以子服景伯為使，子貢為副，出使齊國，請歸成邑，齊相陳恒許歸。

衛執政孔圉（孔文子）卒，衛出公父親前太子蒯聵[327]自晉的戚[328]入衛都，迫孔悝叛出公，出公奔魯。

楚伐吳，至桐汭[326]。

這一年：楚有白公勝之亂，曾與孔子討論過政事的葉公[329]沈諸梁率師平亂。

討論的問題或進一步的解釋：子路赴義而死、衛出公奔魯、孔子卒、孔文子

子路赴義而死：見本書第三章〈孔門重要弟子介紹〉仲由（子路）條。

衛出公奔魯：衛出公在前四八〇年的冬天或四七九年的春天逃亡到魯國，在魯停留時期孔子是否去拜望過這個給他四年多安定生活的君主，則缺文獻記載。孔子大約這個時期與宰相季康子談到衛靈公的「無道（不合禮法之意，非濫殺無辜）」（《一四・一九》）[330]，因此而有今天出公的奔魯的不良後果。

在春秋時期，統治層對雜交是容忍的。從我們今天的立場來看，我們會感到衛靈公是相當荒謬的，明知夫人南子與族人公子朝有私，還要為她召公子朝，在受到百姓嘲笑時，還不以為忤，竟放逐因羞恥而要殺南子的兒子蒯聵；對這種做法，孔子有些看不過去。但孔子「無道」真意所在，我們並不明確。那是因為孔子在《論語》中從來沒有討論過夫婦之道，或者男女應該是怎樣相處的[331]。

孔子卒：死前七天另一個心愛的弟子子貢使齊回來看他，他支著拐杖，顫巍巍地從病床爬起來，在房門口與子貢相見，充滿感情地說，「賜，汝來何其晚也[332]？」子貢為這個老師守了六年的喪[333]。我們同意錢穆先生的看法，《禮記・檀弓上》說孔子把自己比作泰山、棟樑、哲人；他認為「恐無此事[334]」。關於孔子死的討論，請見原書〈附錄十二：論孔子晚年的忙碌與勝利〉一文。

孔文子：孔文子（卒年在前四八四—前四八〇間），文是他的謚，即孔圉，又稱仲叔圉，有外交才能[335]，子貢與孔子之間對他有一段對話[336]，子貢似乎認為孔圉這個人文化水準不是很高，怎會謚「文」呢？孔子則認為「文」不是水準問題，而是態度問題，說他：「敏而好學，不恥下問[337]。」

子貢之所以看不起孔圉的文化水準，恐怕和他治家的能力有關。他看上了公族貴人

「太叔疾」，要把女兒嫁給他，但太叔疾已有妻子，是宋公子朝的女兒，公子朝失勢離宋後，孔圉讓太叔疾休了髮妻，娶他女兒，但太叔疾與髮妻的妹妹感情非常好，原來是他的媵（小妻），把她金屋藏嬌，就好像有二個正妻那樣。孔圉知道後大怒，把女兒搶回來之後，還想出兵打太叔疾，垂詢孔子，後者止之。

他自己娶了靈公大女兒，太子蒯聵的姊姊伯姬。他死後不久。伯姬就與一個俊美的家僕渾良夫私通。渾良夫找著這個機會去找出亡在晉國的蒯聵，與他訂盟約，他幫後者復位，後者讓他穿官服、坐官車，並饒他三次不死。二人潛入孔宅。與伯姬見了面，孔伯姬杖戈在先，帶他們去見自己的兒子孔悝，迫孔悝叛衛出公（蒯聵的兒子）。就這樣，子路為了殺孔悝而遭難。

【注釋】

①見本書第四章，題為〈論《道德經》中母系社會的價值觀〉。

②在《論語》中，堯見《六・三〇》、《八・一九》、《一四・四二》、《二〇・一》。舜見《六・三〇》、《八・一八》、《八・二〇》、《一二・二二》、《一四・四二》、《一五・五》、《二〇・一》。禹見《八・一八》、《八・二一》、《一四・五》、《二〇・一》。

③《一四・四二》載：「修己以安百姓。修己以安百姓，堯舜其猶病諸。」

④在《論語》中，周文王見《九・五》。周公見《七・五》、《八・一一》、《一八・一〇》。

⑤見原書，頁二三〇—二三四。

⑥在《論語》中，子貢認為孔子應該是聖人，有以下數條：《六・三〇》、《九・六》。公西華認為孔子應該是聖人，有以下一條：《七・三四》。

⑦見 **Wikipedia:「British Civil Service.」**

⑧《左傳》從桓公十四年（前六七二）到昭公二十七年（前五一五年，孔子三十六歲）——大約一五〇年間，共有十九次有關冰的記載。其中七八處與飲食無關，與飲食有關的有二個年分的記載，一是昭公四年（孔子十三歲時），其中有「奉壺飲冰」，一是昭公十三年（孔子二十二歲時），特別是後者有很詳細的記載關於什麼時候天地制冰，什麼時候人們應該藏冰，冰在朝廷的分派，誰有資格領取冰塊，冰的各種用途等。例如、「其出之也，朝之祿位，賓食喪祭，於是乎用之（當冰從冷藏庫中拿出來，凡是有祿位的官員，在迎賓、膳食、喪禮、祭祀時，都可取來應用）」。又說：「食肉之祿，冰皆與焉（凡是有祿位，且能分派得祭肉的官員，都能用冰）」。所以孔子五十以後也是有資格享用到冰的。又《詩經・七月》的最後一章，就是說到藏冰的方法。因此孔子時，中國人已知道利用冰來保鮮。《大學》中有「伐冰之家」一語，即指卿大夫之家。因此，冰大約是上層階級才能擁有的東西。平民百姓是如何保鮮的，還有待我們專家學者考定。《論語》記載不吃宿肉的孔子「祭肉不出三日，出三日，不食之矣」（《一〇・七》）。那麼，祭肉是因為某種方法而可以保鮮三天的，我們認為某種方法就是冰。

⑨《禮記・大學》：「伐冰之家，不畜牛羊。」鄭玄注：「卿大夫以上喪祭用冰。」

⑩一般的估計、認為顏氏死時孔子十七歲。這個說法是有問題的，因為孔子十九歲結婚；三年守孝其間，他不可

能結婚，甚至下聘禮、論婚嫁。所以母親必在他十七歲之前過世。但他主持母親的喪禮，所以母親死時他也不會太年輕。十五六歲應是一個合理的估計。也就是說、在他十五歲時左右，他從一個沒有身分的孩子；變成一個有宗族身分的青少年，為父親的家族所承認與接納。這開始改變了他的一生。《史記．孔子世家》沒有明確說孔子是在十七歲死母親的。

⑪《禮記．檀弓上》載：「孔子少孤，不知其墓，殯於五父之衢。人之見之者，皆以為葬也。其慎也，蓋殯也。問於郰曼父之母，然後得合葬於防焉。」又《史記．孔子世家》載：「防山在魯東，由是孔子疑其父墓處，母諱之也。孔子為兒嬉戲，常陳俎豆，設禮容。孔子母死，乃殯五父之衢，蓋其慎也。郰人挽父之母誨孔子父墓，然後往合葬於防焉。」

⑫見上。

⑬《三．一五》原文：「子入太廟，每事問。或曰：『孰謂鄹人之子知禮乎？入太廟，每事問。』子聞之，曰：『是禮也。』」又《一〇．一九》曰：「入太廟，每事問。」

⑭三年之喪是中國文化中的一個特色，恐怕在世界其他的文明中是找不到的，守喪時期，連皇帝的欽命都可以頂回去的。這自然與中國人敬拜祖先的傳統息息相關的。夏商二代是否有三年之喪這個禮儀，我們目下不清楚；周禮是有的，而且是開創者，周公大約是始作俑者吧。孔子堅持這個禮儀的合理性，可以說，因為他，這個禮儀自漢朝以來，成為統治階級的金科玉律。但從周公到孔子的五百年間，人們是怎樣遵循這個喪禮的呢？我們沒有明確的知識。由於我們不清楚他那個時代的守喪禮節，因此不能確定他的做法是否違反禮法。

⑮《史記．孔子世家》載：「孔子要絰，季氏饗士，孔子與往。陽虎絀曰：『季氏饗士，非敢饗子也。』孔子由是退。」

⑯《孔子家語・本姓解》載：「至十九，娶於宋之亓官氏，一歲而生伯魚。魚之生也，魯昭公以鯉魚賜孔子，榮君之貺，故因以名曰鯉，而字伯魚。魚年五十，先孔子卒。」《史記・孔子世家》載：「孔子生鯉，字伯魚。伯魚年五十，先孔子死。伯魚生伋，字子思，年六十二。」

⑰《孟子・萬章下》載：「孔子嘗為委吏矣，曰：『會計當而已矣。』嘗為乘田矣，曰：『牛羊茁壯長而已矣。』」《史記・孔子世家》載：「（孔子）及長，嘗為季氏史，料量平；嘗為司職吏而畜蕃息。由是為司空。」

⑱孔子進了魯宗廟以後，「每事問」，別人就感到他是否真的是一個懂得禮儀的人呢？他就說：「是禮也！」那個時候別人是由於他的父親家族而認識他的，叫他做「鄹人之子」（《三・一五》），一直要到三十歲時，他才獲得「孔子（孔家那位先生）」的稱號，所以他說自己「三十而立」（《二・四》）。參見注③。

⑲《左傳・昭公十七年》載：「仲尼聞之，見於郯子而學之。既而告人曰：『吾聞之：「天子失官，學在四夷」，猶信。』」

⑳見本書文章〈孔門重要弟子介紹〉。

㉑《左傳・昭公二十五年》載：「孟氏執郈昭伯，殺之於南門之西，遂伐公徒。……己亥，公孫於齊，次於陽州。」

㉒《左傳・昭公二十五年》載：「孟懿子、陽虎伐鄆。……。公使子家子如晉，公徒敗於且知。」

㉓《禮記・檀弓下》載：「延陵季子適齊，於其反也，其長子死，葬於嬴博之間。孔子曰：『延陵季子，吳之習於禮者也。』往而觀其葬焉，其坎深不至於泉，其斂以時服，既葬而封，廣輪揜坎，其高可隱也。既封，左袒，右還其封，且號者三，曰：『骨肉歸復於土，命也。若魂氣則無不之也，無不之也。』而遂行。孔子曰：

『延陵季子之於禮也，其合矣乎！』」季札葬子年分不詳。可能如錢穆先生所說，在前五一四年。見錢穆《先秦諸子繫年》，臺灣商務印書館，二〇〇一年重版，頁一三；錢穆《孔子傳》，三聯書店，二〇〇二年重版，頁一八—二〇。

㉔《史記．孔子世家》載：「（孔子）適周問禮，蓋見老子云。」關於孔子是否真的與老子見過面，是一個學術界爭議的問題。

㉕《史記．孔子世家》載：「孔子適齊，為高昭子家臣，欲以通乎景公。與齊太師語樂，聞韶音，學之，三月不知肉味，齊人稱之。」亦見《論語》原文：「子在齊聞《韶》，三月不知肉味，曰：『不圖為樂之至於斯也！』」（《七．一四》）

㉖《禮記．中庸》載：「子曰：『吾說夏禮，杞不足徵也；吾學殷禮，有宋存焉；吾學周禮，今用之，吾從周。』」《二．二三》原文：「子張問：『十世可知也？』子曰：『殷因於夏禮，所損益可知也；周因於殷禮，所損益可知也。其或繼周者，雖百世可知也。』」又《三．九》曰：「子曰：『夏禮吾能言之，杞不足徵也；殷禮吾能言之，宋不足徵也。文獻不足故也。足，則吾能徵之矣。』」《史記．孔子世家》載：「孔子之時，周室微而禮樂廢，詩書缺。追蹤三代之禮，序書傳，上紀唐虞之際，下至秦穆，編次其事。曰：『夏禮吾能言之，杞不足徵也。殷禮吾能言之，宋不足徵也。足，則吾能徵之矣。』觀殷夏所損益，曰：『後雖百世可知也，以一文一質。周監二代，鬱鬱乎文哉。吾從周。』故書傳、禮記自孔氏。」

㉗杞國，今河南杞縣。

㉘《禮記．禮運》載：「孔子曰：『我欲觀夏道，是故之杞，而不足徵也，吾得夏時焉。我欲觀殷道，是故之宋，而不足徵也，吾得坤乾焉。坤乾之義，夏時之等，吾以是觀之。』」

㉙原文：「陽貨欲見孔子，孔子不見，歸孔子豚。孔子時其亡也，而往拜之。遇諸塗。謂孔子曰：『來！予與爾言。』曰：『懷其寶而迷其邦，可謂仁乎？』曰：『不可。』『好從事而亟失時，可謂知乎？』曰：『不可。』『日月逝矣！歲不我與！』孔子曰：『諾，吾將仕矣！』」（《一七・一》）

㉚《左傳・定公八年》：「陽虎欲去三桓，以季寤更季氏，以叔孫輒更叔孫氏，己更孟氏。……。陽虎前驅，林楚御桓子，虞人以鈹盾夾之，陽越殿，將如蒲圃。……。又戰於棘下，陽氏敗。……。陽虎入於讙、陽關以叛。」

㉛原文：「公山弗擾以費畔，召，子欲往。子路不說，曰：『末之也已，何必公山氏之之也？』子曰：『夫召我者，而豈徒哉？如有用我者，吾其為東周乎！』」（《一七・五》）

㉜《史記・孔子世家》載：「匡人拘孔子益急，弟子懼。孔子曰：『文王既沒，文不在茲乎？天之將喪斯文也，後死者不得與於斯文也。天之未喪斯文也，匡人其如予何！』孔子使從者為甯武子臣於衛，然後得去。」

㉝《史記・孔子世家》載：「孔子去曹適宋，與弟子習禮大樹下。宋司馬桓魋欲殺孔子，拔其樹。孔子去。弟子曰：『可以速矣。』孔子曰：『天生德於予，桓魋其如予何！』」

㉞見本書孔子生平年表五十歲中的討論。

㉟《論衡・講瑞》載：「少正卯在魯，與孔子並。孔子之門，三盈三虛，唯顏淵不去，顏淵獨知孔子聖也。夫門人去孔子歸少正卯，不徒不能知孔子之聖，又不能知少正卯〔之佞〕，門人皆惑。子貢曰：『夫少正卯，魯之聞人也，〔夫〕子為政，何以先〔誅〕之？』孔子曰：『賜退！非爾所及！』」《荀子・宥坐》載：「孔子為魯攝相，朝七日而誅少正卯。門人進問曰：『夫少正卯魯之聞人也，夫子為政而始誅之，得無失乎？』」

㊱《史記・孔子世家》載：「有頃，齊有司趨而進曰：『請奏宮中之樂。』景公曰：『諾。』優倡侏儒為戲而

前。孔子趨而進，曆階而登，不盡一等，曰：『匹夫而營惑諸侯者罪當誅！請命有司！』有司加法焉，手足異處。」

㊲《左傳．定公十二年》載：「仲由為季氏宰，將墮三都，於是叔孫氏墮郈。季氏將墮費，公山不狃、叔孫輒帥費人以襲魯。公與三子入於季氏之宮，登武子之臺。費人攻之，弗克。入及公側。仲尼命申句須、樂頎下，伐之，費人北。國人追之，敗諸姑蔑。二子奔齊，遂墮費。將墮成，公斂處父謂孟孫：『墮成，齊人必至於北門。且成，孟氏之保障也，無成，是無孟氏也。子偽不知，我將不墮。』」

㊳《史記．孔子世家》載：「孔子居陳三歲，會晉楚爭強，更伐陳，及吳侵陳，陳常被寇。孔子曰：『歸與歸與！吾黨之小子狂簡，進取不忘其初。』於是孔子去陳。」又載：「是日，孔子曰：『歸乎歸乎！吾黨之小子狂簡，斐然成章，吾不知所以裁之。』」孔子語亦見《五．二二》。

㊴季康子，春秋魯大夫，季桓子之子。

㊵《史記．孔子世家》載：「子贛（貢）知孔子思歸，送冉求，因誡曰『即用，以孔子為招』云。」

㊶《左傳．哀公七年》載：「大宰嚭召季康子，康子使子貢辭。」

㊷《左傳．哀公八年》載：「微虎欲宵攻王舍，私屬徒七百人，三踴於幕庭，卒三百人，有若與焉，及稷門之內。」

㊸《左傳．哀公十一年》載：「十一年春，齊為鄎故，國書、高無丕帥師伐我，及清。……冉求帥左師，管周父御，樊遲為右。季孫曰：『須也弱。』有子曰：『就用命焉。』……甲戌，戰於艾陵，展如敗高子，國子敗胥門巢。王卒助之，大敗齊師。」

㊹《左傳．哀公十一年》載：「魯人以幣召之，乃歸。」亦見《史記．孔子世家》載：「會季康子逐公華、公

賓、公林，以幣迎孔子，孔子歸魯。」。

㊺原文：「季康子患盜，問於孔子。孔子對曰：『苟子之不欲，雖賞之不竊。』」（《一二．一八》）

㊻原文：「孔子謂季氏：『八佾舞於庭，是可忍也，孰不可忍也？』」（《三．一》）

㊼原文：「季氏旅於泰山。子謂冉有曰：『女弗能救與？』對曰：『不能。』子曰：『嗚呼！曾謂泰山不如林放乎？』」（《三．六》）

㊽原文：「季氏富於周公，而求也為之聚斂而附益之。子曰：『非吾徒也，小子鳴鼓而攻之可也！』」（《一一．一七》）

㊾原文：「陳成子弒簡公。孔子沐浴而朝，告於哀公曰：『陳恒弒其君，請討之。』公曰：『告夫三子。』孔子曰：『以吾從大夫之後，不敢不告也！君曰「告夫三子」者！』之三子告，不可。孔子曰：『以吾從大夫子後，不敢不告也！』」（《一四．二二》）

㊿《史記．孔子世家》載：「三百五篇孔子皆弦歌之，以求合韶武雅頌之音。禮樂自此可得而述，以備王道，成六藝。」載：「孔子以詩書禮樂教。」又載：「乃因史記作春秋，上至隱公，下訖哀公十四年，十二公。據魯，親周，故殷，運之三代。約其文辭而指博。」

51 見本書文章〈孔門重要弟子介紹〉。

52 關於孔鯉，《史記．孔子世家》載：「孔子生鯉，字伯魚。伯魚年五十，先孔子死。」《孔子家語．本姓解》載：「魚年五十，先孔子卒。」關於顏回，見論語原文：「顏淵死。子曰：『噫！天喪予！天喪予！』」（《一一．九》）又有：「顏淵死，子哭之慟。從者曰：『子慟矣！』曰：『有慟乎！非夫人之為慟而誰為！』」（《一一．一〇》）《史記．仲尼弟子列傳》載：「回年二十九，發盡白。蚤（早）死。孔子哭之慟，曰：『自吾有回，門人益親。』」關於子路，《史記．仲尼弟子列傳》載：「於是子路欲燔臺，蕢聵懼，乃下石乞、壺黶攻子路，擊斷子路之纓。子路曰：『君子死而冠不免。』遂結纓而死。」《禮記．檀弓上》載：「孔子哭子路於中庭，有人吊者而夫子拜之。既哭，進使者而問故。使者曰：『醢之矣。』遂命覆醢。」事實上，還有一個弟子也在前四八〇年卒，那就是司馬牛，孔子是否知道他的死，則不明確。

53《禮記．檀弓上》載：「（子貢）遂趨而入。夫子曰：『賜！爾來何遲也？……』蓋寢疾七日而沒。」《史記．孔子世家》載：「孔子病，子貢請見。孔子方負杖逍遙於門，曰：『賜，汝來何其晚也？』……。後七日卒。」

54《史記．孔子世家》載：「唯子贛（貢）廬於塚上，凡六年，然後去。」

55《史記》載孔子生於魯襄公二十二年。《公羊傳》、《穀梁傳》載孔子生於魯襄公二十一年。二者間有一年的差別，我們採用《史記》的年分。

56《史記．孔子世家》載：「孔子生魯昌平鄉陬邑。其先宋人也，曰孔防叔。防叔生伯夏，伯夏生叔梁紇。紇與顏氏女野合而生孔子，禱於尼丘得孔子。魯襄公二十二年而孔子生。生而首上圩頂，故因名曰丘云。字仲尼，姓孔氏。」又載：「孔子長九尺有六寸，人皆謂之長人而異之。」

57晏嬰，春秋齊國相。

58齊莊公，齊靈公之子。前五五三年，崔杼立為君。

59欒盈，春秋晉國卿。前五五二年，因欒桓子之妻誣其將作亂，逐奔。後兩年，欒盈借助齊莊公潛入曲沃（欒邑，今山西聞喜東北），卻為晉人所敗，其與族黨被盡殺。

60《論語》原文：「子貢問政。子曰：『足食，足兵，民信之矣。』子貢曰：『必不得已而去，於斯三者何

先?』曰：『去兵。』子貢曰：『必不得已而去，於斯二者何先?』曰：『去食；自古皆有死，民無信不立。』」（《一二・七》）

61 《史記・孔子世家》載：「紇與顏氏女野合而生孔子。」

62 見汪玢玲：《中國婚姻史》，上海人民出版社，二〇〇一年版，頁六九—七〇。

63 見本書《索隱》所引《孔子家語》記載。（中華書局版《史記》冊六，頁一九〇六）

64 同上。

65 見孔祥林：《圖說孔子》，山東友誼出版社，二〇〇六年版，頁七—八。作者乃孔子後人。

66 《史記・仲尼弟子列傳》載：「澹台滅明，武城人，字子羽。少孔子三十九歲。狀貌甚惡。欲事孔子，孔子以為材薄。既已受業，退而修行，行不由徑，非公事不見卿大夫。南游至江，從弟子三百人，設取予去就，名施乎諸侯。孔子聞之，曰：『吾以言取人，失之宰予；以貌取人，失之子羽。』」

67 參考網上造像圖片，及李零：《去聖乃得真孔子：〈論語〉縱橫讀》，北京：生活・讀書・新知三聯書店，二〇〇八年版，頁三一—三二。

68 現在最通行的孔子像是據傳唐吳道子所繪《先師孔子行教像》。李零先生認為這幅像「不知出於何人之手，也不知畫於何時。當然，它不是照孔子本人畫的。」（見李零：《喪家狗——我讀〈論語〉》，太原：山西出版集團・山西人民出版社，二〇〇七年版，頁二）。同時它作為拓本，其參考性史料價值也受到一定影響。

69 見〈http://news.xinhuanet.com/collection/2008-01/23/content_7480991.htm〉最古老孔子像。

70 闕里，今山東曲阜境內。

71 陬，春秋魯下邑。今山東省曲阜市東南二三十公里。孔子生於陬之尼山。

(72)慶氏，即陳卿慶寅、慶虎兄弟二人。陳哀公時專權，迫陳侯與公子黃出奔楚。
(73)范宣子，春秋晉國卿。曆仕晉悼公、平公二世，終任中軍將，執掌國政，助晉悼公恢復霸業。
(74)子產，名僑，亦稱公孫僑，春秋鄭國卿。他任相十八年，之前任執政四年，在此之前為卿十五年，三十七年公職中建樹良多，是一個既能幹，又能跑在時代前面的大政治家。子產雖然也是一個擁有傳統美德的人，但已感覺到傳統禮教美德沒法維繫未來社會的秩序。可能因為他長時期生活在權力的脈搏上，感覺到了時代的心跳，因此他比孔子更能洞見未來，知道他們的時代將會有一場天翻地覆的大變動。子產之所以有這種敏銳性，知道一個新的時代就快將來臨，那是因為鄭國位在各國間的中心地帶，是各國交通網路的核心，因此它的經濟發展比魯國走快了五六十年。本書中關於子產政績的討論如下：子產諍諫而減輕諸侯之幣（見孔子年表三歲）、子產允許鄉校議政（見孔子年表十一歲中子產鄉校議政與他的執政條）、子產作丘賦（見孔子年表十五歲中子產作丘賦條）、子產鑄刑書（見孔子年表十五歲中子產鑄刑書條）、子產可能是中國歷史上第一個把祭祀與生態破壞聯結在一起的長官（見孔子年表二十六歲中環保者子產條）。
(75)夷儀，衛邑，今山東聊城西南。
(76)見《左傳．襄公二十五年》。
(77)崔杼春秋齊國大夫。前五五四年，齊靈公欲廢太子光，他趁靈公染疾，擁光即位，即齊莊公。前五四八年，莊公與其妻子私通，他怒而殺之，另立杵臼為君，即齊景公，任右相。齊太史與兩弟三書「崔杼弒其君」，他連誅太史等三人，終以不能絕書而罷。及兩年後，崔氏諸子內亂，慶封盡滅其族，他亦自殺。
(78)重丘，今山東聊城東南。
(79)《尚書》有《今文尚書》與《古文尚書》之分。《今文尚書》二十九篇，分為《虞夏書》、《商書》、《周書》三個部分。《虞夏書》大約是周初史官所寫，追述虞夏時的事蹟，是從參考口傳或者文字的文獻而來，則不明確。《商書》有一部分可能是商代書寫的檔，如《盤庚篇》是盤庚時代的。《周書》大部分是周人所寫，其中記述了周公旦的言論。《今文尚書》有二十八篇，為秦伏生（活躍前二一三—前二〇二）所傳。《古文尚書》出於漢武帝（劉徹，前一五七—在位前一四一—前八七）末年。武帝之弟魯恭王劉餘（在位前一五四—前一二六）擴充王宮，拆孔子宅，從孔壁中發現了一部《尚書》。孔子第十一世孫孔安國（約前一五六—前七四年）拿它與伏生傳《今文尚書》比較，多出十六篇，連序一篇共四十六篇。整理後稱為《尚書孔傳》，因此書用篆體寫成，又稱「古文尚書」。但該書早已散佚。至東晉元帝（司馬睿，二七六—在位三一七—三二二）時，豫章內史梅賾（約活躍於三一八年）向朝廷又獻上一部自稱是孔安國作傳的《古文尚書》。此書分二十九篇為三十三篇，十六篇為二十五篇，加書序共五十九篇四十六卷。總篇數與鄭本同，篇目不同。唐孔穎達（五七四—六四八，孔子第三十二世孫）修《尚書正義》即用梅本，以後又收入《十三經注疏》。

⑧⓪ 見前第一章注㊴。

⑧① 《史記．孔子世家》載：「丘生而叔梁紇死，葬於防山。」

⑧② 《孔子家語．本姓解》載：「孔子三歲而叔梁紇卒，葬於防。」

⑧③ 《史記．孔子世家》載：「孔子貧且賤。」

⑧④ 原文：「式負版者。」（《一〇．二三》）關於該句的含義，各家有不同解釋。錢穆注：「負版，一說：謂負邦國之版圖。式之，重戶籍民數。或說：負版疑當作負販，承上凶服者式之言，謂其人雖負販之賤亦式之。語法參次遞下。若分作兩事，當曰式凶服者，式負版者，做平列語始得。又一說：版者，衰服之領，惟三年喪之衰，乃有此領，故負版乃喪服之最重者。果如所說，凶服可以兼負版，不煩重句。以雖狎必變，雖褻必以貌例

之，當從二說。」（錢穆：《論語新解》，北京：生活・讀書・新知三聯書店，二〇〇二年版，頁二六八）李零則認為：「『式負版者』，舊注以為『負版者』是『持邦國之圖籍』，讓人覺得莫名其妙，清俞樾懷疑應讀為『負販』（《群經平議》）。『負販』是背貨賣東西的。」（李零：《喪家狗——我讀〈論語〉》，太原：山西出版集團・山西人民出版社，二〇〇七年版，頁二〇二）另據紹興王緇塵的講解：「『式』即後世之『軾』，是車上一條橫木；引申為把身體憑在式上以表敬意的意思。『版』者，古時無紙，國家的圖籍，都是用竹版、木版寫。『負版者』，捧國家圖籍的人也。此節所記，是孔子在車上，見有送死人的衣服者，和捧國家圖籍的人，必在式上憑著，以表敬意。孔子哀敬死者，故送死者衣物，亦敬之。圖籍是國家重要的物件，所以孔子敬重之。」（王緇塵講述，鎮海董文校訂：《論語（讀本）》，香港：廣智書局，出版日期不明，頁一八四）李澤厚把「凶服者式之。式負版者。」翻譯為：「遇著穿喪服的，在車上俯身表敬意，同樣姿態對待拿著國家檔的人。」（李澤厚：《論語今讀》，北京：生活・讀書・新知三聯書店，二〇〇四年版，頁二三八）本文採用王緇塵和李澤厚的說法。

(85)費孝通：《鄉土中國》，北京出版社，二〇〇六年版，頁一〇—二八。

(86)顏回父顏無繇是貧民，見本書第三章。

(87)從我們對孔門弟子的研究，孔子顏姓弟子有八人之多，可能來自一個家族，那也說不定。但從顏回與他爸爸都是都是貧民來看，只能是一個窮家族，不是一個宗族性的士人家族，詳情請見本書第三章的〈關於孔門弟子的分析表格〉顏無繇（顏路）、顏回條，並見原書〈附錄一：論孔父孔母的野合與孔母的家世〉一文。

(88)見周一良，鄧廣銘，唐長孺，李學勤等編：《中國歷史通覽》，上海：東方出版社，一九九四年版，頁九五—九六。

89 見蔡尚思：《孔子思想體系》，上海：上海人民出版社，一九八二年版，頁一七七—一七九。

90 關於孔子喪母，最普遍的為十七歲喪母一說，參見李零《喪家狗——我讀〈論語〉》之〈附錄〉（太原：山西出版集團．山西人民出版社，二〇〇七年版）頁七六；以及，孔祥林《圖說孔子》（濟南：山東友誼出版社，二〇〇六年版）頁一〇；金景芳、呂紹綱、呂文鬱《孔子新傳》（長春：長春出版社，二〇〇六年版）頁二〇等等。但我們認為，此說有待商榷。

91 原文：「子曰：『……，七十而從心所欲，不逾矩。』」（《二．四》）

92 請參見原書〈附錄十一：弒君年表、並簡論春秋的特色與孔子言責的履行〉一文。

93 寧喜，春秋衛國卿。前五四七年殺衛殤公，迎獻公復位。後因專衛國之權，獻公患之。次年為公孫免餘所殺。

94 衛殤公，衛獻公叔。衛獻公十八年（前五五九），孫林父反，獻公出奔，得立。

95 衛獻公，衛定公之子。獻公十八年（前五五九）召孫林父等赴宴，輕慢之，又令樂工以歌譏諷林父。孫林父遂反。他奔齊。其叔剽得立，即衛殤公。前五四七，結大夫甯喜殺殤公，得復位。

96 向戌，春秋時宋國執政。歷仕宋共公、宋平公。

97 趙文子，即趙武。春秋晉大夫。

98 網上與坊間書籍都說這句話出自《左傳．襄公二十七年》，查《左傳》卻無此語，有待專家學者的幫助。

99 公孫免余，春秋衛大夫。衛獻公時獻公患寧喜專政。公孫免余殺甯喜，獻公授他六十邑，他謝辭，只接受其半。

100 同前第一章注34。

101 同前第一章注33。

102 齊桓公，名小白，襄公弟。初出奔於莒（今山東莒縣）。後齊國內亂，襄公被殺，他由莒回國即位。任用管仲改革，選賢任能，加強武備，發展生產，使國力強盛。曾助燕敗北戎，援救邢、衛，阻止狄族進攻中原。並聯合中原各國之師侵蔡攻楚，迫使楚與齊結盟於召陵（今河南郾城東北）。又安定周朝王室內亂。後人因此稱其霸業為「尊王攘夷」。齊桓公三十五年（前六五一）齊合諸侯盟於葵丘（今山東曹縣西），遂成為春秋五霸之首。

⑩③同前注⑨⑧。

⑩④《左傳．襄公二十七年》載：「仲尼使舉是禮也，以為多文辭。」

⑩⑤季札，又稱公子札。春秋吳宗室。吳王壽夢子，諸樊弟。吳國王族賢臣季札之所以在春秋時享大名，乃是因為他是四個兄弟（諸樊、餘祭、夷末、季札）中最小的一個，但他最是賢能，先是他開國稱王的爸爸壽夢要把王位傳給他，他不肯接受，說：「奈何廢前王之禮，而行父子之私乎？」（《吳越春秋．吳太伯傳》）後來他哥哥吳王夷末將死時，也要把王位傳給他，他不肯接受，因此僚（夷末長子，引起諸樊長子光的不服）得立，造就了他不愛權位、禮讓謙退的賢名，那時孔子二十四歲。十二年之後，當孔子三十六歲時，由於專諸刺王僚事件，更使季札戴上洞察先機、未卜先知的光環，具有退讓君位而保全生命的先知先覺性。因此當《左傳》的作者在前五四四年記述他訪問列國的時候，把他形容成一個先知式的人物，大大地神化了他。但他無疑是一個智商與修養都得到同時代人所稱讚的人。所以孔子第一個遇到的國際級的賢人，不是老子（如果周藏室史是老子的話）而是季札，他大約比孔子年長十五到二十五歲。季札在孔子之前三十年已討論了禮樂美的空間度，他或許是中國印象派美學的創始人。

⑩⑥關於這方面的討論請見本書第五章之〈孔子的禮樂美學觀〉。

⑩⑦見張少康：《文心與書畫樂論》，北京大學出版社，二〇〇六年版，頁一三五—一三七。

⑩⁸ 晉平公，悼公之子。為政厚賦斂，不恤民，喜淫樂。因建虒祁之宮，用盡民力，致政歸私門。
⑩⁹ 子大叔，春秋鄭國相。繼子產主持鄭國政。
⑪⁰ 蔡景侯，穆侯曾孫。蔡景侯四十九年（前五四三），為太子般娶婦於楚，而景侯通之，為太子所殺。另一個春秋雜交例子。
⑪¹ 莒太子展輿，莒比公之子，殺比公而自立。莒展輿元年（前五四一），莒群公子逐展輿，迎立其弟公子去疾，是為莒著丘公（在位前五四一—前五二八）。展輿奔吳。
⑪² 莒比公，春秋莒國國君。多次參加諸侯會盟，派兵隨晉宋救陳、伐鄭、圍齊。但因政暴虐，引國人不滿。前五四二年，為廢太子展輿所弒。
⑪³ 鄆，今山東沂水縣東北。
⑪⁴ 虢，今河南鄭州市北。
⑪⁵ 太原，今太原市西南。
⑪⁶ 韓宣子，又名韓起。春秋晉國執政。初事晉悼公為卿。前五四六年，宋大夫向戌欲弭諸侯之兵，先以告趙武。趙武謀於諸大夫，韓起極力贊同。於是晉楚合諸侯之大夫盟於宋，產生了一個國際性的和平弭兵大會。前五四一年，繼趙武主國政，使聘魯、齊、衛諸國。在魯，觀書於太史氏，見《易》、《象》（魯歷代政令）、《魯春秋》，曰：「周禮盡在魯矣。」
⑪⁷ 見前第一章注㉓
⑪⁸ 同上。
⑪⁹ 《禮記．檀弓上》載：「孔子少孤，不知其墓，殯於五父之衢。人之見之者，皆以為葬也。其慎也，蓋殯也。

問於郰曼父之母，然後得合葬於防焉。」又《史記．孔子世家》載：「防山在魯東，由是孔子疑其父墓處，母諱之也。孔子為兒嬉戲，常陳俎豆，設禮容。孔子母死，乃殯五父之衢，蓋其慎也。郰人袂父之母誨孔子父墓，然後往合葬於防焉。」

⑳ 見上。

⑫ 請見原書〈附錄五：孔子在六藝中射御數的成就〉一文。

⑫ 魯襄公三十一年，即前五四二年。時年孔子九歲。所以有可能是孔子日後聽說和評論的。

⑫ 孔母死年的推測，參見前注⑩。

⑫ 賴國，今湖北隨縣東北。

⑫ 請見原書〈附錄二：孔子不知其父與不知其父墓之辯〉一文。

⑫ 郰武公，曹姓，名夷父，字顏。

⑫ 請見原書〈附錄一：論孔父孔母的野合與孔母的家世〉。

⑫ 並見原書〈附錄五：孔子在六藝中射御數的成就〉一文。

⑫ 《左傳．哀公二年》載：「簡子誓曰：『范氏、中行氏，反易天明，斬艾百姓，欲擅晉國而滅其君。寡君恃鄭而保焉。今鄭為不道，棄君助臣，二三子順天明，從君命，經德義，除詬恥，在此行也。克敵者，上大夫受縣，下大夫受郡，士田十萬，庶人工商遂，人臣隸圉免。志父無罪，君實圖之。若其有罪，絞縊以戮，桐棺三寸，不設屬辟，素車朴馬，無入於兆，下卿之罰也。』」

⑬ 商鞅（前三九〇—前三三八）戰國衛國人，又稱衛鞅。於秦孝西元年（前三六一）攜李悝《法經》入秦，獲得孝公信任。後以功封於商（今陝西商縣），號商君，因稱商鞅。秦孝公六年（前三五六）定變法之令，開始變

法。貴族無戰功者將會被降為平民，平民以在戰爭中砍殺的人頭多寡而升官位，可以達卿級官位。秦孝公十二年（前三五〇）第二次變法。孝公死後，被誣謀反，遭車裂而死。

131 《左傳．昭公六年》載：「三月，鄭人鑄刑書。叔向使詒子產書。其書曰：『始吾有虞於子，今則已矣。昔先王議事以制，不為刑辟，懼民之有爭心也。猶不可禁禦，是故閑之以義，糾之以政，行之以禮，守之以信，奉之以仁，制為祿位以勸其從，嚴斷刑罰以威其淫。懼其未也，故誨之以忠，聳之以行，教之以務，使之以和，臨之以敬，蒞之以強，斷之以剛。猶求聖哲之上，明察之官，忠信之長，慈惠之師，民於是乎可任使也，而不生禍亂。民知有辟，則不忌於上，並有爭心，以征於書，而徼幸以成之，弗可為矣。夏有亂政而作《禹刑》，商有亂政而作《湯刑》，周有亂政而作《九刑》，三辟之興，皆叔世也。今吾子相鄭國，作封洫，立謗政，制參辟，鑄刑書，將以靖民，不亦難乎？《詩》曰：「儀式刑文王之德，日靖四方。」又曰：「儀刑文王，萬邦作孚。」如是，何辟之有？民知爭端矣，將棄禮而征於書。錐刀之末，將盡爭之。亂獄滋豐，賄賂並行，終子之世，鄭其敗乎！肸聞之，國將亡，必多制，其此之謂乎！』複書曰：『若吾子之言，僑不才，不能及子孫，吾以救世也。既不承命，敢忘大惠？』」

132 韓非子（前二八〇—前二三三）戰國末韓國人。法家之集大成者。曾與李斯（前二八〇—前二〇八）同師事於荀況。因建議韓王變法未見用，著《孤憤》、《五蠹》、《說難》等，受秦王政重視，被邀出使秦國。不久因李斯等人陷害，自殺於獄中。韓非子為了建立高效率的政治制度，因而需要一個去仁義的價值觀（value free）架構。由於老子反仁義，因此他宗老，而以《解老》、《喻老》篇章為其哲理支柱。

133 鄧析（約前五四五—前五〇一）春秋鄭大夫，有智巧，能有科技發明。亦好法律，制刑書，又辦私學（是法學師表），教人訴訟。執政大夫駟歂藉口他亂政而殺之，但採用了他所書寫的竹簡刑書。鄧析生活在當時法律觀念最先進的鄭國，這是他的幸運處，他因此能在法律上有所建樹，成為中國刑法開創人之一，《荀子・非十二子》指出：鄧析「不法先王，不是禮義」，為中國後來以法治國的制度立下建國的基礎，同時他對現有的鄭國子產權威性的刑法提出批評，並有創新的見解，因此私下寫竹刑，招公家之忌。但當時法律觀念剛萌芽，缺乏法律程式與制度的建立，也就導致他的不幸。見孔子年表五十歲中，法學家鄧析條。

⑬④ 陽虎，又名陽貨，春秋魯人。原本為孟孫氏庶支。《史記・孔子世家》載：「孔子要絰，季氏饗士，孔子與往。陽虎絀曰：『季氏饗士，非敢饗子也。』孔子由是退。」時年孔子約十七歲，據此推測陽虎在西元前五三四年已為季孫氏家臣。魯定公八年（前五〇二年）陽虎謀去三桓，殺季氏，叛魯被逐而投齊晉。見孔子生平年表中四十八歲，陽虎條。

⑬⑤ 司徒招，一稱子招。陳哀公之弟。官司徒，故稱司徒招。春秋陳國執政大臣。陳哀公三十五年（前五三四），招與公子過（哀公弟）殺太子偃師，立公子留，迫哀公自縊。公子留奔鄭。陳大亂。招歸罪於公子過而殺之。

⑬⑥ 宛丘，今河南淮陽附近。

⑬⑦ 見《孔子家語・本姓解》。

⑬⑧ 《孟子・萬章下》載：「孔子嘗為委吏矣，曰『會計當而已矣』。嘗為乘田矣，曰『牛羊茁壯，長而已矣』。」《史記・孔子世家》載：「孔子貧且賤。及長，嘗為季氏史，料量平；嘗為司職吏而畜蕃息」。

⑬⑨ 陳桓子，即田桓子。春秋齊大夫。得寵於齊莊公和景公。

⑭⓪ 鄆，琅邪莒邑。

⑭① 《禮記・檀弓下》載：「子思之母死於衛（子思母被休後居衛），赴於子思，子思哭於廟。門人至曰：『庶氏之母死，何為哭於孔氏之廟乎？』子思曰：『吾過矣，吾過矣。』遂哭於他室。」

(142)《論語》原文：「子曰：『父在，觀其志；父沒，觀其行；三年無改於父之道，可謂孝矣。』」（《一．一一》）又：「子曰：『三年無改於父之道，可謂孝矣。』」（《四．二〇》）

(143)《孟子．梁惠王上》載：「仲尼曰：『始作俑者，其無後乎！』為其象人而用之也。如之何其使斯民饑而死也？」

(144)見《孔子家語．本姓解》。

(145)西申，今河南南陽。

(146)《左傳．昭公十一年》載：「冬十一月，楚子滅蔡，用隱大子於岡山。」

(147)晉昭公，晉平公之子。在位時六卿（趙、魏、韓、知、范、中行）強，公室卑，政出多門。

(148)南蒯，魯國費邑宰，季孫氏家臣。魯昭公十二年（前五三〇年）季平子立，對蒯未加禮遇，蒯便密謀以公子慭代替季平子。後懼不克，於費地叛。費人逐之，奔齊。

(149)吳王僚，夷末（或作「餘眛」、「夷眛」）子，壽夢孫。夷末十七年（前五二七）夷末將死，欲傳位於弟季札，季札不就逃走，故僚得立。即位後，以公子光伐楚，多勝。僚八年（前五一九）北伐，打敗陳、蔡。僚十一年（前五一六）楚平王死，吳乘喪以公子掩餘等伐楚，失敗。公子光趁機派勇士專諸刺殺僚，自立為王。

(150)《左傳．昭公十一年》載：「鄭大旱，使屠擊、祝款、豎柎有事於桑山。斬其木，不雨。子產曰：『有事於山，蓺山林也，而斬其木，其罪大矣。』奪之官邑。」

(151)陸渾，今河南嵩縣東北一帶。陸渾之戎，即指居住在河南嵩縣東北一帶的少數民族。

(152)長岸，今安徽當塗西。

(153)齊景公，名杵臼。齊莊公之弟，靈公之子。前五四八年，大夫崔杼殺莊公，立其為君。在位時，好治宮室，厚賦重刑。當時田氏始興，有德於民，已有政在私門的局面。但他後來任用晏嬰為相，能納其言諫，因此能平安在位五八年。景公四十八年（前五〇〇），他與魯定公會於夾谷（今山東萊蕪東南），時任魯相禮的孔子以理抗齊，迫其歸還所占魯地。

⑭ 伍子胥，名員，字子胥，春秋楚國人。吳國大夫。伍奢次子，楚平王七年（前五二二），其父兄受讒，被楚平王所殺，他出逃入吳，耕於野。後薦專諸，助闔閭刺殺吳王僚，奪取王位。前五一四年，為吳行人，楚貴族出身的伍子胥，為那時相對地落後的吳國建設城堡與水利，並創建行政與軍事制度，伍子胥給於吳國一個建國方案，吳國因而能強大起來，成為楚國最有殺傷力的敵人。前五一二年，獻計吳王，輪番襲擊楚軍，侵擾楚境，楚軍因此疲於奔命。前五〇六年，發大軍襲楚，三戰三勝，攻入楚都。時楚平王已死，伍子胥掘其墓，鞭屍三百以報當年殺父兄之仇。因助吳破楚有功，封於申（今河南南陽北），故又稱申胥。吳夫差二年（前四九四）為大夫。吳、越夫椒之戰，吳大勝，勸諫夫差勿與越和，並趁勢滅越，夫差不聽。夫差十二年（前四八四），夫差欲北上擊齊，再三勸諫切勿舍越攻齊，夫差亦不採納，反信伯嚭讒，賜劍命自刎。

⑮ 伍奢，春秋楚國大夫。伍員之父。楚平王時任太師，與少師費無極同輔太子建。前五二三年，費無極誣告他與太子建將以方城之外反叛，被殺。

⑯ 伍尚，春秋楚國大夫。伍子胥之兄。楚平王七年（前五二二），其父無辜受到誣陷被拘捕。平王唯恐伍尚、伍員（伍子胥）外逃出事，要伍奢通知其子返郢。接伍奢信後，伍員勸其不要受騙去郢都，他也明知此去必死，仍應召而往，臨行前囑咐伍員為父兄報仇。不久至郢，與其父同被執殺。伍員聞訊後奔吳。

⑰ 太子建，楚平王之子。前五二八年，立為太子。前五二七年，其未婚妻（秦女）被父王所奪，因費無極誣陷，平王擬將他處死，他懼而奔宋，後入鄭，被鄭人所殺。

⑱費無極，春秋楚國大夫。初為太子建少師。後誣太子建與太子太師伍奢將叛，致使伍氏父子被殺，太子建奔宋（今河南商丘）。前五一五年，被令尹子常（囊瓦）所殺，其族盡滅。

⑲城父，今河南寶豐縣東。

⑳孫子，即孫武，春秋齊國人。約活躍於前五一二年。田完後裔，其先賜姓孫氏。伍子胥曾極力推薦寫《孫子兵法》的孫子給吳王闔閭，他的建議雖為吳王所採用，但孫子本人似乎並未被重用，孫子後來的出處不明。孫子總結了中國兩千年的軍事知識，寫成了（或他的弟子們記錄了）人類有史以來第一本完整的軍事著作，直到核武器時代的今天，還有它戰略上的價值。孫子約比孔子年輕十來歲，但可能比他晚死。中央電視臺《探索・發現》欄目的系列紀錄片《黃河入海流》中提出孫子比孔子大一歲的論斷，待考。關於孫子的討論可參見李零：《〈孫子〉十三篇綜合研究》，中華書局，二〇〇六年版。

(161)郢，楚都，今湖北江陵西北。

(162)向魋，亦名桓魋，又稱司馬桓魋，是春秋宋國權族的子弟，向戌之孫，也是孔子弟子司馬牛的哥哥。從《左傳・定公十年（前五〇〇）》的記載看來，他是宋景公的男寵，當時公族的子弟「公子地」也有男寵，叫「蘧富獵」，公子地對他入了迷，把家財分成十一份，把五份給了蘧富獵，但他看不起宋景公所嬖愛的桓魋，桓魋喜歡上了公子地的白馬，景公把馬的尾巴與鬃毛染紅，給了桓魋，公子地知道後，把桓魋捉來打了一頓，並把馬奪回。桓魋心裏害怕，想逃往國外，景公關上門不讓他走，同時向他哭求，哭得眼都腫了，總算把他留了下來。但公子地、公子辰、公子仲佗與公子石彄則逃往陳國，最後自曹進入蕭地發動叛亂。宋景公三十三年（前四八四），衛大夫太叔疾獻美珠於向魋，宋景公求珠，魋不與，由是得罪景公。前四八一年，景公欲去魋，魋入曹（今河南定陶）叛，曹人叛魋，魋奔衛，繼又奔齊。在前四九五年，曾威脅要殺孔子，至於為什麼他威脅要殺孔子，那是歷史上的一個謎，迄今沒有一個很好的解釋。

⑯見《一九・二二—二三—二四—二五》。

⑭原文：「子曰：『由之瑟，奚為於丘之門？』門人不敬子路。子曰：『由也升堂矣！未入於室也！』」（《一一・一五》）

⑮見本書第三章之〈孔門重要弟子介紹〉一文。

⑯同上。

⑰南宮括，孔子弟子。見〈孔門重要弟子介紹〉南宮括條。

⑱孟懿子，孔子弟子。見〈孔門重要弟子介紹〉孟懿子條。

⑲南宮敬叔，孔子弟子。見〈孔門重要弟子介紹〉南宮敬叔條。

⑰計然，春秋時謀士。先世為晉國流亡公子。常游於海澤。越大夫范蠡尊他為師，他授范蠡七計，助范蠡佐越王句踐（前四九六—前四六五在位）滅吳。見孔子年表六十歲，計然條。

⑰范蠡，字少伯，是楚國的士人或平民。越國將。范蠡與文種都是從楚國赴吳的移民，前者長於經濟與軍事，師事當時的經濟市場學家計然，後者長於典章制度與外交。兩人到越國後，由於他們的努力，越國得以存活下來，並在後來把大仇人吳國滅亡。前四九四年，越攻吳，敗而乞和，與越王句踐一起在吳為質三年，後隨句踐回國，經十多年準備籌畫，於前四八二年，同句踐乘吳王夫差北上黃池與晉爭霸之際，攻入吳都，殺吳太子。前四七三，夫差遣使求和，句踐欲許，范蠡認為不可縱敵貽患，促使句踐下定決心終滅吳。功成後范蠡退隱經商，成大富豪，他可能是中國土地上第一個百萬富翁。

⑰見《一一・二六》。

⑰《論語》原文：「由之瑟，奚為於丘之門？」（《一一・一五》）

⑱孟僖子，春秋魯大夫。孟懿子（仲孫何忌）與南宮敬叔之父。前五三五年，孟僖子陪魯昭公經鄭到楚，因不懂禮儀，未能相昭公答禮，慚愧不已。臨終時命孟懿子和南宮敬叔拜孔子為師，學習禮儀。

⑲周悼王，名猛。景王之子。前五二〇年，景王卒，周大夫單旗、劉狄立其為悼王。其弟王子朝與之爭王位，敗王師。王出奔，告急於晉。晉籍談、荀躒率九州之師護悼王歸王城。

⑳王子朝，周景王之子。周景王二十五年（前五二〇），逐悼王。悼王死，周敬王立。子朝自立為王，逐敬王。周敬王四年（前五一六），晉出兵助周敬王復位。子朝奔楚。周敬王十五年（前五〇五年），敬王乘吳軍破楚、楚都混亂之機，派人殺之。

㉑周敬王，名匄。悼王同母弟。前五二〇年悼王死，因晉人助得立。王子朝不服，占王城自立，他居澤邑四年。後晉率諸侯送他入王城，王子朝奔楚。周敬王十五年（前五〇五），趁楚為吳破之際，使殺王子朝。次年，子朝黨徒作亂，敬王出居，晉定公送其返王城。

㉒嬴、博，春秋時齊二邑名。嬴，在今山東萊蕪縣西北；博，在今山東泰安東南。

㉓魯昭公，名裯（又作稠、祒），魯襄公之子。時季武子執政，公室日衰。前五三七年，季孫、叔孫、孟孫三氏四分公室，季氏擇其二，叔孫、孟孫各得其一。前五一七年，季平子執政。郈、臧之族皆怨季孫氏，他遂伐季孫氏。三桓聯合，對抗公室，他出奔於齊。前五一〇年，卒於晉國乾侯（今河北成安東南）。在《左傳》與《史記》的描述中，魯昭公是一個情緒不穩定的人。但作為一個君主，三桓對他的驅逐是否合乎禮法，孔子從來沒有評論過，三年後當他去齊國的時候，他也沒有去拜見這個曾經送他鯉魚的流亡君主。孔子那時的社會地位只能讓他沉默，未可多言惹禍。魯昭公十一年（前五三一），孔子行成年人的冠禮，並生兒子孔鯉，由於工

作表現良好，魯君送他一條又肥又大的鯉魚，因此給兒子起名「鯉」，字「伯魚」。傳統上說，孔子自魯昭公處得一輛雙馬馬車與一個童子馬夫，因為他三十四歲時，魯昭公為三桓所逐，逃亡到了齊國，自己也要把季氏送來的馬匹賣掉作經濟上的補給，不可能賞賜馬車給孔子的。

⑱⓪三桓，指春秋時魯國三家世卿季孫氏、孟孫（仲孫）氏和叔孫氏，因都是魯桓公（前七一一—前六九四在位）的後裔，故名。魯文公（前六二六—前六〇九在位）死後，三桓勢力日強，前五六二年，三桓三分公室（事實上是四分公室，季孫氏得其二，世代為魯宰相）建立三軍，各領一軍。三桓實際掌握了魯國的政權。

⑱①趙鞅，又名志父，亦稱趙孟、趙簡子。趙武之孫。春秋晉國正卿。前五一三年，與荀寅率師在汝濱（今河南嵩縣）築城，鑄范宣子刑書於鼎。前四九七年，代士鞅執國政，欲將五百家遷至晉陽（今山西太原西南），引起趙氏內部鬥爭，遭致荀寅（中行）、范吉射（范昭子）二卿討伐。起初敗，退保晉陽。後聯合韓、魏擊敗范氏、中行氏。前四九三年，齊運糧予范氏，鄭出兵護送；他率師抵禦，獲大勝，從此趙氏專晉政權，導致後來戰國時的三家分晉。

⑱②黃父，晉邑，今山西沁水縣西北。

⑱③語出《史記．齊太公世家》。

⑱④專諸，春秋吳國堂邑（今江蘇六合西北）人。為人仗義。吳公子光欲殺吳王僚，伍子胥薦專諸於光。前五一六年，楚平王死，吳乘喪伐楚，失敗。專諸認為時機成熟，勸光殺吳王僚。僚十二年（前五一五），公子光設宴請吳王僚，專諸藏匕首於魚腹中進獻，刺殺吳王僚，專諸亦為吳王僚的左右所殺。公子光盡滅僚的部下，自立為王，號「闔閭」。作為報答，闔閭「乃以專諸子為卿」（《史記．吳太伯世家》）。專諸的子孫由於其能力與教育所限，不一定能享大權，但卿階級大概是有封邑的，於是世世代代從此可以過上飯來張口、衣來伸手的

日子。在他那個時代，這是最快、也可能是唯一的由平民的階級爬上卿的階級的途徑。這大概是為什麼專諸願意犧牲自己的生命為公子光刺殺吳王僚——他用自己的生命改變了子孫的社會地位與命運。

⑱5 公子光，即吳王闔閭，名光。吳王諸樊之子（一說夷末之子）。前五一四年，認為自己應當繼承王位，因而命專諸刺殺王僚，遂自立為王。任命楚國舊臣伍子胥為相，並可能得齊人孫武兵法。伍子胥為其設計了一個建國方案，築城壘，鑿運河，使吳國強大成霸業。前五〇六年，闔閭伐楚大勝。翌年，越國君主允常（前？——前四九七在位）率師進攻吳國，吳前後受敵，退歸吳國。前五〇四年，再次伐楚，迫使楚國遷都於鄀（今湖北宜城東南）。前四九六年，興師伐越，兩軍在檇李（今浙江嘉興西南）交戰。越大夫靈姑浮以戈擊闔閭，斬落闔閭大趾。闔閭被迫還師，死於陘（山脈中斷的地方），後葬蘇州虎丘山。

⑱6 蘧伯玉，春秋衛大夫。參見孔子年表三十六歲，蘧伯玉條。

⑱7 參見原書〈附錄六：從一個嶄新的角度看孔子問禮於藏室史〉一文。

⑱8 鄆，今山東鄆城東。

⑱9 乾侯，今河北成安東南。

⑲0 晉六卿，指當時晉國的六個卿位權族，即趙氏、魏氏、韓氏、智氏、范氏、中行氏。

⑲1 夫差，吳王闔閭之子。闔閭為越王句踐所敗，傷而死，夫差立，吳王夫差經過一年多的刻苦練兵，以精銳之師敗句踐於夫椒。吳師侵占越地，句踐通過大夫文種賄賂吳太宰伯嚭請和，伍子胥極力反對，無效。夫差與越議和，句踐與范蠡屈身為質於吳，卑事吳王，越政授於文種。夫差是一位有雄才偉略的君主，幾乎稱霸中原，但有目如盲，大家都看到句踐復仇的野心，他看不到，或不願看到，連名相吳子胥的力陳利害，他也充耳不聞，變成一個聾子，可以說在這一件事上是一個又聾又盲的政治幼稚病患者。或真的如民間所傳，他為越國賣柴女

子西施——中國第一美人，迷得失去了政治的警覺性，做出為千古所笑的愚笨事。不過是否有西施這個人，我們還未弄清楚。夫差在伍子胥的協助下，開發了中國運河的第一段，由今天的揚州市西向北到一百五十公里外的淮河，用以運糧草，其中一個目的就是攻打魯國與齊國。結果，在孔子弟子的保衛戰下，魯國得以保存。吳王夫差北上會諸侯，越王句踐伐吳，大敗吳師，破吳都。吳王與晉定公會盟於黃池，共用盟主，是夫差政治事業的最高峰，也是一路走下坡的開始。前四七三年，越滅吳，夫差以巾蒙面自刭而死，曰：「吾無面目以見子胥也。」（《史記．伍子胥列傳》）

⑲² 季平子，季武子之孫。春秋魯國大夫。歷仕昭公、定公二世。專魯國之政。

⑲³ 見《道德經》（《一》）「道，可道，非常道。名，可名，非常名。無，名天地之始；有，名萬物之母。故：常無，欲以觀其妙；常有，欲以觀其徼。此兩者同出而異名，同謂之玄。玄之又玄，眾妙之門。」

⑲⁴ 同上。

⑲⁵ 原文：「季路問事鬼神。子曰：『未能事人，焉能事鬼？』曰：『敢問死？』曰：『未知生，焉知死？』」（《一一．一二》）又：「子貢曰：『夫子之文章，可得而聞也；夫子之言性與天道，不可得而聞也。』」（《五．一三》）

⑲⁶ 同上。

⑲⁷ 《論語》中三處所提到的與仁者平行的智者如下：「子曰：『知者樂水，仁者樂山；知者動，仁者靜；知者樂，仁者壽。』」（《六．二三》）又：「子曰：『知者不惑，仁者不憂，勇者不懼。』」（《九．二九》）又：「子曰：『君子道者三，我無能焉：仁者不憂，知者不惑，勇者不懼。』子貢曰：『夫子自道也！』」（《一四．二八》）

⑱見錢穆：《孔子傳》，北京：生活·讀書·新知三聯書店，二〇〇二年版，頁一四—一八。

⑲淳于，今河南杞縣。

⑳臨淄，今山東淄博。

㉑《左傳·昭公十七年》載：「秋，郯子來朝，公與之宴。……。仲尼聞之，見於郯子而學之。既而告人曰：『吾聞之：「天子失官，學在四夷」，猶信。』」

㉒《孟子》中「儒」字出現過二次。一「儒」字出自卷五《孟子·滕文公上》：「夷子曰：『儒者之道，古之人「若保赤子」，此言何謂也？之則以為愛無差等，施由親始。』」另一「儒」字出自《孟子·盡心下》：「孟子曰：『逃墨必歸於楊，逃楊必歸於儒。歸，斯受之而已矣。今之與楊墨辯者，如追放豚，既入其苙，又從而招之。』」

㉓在《荀子》中，他似以大儒自彷。

㉔關於甲骨文中「儒」字的研究，徐中舒於一九七五年在《四川大學學報》第四期上發表〈甲骨文中所見的儒〉，指出：「甲骨文中所作需字，即原始的儒字」、「需在甲骨中像沐浴濡身，濡應是儒字的本義」。此為儒字起源的重大發現。參見許道勳、徐洪興所著《中國經學史》（上海：上海人民出版社，二〇〇六年版）頁一二—一六。

㉕巢，今安徽巢縣。

㉖蔡昭公，即蔡昭侯，名申，蔡悼侯之弟。

㉗見《史記·儒林列傳》。但確切有多少戶不太清楚。

㉘子常，即囊瓦。楚莊王曾孫。春秋楚令尹。貪財貨。

⑳⑨公冶長，孔子弟子。參見本書第三章之〈孔門重要弟子生平〉公冶長條。

⑳⑩召陵，今河南郾城東。

⑳⑪沈國，諸侯國，周文王之子聃季（季載），受封於沈，建立沈國（今河南平輿縣北）。西元前五〇六年，為蔡國所滅，季載之後子逞逃奔楚國，後代子孫以國為姓。

⑳⑫唐國，諸侯國，周成王封弟叔虞於唐。今山西翼城縣西有古唐城。前五〇六年，與吳、蔡兩國擊敗楚國，次年被楚國所滅。

⑳⑬曹聲公，名野。平公之子，悼公之弟，繼悼公而立，於前五一〇年被公子通所殺。

⑳⑭曹隱公，名通。平公之弟，聲公之叔。繼聲公野而立。前五一〇年，殺曹聲公野而自立。曹隱公四年（前五〇六）參與晉於召陵（今河南郾城東部）會諸侯之盟，共謀伐楚。是年，被曹聲公之弟露所殺。

⑳⑮曹靖公，名露。平公之子，聲公之弟。殺曹隱公通而自立

⑳⑯見劉向《說苑．複恩》：「陽虎得罪於衛，北見簡子曰：『自今以來，不復樹人矣。』簡子曰：『何哉？』陽虎對曰：『夫堂上之人，臣所樹者過半矣；朝廷之吏，臣所立者亦過半矣；邊境之士，臣所立者亦過半矣。今夫堂上之人，親郤臣於君；朝廷之吏，親危臣於眾；邊境之士，親劫臣於兵。』」

⑳⑰季桓子，繼其父季平子為魯國執政，相魯定公。為孔子弟子仲弓所事。

⑳⑱匡邑，今河南長垣，孔子前四九六年在此受圍困之難。

⑳⑲彌子瑕，春秋衛大夫。事蹟見於《左傳．定公六年》。《韓非子．內儲上》、《韓非子．說難》說他是衛靈公的男寵，待考。

㉒⓪鄀，今湖北宜城東。

㉑ 鄆、陽關，皆在今山東甯陽東北。
㉒ 咸，衛邑，今河南濮陽東南。
㉓ 原文：「（孔子）與上大夫言，誾誾如也。」（《一〇・一》）
㉔ 原文：「季氏使閔子騫為費宰。」（《六・九》）
㉕ 見《史記・孔子世家》。
㉖ 《左傳・定公八年》原文：「魯人聞余出，喜于征死，何暇追余？」
㉗ 見《左傳・哀公九年》。參見第三章注⑯⑨。
㉘ 出自劉向《說苑》。參見前注㉑⑥。
㉙ 《左傳・定公五年》載：「乙亥，陽虎囚季桓子及公父文伯，而逐仲梁懷。冬十月丁亥，殺公何藐。己丑，盟桓子於稷門之內。庚寅，大詛，逐公父歜及秦遄，皆奔齊。」《左傳・定公六年》：「陽虎又盟公及三桓於周社，盟國人於亳社，詛於五父之衢。」公父文伯，即公父歜。
㉚ 見孔祥林：《圖說孔子》，濟南：山東友誼出版社，二〇〇六年版，頁五〇。
㉛ 《禮記・檀弓上》：「伯魚之母死，期而猶哭。夫子聞之曰：『誰與哭者？』門人曰：『鯉也。』夫子曰：『嘻！其甚也。』伯魚聞之，遂除之。」
㉜ 《一七・五》原文：「公山弗擾以費畔，召，子欲往。子路不說，曰：『末之也，已，何必公山民之之也？』子曰：『夫召我者，而豈徒哉？如有用我者，吾其為東周乎！』」
㉝ 出自《孟子・公孫丑》孟子語。
㉞ 中都，距曲阜約六十公里，在魯衛邊界上一個偏遠的市鎮。

㉟叔孫穆子，春秋魯國大夫。前五七五年被立為叔孫氏嗣。前五六八年季文子卒，繼為執政。前五六二年，季武子（？—前五三五）固請作三軍，穆子令其盟而三分公室。前五三八年，其庶子豎牛作亂，不給他飲食，致使他饑渴而死。

㊱杜洩，叔孫豹家宰。魯昭公四年（前五三八），叔孫豹病逝，季平子不准以卿士身分安葬。杜洩不僅以卿士禮儀安葬叔孫豹，而且還以周王賞賜的寶器輅車隨葬。季平子聞報大怒，杜洩攜家人奔楚。

㊲臧武仲，春秋魯大夫。短小多智，號稱「聖人」。官司寇。魯襄公二十三年（前五五〇）因與孟孫氏有仇，被告發將作亂，遭季孫氏討伐，出奔邾。後奔齊。

㊳西漢劉歆（前五〇—後二〇）在《鄧析子·序》中說：「鄧析者，鄭人也，好刑名，操兩可之說，設無窮之詞。」

㊴夾谷，即視其，今山東萊蕪東南。

㊵參見原書〈附錄九：孔子的衣食住行〉一文。

㊶見李澤厚：《論語今讀》，北京：生活·讀書·新知三聯書店，二〇〇四年版，頁二七四—二七九。

㊷原文：「孔子於鄉黨，恂恂如也，似不能言者。其在宗廟朝廷，便便言，唯謹爾。朝，與下大夫言，侃侃如也；與上大夫言，誾誾如也。君在，踧踖如也，與與如也。」（《一〇·一》）

㊸原文：「君召使擯，色勃如也。足躩如也，揖所與立，左右手，衣前後，襜如也。趨進，翼如也。賓退，必複命曰：『賓不顧矣。』」（《一〇·二》）

㊹原文：「入公門，鞠躬如也，如不容。立不中門，行不履閾。過位，色勃如也，足躩如也，其言似不足者。攝齊升堂，鞠躬如也，屏氣似不息者。出，降一等，逞顏色，怡怡如也。沒階，趨進，翼如也。複其位，踧踖如

也。」（《一〇・三》）「執圭，鞠躬如也，如不勝。上如揖，下如授。勃如戰色，足蹜蹜，如有循。享禮，有容色。私覿，愉愉如也。」（《一〇・四》）

㉔⑤曹國，諸侯國，周武王封其弟曹叔振鐸（姬振鐸）於曹。建都陶丘，即今山東定陶縣西南。西元前四八七年，宋國滅曹。

㉔⑥郊，今山東荷澤境。

㉔⑦朝歌，今河南淇縣。

㉔⑧仲孫何忌，即孟懿子，孔子周邊學生。

㉔⑨公斂處父，名陽，亦稱公斂陽。春秋魯國孟孫氏家臣，成邑宰。

㉕⓪孔子死後，連成也發生了叛亂。

㉕①《左傳》從桓公十四年（前六七二）到昭公二十七年（前五一五年，孔子三十六歲）——大約一百五十年間，共有十九次有關冰的記載。其中七八處與飲食無關，與飲有關的有二個年分的記載，一是昭公四年（孔子十三歲時），其中有「奉壺飲冰」，一是昭公十三年（孔子二十二歲時），特別是後者有很詳細的記載關於什麼時候天地製冰，什麼時候人們應該藏冰，冰在朝廷的分派，誰有資格領取冰塊，冰的各種用途等。例如「其出之也，朝之祿位，賓食喪祭，於是乎用之（當冰從冷藏庫中拿出來，凡是有祿位的官員，在迎賓、膳食、喪禮、祭祀時，都可取來應用）。」又說：「食肉之祿，冰皆與焉（凡是有祿位，且能分派得祭肉的官員，都能用冰）。」所以孔子五十以後也是有資格享用到冰的。又《詩經・七月》的最後一章，就是說到藏冰的方法。因此孔子時，中國人已知道利用冰來保鮮。《大學》中有「伐冰之家」一語，即指卿大夫之家。因此，冰大約是上層階級才能擁有的東西。平民百姓是如何保鮮的，還有待我們專家學者考訂。《論語》記載不吃宿肉的孔子

「祭肉不出三日，出三日，不食之矣」（《一〇・七》）。那麼，祭肉是因為某種方法而可以保鮮三天的，我們認為某種方法就是冰。

㉒師己，春秋魯國樂師。

㉓參見本書第三章〈孔門弟子：關於孔門弟子的分析表格〉一文。

㉔子西，亦稱公子申。楚平王之子，昭王兄，春秋楚令尹。前五一六年平王死，令尹子常欲立他為王，他不許，乃立昭王。楚昭王十年（前五〇六）吳軍破郢，子常奔鄭，他繼任令尹，同秦援軍共敗吳軍，吳撤退。楚昭王二十七年（前四八九）昭王將死，讓位於他，他不受，立惠王。楚惠王十年（前四七九）白公勝作亂，被殺。

㉕公孫佘假，春秋衛國大夫，當系公室後裔。

㉖原文：「齊景公問政於孔子。孔子對曰：『君君，臣臣，父父，子子。』公曰：『善哉！信如君不君，臣不臣，父不父，子不子，雖有粟，吾得而食諸？』」（《一二・一一》）

㉗原文：「齊景公待孔子曰：『若季氏則吾不能，以季孟之間待之。』曰：『吾老矣。不能用也。』孔子行。」

㉘同上。

㉙蕭，今安徽蕭縣西北。

㉚吳太伯，其生平見《史記・吳太伯世家》：「……於是太伯、仲雍二人乃奔荊蠻，文身斷髮，示不可用，以避季歷。……。太伯之奔荊蠻，自號句吳。荊蠻義之，從而歸之千餘家，立為吳太伯。」

㉛見上。

㉜《史記・越王句踐世家》有云：「太史公曰：禹之功大矣，漸九川，定九州，至於今諸夏艾安。及苗裔句踐，苦身焦思，終滅強吳，北觀兵中國，以尊周室，號稱霸王。句踐可不謂賢哉！蓋有禹之遺烈焉。」

㉖③ 岩、戈、錫，在今河南杞縣、通許、陳留一帶。

㉖④ 伯嚭，春秋楚國人。吳國大夫。闔閭元年（前五一四）因其父被楚王所殺，遂奔吳。闔閭三年（前五一一），與伍子胥將兵伐楚有功，遷太宰。闔閭死，夫差繼立後，因善逢迎，深得夫差寵信。夫差二年（前四九四），吳破越，越使文種求和於吳，他受賄進勸夫差許越媾和。夫差十二年（前四八四）進讒言，挑唆夫差賜劍逼殺伍子胥。伯嚭似乎是軍隊組織的一個實用軍事領袖人才，但他同時也是一個又貪婪又喜歡說假話的人，吳國的滅亡，有一半敗壞在他的手上，他收下了越國的錢財美女，因此替越王句踐說好話。據說弄得夫差頭腦迷糊、神魂顛倒的西施，就是通過伯嚭送給夫差的——當然，歷史上到底有沒有西施這個人，我們還沒有弄清楚。夫差二十三年（前四七三），吳亡，他降越為臣。一說被句踐所殺。

㉖⑤ 夫椒，今太湖中之西洞庭山，另一說則謂今浙江紹興北。

㉖⑥ 鮮虞，春秋時白狄的一支，在今河北正定。西元前五〇六年，鮮虞建立中山國。前二九六年，中山國為趙國所滅。近代發掘有大型的中山墓，從而推測春秋戰國建築的規模。

㉖⑦ 棘蒲，今河北趙縣。

㉖⑧ 郲國，諸侯國。周武王封古帝顓頊高陽氏之後曹挾在郲（今山東省鄒縣一帶）。到了戰國中葉為楚所滅。

㉖⑨ 戚，今河南濮陽北。

㉗⓪ 原文：「季康子患盜，問於孔子。」（《一二．一八》）

㉗① 《一一．二三》。亦見《史記．孔子世家》。

㉗② 《九．五》。亦見《史記．孔子世家》。

㉗③ 宛丘，今河南淮陽附近。

㉗④《史記・孔子世家》載：「孔子去陳過蒲，會公叔氏以蒲叛，蒲人止孔子。」

㉗⑤見《史記・孔子世家》。

㉗⑥原文：「子言衛靈公之無道也，康子曰：『夫如是，奚而不喪？』孔子曰：『仲叔圉治賓客，祝鮀治宗廟，王孫賈治軍旅，夫如是，奚其喪？』」（《一四・一九》）

㉗⑦見《六・二八》及《史記・孔子世家》。錢穆先生語見其所著《孔子傳》（北京：三聯書店，二〇〇二年版）之疑辨十三，頁四九—五〇。

㉗⑧見《史記・孔子世家》。

㉗⑨同上。

㉘⓪蔡，今河南新蔡。

㉘①州來，下蔡，今安徽鳳臺。

㉘②趙稷，春秋晉國邯鄲大夫趙午之子。

㉘③蠻氏，少數民族國名，約在今河南臨汝縣西南、汝陽縣東南。《後漢書・西羌傳》云：「及平王之末，周遂陵遲，戎逼諸夏，自隴山以東，及乎伊、洛，往往有戎……伊、洛間有楊拒、泉皋之戎，潁首以西有蠻氏之戎。當春秋時，間在中國，與諸夏盟會。」

㉘④柏人，今河北隆堯西南。

㉘⑤見劉寶楠（清）撰，高流水點校：《論語正義》（全二冊），北京：中華書局，一九九〇年版，頁四五。

㉘⑥見程樹德撰，程俊英、蔣見元點校：《新編諸子集成：論語集釋》（全四冊），北京：中華書局，一九九〇年版，頁七五—七六。

⑱見李零：《去聖乃得真孔子：〈論語〉縱橫讀》，北京：生活・讀書・新知三聯書店，二〇〇八年版，頁五八。

⑱見李澤厚：《論語今讀》，北京：生活・讀書・新知三聯書店，二〇〇四年版，頁五一。

⑱伯夷和叔齊（活躍前一〇四六），商末周初孤竹國君二子，國君死，兄弟互讓君位，逃國至郊野做隱士；自認是殷民，武王滅殷，不食周穀而死。是孔子心目中一等一的仁人，以他們倆為道德的真榜樣。

⑳見《史記・孔子世家》。

㉑《論語》原文：「楚狂接輿歌而過孔子，曰：『鳳兮！何德之衰？往者不可諫，來者猶可追。已而，已而！今之從政者殆而！』孔子下，欲與之言。趨而辟之，不得與之言。」（《一八・五》）又：「長沮桀溺耦而耕，孔子過之，使子路問津焉。長沮曰：『夫執輿者為誰？』子路曰：『為孔丘。』曰：『是魯孔丘與？』曰：『是也。』曰：『是知津矣！』問於桀溺。桀溺曰：『子為誰？』曰：『為仲由。』曰：『是魯孔丘之徒與？』對曰：『然。』曰：『滔滔者，天下皆是也，而誰以易之？且而與其從辟人之士也，豈若從辟世之士哉？』耰而不輟。子路行以告，夫子憮然曰：『鳥獸不可與同群！吾非斯人之徒與而誰與？天下有道，丘不與易也。』」（《一八・六》）又：「子路從而後，遇丈人，以杖荷蓧。子路問曰：『子見夫子乎？』丈人曰：『四體不勤，五穀不分，孰為夫子？』植其杖而芸。子路拱而立。止子路宿，殺雞為黍而食之。見其二子焉。明日，子路行以告。子曰：『隱者也。』使子路反見之。至，則行矣。子路曰：『不仕無義。長幼之節，不可廢也；君臣之義，如之何其廢之？欲潔其身，而亂大倫。君子之仕也，行其義也。道之不行，已知之矣。』」（《一八・七》）

㉒見《史記・孔子世家》。

㉓同上。

㉔原文：「大師摯適齊，亞飯幹適楚，三飯繚適蔡，四飯缺適秦，鼓方叔入於河，播鞀武入於漢，少師陽、擊磬襄入於海。」（《一八・九》）

㉕《左傳・哀公十一年》載：「魯人以幣召之，乃歸。」《史記・孔子世家》：「以幣迎孔子，孔子歸魯。」我們認為孔子離魯出走，是軟性地被迫的，以不給祭肉來表示統治者因為墮三都的事要摘取去他大夫的官職。孔子不願被拿去官職，降低他的社會地位而出走的。也因此不願在沒有「以幣召之」（見《左傳・哀公十一年》）的情況下回魯，雖然在出走五年之後（前四九二），就極之想回魯。

㉖語出《史記・太史公自序》。

㉗楚昭王，楚平王之子。

㉘見《國語・晉語九》。

㉙咩，今河南湯陰西。

㉚安孺子，一作晏孺子。春秋齊國國君。景公杵臼子。繼景公而立。齊安孺子元年（前四八九），被陳乞命人弒殺。

㉛陳乞，亦稱田乞，春秋齊國相。初事齊景公為大夫。前四九〇年景公卒，齊二卿立景公少子荼，是為安孺子，他欲去之，乃迎立公子陽生於魯，是為悼公，自為相，專齊政，使大夫朱毛殺安孺子。

㉜城父，今河南寶豐縣東。

㉝齊悼公，齊景公之子。前四九〇年，景公卒，太子晏孺子（即荼）立，因田乞作亂，奔魯，旋為田乞迎歸。他與田乞、鮑牧等為盟，殺晏孺子，即位。以田乞為相，使田氏從此專齊政。後為大臣鮑牧所殺。

㉞葉邑，今葉縣舊縣鄉。

305 原文：「葉公問政。子曰：『近者說，遠者來。』」（《一三・一六》）

306 原文：「葉公語孔子曰：『吾黨有直躬者：其父攘羊，而子證之。』孔子曰：『吾黨之直者異於是：父為子隱，子為父隱——直在其中矣。』」（《一三・一八》）

307 見前注230。

308 見《一五・二》與《史記・孔子世家》。

309 見《史記・孔子世家》。

310 《左傳・哀公六年》載：「孔子曰：『楚昭王知大道矣！其不失國也，宜哉！』」

311 鄗，今山東棗莊市東。

312 一說齊悼公為大夫鮑牧所殺，《史記・田敬仲完世家》載：「鮑牧與齊悼公有郤，弒悼公。齊人共立其子壬，是為簡公。」《史記》此處記載應誤。鮑牧死於悼公前，根據《左傳・哀公八年》載：「鮑牧又謂群公子曰：『使女有馬千乘乎？』公子愬之。公謂鮑子：『或譖子，子姑居於潞以察之。若有之，則分室以行。若無之，則反子之所。』出門，使以三分之一行。半道，使以二乘。及潞，麇之以入，遂殺之。」因此鮑牧不可能殺悼公。又《左傳・哀公十年》載：「齊人弒悼公」，並未說明到底是誰殺了悼公。

313 齊簡公，齊悼公之子。未立前寵闞止，及即位，使為政。田成子（即陳恒）因此不安，大夫諸禦鞅進言，闞、田不並立，當擇用一人。弗聽。齊簡公四年（前四八一），田成子殺闞止，他出奔至舒州（今山東滕縣南），亦被殺。

314 見《孟子・萬章下》。錢穆先生《孔子傳》亦有討論，見頁六六—七一。

315 孟子曾說：「未嘗有所終三年淹」（《孟子・萬章下》）。也就是沒有在一個國家連續淹留的時間超過三年的；但無文獻記載這四年多時間中孔子又去過那裏，只好對孟子的話存疑了。

⑯原文：「色斯舉矣，翔而后集。曰：『山梁雌雉，時哉時哉！』子路共之，三嗅而作。」（《一〇・二五》）我們把這段話放在這一時段，是猜想，這段話的確切時段，待考。

⑰清光緒《高淳縣誌》：「胥河，即胥溪，吳王闔廬伐楚，伍員（伍子胥）開之，以通糧運」。胥溪由太湖西通入長江。

⑱鄖，山東莒縣南。

⑲黃池，今河南封丘西南。

⑳陳恒，亦稱田成子。田（陳）乞之子。為陳國流亡貴族，春秋齊國相。前四八四年，齊簡公即位，與闞止並為左右相。闞止有寵於簡公，恒忌之。前四八一年殺簡公、闞止，立簡公弟驁為平公，自為相，專齊國政。齊平公五年（前四七六），盡誅鮑、晏、闞止及公族之強者，割占齊安平（今山東臨淄東）以東至琅邪（今山東膠南南）之地為封邑。自此齊國由田氏專權。

㉑齊平公，齊簡公弟。前四八一年，陳恒（田成子）殺其兄簡公，立他為君。陳恒任相，控制齊國政權。

㉒《左傳・哀公十二年》載：「夏五月，昭夫人孟子卒。昭公娶於吳，故不書姓。死不赴，故不稱夫人。不反哭，故言不葬小君。孔子與吊，適季氏。季氏不絻，放絰而拜。」

㉓見前第一章注㊶。

㉔原文：「顏淵死，門人欲厚葬之，子曰：『不可。』門人厚葬之。子曰：『回也視予猶父也，予不得視猶子也。非我也，夫二三子也。』」（《一一・一一》）

㉕孔悝，孔圉之子。春秋衛大夫。

㉖桐汭，今江蘇高淳南。

㉗蒯聵，即衛後莊公。春秋衛國君。衛靈公長子，衛出公之父。靈公三十七年（前四九八），蒯聵與靈公夫人南子相惡，出奔。前四九三年其子即位，是為衛出公。出公十二年（前四八一），蒯聵潛回衛，奪其子位自立為君，即衛莊公。後被部下己氏所殺。

㉘戚，今河南濮陽北。

㉙葉公（活躍前五〇五年—前四七八）春秋楚大夫。名沈諸梁。封於葉（今河南葉縣南），故稱葉公。兼令尹、司馬二事。

㉚見上注。

㉛參見原書〈附錄十二：論孔子晚年的忙碌與勝利〉一文。

㉜《禮記．檀弓上》載：「（子貢）遂趨而入。夫子曰：『賜！爾來何遲也？……』蓋寢疾七日而沒。」《史記．孔子世家》載：「孔子病，子貢請見。孔子方負杖逍遙於門，曰：『賜，汝來何其晚也？』……。後七日卒。」

㉝《史記．孔子世家》載：「唯子贛（貢）廬於塚上，凡六年，然後去。」

㉞見錢穆：《孔子傳》，北京：生活．讀書．新知三聯書店，二〇〇二年版，頁一一五。

㉟見《一四．一八》。

㊱《五．一五》原文：「子貢問曰：『孔文子何以謂之「文」也？』子曰：『敏而好學，不恥下問，是以謂之「文」也。』」

㊲同上。

三、孔門弟子

孔門重要弟子介紹

我們總共介紹了三十六位有事蹟可考的孔門重要弟子，我們特別重視被孔子責備過的人，包括子路、樊須、冉求與宰予等，我們認為在這種事情上更能突出孔子人性化的一面，特別是當孔子承認自己也有失誤的時候。知過能改是孔門道德修養的奠基石，孔子以身作則，為弟子們與我們後人作出表率。

從下面三十六人的介紹中，我們可以窺測到一個現象，那就是孔子第一代的學生（子路除外）並沒有改變他們子女的出身成分，所以曾點與顏路是貧民，曾子、顏回也是貧民，曾子的子孫大約開始進入士人階級，顏回後人會是什麼階級則不能確認。冉耕是賤人，同宗的冉求、冉雍也是賤人，但冉求與冉雍的後人一定會是士人階級。但這種士人階級與貴族後裔的士人階級有什麼不同，還有待我們專家學者的界定。

李啟謙先生在他的論文〈孔子居衛之謎——兼談魯、衛文化的異同〉提出一個相當有趣的問題①：魯衛二國在禮教、政治、經濟、用人的同與異；由於衛國更能任用外姓人，因此孔子與其弟子在衛國有更大的發展機會。我們認為這個說法需要有以下的補充。

衛魯政治最大的不同在於衛君有君權，而魯君已大權旁落，政權落在執政的貴族手上。由於執政大柄不在公室王族，魯公室沒有什麼權柄可爭，因此公室間的鬥爭相對溫和。而衛國則統治大權在公室，因此公室王族的爭權比較激烈，而貴族權臣間的爭權則較少，不像魯國每一二年就有一次貴族間的爭權②。衛靈公在位時期只有在前五二二年有過一次貴族權臣的叛變③，但很快就平定了。君主握權則喜歡用賢人，因為賢人可以幫助他建立一個安定的國家。而且，由於君主任用的人的官位會高一些，可能是總理副總理級的，由權臣任用的官員，職位相對會低一點，可能是部長副部長級的，孔子在魯國是絕對不可能成為宰相的，但在吳越二國則有這個希望。在衛國是否有這個希望，則要看衛君是否能任用與王族沒有血統關係的士族。

李先生最弱的一點論證，乃強調異姓，而沒有強調血統，衛國的孔氏與石氏無疑是與宗室有血緣關係的望族，這與晉國的異姓比如趙氏與范氏有什麼區別呢？吳越二國則不同，是真正任用了別國的人材，伍子胥是楚國的貴族，文種④（？—前四七三）與范蠡是楚國的士人或平民，這才是真正的任用異姓。

衛國是否有任用孔子弟子呢？如果子路與子羔在孔子居衛的三四年間（前四八八—前四八四）確是任蒲大夫⑤與士師⑥，則衛國應在那時起任用平民異姓做中級或中上級的官員。《史記．孔子世家》有一句話，所謂「而孔子弟子多任於衛」。除了子路與子羔有可能仕衛之外，其他有哪一個弟子在那時仕衛則不明確。但在那時，冉求與子貢已經成為魯國高級官員⑦，樊須為冉有的車右⑧，有若曾參加過魯國抗吳的義勇軍⑨。到孔子在前四八四年回魯後，冉雍為魯國季氏宰⑩，卜商為莒父宰⑪，言偃為武城宰⑫。巫馬施與宓不齊曾先後為單父宰⑬，高柴自衛回魯後，任成邑宰⑭。孔子弟子出仕為官可謂彬彬之盛，占了魯國中上級官場的半壁江山。孔子雖然不談「向較高階層流動爬升（upward mobility）」的觀念，但我們這位沉默的革命家從根本上改變了魯國不任用平民異姓的傳統。

我們也看到孔子很有一些弟子像閔損、漆雕開與原憲，厓岸自高，不肯出來做官，那是因為孔子的教育給了他們信心，給了他們「自我的價值觀（self-worth）」，使他們感到由於他們的內在的道德操守，他們在揖讓進退上可以與王公大臣平起平坐。這在後來的《孟子》和《荀子》都有論及[15]，我們不再贅言。但我們還有待專家學者們給我們指出孔子弟子德的「自我價值」，與孔子在陳蔡楚所碰到的隱逸之士的「自我價值」有什麼不同。

最後我們談一下孝與師道，從下面的例子可以看出古人對孝有不同的態度，公西赤與父母的關係有些像「與朋友處[16]」，很現代化。閔損則以一種親和力把一個家庭團結在一起[17]，曾點則相信棍子底下出賢人[18]，一味以責打為尚。以此推論師道，則孔子有時在言語的責備上犀利了一點，但從未用體罰作為教育的一種工具，中國為什麼由孔子的不體罰到後來風行體罰，還有待我們專家學者的努力。到孟子時，由於實行體罰，怕兒子怨恨父親，因而易子而教[19]，孟子是體罰的信仰者。

仲由（約前五四二—前四八〇），字子路或季路，出身鄙人或野人[20]，為孔子第一期學生，曾任魯衛二國家宰大夫[21]，是高官。魯泗水東卞橋鎮人，該鎮出了一個頂頂大名的勇士，叫卞莊子（生卒年不詳，孔子有提到他的勇名[22]，是魯國大夫），他是子路的偶像，卞莊子有貴族的血統，可以入正規軍，從正途出身，子路是野人（城外人／缺乏正統教育之人）或鄙人（缺乏血統的人），因此不能當正規軍，只能當雜牌軍，也就是正規軍的助戎。子路不服氣，因此流落在民間做遊手好閒的流氓，吃霸王飯。但他不像外表看起來那樣不講理，他相當忠直，做人也有信用，一生之中，「無宿諾（有約，必在當天完成）[23]」，是一個有恥有信的俠義之士，而且在遇見孔子之前，就有一定的知識水準，這還得拜他姐姐領養教誨之功。

他最初與孔子見面時，曾「陵暴[24]」孔子，但為孔子所降服，做了孔子的門徒。子路不獨有勇力，也是一個有行政能力的人，四十一歲以後就開始幫助孔子打點做官的事，四十五歲時（前四九八）就代替逃亡出走的權臣陽貨（生卒年不詳，約比孔子大五到十歲）任季氏家宰，手上握有實際軍權與政權，推行有名的「隳三都（把魯國三個權臣食邑的城牆拆掉）[25]」的政策，先成功，後失敗，種下他必須跟隨孔子離開魯國的因果。

孔子在政府中的名位可能在子路之上，但從種種跡象看來，他不像是一個曾經掌握過實權的人。當子路隳了三都的費邑後，他聽說子路派了他一個二十四歲的同窗子羔去當費邑的宰，孔子認為子羔缺乏足夠的經驗去擔任這件事，因此罵子路說「賊夫人之子」。子路不服氣，認為從實踐中就可以學習到管理人民與社稷的經驗，不必讀太多書、習太多禮才能做行政官的，因此反駁說：「何必讀書然後為學？（學習可以從經驗中來，不必一定要從書本中去學習）」，弄得以教書為一生目標的老師大大光火，生氣地說：「是故惡夫佞者！（這是為什麼我討厭滑口滑舌的人）[26]」。子羔還是當了費宰。後來證明子路在用人上是有眼光的，子羔是孔門中出色的行政主管，曾做過費、郈、成邑、武城的宰，以及衛的士師[27]。

費是魯國宰相季氏家族的食邑，其繁華可媲美作為國都的曲阜的，孔子自己只做過幾個月一個小鎮「中都」的宰[28]，看到一個毫無經驗的年輕弟子，一下子當了魯國第一大邑的宰，他感到子路做事有些魯莽，那是有道理的。隳三都之所以失敗，一個原因可能是因為子路操之過急。但也說明了一點，孔子雖然不贊成子路的毛躁行為，但對他一點辦法都沒有，那可能是因為行政大權在子路手上，不在他手上。事實上，孔子的弟子們在行政事情上都不愛聽孔子的話的，這在《論語》中俯拾即是。

子路與孔子共事過，作為學生的他對孔子的道德學問，那是佩服得五體投地的，但對孔子的行政才能，他是有所保留的。孔子五十九歲時，有機會在衛出公（前四九二—前四五六在位）手下做事，學生們都想知道孔子是否會「為衛君乎（為衛君做事）？」子貢自告奮勇以委婉的外交詞令，探得孔子的心意，出來跟大家說：「夫子不為也。」（《七・一五》）這件事之所以為大家所關注，那是因為這事牽涉到君王承傳中禮的一個核心問題：誰最有資格承受王位。故事是這樣的，衛靈公（前五三四—前四九三在位）有一個美麗的宋國夫人「南子」，這位夫人有點風流，在未嫁與靈公之前，就與宋國的公子朝（生卒年不詳，活躍於前五二二）有淫亂關係。靈公是否知道這件事，歷史上沒有記載，不過在前四九六年，齊宋衛三國國君會盟於洮㉙時，靈公竟為南子召見公子朝；於是民間廣傳衛國有春情發作的母豬，宋國有發情的公豬。靈公的太子蒯聵聽到後，滿不是味道，計畫謀殺南子。失敗後，為靈公所逐，經過宋國逃了去晉國。三年後，靈公去世，蒯聵想回衛繼承王位，南子拒絕他回來，立了蒯聵十三歲的兒子輒做了衛國的君主，那就是衛出公。南子曾會見過孔子，對這個著名的師表很有好感，要聘請他。孔子那年五十九歲，如果再沒有人用他，恐怕他這一生是沒法再有機會推行他所主張的仁政了。但在位的是一個於禮不合的兒童君主，再加上一個名聲不太好的太上君夫人，孔子想了好幾天，沒法知道天命的所在。孔子既不甲卜，也不筮卜，齋戒沐浴之後，正襟危坐，思慮什麼是正確的行為。對他來說，正確的行為就是天命，因為天命不會教人去做不正確的事。他不住地自問：在這種情形下我出任當官是正確的嗎？抬頭一望，子貢正在與自己行禮，問伯夷和叔齊（商末周初孤竹國君二子，國君死，兄弟互讓君位，逃國至郊野做隱士，自認是殷民，武王滅殷，不食周穀而死）「怨乎」？突然像靈光一閃，孔子衝口而出「求仁而得仁，又何怨！」（《七・一五》）聰明的子貢已知道夫子作出「不為」的決定。

魯莽的子路掩不住好奇，在接下來的講課問答上，問孔子如果主持衛政，他首先要做的是什麼事呢？孔子想也不想就說：「必也正名乎！」有實際行政經驗的子路嚇了一跳，衝口而出地說：「有是哉（哪有這樣的事啊）？」衛出公請了孔子來當政，孔子第一件事就要他讓出權柄來給他爸爸，這種事恐怕連十三歲的出公也不肯幹的，況且還有一個美麗的母老虎南子在後面壓陣。因此，禁不住說：「老師太不切實際了（「子之迂也」），為什麼要弄正名這一套呢（「奚其正名」）？」孔子大大光火，罵子路「野哉」，然後發表了一套有名的「名不正則言不順」的話（《一三・三》）。作為一個政論家，孔子的話可能是非常有道理的，作為一個實際行動者，那是有點迂腐的，也就是行不通的。當他初見齊景公（前五四七－前四九〇在位）的時候，他也提出同樣這套理論，景公聽了很是窩心，想要用他，但齊國的權臣們可視他為眼中釘了，按《史記》說，想要害他，孔子只好匆匆忙忙的逃離齊國。有了這樣一個經驗，孔子還是沒有放棄他「正名」的理想。

子路雖然挨了罵，還是提醒了孔子，不能公開宣揚他這套理論，那等於間接批評衛出公。他因此只在學生中間提出他的看法，沒有在衛國朝堂上提出他的見解，他的公開言論的審慎與沉默為自己安排了一個後路。四年之後，在前四八八年，在宋國經歷了微服逃避暗殺的恐嚇，在到楚國前再遭遇到陳蔡之間的絕糧；真的「累累若喪家之狗」地返回衛國㉚，十七歲的衛出公或太上夫人的南子給了他一個名譽性的祿位，也給他與他弟子生活上的供奉，使他在衛國有四年比較安穩的生活，直到魯季氏在孔子弟子們的催迫下，召請了他回去。

雖然沒有明確的歷史記載，子路是在什麼時候入仕衛國，當了衛第一權臣家族孔圉（文子）／孔悝的家宰而成蒲大夫的。有一個可能乃是在孔子受衛出公「公養之仕㉛」的同時，子路也正式出仕為蒲宰，包括他同窗老搭檔的子羔也在衛國當士師。

衛出公在位十三年後，他的爸爸蒯聵得到晉國的支持，回衛國逼著子路的頂頭上司孔悝作亂，用武力把出公趕走。子路那時出城在外，對情況還是不很瞭解。在趕回城中的時候，碰到了子羔，子羔告訴他大勢已去，出公已離國逃走，叫他不要再回去了，徒然受禍。子路抱著捨身赴難的決心回去造見了後來是衛後莊公（前四八〇—前四七八在位）的蒯聵，要求他殺孔悝，並點火要燒殿堂上二人所在的高臺，為莊公手下二個勇士夾攻，六十三歲的子路手腳已經緩慢，在受多處致命創傷之後，連冠帽也被割斷。他掙扎著把冠帽綁好，不讓它掉在地上，才闔眼死去，這是他所記得的夫子的禮教。在他結纓的瞬間，他所想到的不是死亡，而是相伴近四十年的老師，以及合禮節意義中日本式的死之美。他知道當孔子聽到他「結纓而死㉜」的消息時，孔子會知道他的心意的。

孔子那時已沒有了牙齒，但他愛吃肉，只能吃剁碎了的肉，當他聽到子路死去的消息，他教人倒去要吃的碎肉㉝。這個與他感情最深，卻常常受到他的取笑，但當子路認為孔子不對的時候，也會給孔子面色看的弟子。在他周遊列國的十四年中，像老伴那樣地照顧他衣食生病的俠義漢子，已先他而去。

孔子老淚縱橫，夫子不為斯人落淚，又能為誰縱情一哭呢？

顏回（前五二一—前四八一），字淵，出身貧民㉞，魯人，出仕情況不明。父親顏無繇也是孔子的學生，因此是孔子兒子輩的學生，也是孔子最賞識的一個學生，跟孔子一樣地好學忘憂。在禮樂與修仁上可以媲美孔子，但在體質上則遠遠不如孔子。因此四十一歲上就短命而死，弄得孔子失去了一個衣缽傳人，呼天號地說：「噫！天喪予！天喪予！」（《一一．九》）

不過，顏回的早死孔子可能要負一部分的責任，顏回少孔子三十歲，孔子周遊列國時是五十四歲至六十八歲，也就是顏回二十四歲至三十八歲的壯年時期，本來身體孱弱的他，應該在家好好養身體。古人二十歲為了傳宗接代，都行婚禮，顏回恐怕也不會例外，在家的生活條件雖然差一點，至少有一個照顧他的女人。想不到老師忽然為天命所動，要逃難出國，過顛簸不穩定的生活。別的學生還好，但先天體質差，加上後天營養不良的顏回，經過石子路五年的折磨，不到三十歲，《史記》說他「髮盡白㉟」。所以，顏回為孔子追求道的理想所付出的代價是相當巨大的。

不過，顏回是一個異類的人，即使這樣，「（別）人不堪其憂，回也不改其樂㊱。」他對孔子全心全意地瞭解與愛護。孔子六十三歲時，為暴民所包圍，大夥兒絕糧於陳蔡之間，餓得大家的火氣都冒了上來，連最忠心的子路都埋怨起孔子來，子貢也勸孔子不要太執著自己的理想，要略「貶」自己的道來「求為容」於俗世，獨獨顏回認為：俗世不容孔子，「是有國者之醜也。」（《史記．孔子世家》）不容才顯得孔子是一個真正的君子啊！窩心得孔子「欣然而笑」。對顏回開玩笑地說：如果顏回發了財，他孔丘一定替他打工。

師徒二人是心心相印的，但二人為學的態度是不一樣的；孔子好問，顏回一聲不響㊲，要別人回想時才領略他是大有學問的；聰敏的子貢對他推崇備至㊳。顏回在同學間的人緣也是非常好的，孔子自己脾氣有點毛躁，特別欣賞顏回這種有親和力的氣質，因此他說「自吾有回，門人益親。」（《史記．仲尼弟子列傳》）

顏無繇（前五四五—？），字路，出身貧民㊴，魯人。出仕情況不明。為孔子第一期學生。顏回父，為顏回的喪事與孔子鬧意見。從人情的角度著眼，顏父是有他的苦衷與不平的，去國十四年前的顏回雖然清瘦，但明朗可人。想不到經過十四年跟隨孔子回來的是一個未老先衰的病人，頭上的白髮比父親還多，身子比父親還佝僂。本來指望顏回回來後能替顏家生一個娃娃的。結果、終日看到的是一個背著人偷偷在垂淚的媳婦；顏父心裏的不好過是可以理解的。因此，當顏回過世時，顏父要求孔子把馬車賣了（顏回為馬車犧牲了最好的十四個年頭）來厚葬顏回，他希望顏回葬時有槨（外棺材）。孔子不肯，說自己的兒子孔鯉去年葬時，也是沒有外棺材的。顏父一時衝動，大約說孔鯉比不上他兒子有賢德的聲名；孔子聽了滿不是味道，也護短起來，說：「才不才，亦各言其子也（父親總是說自己兒子好的）⑩。」鬧得一個不可開交。弟子們出來打圓場，大家湊錢厚葬了顏回，孔子也為自己打圓場，說：「我把顏回當自己的兒子，所以要用葬孔鯉的同樣方式葬他，你們多事了㊶！」

從道的立場上來說，顏回是求仁得仁，充滿了熱情與快樂去追求與孔子在一起周遊的。所以，不能把他的早逝怪到孔子的頭上；在道德修養上他確實是孔子的影子，是孔子精神上的兒子，七十歲的孔子在那一年再不述寫《春秋》㊷。我們相信他為顏回的死而心灰意懶，因而絕筆，不是為了什麼獲麟㊸的傳說。

端木賜（前五二〇—？），字子貢，出身賈人㊹，衛人，曾任魯行人（使臣）和衛信陽令㊺。為孔子兒子輩學生，是孔門最機敏的弟子，他與子路、顏回三人同是孔子最親密的門人，也是最能推銷孔子的弟子。子貢是一個非常特殊的人才，生長在一個非常特殊的時代，他洞察世情，能在俗世謀求巨利，也能在高堂上與卿相們對抗而不讓分寸，卻迷上了一個時之聖者，為他守了六年的喪（實際上是五年的時間），恐怕是中國歷史上唯一一個學生為他老師守這樣久的喪的人。

在周遊列國上，他陪伴了孔子十年，這十年間，他不獨在禮樂與道德的修養上日益精進，他在人際關係與市場經濟上更是獨領風騷，有驚人的成長。周遊列國給了他一個進出最高政治殿堂的機會，讓他能與最高統治者揖讓進退，磨練他外交上的技能㊻；又同時給了他一個賤買貴賣的市場經濟平臺㊼，滿足他商人出身的天賦才能。導致他後來輝煌的外交成績，在吳國與齊國的強權威脅下，把魯國保存了下來。也就是為了這個任務，他在孔子六十四歲的時候，離開了老師到魯國任外交使節，幫助權臣季氏去吳國與齊國辦外交事宜。

他做買賣的手段也協助了孔子一眾弟子旅途上經濟的窘境，但我們相信他那時還未成為累積千金的鉅賈，那是在孔子死後才發生的事。孔子回到魯國後，雖然保留了舊日祿位的空官職，但拿不到有實權的官位，不過他擁有很高的社會地位，魯君與權臣三桓都會見過他，向他請益，他孫子輩的第三代年輕弟子，例如子游、子夏，都做了地方上的邑宰，大約是他所推薦的。他大概有這種影響力，而且也可能曾經嘗試過給顏回找一個支拿薪俸的祿位空官職，但顏回沒有接受，安於平民或平凡的生活狀態（「回也其庶乎！」），因此在物質上常常是匱乏的（「屢空」），而子貢則極不安分（「不受命」），累積的錢財一天比一天多㊽。在顏回逝世之前，孔子就已感到離開他四年的子貢有明顯的改變，他說子貢離修仁德的道路「日損」，而且好與在德行上不如自己的人交往㊾。

孔子死時，臥病床上，聽說子貢出使齊國回來請謁，他支著拐杖，顫巍巍地從病床上爬起來，在房門口與子貢相見，說：「賜，汝來何其晚也㊿？」盼望懷念之情洋溢在這短短一句話中。

孔子對他深厚的感情與關愛，子貢是深深感受到的，他以一種非常獨特的方式來報答孔子對他的栽培和關愛，他為孔子多守了三年的喪51。但是我們認為子貢多守這三年喪不是為了要行孔子的道，而是本著「父（他以師為父）沒觀其行52」，在準備離開孔子「禮」的道路，走他「愛羊」的謀利道路之前[53]，向孔子致敬，或者向孔子告罪，正如孔子不願當軍人而向父親告罪那樣。

之後，以累積財富與提升社會地位為務，先返衛當信陽令，再在衛曹間做生意，「家累千金[54]」而成巨富，與當時的國君分庭抗禮，顯貴之極，是中國商人黃金時代的開始，直到二百五十年後，秦始皇把商人遷居到咸陽，那是商人輝煌時代的結束。

子貢變成一個驕傲的富豪，可從下面這一事情看出來：子貢既是高官又是富商，帶著一車隊的隨從，去見老同學、曾當過孔子家宰的原憲。後者落魄在草澤，穿著破衣裳接見子貢，子貢「恥之」，問他是否病了，原憲說我只是窮，不是病，然後語帶相關地說：「學道而不能行者謂之病（生病的其實是你子貢，因為你學道而不行）。」「子貢不懌而去。」（《史記・仲尼弟子列傳》）他大概記起了從前與夫子的對話：「子貢曰：『貧而無諂，富而無驕，何如？』子曰：『可也。未若貧而樂，富而好禮者也。』」（《一・一五》）子貢到底不是一個沒有修養的人。

冉求（前五二二─？），字子有，出身賤人[55]，乃魯人。是孔子兒輩的弟子，前四九一年，正式任季氏宰[56]，有傑出的行政與財政能力，軍事上的能力也不錯，掌有實權。但由於太聽上司季氏的話，孔子對他不單只是有微言，而且有一次竟要弟子們「鳴鼓而攻之」。事情是這樣的，魯宰相季康子雖然是魯國最富有的人，心裏還不知足，想在百姓身上搜刮更多的錢財。而孔子則認為一個「以道事君」的大臣，當上司不仁德的時候，就應該阻止，若阻止不了，就應該辭職不幹[57]。今日冉求做不到這一點，還要做幫兇，剝削老百姓，所謂「求也為之（康子）聚斂而附益之」。老夫子肝火上升，連弟子也不想認了，認為冉有「非吾徒也」，對弟子們說：「小子鳴鼓而攻之，可也。」（《一一・一七》）孔子仁政建立在愛民富民的理念上，今天冉有致富民的理念不顧，那是對仁政教育的背叛，孔子因此大發脾氣。那是從孔子的眼光看這件事情。如果我們從人情的眼光看這件事，則冉有並沒有做什麼大壞事，只不過執行國家增稅的政策吧了。我們又有多少人能抗拒上司不合理的要求呢？冉有自己也知道自己在修仁德的學養上是有欠缺的，因此對孔子說：「『非不說（悅）子之道，力不足也。』子曰：『力不足者，（那就是）中道而廢，今女（汝）畫（了一個限制自己的圜圈）。』」（《六・一二》）子貢也是一個在追求仁德道路上「中道而廢」者[58]，而這兩個人是孔門弟子中最能幹的兩個人，最能在現實社會上取得成功的人。

孔子自己在現實社會上不成功，而他能在現實社會上成功的二個弟子冉有和子貢卻不能全心全意地追求他的道，這明顯地突現出二者之間是有衝突與有所不協調的。如果冉有真的行孔子「大臣」之道，掛冠而去，孔子可能終身得不到魯統治者官方正式的回魯召請，而客死異鄉的[59]。冉有對孔子的回魯是有很大的功勞的，沒有冉有的政績與軍功，以及在季氏面前承認孔子教導的功勞，季氏不一定會召請孔子回魯。沒有這份召書，孔子過去大夫的地位就不能保存，對孔子來說那是非常失面子與不能接受的事。他在周遊列國五六年之後，就非常想回魯國，說：「歸歟！歸歟！吾黨（家鄉）之小子狂簡。」（《五・二二》）連太史公也感覺到他想回魯的焦慮，把同樣的話連引二次[60]。子貢在冉有前四九二年得召回魯時，拉他過一邊要他一有機會就幫助孔子回魯，孔子急欲回魯的心思在學生間已是公開的秘密。但是一等還是等了八個「時哉時哉」（《一〇・二五》）的春天。最後，因為眾弟子對魯國的保衛貢獻，終於獲得了季氏的召請，而冉有無疑是眾弟子中功勞最大的一個人。

孔子不可能不知道冉有在這件事上的功勞，而且他也知道冉有在私底下對他是很不錯的。同時他也知道冉有在最關節眼上，「弒父與君」那種事，他是不會跟從著上司去做的[61]。孔子之所以要在「富民」這個題目上大做文章，第一乃是冉有曾經在一次言志的聚會上說：他能以三年的時間把一個小國的人民富足起來，自己雖然德行不夠，在行禮樂仁政能力上有所欠缺，也要等賢德的君子幫助他去推行這件事[62]。孔子聽了也沒有什麼批評。第二是當過倉庫管理員的孔子知道物質條件的重要，沒有富民的經濟條件，要行仁政，那是畫餅，是沒有打地基就起房子的做法[63]。為了使其他弟子們警覺這事的重要性，因而大張旗鼓運動弟子起來「鳴鼓而攻」（《一一・一七》）。因而起了對季康子實行輿論壓力的作用，那也說不定。

冉雍（前五二二—？），字仲弓，出身為賤人[64]，魯人。是孔子兒子輩的學生，曾任季氏宰[65]，是一個做過高官的人。孔子盛讚他行政的能力，說：「雍也，可使南面。」（《六・一》）也就是說雍有無為而治的能力，那是了不得的讚語，孔子無為而治的一個重要特點乃是任用賢才，冉雍在行政上是按老師的話去任賢的[66]。孔子對冉有同宗同齡的冉雍如此地誇讚可能是有貶責冉有的用意的，但冉雍也必是一個可以值得讚揚的人。在仁的整體修養上冉雍可能還有欠缺，但在仁政上他是唯一一個弟子合孔子心意的，歷史上對他的記載不多，確實任職年代不詳。

宰予（生卒年不詳），字子我，出身不詳，魯人。可能曾出仕為齊臨淄大夫[67]，為孔子兒子輩學生，孔門十哲之一。孔子批評他晝寢的話，流傳千古。《論語》中他出現過五次，只有在《一一・三》是正面性的記載，說他在言語上的成就與子貢一樣；其他四處都是負面性的記載。他喜歡提出怪問題，又有巧辯的才能，弄得孔子對他不高興，很說了一些嚴厲的話。不過，孔子是一個能自我反省的人，據《韓非子・顯學》孔子自責地說：「以容取人乎，失之子羽；以言去人乎，失之宰予。」連太史公也把他的字「子我」與齊權臣闞止的字「子我」混淆了，變成他被權相陳恒所夷族。大概他命中有被人誤解的煞星；還好，中國後世的史評有它的獨立性，並不完全迷信權威，還了他一個才哲的公道。

曾參（前五〇五－四三二），字子輿，出身貧民[68]，魯人。孔子孫兒輩弟子，可能曾仕齊「為吏」以及楚的「尊官[69]」。《論語》的二個主編之一，是後世孔孟哲學的傳承者，是孔門弟子中有著作留世的三個弟子之一，傳說中的《曾子十八篇》已散失不傳，《大學》與《孝經》則傳說是曾子所著作的。

由於孔子說過一句「參也魯」的話[70]，到現在大家還在說曾子的IQ低。事實上可不是這樣的一回事，曾子有科學頭腦，對「天圓地方」這個從古而來的說法提出質疑[71]。同時他反對其他弟子們因為同門的「有若」長得像孔子，而希望供奉有若來招請孔子的魂那樣的作法[72]。

從他《論語》中所提出的「三省其身」，到弟子子思（孔子孫）在《中庸》中所提出的「不誠無物[73]」，那是一脈相承的思想體系。宋以來，成為中國思想的主流，但在宋以前的經學時代，他以孝行著稱，而不是他的哲理思想。

曾子是個大孝子，父親曾點是一個兇暴的人，也是孔子的學生，曾點對曾子的兇暴發生在孔子教育之前或之後，則不清楚。

曾點（生卒年不詳），字皙，出身貧民[74]，魯人。為孔子第一期學生，出仕情況不明。曾參的爸爸，一個很凶很暴戾的父親，傳說曾參逆來順受。曾點另外一件有名的事情乃「浴乎沂」的言志[75]，大受孔子的讚賞，給人一種超然物外、志澹意遠的隱逸形象。對我們現代人來說，二者間好像有點兒不協調，但古人可能比我們想像中性格還更複雜，那也說不定。

有若（前五〇八—？），字子有，出身不詳，魯人。孔子孫兒輩弟子，曾經參軍[76]，與曾參一起主編《論語》[77]。他雄偉有勇力，是射御二藝傑出的弟子，前四八七年，吳侵魯，他參加了三百壯士的義勇軍，抗吳衛魯，孔子弟子的對魯國貢獻導致後來魯國的統治者不得不正式召請他回國。

有子高大魁梧，長得很像孔子，可能比孔子英俊些也說不定。孔子死後，弟子們為了繼續受到孔子的親傳，要在有若的身上把孔子的靈魂召回來，再受大家的朝拜。這事遭到曾子極力的反對[78]，在嘗試了一段日子以後，因為孔子的靈魂並沒有被召回來而作罷。這意味著有若當不成有宗教意義的孔門弟子社團的領袖[79]，但他保持弟子中優越的地位，魯君哀公就曾經向他詢問過行政稅收的問題⑳。

有子有好學的名聲，也看重孝悌的道德意義，在仁政的看法上與孔子相類似。他以「禮之用，和為貴」的態度與曾子一同編《論語》，該書沒有任何關於孔子宗教神話性的記載。他更能以禮的本意來判斷孔子的話，《禮記・檀弓上》記載，曾子說：孔子主張「喪欲速貧，死欲速朽（失官的人應儘快貧窮，死了的人應儘快腐朽）」。有子三次認為這句話不可能出自孔子之口，後來經過子游解釋後，才明白那是孔子在特殊情況下說的話，由於這段話關係到孔子失去魯司寇後派子夏到楚國去視察的事情，那時子夏才只有十歲，記錄中大約是有所失誤的，但也說明弟子間研討的認真與他們求知的精神。

卜商（約前五〇七—？），字子夏，出身為貧民㉑，衛人。孔子孫兒輩弟子，二十八歲之前為莒父宰㉒。由於從小清貧，因此非常惜物，有點近乎吝嗇的味道。《說苑・雜言》中有這樣的傳說，孔子阻止其弟子向子貢借傘蓋，由於子夏為人「短於財（吝嗇）㉓」。《說苑》中故事的真實性是有問題的，但它往往根據一個人的名聲來塑造故事，子夏在漢代流行有吝嗇的名聲也說不定。《韓詩外傳》中子夏有勇武的故事㉔，他無疑是一個多層面性的人物。

但子夏是一個性情中人，老年因為喪子而雙目流淚失明。他可以放棄仕途不追求「富貴之樂」，過平常人的生活㉕。壯年時講學於魏國西河，是後世經學的開創者，所謂「發明章句，始於子夏㉖」，那是漢唐時期的顯學。

子夏曾在《論語》的十九個章節中出現過㉗，他讀書常常有不凡的啟發與見解，最有名的乃是對《詩經》中的「巧笑倩兮，美目盼兮，素以為絢兮」的解讀，深得孔子的讚嘆㊽。但到底他是什麼意思，我們後人到目前為止沒法太明瞭他與夫子兩人之間的「言志」所在。

顓孫師（約前五〇三—？），字子張，出身為鄙人㊾，陳人。為孔子孫兒輩弟子，無出仕記錄。他才高而且多華采，好探求各層次的問題，他在《論語》中出現過十八次㊿，除了少數是表達自己意見之外，大都是向孔子請問問題，他常常被同門與子夏相提並論，因此應該是同等級的語言高才。他也有勇武之名(91)，但在仁德的修養上同窗的曾子與子游對他微有批評。子游說：「吾友張也，為難能也，然而未仁。」（《一九・一五》）曾子曰：「堂堂乎張也，難與並為仁矣。」（《一九・一六》）

言偃（約前五〇六—？），字子游，出身不詳，乃魯人或吳人。為孔子孫兒輩弟子，曾任武城宰(92)。是唯一有記載為邑宰時，把孔子禮樂教育灌輸給老百姓的弟子，孔子自己所未能實現的政策，在子游的身上實現了，因此老懷歡暢，是他晚年最得意的事情之一，因此禁不住對子游開玩笑地說「殺雞焉用牛刀」的話；在子游抗議下，也承認了自己說了玩笑話，得意之情洋溢於字面(93)。

子游不因為澹臺子羽貌醜而看小他，把他推薦給孔子，反倒是孔子因為澹臺貌醜而「失之子羽(94)」。子游與子張、子夏常有論爭，大約是同等級的傑出弟子。

澹台滅明（約前五一二—？），字子羽，出身可能是士族(95)，魯人。孔子孫兒輩弟子，出仕情況不明。由子游介紹給孔子，孔子因為子羽貌醜，未有親炙，子羽因此去魯赴楚，收弟子三百人，名動諸侯，孔子為此自責說：「以貌取人，失之子羽。」（《史記・仲尼

弟子列傳》）

高柴（約前五二一—？），字子羔或季羔，出身不詳，衛人或齊人。為孔子兒子輩學生，不到二十四歲就被子路任命為魯第一大邑「費」的宰。孔子感到子路太輕率了，批評他，子路不服，遭夫子責罵[96]。不過，子路的眼光不錯，子羔歷任費、郈、成、武城宰、又在衛任士師[97]，成為任蒲宰的子路的左右手。後衛亂，勸子路潛逃，子路不聽，赴義而死。高柴人長得身矮貌醜，在外表上，可能不怎樣討孔子的喜歡。

公西赤（約前五〇九—？），字子華，可能出身富裕家庭[98]，魯人。是孔子孫兒輩弟子，曾因事出使齊國，但是否有官職則不明確。傳說他與他父母間的關係有些像「與朋友處[99]」，很現代化。當他被派往齊國作使者時，冉有為他母親向孔子請求糧食補給，孔子最先只想給十二點八公升，後又加了四點八公升，但冉有卻給了二百四十公升，當老師的吩咐為耳邊風。孔子的道理乃是：「赤之適齊也，乘肥馬，衣輕裘，吾聞之也，君子周急不繼富。」（《六・四》）孔子說的是人情上的道理，不是做官的道理，懂得做官的冉有知道：「繼富（錦上添花）」才是做官的硬道理。

樊須（約前五一五—？），字子遲，出身不詳，齊人或魯人。孔子孫兒輩弟子，前四八四年曾參軍[100]衛魯抗齊，為季氏的車右，有良好的表現。是冉有回魯任季氏宰的得力助手，官職不明。他也常常為孔子駕馬車，與夫子很談得來。但因為問如何耕種的事，挨了夫子的罵[101]。我們認為樊須問耕種是有高尚的意向的，不是為了做農夫，而是怕有一天天下無道，他要退隱野外，有了種田種菜的技能，他就不必像後來的陶淵明（三六五—四二七）那樣，要挨餓。孔子恐怕沒有體會到這位學生的心意吧。

閔損（約前五三六—？），字子騫，出身不詳，魯人。為孔子第一期的學生，魯季氏曾經想請他做費宰，他逃去了汝水鄉間，不願為官⑩②。是一個大孝子，似乎是以一種親和力把一個家庭團結在一起，而不是像曾子那樣順從一個暴君式的父親。

漆雕開或啟（約前五四〇—？），字子開，工匠出身，魯人或蔡人。乃刑殘之人⑩③，因為身體有缺陷，沒有出仕的自信心，為孔子第一期的學生，當孔子叫他當官的時候，他辭退了⑩④。他設壇講學，成一家之言，是孔門有著作留後世的三個弟子之一，今佚。

冉耕（約前五四四？—？），字伯牛，出身賤人⑩⑤，魯人。出仕情況不明，為孔子第一期學生。以德行稱，得惡疾而死，孔子曾去他家看他，惋惜地說：「斯人也而有斯疾也！」惋惜之情溢於言表。

商瞿（約前五二二—？），字子木，出身不詳，魯人。是孔子兒子輩的學生，仕途亦不詳。《論語》沒有他的記載，傳說他好《易》，自孔子處承傳了《易經》⑩⑥，太史公為他破《仲尼弟子列傳》體例，其他七十二弟子都沒有師承傳授的系譜，連子夏那樣的經學家都闕如，唯獨商瞿得天獨厚，被連數八代傳承，由南方傳授到北方，一直傳承到漢代⑩⑦。那是因為《易經》在孔子年代不是顯學，孟荀子年代也不是⑩⑧，要到了漢朝，天人相應的理論需要找一部典籍，《易經》鴻運當選，承傳系譜應運而生。可以這樣說，《易經》的承傳體系始自漢代。

巫馬施（約前五二一—？），字子期，出身不詳，魯人或陳人，曾做單父宰⑩⑨。是孔子兒輩弟子，他有勞碌命，凡事喜歡親力親為，不像他的同窗宓不齊，能無為而治。不過、成績還是不差的[110]。《韓詩外傳》則說他選擇義的道路，不選擇利的道路[111]。是他把陳國大夫司敗（生卒年不詳）對孔子的批評告訴老師的，說孔子「亦黨（也是護短的）」，孔子因而說了有名的「丘也幸，苟有過，人必知之！」（《七・三一》）他解釋說：不說真話，是一種過失，但禮法上要求君子為君親「諱（隱藏／說場面話）」，他因此「諱惡」而不說魯君的犯過錯的老實話。

宓不齊（約前五二一—？），字子賤，出身不詳，魯人。是孔子兒輩弟子，曾任單父宰[112]。與同窗也做過單父宰的巫馬施做事方法不一樣，能以無為而治，傳說他治單父，民不忍欺，取得了與巫馬施一樣統治的效果。是孔門有著作留後世的三個弟子之一，東漢時散失。

原憲（約前五一五—？），字子思，出身不詳，魯人或宋人。是孔子孫子輩的學生，曾任孔子家宰[113]。孔子打算給他一百八十公升的粟作為薪俸，他不肯接受，孔子要他不要推辭，說他宗族中吃飯的人口多，自己家吃不完，把粟送給「鄰里鄉黨」吧[114]！孔子對為他做事的人沒有吝嗇氣，在這件事上就能看得到[115]。原憲曾經在孔子死後與子貢在道德觀念上有所衝突[116]。他安貧樂道，但生活似乎很潦倒，既不像同輩弟子曾參、子張、子夏那樣富足，也不像前輩弟子閔損與漆雕開那樣瀟灑。有可能他不獨討厭做官，連做教書匠這一行也興趣缺乏，或許春秋時做師表也需要宣傳包裝，原憲不會這一套，因此他所收到弟子們的禮贊不夠他買一套體面的見客服裝[117]。但也有可能因為他家中「鄰里鄉黨」吃飯的「人口」太多[118]（《六・五》），把他壓得應付不過來，這些還有待我們專家學者們的考訂。

公皙哀（生卒年不詳），字季次，出身貧民[119]，齊人，出仕情況不詳，大約不是孔子第一期的學生，是兒輩或孫輩的學生則不詳。他安貧樂道像原憲，不願「屈節為人臣[120]」。《史記・仲尼弟子列傳》引孔子語：「天下無行，多為家臣，仕於都，唯季次未嘗仕。」這裏的家臣，大約是「家僕」的意思，意思大約是：天下的讀書人無操守（包括很多自己的學生），都去做了權貴人家的家僕或私人助理，因此可以有一份使他留在國都的職業，唯有季次從未當過這樣的職業。「臣」是一個多層次意義的字，「人臣」可以是奴隸，「臣人」可以是僕人，「人臣」也可以是一個普通名詞。大約那時家臣既可以是家僕，也可以是家宰；前者是沒有官位的僕人，後者是高官，孔子不以原憲為家臣，而以他「為宰[121]」。當時讀書人有體面的職業，一是做家宰，一是任地方城邑上的官宰。

太史公對他與原憲特別青眼有加，認為他們二個閭巷之人（住在城外平民區的人，大約是野人），「懷獨行君子之德，義不苟合當世[122]」，與後世的游俠精神有契合的地方。在一個缺乏公義的社會，這種獨立特行反社會的精神意志是難能可貴的，「然儒墨皆排擯不載」，他太史公「甚恨之」，因此著「游俠列傳」以志之[123]（《史記・游俠列傳》）。他認為孔子的二個弟子季次與原憲是中國游俠傳統的精神領袖。

公良孺（生卒年不詳），字子正，出身可能是士族或貴族[124]，能擁有五輛馬車，陳人。出仕情況不明，可能是孔子孫兒輩的學生。他高大賢能，又有勇力，以私家的五輛馬車追隨孔子，當孔子離衛去陳時，經過匡（約前四九六年），因為孔子長得有一點像陽虎，而後者曾欺壓過匡人，因此匡人把孔子一行人包圍了起來，不放行。經過五天才脫困回衛，但沒經過武裝的衝突。這一趟，自陳返衛經過離匡不遠的蒲鄉，約在匡難三年後的前四九三年，遭遇蒲人公孫氏反叛衛的兵變，公良孺這趟火了，他「寧鬥而死[125]」，蒲人懼。蒲人要求孔子答應不去衛就放行，孔子假裝答應了，因此脫了難。子貢質問孔子「盟可負邪[126]？」孔子認為在武力要脅下結的盟是不生效的，有點像近代法律觀念，認為在武力威逼下所簽的合同是法律上無效的。

陳亢（約前五一一—？），字子禽，出身不詳，陳人。孔子孫子輩弟子，出仕也不詳。這個年輕弟子特別喜歡打聽消息，當他發覺孔子每到一個國家，統治層的人都願意告訴他國情，他問子貢：孔子是「求之」或「與之」[127]的呢？他又問孔鯉：你爸爸（孔子）是否有特別的學問傳授給你呢[128]。他甚至問子貢是否比孔子更賢德，而且直呼孔子為仲尼[129]，相當無禮，別處也有高官稱孔子為仲尼的，子貢或用仲尼或用夫子回應，但沒有主動直稱孔子為仲尼的。所以，最後一條是弟子陳子禽述說，還是另有別人，是可以存疑的。

公伯繚（生卒年不詳），出身不詳，魯人，可能任職過政府官員，為孔子第一或第二期學生。他最出名的一件事乃是被魯貴族大夫子服景伯（生卒年不詳）向孔子打小報告，說公伯繚向季孫氏說了子路的壞話，但他子服景伯則有能力應付他，使他陳屍街市，嚇得孔子連忙拒絕，說：「道之將行也歟，命也；道之將廢也歟，命也。公伯寮其如命何！」（《一四・三六》）子路只有在墮三都時，握軍政大權，道之將行以及將廢，大約指墮三都這件事，公伯繚與子路二人間可能有政見或權力上的衝突，但孔子相信公伯繚沒有做卑鄙的事，硬生生用「命」為籍口，把這件事壓下去，不讓門牆中有流血殘殺事情的發生。

司馬耕，或名牛（前？—前四八一），字子牛，貴族出身⑬⓪，宋人。是孔子孫子輩弟子，司馬是他家族的官職。兄長們都喜歡作亂，司馬牛看不慣，跑了去齊國，最後落足魯國，因此孤身一人，沒有了兄弟的他很有感慨地說：「人皆有兄弟，我獨亡。」子夏安慰他說：「四海之內皆兄弟也！」（《一二・五》）孔門弟子就是他的兄弟。但從小生活在前呼後擁的奴僕中長大的他，孑然一身在魯國，禁不住多憂多懼，孔子就對他說：「不憂不懼，斯謂之君子已乎！」（《一二・四三》）他由於心裏不平衡，表現在行為上的就是「多言而躁」（《史記・仲尼弟子列傳》），因此孔子認為他若想走在仁的道路上，應先更改他多言的缺點⑬①。

申黨，亦作申棖（生卒年不詳），出生不詳，魯人，仕途不詳，是孔子孫兒輩的學生。《論語》有他的記載，孔子批評他說：「棖也欲，焉得剛！」（《五・一一》）也就是說，有很多慾望的人是不會剛強的。

孟懿子，又名仲孫何忌（約前五三一？—四八一），其字不詳，出身貴族嫡子⑬②，魯人。為孔子第一期周邊學生，成年後，接掌魯三權臣家族中仲孫氏的權位，魯國無三公，因此他是以卿位攝三公司空的權位的，大約相當於副宰相／副總理的權位，初掌權就逐魯昭公離魯去齊（前五一七年），是真正的實力派，有軍事能力。他在父親孟僖子（前五二二年卒）死後就掌權，雖然他因父命投拜孔子為師，大約沒有在孔門好好學習過的。

前四九八年，孔子與子路進行墮三都，先成功地墮叔孫之「郈」⑬③與季氏之費，但功敗垂成，就是失敗在墮孟懿子的「成」[134]邑。按《左傳》記載，孟懿子的家臣公斂處父對他說：「墮『成』，齊人必至於北門。且『成』，孟氏之保障也，無『成』，是無孟氏也。子偽不知，我將不墮。」（《左傳・定公十二年》）大概因為他是孔子的掛名學生，不好正面抵抗老師，就假作糊塗，讓家臣出面抵抗孔子墮「成」。由於他有很強的軍事實力而導致墮「成」的失敗，那時他約三十三歲，是一個已在英年的軍人，他的軍事才能可能不是學自孔子的。十四年後，當他四十七歲的時候，孔子正式被召請回魯國。由於彼此有師生的名分，他也只好厚著面皮向孔子問孝，「畏大人（對統治者恭敬與守禮）[135]」的孔子以非常間接的方法批評他違背他父親孟僖子要他學禮於他的遺命。孔子告訴他：孝就是「無違[136]」。言下之意乃孟懿子違背了父親的意願要他好好地向孔子學禮，因為他若懂禮就不會反對墮三都。孟懿子也是一個聰明人，知道孔子在罵他，他就派了兒子孟武伯（活躍於約前四八四—前四六八）也來向孔子問孝，意思是仲孫家族總是把孔子當老師的，孔子自然是領會這個意思的，因此他對孟武伯說：「父母唯其疾之憂[137]。」意指：父母親不獨為你身體上的疾病擔憂，也為你行為上的錯誤擔憂。一個老祖父的心懷，洋溢言表，已不再介意孟懿子對他的背叛。

南宮敬叔，又名仲孫閱（生卒年不詳），字子孺，出身貴族[138]，魯人，為孔子第一期周邊學生。為卿級大夫，是仲孫權族的庶子，年輕時曾為孔子求取得一輛雙馬的馬車，與一童子馬伕[139]，使孔子重回有車的階級，因此而能遊學宗周與齊國等地，可能登遊了泰山也說不定。他是陪伴者，有可能陪孔子問禮於周藏室吏，這趟的遊學對孔子在天文地理禮樂上都有開創性的意義。孔子回魯後，最少以十年的功夫建立他稱霸中國二千五百年的倫理思想體系。但這三年的遊學對南宮敬叔有什麼影響，因為缺乏文獻記載，我們就不清楚了。

前四九二年，魯國宗廟旁的二個重要權臣家族的桓公廟與僖公廟被燒毀，百官全出動搶救文物，南宮敬叔第一個到現場，立即對掌管周典籍的官下命令說：「庀女而不在，死！」也就是說，有任何差失，你們就以死來償命吧！擺放出十分頤指氣使的官僚氣派，遠遠比不上宰相季氏要救火者受了傷後就不要繼續幹下去，認為財物日後還能再得回來⑭，那種雍容氣度不是南宮敬叔所可以企及的。跟隨孔子三年的遊學生涯，沒有給他在人生的修養上帶來很大的進益。

另外，《禮記》⑭有記載：南宮敬叔失官後，以珍寶財物賄賂買官，受到孔子的批評。我們存疑。

孔忠（生卒年不詳），字子蔑，出身為士人⑭，魯人，出仕情況不明，為孔子第一期學生。乃孔子侄子，對他的存在，史籍忽略；他與孔子姪女間的長幼之序我們也不清楚，但由此更確證孔子繼承叔梁紇而成為一家之主。

公冶長（生卒年不詳），字子長，出身不詳，但曾坐過牢獄⑭，齊人或魯人。出仕情況不明，可能是孔子第二期學生。為孔子的女婿，不像他的姪女婿南宮括，孔子稱讚之詞不絕，他對自己的女婿沒有什麼嘉獎的說話，只說：「可妻也！雖在縲絏之中，非其罪也⑭。」有可能不是孔子看上了公冶長要把女兒嫁給他，而是他女兒看上了公冶長，孔子同意她嫁給這個坐過牢的弟子。

南宮括（生卒年不詳），字子容，出身不詳，魯人。出仕情況不明，可能為孔子第一期學生，乃孔子姪女婿。孔子當面誇他[145]，背後也讚他[146]，喜歡上了這個人，因此把姪女「妻之[147]」。

孔鯉（約前五三二－前四八三），字伯魚，出身士族[148]，魯人，出仕情況不詳。他是一個聽話的兒子，孔子要他學《詩》，他就學《詩》；要他學禮，他就學禮。成績怎樣則缺乏記載，直到現在大家都說他平庸缺乏成就，但他沒有做什麼破壞門風的壞事，那已是一件大好事。雖然孔子並不急著抱孫子，也沒有無後之嘆的記載，但孔鯉終於在他去世那一年給孔家生了一個寶寶，使孔子有後，那份功德可真不少啊！到了今天，如果連女性後裔也包括進去，人數超過二百萬。從孔鯉起到孔謙（前二九三－前二三七），孔家竟然是七代單傳[149]，實在使人不敢相信其後裔繁衍之盛，亦金氏記錄之佳話。

孔子與孔鯉的媽媽丌官氏離了婚的傳說，文獻中是沒有記載的，這個傳說大約是推測而來的。《禮記．檀弓上》有這樣的記載：「伯魚之母死，期而猶哭。夫子聞之，曰：『誰與哭者？』門人曰：『鯉也！』夫子曰：『嘻！其甚也！』伯魚聞之，遂除之。」也就是說孔鯉在母親死了一年之後，還是哭哭啼啼的，孔子聽了不耐煩，就發脾氣了，嚇得孔鯉再也不敢哭出聲來。我們之所以會認為孔子出妻，乃是因為兒子為母親應守三年的喪，因此連哭三年都是可以的，現在只過了一年（「期」），就不能哭了，那必定是因為媽媽已被離了婚。第一，離婚了的媽媽是否有期喪這回事，是一個不清楚的問題；其次，哭並不等於守喪，不哭也並不等於終止守喪，《禮記》中有很多守喪必須節制感情的談話，孔子認為過了一年，還哭哭啼啼，雖在守喪期間，還是不合禮的節制感情觀念的，並不是要孔鯉終止守喪。由於我們不知道孔妻丌官氏逝世的年分，所以不能知道孔鯉那時有多大。丌官氏如果早死的話，作為兒童的孔鯉因為懷念媽媽而禁不住啼哭，那是意料中的事，孔子未免對兒子嚴厲了一點。

關於孔門弟子的分析表格

從下面的表格，我們瞭解到孔子弟子大部分是貧苦人，但在經過孔子教育洗禮後，很多弟子當了中級或高級中央軍政官職或地方上的行政官。有的弟子不願意出來做官，但也厓岸自高，因為自己的學問德行，認為自己是社會上有身分的人。所以孔子雖然認可各安其分不平等的禮制的社會，也沒有在言論上談到我們所謂的「向較高階層流動爬升（up-ward mobile）」的觀念，但他教育家行動上的表現支持了這個論點。事實上在孔子的晚年，他的弟子已很大部分的當任魯國軍政要職。

孔子三期學生中有很多人在御射上有優越的表現，例如子路、冉有、有若、樊須、公良孺等，同時冉有、有若、樊須更是抗吳齊保魯國的軍事人才，孔子最終之所以被魯宰相季康子以「幣（禮／貢品）」召回魯國[150]，一個原因乃由於弟子們保衛魯國的軍事功勞。但這個六藝優良的教育傳統並沒有被他的弟子保留下來，在荀子時代，可能已只重詩書禮樂，忽視六藝中御、射、數這三個重要的科題，變成不折不扣的懦弱的儒生。

孔子第一期（四十歲以前）的學生，除了女婿公冶長可能是齊人之外，其他都是魯人，而且出自賤人、鄙人、貧民的家庭，這些家庭也成為一個族群，有共同的姓氏，例如顏氏、冉氏、漆雕氏等，不獨他們自己變成了孔子的學生，他們的兒孫輩也成了孔子的學生，孔子的學生中有八人來自顏氏家族，五人來自冉氏家族，三人來自漆雕氏家族，《論衡・講瑞》[151]篇中所說的有一個少正卯（《荀子・宥坐》最早提到這個人）與孔子爭學生，孔門因此而「三盈三虛（三次學生滿堂，三次空蕩蕩不見一個人）」，只有顏回忠心的跟隨著老師[152]。從下面表格所看到的孔子學生的發展過程來說，這個傳說的可靠性是非常可以懷疑的。

孔門七十二弟子的分析

傳統上我們大家都說孔子弟子有七十二人，那可能是籠統的、為了容易記憶的數字，也可能是一個吉祥的數字。《史記・仲尼弟子列傳》與《家語・弟子解》各作七十七人，姓名相同者七十五人，不同者二人（《家語》多陳亢與琴牢）。我們在名單與年分上都以《史記》為主，以《家語》為參考。傳統上大家把孔子的侄子孔忠包括在七十二弟子之內，而把孔子的兒子孔鯉排在名單之外，但又沒有解釋為什麼。歷來稱七十二子為六藝俱全的賢弟子，可能孔鯉不是六藝俱精，那也說不定。可是沒有孔鯉在四十九或五十歲時為孔家生了一個兒子的話，孔子可能會絕後，不會有今天二百萬的後裔，單單憑這一點，孔鯉也應該名列七十二子的。

我們另外加進了二位大家都說習禮於孔子而又不把他們包括在七十二子的貴族子弟，他們乃是仲孫或孟孫家族的孟懿子與南宮敬叔兩兄弟⑮。他們大概不會太賢德，六藝方面可能也不是樣樣精通，不過他們對孔子的一生有著非常重要的影響。孟懿子是孔子墮三都失敗的主要抵抗力量，而南宮敬叔陪著三十多歲的孔子游學周宗廟，孔子是否有問禮於老子還是目前學術界爭論的一個問題，但這幾年的遊學使孔子眼界始大，思辨遂深，那大概是大家可以同意的事。因此，我們的名單共八十二人。

我們把這八十二個人分成四類：一、有年代者與有事蹟可考者（二十五人）；二、有年代者而無事蹟可考者（九人）；三、缺乏年代記載者但有事蹟可考者（十一人）；四、缺乏年代記載者且無事蹟可考者（三十七人）。最後一類只提供了弟子的國籍，沒有其他的很有用的資料提供給我們，在三十七人中有八人我們不知道國籍（並且三人是否為魯人亦存疑）。另外第二類中有二人我們不知道國籍，故知國籍者總共為六十八人，在這六十八個可知國籍者中，無一個是鄭人。也就是說，在子產的國度中，當時法學最先進的國家，沒有孔子的弟子，魯（約四十—四十四人）以外的國籍，以齊（約四—七人）與衛（約五人）為最多。

孔子的弟子招收大約可分為三期，第一期約為四十歲以前，第二期約為四十—五十四歲時，第三期約為五十四歲之後到七十二歲時。第一期的學生可能以秦商年齡最大，約比孔子少四歲，那是上限，下限則以他兒子孔鯉為界限，比孔子少二十歲，差別的幅度特別大，約為十六年。第二期學生的年齡，按我們所知道的九個人（第一類八人，第二類一人），年齡的差別微乎其微，從二十九歲到三十一歲，在第三類中也有四人我們不能確定年齡或分期的，可能是第二期的。但這九個人年齡的相近使我們能作出一個試探性的推測，那就是孔子在某一年曾大量招收第二期的學生。如果我們假設一般學生在十五歲時──古人入大學的年紀──投在他的門下，那應該在他四十四歲至四十六歲時（前五〇七─前五〇五年），他曾大量收取第二期的學生，表示那是一趟有計畫性的招收弟子，並且教學的方法似已上軌道，有一定的計畫性與規範性。第三期時他弟子的年齡又有極大的差距，十九個學生，除司馬牛與申黨不能確定出生年分外，從三十六歲到五十三歲，相差達十七個年頭，這表示他是在不同的時間招收學生的。同時他外國學生的數目也有所增長，那也表示他在周遊所在國中吸收了學生。他一些年輕的魯國學生可能是先在魯參加孔門的，受到先一輩的成熟弟子的教誨後，才在晚期受到孔子的親炙的。

我們之所以能夠造就下列的四個表格實得益自二位近代學者，一是李啟謙先生的《孔門弟子研究》⑭，一是李零先生的《喪家狗──我讀〈論語〉》的〈附錄〉小冊子⑮。李啟謙先生介紹了自太史公以來對孔門弟子的研究，對九十七個有可能性的孔門弟子作系統性的介紹，把孔門弟子研究提升到現代化的水準，但在取材方面，似乎比較包容，缺乏文獻可信性的嚴謹分野，例如，《論語》是五星級的文獻，《左傳》、《禮記》、《孟子》與《史記》等乃四星級文獻；《孔子家語》、《荀子》、《墨子》、《公羊傳》與《國語》等乃三星級的文獻；《韓詩外傳》與《說苑》等乃一二星級的文獻，其可信度是極可疑的。我們在出身、出仕二個項目上，都核對每條古籍原文，李先生除一二處有差異外⑯，總體是嚴謹的，任何以後研究孔門弟子的學者，李先生這部書是一本必需的參考書。

李零先生的《喪家狗——我讀〈論語〉》是一本主觀性很強的釋讀《論語》的著作，但附在主書上連帶贈送的附錄小冊子則是一本難得的研究《論語》的工具書，是一本客觀性強，組織分類容易使人一目了然的書，是自《論語索引》發明以來，最有用的一本研究《論語》的工具書，是一本可以節省《論語》研究者很多時間的工具書，李零先生因為以七十九人（有別於李啟謙先生的九十七人）為研究對象，所得的數字略有不同，我們則在參考二位先生的見解後作出我們對八十二人自己的決定。在演繹的立場上，則我們與二位李先生有明顯的不同，因為我們觀察的視角不一樣。

分析表格

A. 有年代者與有事跡可考者

	姓名	生	卒	字	國籍	出身	事跡	出仕	弟子分期
1	仲由	542	480	子路／季路	魯人	鄙人，野人	勇武守信，歷任軍政高官，與孔子亦師亦友，受罵，但也敢於責備，最後赴義而死	季氏宰，衛蒲宰	I
2	顏無繇	545	X	路	魯人	貧民	顏回父，因兒子的葬禮而與孔子弄得不歡	X	I
3	閔損	536	X	子騫	魯人	不詳	有仁孝名，五十以後淡泊不為官	（辭費宰）	I
4	漆雕（開／啟）	540	X	子開	魯人／蔡人	刑殘之人	刑餘之人，不仕，設壇講學，成一家之言，有著作留後世，今佚	X	I
5	冉雍	522	X	仲弓	魯人	賤人	以德行與行政稱，曾任季氏宰，孔子盛讚，但確實任職則年代不詳	季氏宰	II

6	7	8	9	10	11
冉求	商瞿	顏回	巫馬施	高柴	宓不齊
522	522	521	521	521	521
X	X	481	X	X	X
子有	子木	子淵	子期	子羔／季羔	子賤
魯人／吳人	魯人	魯人	魯人／陳人	衛人／齊人	魯人
賤人	不詳	貧民	不詳	不詳	不詳
有軍事與行政才能，在能幹方面直逼子路，由於太聽上司季氏的話，孔子不樂	傳說乃《易經》傳人，但《論語》無商瞿的記載	孔門仁者，好學媲美孔子，安貧樂道，禮樂弟子中第一，射御或許差些，體弱早死，孔子為他《春秋》絕筆	做事親力親為，見利思義	身矮貌醜，有幹才，任地方官最多的弟子，乃子路左右手。衛亂時，勸子路逃跑，子路不聽	傳說子賤治單父，民不忍欺。有著作留後世，東漢時散失
季氏宰	X	X	單父宰	費、郈、成邑、武城宰，衛士師	單父宰
II	II	II	II	II	II

12	端木賜	520	X	子貢	衛人	賈人	機敏超群，長於詞令，為傑出的外交家，亦經商奇才，鼓吹孔子不遺餘力，但後半生離仁德而尚功利	魯行人，衛信陽令	II
13	原憲	515	X	子思	魯人／宋人	不詳	孔子死後，退隱居衛，安貧樂道，與子貢曾有道德觀念上的衝突	（孔子家宰）	III
14	樊須	515	X	子遲	魯人／齊人	不詳	因詢問耕種的事，挨了孔子的罵，是冉有回魯任季氏宰的助手，前四八四年抗齊戰爭時，有良好表現	車右	III
15	澹台滅明	512	X	子羽	魯人	士人？	貌陋，未得孔子親炙，去魯居楚，有弟子三百，名動諸侯，孔子自責說：「以貌取人，失之子羽」	X	III
16	陳亢	511	X	子禽	陳人		問孔鯉孔子是否曾傳授他特別的學問，又誇子貢賢德超過孔子	X	III

17	公西赤	509	X	子華	魯人	富裕家庭？	傳說他與父母的關係有些像「與朋友處」，很現代化。因為他母親的糧食補助事情，孔子與冉有鬧上意見	X	III
18	有若	508	X	子有	魯人	不詳	《論語》主編，曾經參軍抗吳衛魯，有勇名，貌似孔子，學生們用他來招孔子的魂，不成功	（參軍）	III
19	卜商	507	X	子夏	衛人	貧民	孔門的經學大師，所謂「發明章句，始於子夏」，經學在漢唐為顯學	莒父宰	III
20	言偃	506	X	子游	魯人	不詳	是唯一有記載為邑宰時，把孔子禮樂教育灌輸給老百姓的弟子	武城宰	III
21	曾參	505	432	子輿	魯人	貧民	《論語》主編，是大孝之人。質疑「天圓地方」，反對用貌似孔子的有若來招孔子的魂，後世孔孟哲學的傳承者，宋後為儒家主流	可能曾「為吏」	III

22	顓孫師	503	X	子張	陳人	鄙人	好問，詢問各層次問題，才高且多華采，但同窗認為他是離了仁德的道路，後世奉為大儒	X	III
23	司馬耕／牛	X	481	子牛	宋人	貴族	宋貴族，長兄們都喜作亂，二兄桓魋更曾威脅要殺孔子，他自己為道而遠親	司馬	III
24	孔鯉	532	483	伯魚	魯人	士族	孔子之子，平庸缺成就，亦無惡行，四十九或五十歲，為孔家生了一個存宗接代兒子	X	I
25	孟懿子（仲孫何忌）	531？	481	不詳	魯人	貴族	可能是周邊學生，嫡子，接仲孫家族權位，逐魯昭公，曾問孝於周遊歸魯的孔子	卿——有三公地位	I

B. 有年代者而無事跡可考者

	姓名	生	卒	字	國籍	出身	事跡	出仕	弟子分期
1	秦商	547	X	子丕	魯人	不詳	事跡不詳	X	I
2	梁鱣	522	X	叔魚	齊人	不詳	事跡不詳	X	II

3	顏幸	505	X	子柳	魯人	不詳	事跡不詳	X	III
4	冉孺	501	X	子魚	魯人	不詳	事跡不詳	X	III
5	曹卹	501	X	子循	？	不詳	事跡不詳	X	III
6	伯虔	501	X	子析	？	不詳	事跡不詳	X	III
7	公孫龍	501	X	子石	楚人／衛人	不詳	事跡不詳	X	III
8	顏高	501	X	子驕	魯人	不詳	事跡不詳	X	III
9	叔仲會	501	X	子期	晉人／魯人	不詳	事跡不詳	X	III

C. 缺乏年代記載者但有事跡可考者

	姓名	生	卒	字	國籍	出身	事跡	出仕	弟子分期
1	孔忠	X	X	子蔑	魯人	士人	孔子侄子	X	I
2	公冶長	X	X	字長	齊人／魯人	住過監獄	孔子女婿，曾坐過牢	X	I／II
3	南宮括	X	X	子容	魯人	不詳	孔子侄女婿，孔子讚他有君子之風	X	I
4	公皙哀	X	X	季次	齊人	貧民	安貧樂道像原憲	X	？
5	曾點（／蒧）	X	X	皙	魯人	貧民	曾參父，有隱逸之士的情趣，但是又是一個又凶又嚴的父親	X	I

6	冉耕	X	X	伯牛	魯人	賤人	以德行稱，得惡疾死	X	I
7	宰予	X	X	子我	魯人	不詳	孔門十哲之一，孔子批評他晝寢的話，流傳千古，孔子自我批評說：「吾以言取人，失之宰予。」	齊臨淄大夫	II
8	公良孺	X	X	子正	陳人	士／貴族	長賢有勇力，以私車五乘從孔子，寧門而死，蒲人懼，乃與孔子盟	X	II／III
9	申黨	X	X	子周	魯人	X	亦作申棖，事蹟不詳，但《論語》（《五・一一》）載	X	III
10	南宮敬叔（仲孫閱）	X	X	子孺	魯人	貴族	仲孫權族的庶子，年輕時曾陪孔子問禮於老子	大夫／卿	I
11	公伯繚	X	X	子周	魯人	不詳	曾對魯權臣季孫氏譭謗子路，見《論語》	X	I／II

D. 缺乏年代記載者與無事蹟可考者

	姓名	生	卒	字	國籍
1	冉季	X	X	子產	魯人
2	公祖句茲	X	X	子之	？

3	秦祖	X	X	子南	秦人
4	漆雕哆	X	X	子斂	魯人
5	漆雕從（／徒父）	X	X	子文	魯人
6	壤駟赤	X	X	子徒	秦人
7	商澤	X	X	子秀	？
8	石作蜀	X	X	子明	？
9	任不齊	X	X	子選	楚人
10	後處	X	X	子里	齊人
11	秦冉	X	X	開	？
12	秦非	X	X	子之	魯人
13	公夏首	X	X	子乘	魯人
14	奚容？	X	X	子晳	衛人
15	公肩定	X	X	子中	魯人／晉人
16	顏相／祖	X	X	子襄	魯人
17	（鄡／）縣單	X	X	子家	？
18	句井疆	X	X	子疆	衛人
19	罕父黑	X	X	子索	？

20	顏之僕	X	X	子叔	魯人
21	榮旂	X	X	子祈	？
22	縣成	X	X	子祺	魯人
23	左人郢	X	X	子行	魯人
24	燕伋	X	X	子思	？
25	鄭國	X	X	徒	？
26	施子常	X	X	子桓	？
27	顏噲	X	X	子聲	魯人
28	步叔乘	X	X	子車	齊人
29	原亢	X	X	子籍	？
30	樂欬	X	X	子聲	魯人
31	廉絜	X	X	子曹	？
32	顏何	X	X	冉	魯人
33	狄黑	X	X	晳	？
34	邦巽	X	X	子斂	魯人
35	公西葴	X	X	子上	？
36	公西輿如	X	X	子上	魯人
37	琴牢	X	X	子開或子張	衛人

孔門的教學課程與教育方式

大家都知道「孔門六藝」是貴族的「禮樂射御書數」，那是文武全才的教育專案，是一種培育統治階層通才的教育，既培養頭腦，也訓練身體。教育一個人在戰爭時能打仗，在外交時能應對，在管理時能計算派遣地安排工作，那是傳統官學的課程。孔子辦的私學，他除了把官學的課程全拿過來教學生之外，是否還有他自己的特色呢？

我們認為他的教育特色在強調德學與美學，德學從習禮而來，主要在祭喪侍君親的禮節學習之外，更強調知天命，孝悌忠信的道德情操。他很有信心地認為，經過他教育過的弟子不會有弒父弒君的行為[157]，那完全有別於出身於貴族官校的王族權臣子弟，視弒父弒君為家常之事。這可能是為什麼魯國與衛國的統治者都愛任用孔門弟子的一個重要原因。

同時，孔門弟子在彈琴瑟與習禮舞中體會到美的經驗，與一種自我價值提升的滿足，因此認為自己不比當高官的貴族官員更缺乏自我價值，有一種崖岸自高的自我價值感。

孔子雖然因為韶樂的美而學習它，再把它教導給學生，不是因為韶樂有什麼實用價值。但孔門的課程是以實學的應用為主的，射御是為了有「即戎[158]」的能力，而且強調，「以不教民戰，是謂棄之」。因此沒有射御的應用能力是不配做統治層的在上位者的；沒有計數與天文的能力，是不能養民富民的；沒有禮樂的教化，是支配不了百姓的；沒有德，是一個不愛民的壞官員。治世濟民是孔學課程的一個使命，但孔子自己也要到了五十歲才認識到自己有這樣的一個使命。

蘋果與橙

在十多年的教學經驗中，孔子體會到每個人的潛質是不同的。除了智力之外，還有求知的衝勁也是每一個人有所不同的，而且有的人是天生的蘋果種子，有的人是天生的柳丁種質。雖然他給與弟子們相同的教育課程，但有的弟子長於德行，有的長於行政，有的長於外交，有的長於寫作。一個人的本質決定了他的成就與方向。

但孔子對蘋果特性的弟子或柳丁特性的弟子都有一個要求，就是應有一種恕道與推己及人的道德使命感，一種改良社會（或周邊人生活質素）的使命感。他認為通過教育，人性是有它的可塑性的。因此他說：「性相近，而習相遠。」（《一七・二》）

相近與相遠

孔子沒有明確地說明人性中相近的是什麼。除了人的動物性與七情六慾之外，他是否還有別的所指，我們不是很清楚。近代心理學家認為人除了口腹衣食的溫飽之外，人也追求在社會中的地位與認可。孔子的人性相近是否包括這個人類作為群體動物有向上爬的特性，這還有待專家學者為我們解答。但《論語》中有這樣的說法：「三年學，不至於穀，不易得也（學習了三年，而沒有想到吃飯的問題，那可是不容易的啊）。」（《八・一二》）那就是說，一個人為學習而學習，沒有其他進一步的目的，在長遠時間中，那是不可能的。孔子自己在三十多年博學鑽研之後，也不能不「沽之哉！沽之哉！我待賈者也」

（《九・一三》）。弄得當時陳蔡楚的隱者們有一點看不起他。但他的二個首期學生閔子騫與漆雕開都不願意出來做官；他們是天生淡泊，不愛做官呢？還是在孔子學問的陶冶下而失去與人爭名位的意願呢？

我們現代人一般都願意相信人與動物的不同在於人類有一種學習的自覺性與主動性，孔子則從他的教學經驗得到的體會是：「困而不學，民斯為下矣。」（《一六・九》）他是指有一種人雖在困境之中，還是不會用心學習去解決問題的，自然他不是指行路、說話、吃飯那種反射性與本能性的學習，而是要動用大腦思考性的學習。在他看來，有一種人是不肯動用大腦的，但那是由天性或者是由習性而來，他沒有說。可是，他對這種人是有極嚴厲的批評的，認為一個賭博者也比這種人強，因為賭博者還能用腦[159]。因此他的教學方法，應該不會是：盲目地模仿，重覆地操練，缺乏瞭解與領悟的。這是大家一般對中國傳統教育方法的批評，那就是死記硬背性的學習；中國傳統性的教學方法確是那樣的，這是大家的一個共識。但那不是孔子的教學方法，孔子要學生「舉一反三」，要「溫故而知新」（《二・一一》），要思考[160]。當他「舉一隅」而學生「不以三隅反」（《七・八》）時，他就不肯教下去，孔子的教學是很具啟發性的，只不過我們傳統教育並沒有承傳他這個優良的教學傳統罷了。

對話式的教育

《論語》中所記錄的老師學生間的對話，有一個很大的特色，那就是大家都很坦白。

老師要罵就罵，學生要不服氣，也會頂嘴回話的；絕不像後來傳統教育的師生間那種「你說我聽」的景象：老師是上級，學生是下級，頂嘴那可是犯上的惡行。孔子最親的學生子路心裏一不高興，就會給老師面色看的；若他感到老師說得不對時，肚裏的話也是留不住的。孔子最有才藝的學生冉有就坦白地對老師說：我雖然很喜歡老師那一套崇高的思想，但我自己不是那種材料，恐怕會使老師失望。孔子認為這個弟子太不長進了，自己給自己畫上一個侷限性的圓圈（原文：「『非不說（悅）子之道，力不足也。』」子曰：『力不足者，（那就是）中道而廢，今女（汝）畫（了一個限制自己的園圈）。』」（《六・一二》）但後來討論到完人的各種特性時，別的學生都沒有提，就獨獨提到冉有的藝，其他具完人一體的賢人都是過往的知名賢人（《一四・一二》）。

從他對他最認可的學生顏回的評語「吾與回言終日，不違，如愚。退而省其私，亦足以發，回也不愚」（《二・九》）。孔子對「不違」或不反問的學生是不喜歡，認為他們蠢笨。他不獨希望弟子從反詰中瞭解問題，他自己也希望能在與弟子討論中學習到東西，因此他這樣抱怨顏回：「回也非助我者也，於吾言無所不說（悅）。」（《一一・四》）但是，孔子在基本道德價值觀上，是不太肯讓步或做深一層討論的；當宰予提出守喪一年的建議時，孔子就有些不高興，但他還是讓宰予自己決定自己的道德抉擇，說：「汝安則為之。」（《一七・二一》）對宰予獨立的意志有一定的尊重，這與他「匹夫不可以奪其志」（《九・二五》）的立場是有一致性的。

《論語》中沒有很多介紹孔子如何教導學生思維的記載，最明確的一條記載乃是：

「吾有知乎哉？無知也。有鄙夫問於我，空空如也。我叩其兩端而竭焉。」（《九．八》）這是他教導沒有受過教育的鄙夫（鄉下人）如何去思維解答問題的記述，他可能以同樣的方法教導學生，去追求問題的癥結所在。上面所引「舉一反三」的例子，大約孔子要求學生不單要從一個層面或角度看問題，還需要從多個層面與角度進一步看問題。同時，孔子有科學求證的思維法則，不獨在追溯夏禮商禮沿革上要求有文獻的實證，他在對人評介時，也要求驗證，例如他說：「眾惡之，必察焉；眾好之，必察焉。」（《一五．二八》）孔子除了教弟子認識學問之外，也教他們如何去思維，如何去求證學問，他自己就花了好幾年的時間去思索與界定可知和不可知的問題。

六藝的教學材料與弟子的出路

孔子時自然不會有我們今天所謂的「三禮（《周禮》、《禮記》、《儀禮》）」那樣的典籍，但那並不表示孔子時原始性的關於典章制度、喪祭婚嫁的文獻完全不存在⑯。我們傾向於相信他那時已有一些這方面的文獻，而且不像今天的「三禮」繁雜得令人吃不消，我們相信孔子時關於禮的文獻，精簡扼要，起提綱的作用，而沒有「三禮」那樣繁瑣的細節的，是屬於「野人（缺乏文化誇飾）⑯」水準的文獻，那也是孔子所喜歡的文獻。至於這些文獻有多少被保留在今天的「三禮」中，還有待我們專家學者的考訂。

孔子不會不教導弟子當時周室的典章制度的，但他自己當時還未能進出高堂朝會，恐怕也缺乏實際的體會，他自己在這方面的知識恐怕也是從宗廟的文物中學習而來的。我們今天有那時的青銅鼎金文關於朝會的記載，孔子可能筆記了這些宗廟文獻來教導弟子們也說不定。同時關於喪祭鄉射婚嫁，也應該有一定程度的文獻。例如，郊祭的程式應有明文的規定，包括是筮卜還是占卜，如何解讀，誰有權解讀，這在今天的《尚書》也有提到，但是否與古時的記載有出入，還待考訂。至於同姓不婚那樣的規矩，也不應該是一條口傳的法則，而應有明文規定的。

禮的一個重要顯示，那就是禮舞的展現。禮舞是純粹口耳相傳，還是有指導或規範手冊的呢？也是一件待考的事。不過，「學而時習之」（《一・一》）的一個重要課題就是練習禮舞，因為禮舞是禮的花卉，把禮的文化美展現出來。禮舞不能單獨存有，必須有音樂的配合才能共存。中國在孔子時是否有有關於音樂的文獻（《樂經》的前身），那是一個待考的大問題。不過，我們可以從三方面看這個問題：一、樂譜的記錄；二、關於音樂在美學或教化上的議論；三、樂律的記載與計算。關於樂譜的應用，在中國民間，一直到現代，還是很不發達的。官方的情形還有待我們學者的考訂，我們目前沒有春秋戰國的樂譜考古文物，因此在現階段或許可以假設孔子時還沒有樂譜的存在。關於音樂在美學與教化上的議論，在《左傳》與《毛詩・序》中都有記載，但孔子時是否已有專門討論這方面的文獻則不能確定。只有樂律，我們相信孔子時代必定有，而且在孔子之前已有長遠的歷史。我們之所以如此肯定，那是因為要製造精密的樂器，必須要有精密的數學計算，這些精密的數學計算，必得在記錄中進行，才能以「三分損益」的計算方法[163]——「三分損」乃是把與頻率成反比的長度變為原先的三分之二，「三分益」乃把長度變為原先的三分之四——把古代樂律學的「十二律」演繹出來，例如我們假設最低音的「黃鍾」是八十一長度的話，則第二低音的「林鍾」是五十四長度，最高的「仲呂」是五十九點九三二三長度；比黃鍾高八度音的清黃鍾是三千九點九五四九長度。從這個精密的計算，沒有文字記錄是不可能的一回事。有了數位記錄的藍本，工匠們才能按嚴謹的音律定位原理製造像編鍾那樣大型的樂器。計算音律數位的設計人，可能就是《周禮》所說的樂司中的「大師」與「小師」。孔子時大概沒有關於樂譜與教化的《樂經》，但一定有關於樂律方面的文獻。

我們不知道孔子是否有教導音律學中的數理定音方法，但如果他有的話，則他的學生有資格去當樂司中的「大師」與「小師」。孔子時中國的樂器已多式多樣，竽笙塤龠簫篪笛管名目一大堆，製造這些樂器都需要有音律計算的人才，孔子有教育這種人才嗎？我們可以從兩方面來看這個問題，第一是孔子有沒有教音律學？我們缺乏文獻的記載作正面性的答覆。但從側面上，我們認為他的學生曾子與孫子子思關心這個問題。

從這十多年來對郭店楚簡的發現與研究[164]，一般認為孔子學說到子思時已起基本性的變化，已從純粹的倫理學擴展成為一種綜合性的哲學，在道家與陰陽家的衝擊下，把玄學中的道與陰陽五行「折衷」到孔學中去（那時還未有儒家），創建一個整體性的哲學思想，一個最重要的課題乃是「天人合一」這個概念。把天象氣節與人間文化活動連結在一起，《禮記・月令》（一部與曾子和子思連結在一起的著作）是這樣把十二律和十二個月分聯繫起來的，例如：「仲冬三月，律中黃鍾；孟夏之月，律中仲呂。」無論是曆法也好，音律定位也好，在它們的背後都有極嚴謹的數理運算法，因此給人一個假象，二者是相通的，特別當十二律在經過十二次的三分損益之後，可以構成一個（數理上）不太完美的音階迴圈的十二音階。大家都知道一年的十二個月也是迴圈的，而且也是數理上不完美的，那就是有閏月的存在，我們在上面已經介紹過。不過從數理上來說，二者的數字是不相通的。古人卻不這樣想，他們提出一種「吹灰候氣」的理論，把十二根律管塞進葭莩灰，相應的月分到來時，那一支律管中的灰就會——像草本花卉植物那樣在春天的泥土中冒出來——感氣自動飛揚出來。在那個時代，是使人聽起來相當可以信服的一個說法，古人們又把黃鍾與冬至的十一月連結在一起。孔子從來不關心所謂「天人合一」這套玄學問題的，但他既能作精密的天文計算，在音律上的計算大概也是舉重若輕的。個別有興趣的弟子從他處學到音律計算的方法不是不可能的。

第二是他的學生會不會對樂司的大師或小師這樣的職位有興趣呢？大師、小師可能在當時是中低級的行政官，屬吏級官員。孔子的學生會不會爭取這樣的職位呢？孔子大部分的學生出身在貧苦家庭，很多可能是住在城外的野人或鄙人，京城曲阜對他們來說，那可是繁華世界，大家都會願意找一份工作留下來的。上面提到孔子大部分學生在跟他念了二三年書後，就會想到吃飯的問題，也就是「穀」的問題，那時是以穀糧作為官吏的俸酬的。《史記・仲尼弟子列傳》這樣記載孔子的說話：「天下無行，多為家臣（家臣可以是大官，這裏大約指高級家僕或助理之意），仕於都；唯季次（公晳哀）未嘗仕。」這句話的意思大約是，唯獨公晳哀這個學生比較特別，別的很多弟子做了貴族的高級家僕或助理，留在京都做事，他則從未這樣做。既然為了留在京城，連家臣都願意幹，有大師、小師那樣的吏級職位的話，他的學生大約是不會拒絕的。自然我們不能確定他的學生有音律定位的數理能力。不過在天文倉庫的計算與書寫上，他的很多弟子都是應該能夠勝任的。大史公說孔子在衛斷斷續續教了十四年書後，衛國的一半官員出自孔門，他大概指吏級官員。吏級官員可能很多不是通才，而是有特長的專才。他們可能不是六藝都精通的入門弟子（那可能是十年以上的學生），而是在孔門學得一些專門才能的周邊學生（學習了三四年的學生），因此有「弟子三千（眾多之意）⑯」的說法。

樂的孿生兄弟是詩，在孔子時代樂與詩是一個錢幣的兩面，不能拆分出來的，一直要到漢朝五言詩的出現，詩才脫離音樂而有獨立的存在。《詩經》有韻而沒有獨立的詩律，後者要到南北朝大量翻譯佛經時，中國人才發現自己的語音中有平上去入的音調，據此而創造了唐詩的聲律結構。但《詩經》的詩有句限，以四言句子為主，也有三言五言與六言的。由於句限要配合音樂的旋律，因此有劉勰所謂「語助餘聲」的協樂字的出現，最有名的自然是「兮」字。這些字「無益文義」，但「在用實切」。在詩的韻律上有「一字之助」的功用⑯。詩是在音樂伴奏中唱誦的，因此詩的韻律要與樂的旋律相協調，一般大家都同意孔子「刪詩」就是把兩者協調起來。

《詩經》所反映的是宮樂，有國家才會有宮樂，我們雖然不知道中國在什麼時候有國家的成立，但大約不會超過七千年。而音樂在人類進化史中最少有好幾萬年的歷史，如果《國風》真的是採取自民間的話，則我們目前看到的《國風》乃是「宮廷化」的版本，原始《國風》的風貌是怎樣，還有待我們原野考古學家的努力。傳說導致孔子出走魯國的齊國女樂，大約不是《詩經》那樣的音樂，而是比較接近民樂的音樂，這可以解釋為什麼孔子不喜歡鄭國的民間音樂，更準確一點來說，鄭樂是在鐵革命中崛起在都市夜生活中的音樂，與上面的宮廷女樂都是靡靡之音，因此他說：「鄭聲淫」（《一五・一一》）。我們不清楚他的弟子是否遵循他的教誨而遠離鄭聲。

孔子能夠協調《詩經》的音樂與文字，他必定擁有一雙傑出敏銳的耳朵，同時他對詩的韻律與文字的音樂性的問題有全面性的理解。不過在美的範疇內他只注重音樂而忽視詩的文字美，在《論語》數則討論《詩經》的記載，詩只是被用來啟發人生或倫理的道理，而且他與子貢、子夏的關於詩句的討論，其真義的所在，我們後人二千年來都沒有弄得很明白。那是很可惜的，因為《詩經》可能是唯一的一本古籍保存了孔子時的原貌，或者很大部分的原貌，如果我能瞭解到他與弟子間是怎樣解讀《詩經》，會大大地增進我們對他教學的認識。

如果我們把《詩經》的雛形本的編就放在周初的話，則那個時期還存在二個古籍的雛本，一是《易經》，一是《書經》。其中以《易經》的雛形本可能最早。如果《周禮》與鄭玄的《易贊》關於《易經》前身的《連山》與《歸藏》的說法是可信的話，雛形本一直可以追溯到夏商二代，那可能是中國最古老的一本書。不過這本書是經過抽芽長莖生葉的過程的，每一階段都有不同的面貌。孔子時的《易經》一定和我們今天所看到的《易經》不一樣，雖然有的人不相信孔子「述而不作」的自述，強說他作《十翼》，但拿不出什麼文獻來證明。大概自從有人類文明的開始，就有占卜算命的存在，那是人類存在的一個原生性的心理需求，因為我們沒有人知道明天會怎樣，而我們心理上的安全感驅使我們去知道我們的將來。在甲卜與筮卜之前，中國人的原始占卜是怎樣的，我們目前不清楚。我們如果接受周文王是六十四卦筮卜的完成者，則在他之前的二三千年間，已有六個爻的重卦的發明，與相應的象辭與爻辭的產生，導致筮卜的產生。由於六個爻的重卦象徵私有制與階級社會的產生[167]，筮卜因而被用來預測或推算一個人的貧富的機緣與社會地位的升遷。在周文王之前，六十四個重卦可能並不齊全，經他以實物排列組合之後，完成合乎數理的完美的周而復始的卦象，創造了新的文化典範，提升了筮卜在神祇溝通上的地位。與神祇溝通的祭祀是國家頭等大事，是禮最重要的一部分。對禮著了迷的孔子不可能對祭祀缺乏通盤性的認識，不可能對與祭祀連結在一起的筮卜缺乏瞭解的。也等於說，孔子對六十四卦的推演與相應的象辭與爻辭應該是能滾瓜爛熟地運用的，不可能到了五十歲再去學習《易經》的[168]。連陽虎那樣的權臣對筮卜也能說得一個頭頭是道[169]，難道孔子還不如陽虎嗎？

由於《左傳》有多處記載了筮卜與繫詞的解讀，有可能孔子時《易》的繫詞與今天《易經》繫詞有相類似的地方，這還有待我們專家學者進一步的探討。今天的《易經》可能保留了孔子時《易》的一些繫詞文字，但今天的《書經》大概保留了非常少孔子時《書》的原文原味，但這並不表示今天的《尚書》不是有古文獻做為根據的。我們由於太堅持千古承傳的原文原味，對意譯（paraphrase）性的把上古文寫成漢朝或南北朝的文字就冠以「偽經」的稱謂。「偽」可以是非原來文字面目之意，但並不能排除它保留了原文獻的真意。我們且以中東的希伯來文化的《舊約聖經》為例，它被譯成拉丁文，還是當經典來讀，雖然希伯來歷史有濃厚的宗教色彩，但被意譯成為一種文字並不減少它的權威性。因此今日的《尚書》如果只是在意譯上古文的《書》，則應該不失它的權威性的。問題在：《尚書》是不是忠實的意譯呢？這還有待專家學者的考訂。另外一個問題：孔子時是否有《書》的存在？若書指一種典籍，則其存在是待考訂的；若書是一個普通名詞，指有關歷史的文獻，則書是一定存在的。孔子必定是有歷史文獻的根據，才會作出這樣的評論的：「修己以安百姓，堯舜其猶病諸。」（《一四・四二》）連孔子的學生子貢要大家不要太相信周室對桀紂抹黑的宣傳時，說：「紂之不善，不如是之甚也。」（《一九・二〇》）相信也是有文獻為根據的，至於孔子是如何與學生解讀歷史文獻的，則待考。

《論語》沒有談到《春秋經》，從今天的《三傳》中的《春秋經》來看，那是每年的大事記，我們相信這反映了孔子研究歷史的方法，那就是先弄明白年分與發生過的事，再討論「歷史事實」的意義或解讀。另一方面，孔子並沒有停留在史實的記載就算了，他是有討論歷史與歷史人物的，這從《論語》中就可以看到。在教學上、他大概是先要弟子認識了史實，才進行討論的。

在文科的「禮樂書」之外，孔子還教工科的「數」與軍事方面的「射御」，孔子那時已有籌算，但他是怎樣教學的，則不明確，數與經濟有關，他的富民政策必有經濟的資料，這從他與冉有的對話就能知道[170]。我們上面提到數與天文音樂有關，數與軍事上糧草的屯積與運輸有關，與軍隊的編制與打仗時軍隊的列陣有關，孔子是如何教學的則不明確。

射御是孔子七十二個入門弟子都能勝任的事，孔子弟子雖出身窮家庭，但可能有一部分是能擁有弓箭的，可能是土製的弓箭。因為他那時統治者還未圈禁山林為己有，一般人還能在山野林間打獵捕魚，是他們肉食的一個主要來源。但軍事上需要的乃是精良的強弓和利箭，孔子是怎樣得到這些武器，還待考。比武器更難得到的是馬車，孔子可能要在三十六歲後，通過孟懿子與南宮敬叔的幫助，才能借到馬車來教導弟子的。不獨他入門的七十二弟子能御車駕，連名字不在七十二弟子之列的周邊弟子也是能御駕馬車的[171]。

【注釋】

①李啟謙：《孔子居衛之謎——兼談魯、衛文化的異同》（楊朝明，修建軍主編：《孔子與孔門弟子研究》濟南：齊魯書社出版社，二〇〇四年版），頁二九九—三一四。

②見本書〈孔子生平〉年表。

③見《左傳．昭公二十年》。

④文種，是楚一個縣邑的邑宰，為范蠡所勸，離楚赴越，助越王句踐建立越國，最後滅吳。有政治外交才能。但才高遭忌，在滅吳大功告成後，為句踐逼死。

⑤《史記．仲尼弟子列傳》載：「子路為蒲大夫，辭孔子。」又載：「子路為衛大夫孔悝之邑宰。」《孔子家語．致思》載：「子路為蒲宰。」《說苑．臣術》載：「子路為蒲令。」

⑥《孔子家語．致思》載：「季羔為衛之士師。」

⑦關於冉求，《史記．仲尼弟子列傳》載：「冉求……為季氏宰。」關於子路，《左傳．定公十二年》載：「仲由為季氏宰。」《史記．孔子世家》載：「（孔子）使仲由為季氏宰。」《史記．仲尼弟子列傳》載：「子路為季氏宰。」《禮記．禮器篇》載：「子路為季氏宰。」

⑧《左傳．哀公八年》載：「微虎欲宵攻王舍，私屬徒七百人，三踊於幕庭，卒三百人，有若與焉。……。吳子聞之，一夕三遷。」

⑨《左傳．哀公十一年》載：「樊遲為右。……。樊遲曰：『非不能也，不信子也，請三刻而逾之。』如之，眾從之。師入齊軍。」

⑩原文：「仲弓為季氏宰，問政。」（《一三．二》）

⑪原文：「子夏為莒父宰，問政。」（《一三．一七》）

⑫原文：「子游為武城宰。」（《六．一四》）《史記．仲尼弟子列傳》載：「子游既已受業，為武城宰。」

⑬《韓詩外傳》卷二：「子賤治單父，彈鳴琴，身不下堂，而單父治。巫馬期以星出，以星入，日夜不處，以身親之，而單父亦治。」《史記．仲尼弟子列傳》載：「子賤為單父宰。」

⑭《禮記．檀弓下》載：「聞子皋（羔）將為成宰。」

⑮《孟子．公孫丑下》曰：「豈謂是與！曾子曰：『晉、楚之富，不可及也。彼以其富，我以吾仁；彼以其爵，我以吾義，吾何慊乎哉？』夫豈不義而曾子言之？是或一道也。天下有達尊者三：爵一，齒一，德一。朝廷莫如爵，鄉黨莫如齒，輔世長民莫如德，惡得有其一以慢其二哉？」《荀子．儒效第八》曰：「故君子無爵而貴，無祿而富，不言而信，不怒而威，窮處而榮，獨居而樂，豈不至尊、至富、至重、至嚴之情舉積此哉？」

又曰：「彼大儒者，雖隱於窮閻漏屋，無置錐之地，而王公不能與之爭名。」又《荀子．王制第九》：「雖王公士大夫之子孫也，不能屬於禮義，則歸之庶人。雖庶人之子孫也，積文學，正身行，能屬於禮義，則歸之卿相士大夫。」

⑯《淮南子．齊俗訓》載：「故公西華之養親也，若與朋友處；曾參之養親也，若事嚴主烈君；其於養，一也。」

⑰原文：「子曰：『孝哉閔子騫！人不間於其父母昆弟之言。』」（《一一．五》）

⑱《孔子家語．六本》載：「曾子耘瓜，誤斬其根。曾皙怒，建大杖以擊其背。」

⑲《孟子．離婁上》載：「孟子曰：『勢不行也，教者必以正；以正不行，繼之以怒。繼之以怒，則反夷矣。「夫子教我以正，夫子未出於正也。」則是父子相夷也。父子相夷，則惡矣。古者易子而教之。父子之間不責善。責善則離，離則不祥莫大焉。』」

⑳據《荀子．大略》：「子貢、季路，故鄙人也。」該章《荀子》疑為漢人所寫。又據《尸子上篇．勸學》：「是故子路、卞之野人，子貢、衛之賈人，顏涿聚、盜也，顓孫師、駔也。孔子教之，皆為顯士。」《韓詩外傳》卷八：「夫子路、卞之野人也，子貢、衛之賈人也，皆學問於孔子，遂為天下顯士。」

㉑見前注⑤和前注⑦。

㉒原文：「子路問成人。子曰：『若臧武仲之知，公綽之不欲，卞莊子之勇，冉求之藝，文之以禮樂，亦可以為成人矣！』曰：『今之成人者何必然？見利思義，見危授命，久要不忘平生之言，亦可以為成人矣！』」（《一四．一二》）

㉓原文：「子曰：『片言可以折獄者，其由也與？』子路無宿諾。」（《一二．一二》）

㉔《史記．仲尼弟子列傳》載：「子路性鄙，好勇力，志伉直，……，陵暴孔子。」

㉕《左傳・定公十二年》載：「仲由為季氏宰，將墮三都。」

㉖原文：「子路使子羔為費宰。子曰：『賊夫人之子！』子路曰：『有民人焉！有社稷焉，何必讀書，然後為學？』子曰：『是故惡夫佞者。』」

㉗原文：「子路使子羔為費宰。」（《一一・二五》）《禮記・檀弓下》：「聞子皐將為成宰。」《史記・仲尼弟子列傳》載：「子路使子羔為費郈宰。」《孔子家語・致思》：「高柴，……，見知名於孔子之門，仕為武城宰。」並參見前注⑥，《孔子家語》語。

㉘此根據傳說，我們存疑。

㉙洮，山東鄄城西南。

㉚見《史記・孔子世家》。

㉛《孟子・萬章下》載：「孔子有見行可之仕，有際可之仕，有公養之仕。於季桓子，見行可之仕也；於衛靈公，際可之仕也；於衛孝公，公養之仕也。」

㉜《史記・仲尼弟子列傳》載：「於是子路欲燔臺，蕢聵懼，乃下石乞、壺黶攻子路，擊斷子路之纓。子路曰：『君子死而冠不免。』遂結纓而死。」

㉝《禮記・檀弓上》載：「孔子哭子路於中庭，有人弔者而夫子拜之。既哭，進使者而問故。使者曰：『醢之矣。』遂命覆醢。」

㉞推測而來。據《史記・仲尼弟子列傳》：「路者，顏回父。父子嘗各異時事孔子。」李啟謙先生認為，具有能長期陪伴孔子的條件，說明顏路顏回父子不會是一無所有。又《六・六》孔子有言：「賢哉回也！一簞食，一瓢飲，在陋巷，人不堪其憂，回也不改其樂。賢哉回也！」，說明他們的生活還是比較貧寒的。據此推測顏路

父子二人皆出身貧民（李啟謙：《孔門弟子研究》，頁二一）。

㉟《史記・仲尼弟子列傳》載：「回年二十九，髮盡白。蚤（早）死。」

㊱見《六・一一》。亦見《史記・仲尼弟子列傳》。

㊲《二・九》原文：「子曰：『吾與回言終日，不違，如愚。退而省其私，亦足以發，回也不愚。』」又據《史記・仲尼弟子列傳》載：「（孔子曰：）回也如愚；退而省其私，亦足以發，回也不愚。」

㊳《五・九》原文：「子謂子貢曰：『女與回也孰愈？』對曰：『賜也何敢望回？回也聞一以知十，賜也聞一以知二。』子曰：『弗如也。吾與女，弗如也。』」又據《史記・仲尼弟子列傳》載：「子貢利口巧辭，孔子常黜其辯。問曰：『汝與回也孰愈？』對曰：『賜也何敢望回！回也聞一以知十，賜也聞一以知二。』」

㊴推測而來。參見前注㉞。

㊵見《一一・八》。亦見《史記・仲尼弟子列傳》。

㊶原文：「顏淵死，門人欲厚葬之，子曰：『不可。』門人厚葬之。子曰：『回也視予猶父也，予不得視猶子也。非我也，夫二三子也。』」（《一一・一一》）

㊷《春秋》為我國第一部編年史著作，為孔子據魯史而記述，起自魯隱西元年（前七二二），下迄魯哀公十四年（前四八一）。其中，魯哀公十四年之前為之後兩年為其門人續述。魯哀公十五年（前四八〇）至二十七年（前四六八），有傳無經。《史記・十二諸侯年表序》載：「是以孔子明王道，於七十餘君莫能用，故西觀周室，論史記舊聞，興於魯而次春秋。」

㊸《春秋・哀公十四年》載：「十有四年春，西狩獲麟。」又載：「十四年春，西狩於大野，叔孫氏之車子鉏商獲麟，以為不祥，以賜虞人。仲尼觀之，曰：『麟也。』然後取之。」《公羊傳・哀公》載：「西狩獲麟。孔

子曰：『吾道窮矣。』」《史記．孔子世家》載：「魯哀公十四年春，狩大野。叔孫氏車子鉏商獲獸，以為不祥。仲尼視之，曰：『麟也。』取之。曰：『河不出圖，雒不出書，吾已矣夫！』顏淵死，孔子曰：『天喪予！』及西狩見麟，曰：『吾道窮矣！』」我們對獲麟說，置疑。

㊹見前注⑳，參見《荀子》語以及《韓詩外傳》語。關於子貢的出身似是從其生平活動，推測其為賈人出身。子貢父是否商人階級，則待考。

㊺《史記．仲尼弟子列傳》載：「子貢……常相魯衛。」又：「子貢相衛。」《史記．貨殖列傳》載：「子貢既學於仲尼，退而仕於衛，廢著鬻財於曹、魯之間。」《說苑．政理》載：「子貢為信陽令，辭孔子而行。」《孔子家語．辯政》載：「子貢為信陽宰。」

㊻《一．一○》原文：「子禽問於子貢曰：『夫子至於是邦也，必聞其政，求之與？抑與之與？』子貢曰：『夫子溫、良、恭、儉、讓以得之。夫子之求之也，其諸異乎人之求之與？』」那表示孔子能帶著學生進出統治者的朝會高堂。

㊼原文：「子曰：『回也其庶乎屢空。賜不受命而貨殖焉，億則屢中。』」（《一一．一九》）

㊽同上。

㊾《說苑．雜言》載：「孔子曰：『丘死之後，商也日益，賜也日損；商也好與賢己者處，賜也好說不如己者。』」亦見《孔子家語》載。《孔子家語．六本》：「孔子曰：『吾死之後，則商也日益，賜也日損。』曾子曰：『何謂也？』子曰：『商也好與賢已者處，賜也好說不若已者。……。』」

㊿見《史記．孔子世家》。亦見《禮記．檀弓上》。

(51)《史記．孔子世家》載：「孔子葬魯城北泗上，弟子皆服三年。三年心喪畢，相訣而去，則哭，各複盡哀；或複留。唯子贛廬於塚上，凡六年，然後去。」

㊾《一・一一》原文：「子曰：『父在，觀其志；父沒，觀其行；三年無改於父之道，可謂孝矣。』」

㊿原文：「子貢欲去告朔之餼羊。子曰：『賜也，爾愛其羊，我愛其禮。』」（《三・一七》）

54《史記・仲尼弟子列傳》載：「子貢好廢舉，於時轉貨貲。喜揚人之美，不能匿人之過，常相魯衛，家累千金，卒終於齊。」

55據《孔子家語》卷九〈七十二弟子解〉：「冉求，字子有，仲弓之宗族，少孔子二十九歲。」又據《史記・仲尼弟子列傳》：「仲弓父，賤人。」以及據《六・六》：「子謂仲弓曰：『犁牛之子騂且角，雖欲勿用，山川其舍諸。』」犁牛為耕田之牛，故象徵農耕賤人。乃由冉雍（即仲弓）的出身推測而來。

56見前注㉞。

57《一一・二四》原文：「季子然問：『仲由、冉求，可謂大臣與？』子曰：『吾以子為異之問，曾由與求之問。所謂大臣者，以道事君，不可則止。今由與求也，可謂具臣矣。』曰：『然則從之者與？』子曰：『弒父與君，亦不從也。』」

58見孔門重要弟子子貢條。

59見文本年表前四八四年的記述。

60《史記・孔子世家》載：「孔子曰：『歸與歸與！吾黨之小子狂簡，進取不忘其初。』於是孔子去陳。」又載：「是日，孔子曰：『歸乎歸乎！吾黨之小子狂簡，斐然成章，吾不知所以裁之。』」

61同前注57。

62原文：「子路、曾皙、冉有、公西華侍坐。子曰：『以吾一日長乎爾，毋吾以也。居則曰：「不吾知也！」如或知爾，則何以哉？』……『求，爾何如？』對曰：『方六七十，如五六十，求也為之，比及三年，可使足民；如其禮樂，以俟君子。』」（《一一．二六》）

⑥③原文：「子適衛，冉有僕。子曰：『庶矣哉！』冉有曰：『既庶矣，又何加焉？』曰：『富之。』曰：『既富矣，又何加焉？』曰：『教之。』」（《一三．九》）

⑥④見前注⑤⑤。參考《史記．仲尼弟子列傳》及《六．六》語。

⑥⑤見前注⑩。

⑥⑥原文：「仲弓為季氏宰，問政。子曰：『先有司，赦小過，舉賢才。』曰：『焉知賢才而舉之？』子曰：『舉爾所知；爾所不知，人其舍諸？』」（《一三．二》）

⑥⑦《史記．仲尼弟子列傳》載：「宰我為臨菑大夫，與田常作亂，以夷其族，孔子恥之。」但太史公把人弄混了，可能連宰我的官職也弄混了。

⑥⑧據《說苑．立節》：「曾子衣弊衣以耕，魯君使人往致邑焉，曰：『請以此修衣。』曾子不受。」又據《孔子家語．六本》：「曾子耘瓜，誤斬其根。」故象徵農耕賤人。

⑥⑨《韓詩外傳》卷一：「曾子仕於莒，得粟三秉，方是之時，曾子重其祿而輕其身；親沒之後，齊迎以相，楚迎以令尹，晉迎以上卿，方是之時，曾子重其身而輕其祿。」又《韓詩外傳》卷七：「曾子曰：『故吾嘗仕齊為吏，祿不過鐘釜，尚猶欣欣而喜者，非以為多也，樂其逮親也。既沒之後，吾嘗南游於楚，得尊官焉，堂高九仞，榱題三圍。轉轂百乘，猶北鄉而泣涕者，非為賤也，悲不逮吾親也。』」

⑦⓪原文：「柴也愚，參也魯，師也辟，由也喭。」（《一一．一八》）

⑦①見《大戴禮記．曾子天圓》。

(72)《孟子．滕文公上》：「昔者孔子沒，……，子夏、子張、子游，以有若似聖人，欲以所事孔子事之，強曾子。曾子曰：『不可。江、漢以濯之，秋陽以暴之，皓皓乎不可尚已！』」Mircea Eliade, *Shamanism: Archaic Techniques of Ecstasy*, trans. from the French by Willard R. Trask (Arkana: Penguin Books, 1964), pp. 495-507.

(73)原文：「曾子曰：『吾日三省吾身：為人謀而不忠乎？與朋友交而不信乎？傳而不習乎？』」《禮記．中庸》：「誠者，物之終始，不誠無物；是故君子誠之為貴。」（《一．四》）

(74)參見前注(68)，據其子曾參的生活狀況推測而來。

(75)原文：「子路、曾皙、冉有、公西華侍坐。子曰：『以吾一日長乎爾，毋吾以也。居則曰：「不吾知也！」如或知爾，則何以哉？』……『點，爾何如？』……曰：『莫春者，春服既成；冠者五六人，童子六七人，浴乎沂，風乎舞雩，詠而歸。」』夫子喟然歎曰：『吾與點也！』……」（《一一．二六》）

(76)見前注⑧。

(77)見王緇塵講述，鎮海董文校訂：《論語（讀本）》，香港：廣智書局，出版日期不明，第三頁。

(78)同前注(72)。

(79)《史記．仲尼弟子列傳》載：「孔子既沒，弟子思慕。有若狀似孔子，弟子相與共立為師，師之如夫子時也。他日，弟子進問曰：『昔夫子當行，使弟子持雨具，已而果雨。弟子問曰：「夫子何以知之？」夫子曰：「詩不云乎？『月離於畢，俾滂沱矣。』昨暮月不宿畢乎？」他日，月宿畢，竟不雨。商瞿年長無子，其母為取室。孔子使之齊，瞿母請之。孔子曰：「無憂，瞿年四十後當有五丈夫子。」已而果然。問夫子何以知此？』有若默然無以應。弟子起曰：『有子避之，此非子之座也！』」

(80)原文：「哀公問於有若曰：『年饑，用不足，如之何？』有若對曰：『盍徹乎！』曰：『二，吾猶不足；如之

何其徹也？』對曰：『百姓足，君孰不足？百姓不足，君孰與足？』」（《一二．九》）

(81)據《荀子．大略》：「子夏家貧，衣若縣鶉。」

(82)見前注⑪。

(83)《說苑．雜言》載：「孔子將行，無蓋。弟子曰：『子夏有蓋，可以行。』孔子曰：『商之為人也，甚短於財。吾聞與人交者，推其長者，違其短者，故能久長矣。』」《孔子家語》亦載：「孔子將行，雨而無蓋。門人曰：『商也有之。』孔子曰：『商之為人也，甚吝於財。吾聞與人交，推其長者，違其短者，故能久也。』」

(84)見《韓詩外傳》卷六所載。

(85)《韓非子．喻老》載：「子夏見曾子。曾子曰：『何肥也？』對曰：『戰勝，故肥也。』曾子曰：『何謂也？』子夏曰：『吾入見先王之義則榮之，出見富貴之樂又榮之，兩者戰於胸中，未知勝負，故臞。今先王之義勝，故肥。』是以志之難也，不在勝人，在自勝也。故曰：『自勝之謂強。』」

(86)語出《後漢書．鄧張徐張胡列傳》。

(87)《一．七；二．八；三．八；六．一三；一一．三、一一．一六；一二．五、一二．二二；一三．一七；一九．三—一三》。參見李零：《喪家狗——我讀〈論語〉》（太原：山西出版集團．山西人民出版社，二〇〇七年版）〈附錄〉頁八七。

(88)《論語》原文：「子夏問曰：『「巧笑倩兮，美目盼兮，素以為絢兮。」何謂也？』子曰：『繪事後素。』曰：『禮後乎？』子曰：『起予者商也，始可與言《詩》矣。』」（《三．八》）

(89)據《呂氏春秋．尊師》：「子張、魯之鄙家也，顏涿聚、梁父之大盜也，學於孔子。」又據《尸子》：「是故子路、卞之野人，子貢、衛之賈人，顏涿聚、盜也，顓孫師、駔也。孔子教之，皆為顯士。」

⑨⓪《二・一八、二・二三；五・一九；一一・一六、一一・一八、一一・二〇；一二・六、一二・一〇、一二・一四、一三・二〇；一四・四〇；一五・六、一五・四二；一七・六；一九・一—三；二〇・二》。參見李零：《喪家狗——我讀〈論語〉》（太原：山西出版集團・山西人民出版社，二〇〇七年版）〈附錄〉頁八九。

⑨①原文：「子張曰：『士見危致命，見得思義，祭思敬，喪思哀，其可已矣。』」說明子張具有勇武精神。（《一九・一》）

⑨②見前注⑫。

⑨③原文：「子之武城，聞弦歌之聲。夫子莞爾而笑，曰：『割雞焉用牛刀？』子游對曰：『昔者偃也聞諸夫子曰：「君子學道則愛人，小人學道則易使也。」』子曰：『二三子！偃之言是也。前言戲之耳！』」（《一七・四》）

⑨④《史記・仲尼弟子列傳》載：「澹台滅明，武城人，字子羽。少孔子三十九歲。狀貌甚惡。欲事孔子，孔子以為材薄。……。孔子聞之，曰：『吾以言取人，失之宰予；以貌取人，失之子羽。』」

⑨⑤推測而來。李啟謙先生認為，澹台滅明的父親與武城長官為好友，他自己和身為「武城宰」的子游也有往來，據此推測其出身應為士人（李啟謙：《孔門弟子研究》，頁一五一）。

⑨⑥見子路條。見前注㉖。

⑨⑦同前注㉗。

⑨⑧推測而來。據《六・六》：「子華使於齊，冉子為其母請粟。子曰：『與之釜。』請益。曰：『與之庾。』冉子與之粟五秉。子曰：『赤之適齊也，乘肥馬，衣輕裘。吾聞之也：君子周急不繼富。』」李啟謙先生認為，

冉求僅僅是給了公西赤母親較多的小米，孔子就提出「君子周急不繼富」的批評，由此推斷，公西赤的家庭應該算是比較富裕的（李啟謙：《孔門弟子研究》，頁二〇七）。

(99) 見前注⑯。

(100) 見前注⑨。

(101) 原文：「樊遲請學稼。子曰：『吾不如老農。』請學為圃。曰：『吾不如老圃。』樊遲出，子曰：『小人哉，樊須也！上好禮，則民莫敢不敬；上好義，則民莫敢不服；上好信，則民莫敢不用情。夫如是，則四方之民襁負其子而至矣，焉用稼？』」（《一三・四》）

(102) 原文：「季氏使閔子騫為費宰。閔子騫曰：『善為我辭焉！如有復我者，則吾必在汶上矣。』」（《六・九》）

(103) 據《墨子・非儒篇》：「孔丘所行，心術所至也。其徒屬弟子皆效孔丘，……，漆雕刑殘，莫大焉。」又據《孔叢子・詰墨篇》：「且漆雕開刑殘，非行己之致，何傷於德哉！」

(104) 原文：「子使漆雕開仕。對曰：『吾斯之未能信。』子說。」（《五・六》）

(105) 據《孔子家語》卷九〈七十二弟子解〉：「冉雍，字仲弓，伯牛之宗族。」參見前注㉖，伯牛與仲弓既為同宗，可由仲弓出身推測而來。

(106) 《史記・仲尼弟子列傳》載：「商瞿，魯人，字子木。少孔子二十九歲。孔子傳《易》於瞿，瞿傳楚人馯臂子弘，弘傳江東人矯子庸疵，疵傳燕人周子家豎，豎傳淳于人光子乘羽，羽傳齊人田子莊何，何傳東武人王子中同，同傳菑川人楊何。何元朔中以治《易》為漢中大夫。」

(107) 同上。

(108)見許道勳，徐洪興：《中國經學史》，上海：上海人民出版社，二〇〇六年版，頁二一—三。

(109)見前注⑬。

(110)同上。又《呂氏春秋・察賢》載：「巫馬期則不然，弊生事精，勞手足，煩教詔，雖治猶未至也。」

(111)《韓詩外傳》卷二載：「子路與巫馬期薪於韞丘之下，陳之富人有處師氏者，脂車百乘，觴於韞丘之上。子路與巫馬期曰：『使子無忘子之所知，亦無進子之所能，得此富，終身無復見夫子，子為之乎？』巫馬期喟然仰天而嘆，闔然投鐮於地，曰：『吾嘗聞之夫子：「勇士不忘喪其元，志士仁人不忘在溝壑」，子不知予與？試予與？意者其志與？』子路心慚，故負薪先歸。」

(112)見前注⑬。

(113)原文：「原思為之宰，與之粟九百，辭。子曰：『毋！以與爾鄰里鄉黨乎！』」（《六・五》）（*）b17

(114)同上。

(115)見公西赤條。

(116)見子貢條。

(117)同上。

(118)同上。

(119)據《史記・游俠列傳》：「季次、原憲終身空室蓬戶，褐衣疏食不厭。」推測為貧民。

(120)《史記・仲尼弟子列傳》載：「孔子曰：『天下無行，多為家臣，仕於都；唯季次未嘗仕。』」《索隱》引《孔子家語》注云：「未嘗屈節為人臣，故子特賞嘆之。」《孔子家語・七十二弟子解》原文載：「公析哀，齊人，字季沉，鄙天下多仕於大夫家者，是故未嘗屈節人臣，孔子特嘆貴之。」

⑫1見前注⑪3。

⑫2見《史記・游俠列傳》。

⑫3同上。

⑫4《史記・孔子世家》載：「弟子有公良孺者，以私車五乘從孔子。其為人長賢，有勇力。」春秋時代能有私車五乘，說明其出身非貴必顯。

⑫5《史記・孔子世家》載：「（公良孺）謂曰：『吾昔從夫子遇難於匡，今又遇難於此，命也已。吾與夫子再罹難，寧鬥而死。』鬥甚疾。」

⑫6《史記・孔子世家》載：「孔子遂適衛。子貢曰：『盟可負邪？』孔子曰：『要盟也，神不聽。』」

⑫7原文：「子禽問於子貢曰：『夫子至於是邦也，必聞其政，求之與？抑與之與？』子貢曰：『夫子温、良、恭、儉、讓以得之。夫子之求之也，其諸異乎人之求之與？』」（《一・一〇》）

⑫8原文：「陳亢問於伯魚曰：『子亦有異聞乎？』對曰：『未也。嘗獨立，鯉趨而過庭。曰：「學詩乎？」對曰：「未也。」「不學詩，無以言！」鯉退而學詩。他日，又獨立，鯉趨而過庭。曰：「學禮乎？」對曰：「未也。」「不學禮，無以立！」鯉退而學禮。聞斯二者。』陳亢退而喜曰：『問一得三：聞詩，聞禮。又聞君子遠其子也。』」（《一六・一三》）

⑫9原文：「陳子禽謂子貢曰：『子為恭也，仲尼豈賢於子乎？』」（《一九・二五》）

⑬0《左傳・哀公十四年》載：「司馬牛致其邑與珪焉，而適齊。向（桓）魋出於衛地，公文氏攻之，求夏後氏之璜焉。與之他玉，而奔齊，陳成子使為次卿。司馬牛又致其邑焉，而適吳。吳人惡之，而反。」杜預（二二二—二八四）注：「牛，桓魋弟也。」由其兄桓魋的貴族身分推測而來。

(131)《一二・三》：「司馬牛問仁。子曰：『仁者，其言也訒。』曰：『其言也訒，斯謂之仁已乎？』子曰：『為之難，言之得無訒乎？』」

(132)仲孫氏，魯國三桓之一，貴族。

(133)郈，今山東東平縣。

(134)成，今山東甯陽北。

(135)原文：「孔子曰：『君子有三畏：畏天命，畏大人，畏聖人之言。小人不知天命而不畏也，狎大人，侮聖人之言。』」（《一六・八》）

(136)原文：「孟懿子問孝。子曰：『無違。』樊遲御，子告之曰：『孟孫問孝於我，我對曰：「無違」。』樊遲曰：『何謂也？』子曰：『生，事之以禮；死，葬之以禮，祭之以禮。』」（《二・五》）

(137)原文：「孟武伯問孝。子曰：『父母，唯其疾之憂。』」（《二・六》）

(138)為魯三桓孟僖子之子。《史記・孔子世家》有云：「及釐（僖）子卒，懿子與魯人南宮敬叔往學禮焉。」

(139)《史記・孔子世家》載：「魯南宮敬叔言魯君曰：『請與孔子適周。』魯君與之一乘車，兩馬，一豎子俱，適周問禮，蓋見老子云。」

(140)《左傳・哀公三年》載：「夏五月辛卯，司鐸火。火逾公宮，桓、僖災。救火者皆曰：『顧府。』南宮敬叔至，命周人出御書，俟於宮，曰：『庀女而不在，死。』……。季桓子至，御公立於象魏之外，命救火者傷人則止，財可為也。命藏《象魏》，曰：『舊章不可亡也。』」

(141)《禮記・檀弓上》：「（有子曰：）南宮敬叔反，必載寶而朝。夫子曰：『若是其貨也！喪不如速貧之愈也。』喪之欲速貧，為敬叔言之也。」

⑭②孔子之侄子，據孔子身分推測而來。

⑭③原文：「子謂公冶長：『可妻也。雖在縲絏之中，非其罪也。』以其子妻之。」（《五・一》）

⑭④同上。

⑭⑤原文：「子謂南容：『邦有道，不廢；邦無道，免於刑戮。』」（《五・二》）

⑭⑥原文：「南宮適問於孔子曰：『羿善射，奡蕩舟，俱不得其死然。禹稷躬稼而有天下。』夫子不答。南宮適出。子曰：『君子哉若人！尚德哉若人！』」（《一四・五》）

⑭⑦原文：「以其兄之子妻之。」《一一・六》：「南容三復白圭，孔子以其兄之子妻之。」（《五・二》）

⑭⑧孔子之子，據孔子身分推測而來。

⑭⑨《史記・孔子世家》載：「孔子生鯉，字伯魚。伯魚年五十，先孔子死。伯魚生伋，字子思，年六十二。嘗困於宋。子思作中庸。子思生白，字子上，年四十七。子上生求，字子家，年四十五。子家生箕，字子京，年四十六。子京生穿，字子高，年五十一。子高生子慎，年五十七，嘗為魏相。子慎生鮒，年五十七，為陳王涉博士，死於陳下。鮒弟子襄，年五十七。嘗為孝惠皇帝博士，遷為長沙太守。長九尺六寸。子襄生忠，年五十七。忠生武，武生延年及安國。安國為今皇帝博士，至臨淮太守，蚤卒。安國生卬，卬生驩。」李零先生整理孔子後七代的譜系如下：孔丘（字仲尼，前五五一—四七九）——孔鯉（字伯魚，前五三二—四八三）——孔伋（字子思，前四八三—四〇二）——孔白（或孔帛，字子上）——孔求（字子家）——孔箕（字子京）——孔穿（字子高，前三一二—二六二）——孔謙（字子慎或子順，魏相，前二九三—二三七）（李零：《喪家狗——我讀〈論語〉》，太原：山西出版集團・山西人民出版社，二〇〇七年版，〈附錄〉頁七三。）

⑮⓪西元前四八四年。見《左傳・哀公十一年》。

151 《論衡》，東漢王充（二七—九七？）著。

152 《論衡・講瑞》載：「少正卯在魯與孔子並。孔子之門，三盈三虛，唯顏淵不去。」

153 見《史記・孔子世家》。

154 李啟謙：《孔門弟子研究》，濟南：齊魯書社出版社，一九八七年版。

155 李零：《喪家狗——我讀〈論語〉》，太原：山西出版集團・山西人民出版社，二〇〇七年版。

156 例如在分析曾子的經濟生活狀況時，引用《說苑・立節》中「曾子衣蔽衣以耕」語。但所引書名《說苑・立節》，誤作《說苑・立本》（頁一三五）。

157 原文：「弒父與君，亦不從也。」（《一一・二四》）

158 原文：「子曰：『善人教民七年，亦可以即戎矣。』」（《一三・二九》）

159 《一七・二二》原文：「不有博弈者乎？為之猶賢乎已。」

160 《二・一五》原文：「子曰：『學而不思則罔，思而不學則殆。』」

161 見李學勤：《簡帛佚籍與學術史》，江西：江西教育出版社，二〇〇一年版，關於「對古書的反思」的討論（頁二八—三四）。又參考：李零：《簡帛古書與學術源流》（修訂本），北京：生活・讀書・新知三聯書店，二〇〇八年版，關於「商代西周戰國文書分類」的討論（頁六九—七三）與關於「古代文字的分類」的討論（頁五八—六八）。

162 《論語》原文：「子曰：『先進於禮樂，野人也；後進於禮樂，君子也。如用之，則吾從先進。』」（《一一・一》）

163 見夏野：《中國古代音樂史簡編》，上海：上海音樂出版社，一九八九年版，頁二六—二九。又 Robert Tem-

ple, *The Genius of China*, forwarded by Joseph Needham, rev. ed., 2007, (Rochester, Vermont: Inner Traditions, 1986); pp. 220-39. 對十二律的討論。

⑯④ 請參考：任繼愈：《老子譯讀》，北京：北京圖書館出版社，二〇〇六年版，頁一—二。李零：《郭店楚簡校讀記（增訂本）》，北京：中國人民大學出版社，二〇〇七年版，頁一—九。尹振環：《帛書老子再疏義》，北京：商務印書館，二〇〇七年版，頁一—一一。杜維明：《杜維明文集》（第伍卷），武漢：武漢出版社，二〇〇二年版，頁五七—六一。

⑯⑤ 《史記．孔子世家》載：「孔子以詩書禮樂教，弟子蓋三千焉，身通六藝者七十有二人。」

⑯⑥ 見《文心雕龍．章句》。

⑯⑦ 見本書〈孔子所承傳的文化與思想：論伏羲八卦與文王易象的意義〉一文。

⑯⑧ 《七．一七》原文：「子曰：『加我數年，五十以學《易》，可以無大過矣。』」

⑯⑨ 《左傳．哀公九年》載：「晉趙鞅卜救鄭，遇水適火，占諸史趙、史墨、史龜。……。陽虎以《周易》筮之，遇《泰》之《需》，曰：『宋方吉，不可與也。微子啟，帝乙之元子也。宋、鄭，甥舅也。祉，祿也。若帝乙之元子歸妹，而有吉祿，我安得吉焉？』乃止。」

⑰⓪ 《一一．二六》原文：「（子曰：）『求，爾何如？』（冉有）對曰：「方六七十，如五六十，求也為之，比及三年，可使足民；如其禮樂，以俟君子。」……。（曾皙曰：）『唯求則非邦也與？』（子曰：）『子安見方六七十如五六十而非邦也者？』」

⑰① 見《史記．孔子世家》：「將適陳，過匡，顏刻為僕，以其策指之曰：『昔吾入此，由彼缺也。』」顏刻不入孔門七十二弟子之列。

四、孔子所承傳的文化與思想

導論

說孔子所傳承的是禮教文化，而且是具有中國特色的禮教文化，這個說法相信大家都不會不同意的。這個禮教文化，以及孔子之前反禮傳統的世界觀、價值觀與思維法則也因此是我們想探討的題目。

在探討這些題目之前，讓我們看看這個文化是怎樣產生而來的呢？這又可以分為歷史真實性的發展，與我們祖先是用何種視角來認識或記憶這段歷史的。對於前者，因為缺乏考古證據，還在探索時期，缺乏明確的結論。至於後者，我們祖先有一定程度的記載與論說。根據《禮記・婚儀》的說法是這樣的：「昏禮者，禮之本也。」也就是說，禮文化起始於婚禮這個制度的發明，而婚禮這個制度，又並不單純是為了讓男女配偶能長久地生活在一起，最主要的乃是讓子女知道父親是誰。在有婚姻制度之前，子女是不知道父親是誰的。在中國的傳說中，女媧是婚姻的創建者，有名的「女媧補天」可以解釋為：由於在父氏社會，父親是天，子女不知其父，那就表示天崩了一個缺口，女媧創建的婚姻制度把這個崩缺填補上了，終於使中國有了父親血統的承傳制度。女媧在傳說中是創建八卦的伏羲氏的配偶。因此這個傳說給我們提供了兩條臆測性的線索：一是婚姻制度發生的可能時期；一是八卦作為文化原型對禮的影響，導致我們以禮的眼球看世界。

傳統上，我們把伏羲與女媧放在六七千年之前，那是一個我們在文獻上還未曾弄明白的時代；但在考古上，我們已有相當的認識。那是中國原始農、牧、漁業的成長時期，骨器陶器已呈多樣化，雞豬牛羊成為家畜已有一段時期，穀糧農作物已能有效地被儲存下來，這是一個財富開始累積的時代。有了財富，才會想到擁有，才會想到血脈與財富的承傳。因此，神話傳說把父系血脈承傳的婚姻制度的創立放在六七千年前是滿有道理的。近代學者一般相信：神話和人類的存在與演進在本質上應該有一定的關係。

《易・繫辭下》其實是把八卦的發明放在「以佃以漁」的漁獵時期，由於我們目前已發現一萬年前的家種稻米①，則是否要把伏羲氏放到一萬年前，還是一個待考之事。《易・繫辭下》關於中國文明發展史的一段論述是記載人類發展史上一個罕有的古代記錄（別的文化是否有同樣的記載，是一個值得我們去發掘的問題）。基本上與我們今天在考古上的認識是非常吻合的，因此絕不可能是戰國秦漢人所能憑空捏造出來的東西。這證明中國在漁獵時期就有「獻（口語記載）②」的傳統，也就是，獻唱的傳統。最原始的《易・繫辭下》（不一定是我們現在所看到的版本）的作者是根據獻的口語記載寫成的。至於，是作獻的古人還是該文的作者用重卦的「離」來附會「罔罟」、「益」來附會「耜耒」、「噬嗑」來附會「日市」等等，則不明確。但是，中國在漁獵的遠古年代就有獻唱的傳統來記載中國的文明發展史，則是不爭的事實。而且這些獻的記載散見於各種先秦文獻，包括《老子》、《莊子》、《楚辭》、《山海經》，甚至《禮記》等典籍。如果採用這個視角來觀察問題的話，則清儒對先秦典籍的考證會受到基本性的挑戰。在下面就與我們有關的主題試論述之。

在女媧與伏羲的神話中，伏羲是八卦的創造者，而八卦是中國世界觀的「原始意想

（archetype）」，也就是，有中國特色世界觀的開始。因此，八卦作為文化原始圖式（archetypal schema）是與禮文化同步而行的。《周易》是一本經過四千多年才完成我們今天所看到的版本的，每一個朝代就有一個《易》的版本，如果《周禮》與鄭玄的《易贊》關於《易經》前身的《連山》與《歸藏》的說法是可信的話③，雛形本一直可以追溯到夏商二代，那可能是中國最古老的一本書。如果說《歸藏》是一本商代的書，那是不成問題的；但《連山》是一本夏代的書則會給予我們一個很大的問題。因為在考古上我們沒法證明夏代有文字或者章句（把文字聯結成句子）。由於甲骨文已是相當成熟的文字，我們大家都願意相信夏代已有文字，但在沒有考古證明之前，夏代應是文字存有的灰色時期。這是從文字的立場來看這個問題。我們如果從獻唱的角度看這個問題，《連山》應是可以存在於口語之中的，則其歷史的源流會更長更遠的了。可惜的是，我們中國人對上古口語的保存和獻唱的傳承是茫無頭緒的。還好，有印度文化，他們倒是在偏僻的村落廟宇保留了他們口語相傳的形式和方法。雖然與中國的不會相同，但足資啟發。

邁克爾・伍德（Michael Wood）為英國著名的文化普及者，也是歷史學家，二〇〇七年為BBC做了一集關於印度的紀錄片，也以它的內容寫了一本書，題為《印度》，內中採訪了印度承傳口語文獻的僧侶種姓（Brahmin）家族，拍攝了他們怎樣在孩提時就開始學習準確地把禱文（mantra）以一種神妙方程式的禮儀形式梵唱出來，一代接一代毫無錯誤地承傳下來。令人吃驚的乃是，一部分的梵唱竟然是沒有文字意義的。在一九七五年被錄音下來時，學者們大家手足無措，不知如何去解讀這個現象。三十年後，有了電腦分析時，發現這種梵唱的一系列聲序只可以以鳥類的鳴唱來相類④。那豈不是說在人類有語言之前，就有梵唱的傳統了嗎？這是有點令人不可致信的，一般目前大家把智人（Homo Sapiens）的開始有語言放在五萬年前，會不會在五萬年前印度已有口耳相傳的梵唱（等於中國獻唱）傳統呢⑤？中國口耳相傳的傳統大約不會這樣長遠吧！可能也沒有那樣精確。但這種傳統大約每一個文化都有，中國自然不會例外，按《易・繫辭下》來看，可追溯到漁獵時期。即使這樣，這個認知將顛覆我們很多傳統考證的概念。例如，《莊子・胠篋（外篇）》：「（……）伏羲氏，神農氏，當是時也，民結繩而用之，甘其食，美其服，樂其俗，安其居，鄰國相望，雞狗之音相聞，民至老死而不相往來。」這自然跟《老子》第八十章是很近似的，由於老子說「使民復（讓人民再回復到）結繩而用之」，於是，大家都說老子在抄莊子，因此下了一個老子晚出的結論⑥。如果這段話來自上古時代的獻唱的話，則這種典籍早出晚出的論斷就毫無意義的了。同時，如果這段話正確地記載了我們上古人類生活的真實面的話，那麼，我們不能不同意老子和莊子的看法，那是一個美好的時代，人們安居樂業，沒有戰爭（「老死不相往來」應作如是解），且在那時候，人的人性要比我們現在良善的多。這五千年來血腥的歷史使我們認為：在DNA考證上，是我們祖先的智人天生有侵略性與霸占性，因此在幾萬年間，把原來住在歐洲的尼安德特人（Neanderthaler）趕盡殺絕地滅了種。過去四五年來，《世界環球雜誌》（*National Geographic*）與《史密森月刊》（*Smithsonian Monthly*）都是以這種角度來看這段文明史的⑦，認為人性的本質兇殘惡毒，具霸占掠奪的天性，長久以來（十三萬—二十萬年前）就是這樣的。老子是相信「當是時也」這段記載的真實性的，他會質疑幾萬年前的智人真的是如此兇殘的嗎？他認為母氏社會的人類是比較善良的，人類由良善變成具攻擊性、具侵略性、具占有性，變成一種兇殘惡毒的生物，那是因為占有（「欲得」）這個觀念與慾望。因此，他說：「咎莫大於欲得（人類的）罪過沒有比想占有的慾望更壞的了）。」（《四六》）關於《老子》書中母氏社會的見解，請見本章以下的章節，題為〈論《道德經》中母系社會的價值觀〉。莊子重述了上古時存在著的一個美好（「至德」）的時期；而老子則是提倡要在萬惡的父氏社會重建小國寡民、沒有戰爭的社會，重新找回人類質樸性的良善。所以，二人的哲學境界在這個題目上是有區別的。

母氏社會的人性比較良善，在動物世界，也能看到一點端倪。但我們必須強調：那只是一個提示，不是一個證明。最近三十年來對「短黑猩猩」（pygmy chimpanzee，又名 bonobo，中文未有標準化的翻譯⑧）的研究，發現他們與「普通黑猩猩」（common chimpanzee）不一樣。前者是母系社會（雌性位尊），後者是父系社會（雄性位尊）；前者不殺同類，後者侵犯並殺同類；前者願意與其他鄰居同類族群共用食物，後者以戰爭的手段驅逐想與他們分享食物的鄰居族群；也因此，前者無族群的戰爭，後者則視之為常規。這還未是定論，研究者有反對的意見⑨。但初步看，即使在「類人猿（ape）」的世界，母系社會較父系社會更能孕育同情關愛之心。在人的社會，同情心的關愛，與從慈愛而來的兼愛在母系社會已趨成熟，變成人性的一部分，再伸延到父系社會中去。私有制的父系社會霸占與壟斷財產、配偶與權力，以血統承傳的方式來「永久性」的占有它們。為了占有，人殺人，包括自己的親人。要均衡這種占有力的壞影響，人們需要發揮來自母系社會「老吾老以及人之老，幼吾幼以及人之幼」（《禮記．禮運》）的精神。

但結繩的時代是否就是母氏社會呢？到底「結繩而治」發生在什麼時候呢？《易．繫辭下》把它放在「上古」時期，而它又稱伏羲氏為「古者」。如此，「結繩而治」應在伏羲之前，也就是母氏社會的時候。如果這個解讀是正確的話，則老子對母氏社會的見解是符合中國獻唱記錄中對中國文明史發展的記錄的。我們還可以進一步探討「上古結繩而治，後世聖人易之以書契」這句話在文明史上的意義。「書契」初看很容易明白，應該是後來的「竹簡木牘」，但《說文解字》把「契」釋為「大約」，大概是不可解的。《漢語大辭典》則認為「契」指「刻在甲骨等上的文字」也是一種過了頭的解釋。「契」大約就是「刻」吧！《說文解字》對「書」的解釋應該是正確的，那就是，釋「書」為「箸（竹條子）」，也就是，把符號或圖像刻在竹或木條子上。最初的符號大概是數目字與圖像（那是物件的構圖代表形象，但不是文字，應該像岩畫那樣的圖像畫作）。這關涉到「結繩紀事」到底是怎樣一回事。

我們大家都知道在有文字書契之前，初民已「結繩記事」來作記錄，我們往往以為「事」是指「事情」，這是一個錯誤的認識。「事」是指「事項」（指件數，如馬的匹數，雞的隻數，帛的束數）。確實一點來說，那是結繩記「帳」。為什麼有這樣的需要呢？例如說，政府每年要稅收，每一家要支付十隻雞、二十石麥、五束布帛，政府就需要「記事」或「記帳」，這是為什麼《易．繫辭下》記載說：「結繩而治」。也就是說，結繩是統治的一種工具。從雲南東巴文化的結繩記事的實物上，我們有這樣的認識。打三個結再綁上一個羊角，再打二個結，再綁上一個貝殼，再打上五個結，綁上一條小布條。這個結繩記事大約可以解釋為三隻羊，二個貝殼，五匹布。可能是政府的稅收，可能是換一匹牛的代價。當數目小的時候，我們可以用繩來結事，但當數目大到幾十、幾百的時候，雖然說小事用小結，大事用大結，還是應付不了的。必須進展到刻木記事「項」，才能應付大數目與繁多的品種。從此人類文明中的兩大里程碑開始起步，一個是數目字（從一個手指二個手指三個手指進化到「一、二、三」抽象性的概念）的發明與應用；一個就是物件名字（從圖像漸漸進化到文字符號）的發明與應用。因為我們這章只談數算，所以我們略過後者不談。中國數目字的記錄方法、數位觀念、與易卦符合數理上排列組合和二位數的運算幫助了中國成為世界文明中的愛迪生。在本章章節，題為〈中國科技背後的思維系統〉，有進一步的討論。

《楚帛書》（約成書於前三五〇—前三〇〇）的發現⑩，證明伏羲女媧的神話不晚於戰國中晚期，而且可能起源於南方的楚國。在典籍記載中，女媧最早出現在《楚辭・天問》篇（約成書於前三〇〇）與《竹書紀年》（約成書於前三〇〇），伏羲最早出現在《莊子》〔內篇（約撰寫於前三〇〇—前二八〇）兩處，外篇（約撰寫於前三〇〇—前二八〇）三處〕。雖然我們對莊子是南方人（安徽蒙城縣）或北方人（河南商丘）未有定論。但他的書的內容與文風確使人懷疑他是南方人。由於傳統中原典籍《詩》、《書》、《論語》、《墨子》、《左轉》、《國語》都沒有提到伏羲與女媧，因此，伏羲女媧神話有可能是起源於南方的，再在戰國秦漢時被中原文化所接受而成為主流文化的。《楚帛書》只說伏羲與女媧是神祇、是夫妻，有四個神格的兒子，並沒有提到伏羲創八卦，女媧補天、造人、置婚姻、兄妹結婚等事宜，那是後來才出現的神話故事，有的晚至東漢[11]。因此這些故事是否有早期口語獻文的根據還是待考之事。

如果按「神話和人類的存在與演進有本質上一定的關係的」的角度來演繹女媧伏羲的神話，則表示婚姻制度與八卦，也因此與六十四卦，有千絲萬縷的糾纏的。例如，《易・說卦傳》為了給予一父一母的小家庭（在此之前，這個概念是不存在的）正統化的地位，因此創建了一個三兒三女一家八口（不是四口，不是六口，而是八口，以符合《易》有八個卦）的小家庭。而且，在開始的一二千年間，還是女尊男卑的；這在《易》中還是有痕跡的。

孔子三十六歲至四十歲間，曾離開魯國遊學，在商丘，孔子有意外的驚喜，找到了遠古的《易》，名為《坤乾》，孔子是這樣說的：「我想認識殷商的禮教文化，因此去了殷商後裔所建的宋國，可惜，缺乏足夠的文獻讓我重述殷商文化；但我得到《坤乾》這份文獻。……，《坤乾》的精義，我因此能認識得到[12]。」由於我們現在通常都說「乾坤」，不說「坤乾」，這反映了《坤乾》成書時代還是沿用上古母氏社會，女尊男卑，女上男下的價值觀的。到了《周易》，才沿用男上女下的乾坤的。事實上，即使經過周朝封建制度過濾過的《周易》，其中還是遺漏了一些上古女上男下的痕跡。例如：咸卦由「艮」意少男、「兌」意少女合成。女在男上，正如馮友蘭先生所說：「女在男上，意味陰在陽上[13]。」

《坤乾》會不會是一個母氏社會留下來的、獻唱的《易》版本呢？

要知道中國女尊男卑在什麼時候結束，就必須知道：什麼時候我們開始男尊女卑呢？《易‧繫辭下》畫龍點睛地說：「黃帝、堯、舜垂衣裳而天下治，蓋取諸乾坤。」這句話的意思乃是，從黃帝開始到舜帝，他們穿著寬寬鬆鬆（因為不用做體力勞動）象徵天的「乾衣」與象徵地的「坤裳」坐在殿堂之上，讓穿著短褂的露臂露腿的平常老百姓去勞動生產，就把一個國家治理好了。也就是，確立了階級社會尊卑的等級關係的國家成立了。這個時候乾（男）在上，坤（女）在下，說明婦女的地位已開始降低。反映在卦象上，就是重卦（六個爻的卦）的出現，初爻為士民，二爻為卿大夫等，請見本章章節，題為〈論伏羲八卦與文王易象的意義〉中的討論。家庭有內外之分，把女性定位在內部，其實，是不讓女性受教育，與在朝廷做官。這一點連孔子也不能例外。當周武王在《尚書‧泰誓》說：我有非常能幹的臣子十個人。孔子扳手指一算，評論說：「有一婦人焉，九人而已。」（《八‧二〇》）你說，這算不算歧視婦女人家呢？而且還是女強人。

根據以上的討論，我們對易卦有以下三個臆測：一、八卦創建自母氏社會轉向父氏社會的最初期，約在六七千年之前；二、六十四卦創建自一二千年後原始國家成立之時，約再經過一二千年，由周文王完成，在夏代就可能已有不齊全的重卦的出現，已有獻唱版本的《易》，但不排除文字版本《易》的存在；三、因為重卦反映階級社會的尊卑，有重卦才有筮卜，探問人在社會中的尊榮禍福；換言之，三個爻的卦最初可能不是用來做筮卜的。自然，這三個臆測還有待專家學者們進一步的修正或推翻。

最後，讓我們談一談這一章一個核心性的題目，那就是，母氏社會是否曾經存在過？人類是否必須經過母氏社會才會到達父氏社會的呢？後一個問題是依附在前一個問題而來的。一般來說，中國學者採取正面的看法，而西方學者則否。原因有三：一、中國有母氏社會的文獻記載，西方則否；二、缺乏考古證據，其實是，我們不知道什麼樣的遺跡代表母氏社會的生活；三、近代中國曾經有過一段時間，「必經母氏社會」是上層政治意識形態的硬道理。

由於中國古籍中有不少母氏社會的記載，因此大家很容易就接受了這個看法；不像奴隸社會，完全缺乏文獻記載，雖然沒法很明確地證明中國沒有經過奴隸社會這個階段⑭，不過心底裏總在懷疑奴隸社會這個說法是否正確。至於母氏社會在西方，照大英百科全書說，古籍中，只有希臘歷史之父希羅多德（Herodotus，約前四八二—前四二五）曾經記載過在希臘東面有一個女性統治的小國家，但沒有記載說人類是經過母氏社會後，才進入到父氏社會的⑮；而《聖經》是一開始就是男性為主的配偶制度（女性由男性的肋骨所造成的）。更加上，我們不知道什麼樣的人類遺跡顯示這是一個母氏社會。例如由張忠培先生主持的重要考古發掘「元君廟仰韶墓地」，可能是沒有婚姻關係但有血緣關係，一個重女孩輕男孩的社會，報告說「從合葬墓中成員的歲差的分析，以及這些墓葬在埋葬制度方面所表現出來的以女性為本位的現象和她們在勞動分工中擔負主要職能的事實，使我們認識到母權家族是當時社會組織的基層單位⑯。」這雖然是很小心、很中肯的推測，但還是免不了是一種推測，並不能確定這一定是母氏社會，也不能說這個時期是母氏社會時期，由於這可能只是一個孤立的現象，就好像瀘沽湖摩梭女兒國是生存在世界父氏社會中的一個孤島罷了。不過，我們卻可以問：摩梭人的墓葬與父氏社會的墓葬最大的分別在哪裏呢？我們能不能一看摩梭人的墓葬就知道這是母氏社會的墓葬而不是父氏社會的呢？

不像中國，在戰國秦漢就有很明確的記載，「知母不知父⑰」。西方要到一八六一年，瑞士人類學家巴苛芬（J. J. Bachofen, 1815-1887）才提出這個看法，再論定：母權是人類必經的一個階段。他引論了各式古籍，包括中國的，而得出這個結論。不過，恩格斯在一八九一年為第四版《家庭、私有制和國家的起源》所作的序稱：巴苛芬主要的解讀來自希臘神話⑱。由於神話的解讀是很主觀性的，只受到少數人的同意。其中有位傑出的美國人，叫路易士·摩爾根（Louis Morgan, 1818-1881），他是美國人類學與文化人類學的開創者，從美洲紅種人各式各樣的婚配（多得令人眼花繚亂）中，他發現原始母氏社會氏族（gens）是父氏社會氏族的前驅時期。不獨美洲原住民如此，連希臘與羅馬人的氏族也如此。對後者，恩格斯稱之為「他（摩爾根理論）的第二個大躍進（his second great advance）⑲」，那就是他的《古代社會》（一八七七年版）中的人類階段性的進化理論⑳。恩格斯稱這本書「乃構成本研究的基礎（underlies the present study）㉑」。照恩格斯說：在他那時，美國人就不買摩爾根的書，英國人也不肯再版他的書，而且對摩爾根表面上恭維，暗中杯葛。一百多年以後，在二〇〇四年，美國再版了《古代社會》這本書，但網上的書評並不很熱絡。事實上，在英美考古學上，母氏社會基本上是一個不存在的名詞，你若翻看一本標準上古學教科書《在上古史中的各式模型：人類的頭三百萬年》或《瞭解早期的文明》等㉒的索引，你會找不到母氏社會這個辭彙的。其原因按女權主義觀點寫就的《醞釀中的考古學：女性與上古史》的二位作者說：「任何一個考古學家想被西方支配性的文化（指英美法德）中的當權考古學界結構所接受，幾乎都會停止明確地論說男人或女人在上古各階層生活中所扮演的角色的㉓。」這是否是西方人的一種偏見，或者真的從考古文物上看不出性別來，不是我們想討論的問題。我們不過想指出：性別不是西方考古學想研究的問題。

有一點是應該強調的，恩格斯與摩爾根所提出來的只是猜測性的理論，不是科學實證性的理論，例如對日蝕的計算，後者的權威性超過歷史的記載。但對前者來說，歷史記載的權威性遠遠超過理論。因此，是中國口語記載給予恩格斯母氏社會理論有力的證據，而不是理論使我們認識到記載的真實性。而且，這也只能說中國這個文化是經過母氏社會後才進入父氏社會的，卻不能推論說埃及或希臘也是那樣的。我們必須從埃及或希臘文化中找到證據才能下這樣的斷語的。但是有了中國文化作為一個實例，則知道：婚姻制度（與因它而子女認識到父親的存在）是演化而來的，不是生而有之的。也就是，不是有人類就有婚姻制度的，有人類，兒女就會知道父親的存在的。確實給予治西方上古史的學者提出了一個邏輯思維性的問題。

如果婚姻制度是演化而來的話，那麼，在什麼時候，西方有婚姻制度的呢？在此之前，兒女知不知道父親的存在的呢？這都是他們要解答的問題。且讓我們看看動物世界中配偶關係是怎樣的：有在發情期短暫性地在一起的，例如老虎，如此，子是一定不知其父的；有比較長久性地在一起的，那就有三種形式：一是生死相許的，例如雁，由於爸爸也哺育幼雛，所以，幼雁不獨認媽媽，也認爸爸的，這大約是《聖經》亞當、夏娃的模式；一是有一個支配性的公性動物與多個受支配的母性與公性同類在一起群居，例如獅子，公獅不哺育幼獅，所以，幼獅大約是不會知道誰是它爸爸的；一是有一個支配性的母性動物與多個受支配的母性與公性同類在一起群居，例如狼，狼是少有的動物中爸爸也哺育他的幼崽的，因此狼崽是認公狼的。如此一來，問題就變得複雜起來，因為都是不合中國模式的母氏社會的。那是一種虎（走婚）與狼（雜交）混合而成的母氏社會。問題在：我們有沒有從一開始進化變成智人的時候，就被大自然從天性上「程式化」要過像狼那樣母氏社會的生活呢？還是在進化過程中，被人類自己的文化「程式化」而開始過母氏社會的生活呢？如此，在此之前，我們像白紙一樣，因為環境不同而有可能過不同社會結構的生活吧？例如，希伯來的祖先男女生活得像雁一樣，中國人像狼和虎混合型的男女偶配（但爸爸不哺育自己的幼兒，因此子不知其父），希臘人像獅子那樣，那麼後者是在什麼時候才有婚姻制度的呢？什麼時候兒女開始知道有父親的存在呢？這是一個治西方上古史者所不能迴避的問題。麥加理先生就曾以狒狒、猴子、黑猩猩、和大猩猩為物件，討論過兩性關係問題㉔，但他沒有提到我們上面所說的雌性位尊的短黑猩猩。

對中國上古史中的婚姻制度來說，反倒不是去找考古證據去證明我們有母氏社會，而是去證明一萬到六千年前，我們沒有明顯性地顯示父氏社會的遺址。例如，墓葬都是一男一女的合葬，或者像龍山文化中男子仰身直肢，居正中，女子側身屈肢，面皆向男。如此，則會顛覆母氏社會的說法。我們必須進一步考察我們古籍中獻唱記錄的記載是否可靠。一個例子乃是，看看有沒有殷商以前關於日蝕的記錄，若有而又與科學計算相吻合，則大大增進了獻唱記錄的價值。若否，我們必須重新評估或找別的測試方法去知道獻唱記錄的可靠性，這是一個需要我們專家學者解決的當務之急的問題。

在以下六個章節中，我們演繹在孔子之前中國禮文化有特徵性的世界觀、思維法則、與藝術表達方式。我們從具體的文學表達形式，將之與希臘神話文化特徵在這方面作比較，寫就了第一個章節，題為〈以「禮」的眼睛看世界〉。進而討論較抽象的思維方式，寫就第二個章節，題為〈中國科技背後的思維系統〉。伏羲女媧兄妹為婚的神話關涉亂倫這個佛洛伊德（Sigmund Freud, 1856-1939）最經典的話題，我們寫就第三章節探討文明所引起的心理問題，題為〈婚禮所構成的「文明的焦慮不安」〉。孔子是一個父系社會的擁護者，他推崇禮教，贊成財產的擁有，維護血統的傳承制度；老子反之，痛恨擁有，反對承傳，藐視禮教；在討論孔子的「剛」道之前，不能不先討論老子的「柔」道，寫就第四章節，題為〈論《道德經》中母系社會的價值觀〉。為了繼續目前這個導論中關於伏羲八卦和文王易象的討論，我們寫就第五章節，題為〈論伏羲八卦與文王易象的意義〉。《易經》在我們文化中有一種特殊的魔力，什麼事一旦和《易經》拉上關係，就顯得法力無窮，智慧無邊；我們以榮格的「原型意象」來解釋這個現象，寫就第六章節，題為〈易卦變化程式的探討〉。

以「禮」的眼睛看世界

相對與以「禮」的眼睛看世界的乃是，以「神話（myth）」的眼睛看世界，神話這個字彙由希臘文而來，近代對這個字的定義大約是：「一個有象徵意義的敘述性故事，其來源往往不明確，但通常有傳統的根源，包括神界人物的描述，以貌似真實的形式，敘述一個歷史性的事件，常常代表一個民族的世界觀，或宗教觀㉕。」理性的柏拉圖（約前四二九－三四七）對西元前五世紀的希臘神話非常不以為然，認為神話都是沒法以邏輯的方法來驗證所敘述的真假的，因此是沒有意義的㉖。近代學者一般相信：神話與人類存在的本質是有相關的，是代表精神上深一層的意義，不能因為故事表面上的神奇怪誕，而否定其內在的「真理」。由於神話在西方文化史上的重要性，導致我們的學者，例如顧頡剛（一八九三－一九八〇）先生，在中國的文獻中找尋神話故事㉗，其中最有名的乃是《山海經》（成書年代不詳，最早編本約在前六－前五年），至今還是中國神話研究中的一個權威性的原始資料。該書有神話性的題材，但該書沒有故事，只有三言二語的描寫。神話一般性來說是有一段很長的敘述性的故事的㉘。也就是說，《山海經》只有神話性質的內容；並沒有神話的形式（敘述性的故事（narrative））的。而後者是自希臘以來，西方文學的靈魂所在，在我們進一步分析敘述性故事的特性之前，且讓我們看看「禮」（這裏單指儀禮（ritual））在與神話特性對比下的特性。

西方對古文化中「儀禮」作一個廣泛性文化現象的研究，只是近百年間的事。儀禮作為高度重複有象徵性的人類行為，由於人類學家對原始民的觀察與古典學者對古文獻的研究而益為大家所重視。有一部分學者甚至認為儀禮與神話，在古史中是有「同步而行的（*pari passu*）」的源頭㉙，與互為印證的結構與氣氛。也就是說，兩者是一個銅錢的二面，以不同的特性來刻畫象徵性的傳說時期的歷史事件。禮是一般性（general）的，神話是個體性（individual）的；禮是一節一節（episodic）按時間順序的，神話是有情節結構（plot structure）的；禮的節與節之間的關聯是節奏呼應性（echoing）的，神話的事與事之間的關聯是因果呼應性（causal）的；禮的重點在外觀的行為（external behavior），而神話的重點在內在的衝突與和解（internal conflict and resolution）。希臘人用「神話的眼球」看世界，中國人用「禮的眼球」看世界。正如貓頭鷹與我們的眼球結構不一樣，希臘人的文化眼球也和我們不一樣，我們是否有必要用神話的眼球來看中國遠古傳說時期的歷史呢？

由於中國神話的貧乏，我們沒有荷馬（Homer，前八到九世紀）那樣雄壯的史詩，歐里庇得斯（Euripides，約前四八五—前四〇六，古希臘三大悲劇家之一）那樣人與人衝突所引起心靈深邃的對話的話劇，也沒有希羅多德（Herodutus，約前四八二—前四二五，古希臘歷史之父）那樣富於「人類學」觀點故事性的歷史著作。這些著作都有神話故事敘述的特徵：人物衣飾容貌描寫的特殊化與個人化，情節上有因果呼應的結構性，並著重內心經歷的描寫。中國的文學作品自《詩經》到《儒林外史》都沒有上述的三種「敘述」特點，也就是人物的衣飾容貌描寫缺乏特殊性與個人性，情節方面缺乏因果呼應的結構，也缺乏內心經歷的描寫。

關於用禮的眼睛看世界所寫成的文學敘述缺點或特點，我們上面敘說了一些；那麼它的優點是什麼呢？其中一樣就是寫景寫情中美學上的意境。這一點王國維（一八七七－一九二七）先生已在他的《人間詞話》中成功地描述了，作者不在這裏重複了。但有一點可以一提的乃是，日本成功地把他們的擁有禮文化特性的文學介紹了給西方，包括日本十七音詩體（《華盛頓郵報》每星期日都有一個欄目，讓美國人寫日本式的十七音詩；把生活中一個精彩的小片段記錄下來），古典「能樂（No Drama）」，以及現代小說。西方一般的批評家認為，日本現代小說保持了禮文化傳統中音節與意境的美，而中國的現代小說則缺乏這種音節與意境的美。我們姑且不論這個批評是否公道。無可否認，用禮的眼睛看世界，是文學作品中音節與意境美的一個亮點。可是，日本小說雖然名聞世界，依然是缺乏敘述性的故事中的情節因果呼應的結構的㉚。

在中國的歷史載籍中，且以《史記》為例，可稱體材宏大齊備，但在歷史敘述上，雖然太史公是說故事的能手，上面三個敘事特徵（人物典型化，情節缺乏組織，缺乏內心經歷的描寫）還是可以應用得上的。這代表禮的典型化，片斷化與外在化；但禮還有一個特徵乃是，程式的理性化（有別於思維分析推理性的推理系統，見本書〈《易》卦變化程式的探討〉中關於這方面的討論，頁三一〇），使我們用一種比起較怪誕性的神話而言更顯得頭腦清醒的眼光來看我們過去的歷史。我們今天對於人類是要經過非常長遠的母系社會才進入父系社會的這個認識，或許以為只是一個太平凡的知識。但在二千五百年前可不是這樣的，那個時期的世界古文明很少知道人類是有這樣的一個進化過程的。希臘與羅馬都有優秀的歷史記載的傳統的，但兩者都缺乏這種認識。希伯來人的《舊約聖經》從創世紀開始，就是父系社會。而中國歷史對這個進化是有非常明確的記載的。

西方神話最主要的二個題材，一是宇宙的起源，一是人類的起源。其實都不是從希臘神話中得來的，而是從《舊約聖經》而來的。如果我們以希臘神話的敘述特徵來分析《聖經》的敘述形式，就會發覺它也是人物的衣飾容貌描寫缺乏特殊性與個人性的，情節缺乏因果呼應性的結構的，內心經歷的描寫也是缺乏的。所以《聖經》不太符合希臘神話的標準。要如何處理這個問題，還有待我們專家學者進一步的研究。但有一點兩者間是相類似的，那就是神與人的交接是戲劇性的（dramatic），希伯來人的耶和華雖然沒有偶像性的形象，但稟賦了人喜怒哀樂的屬性，與人在感情上有了衝突與和解，人與神之間有了雙向直接的交流。這與中國人通過祭祀而與天地神祇間的單向交流不一樣——中國人也通過甲卜與筮卜來探求神祇的意向或答覆，但這個答覆是不明確的，只是人們對神意向的一種猜測，與耶和華（《聖經》以一個非常能嫉妒的神來形容他的）直接的命令是完全不一樣的，那是絕對不能違背的，但它同時給人一個獨立的意志，使人有選擇的權利。

雖然我們並不知道人類宗教信仰是什麼時候開始的，與是怎樣開始的。但我們一般都假設原始人類社會都有原始性的宗教存在，我們現在都稱之為薩滿筮術宗教（Shamanism，該詞典出俄語，特指西伯利亞原住民的宗教，由於其特殊的共通性，我們往往以這個術語來統稱所有的原始性的宗教）㉛，最大的特性乃是，神靈或鬼魂是可以通過魔術性的儀式召喚而來的，而且能夠附在人身上㉜，擁有這個人的精神生命。既可以使被附神靈的人做出超乎平常的事情，也可以（若被附的人是一個犧牲者的話）使一個被犧牲者以充滿快樂的感情去接受他或她的災難或死亡。無疑，希伯來的宗教是高層次的宗教，因為他的神「耶和華」既不能招之即來，也不會附在人的身上使之有特殊的力量（祂可以賜與這種力量）。而其中一個最大的特點乃是，它給與人一個獨立的意志——一個人有選擇服不服從神的意志上的獨立性——這一點向來被認為是西方民主思想中個人權利不可被奪取的概念的源頭。

事實上，關於宇宙開創的描述，中國是有的，但因為不是故事，更不是神話故事，而是玄學性的描繪。那是在老子㉝的《道德經》㉞中，老子對先天地生的道的描寫是大家所熟悉的，故略。不像耶和華對宇宙的創造是設計出來的，道對宇宙萬物的創造，是自然而然產生出來的，道本身是沒有意志的，所產生出來的人則是有意志的，有選擇意向的。但那是一種自然性的意志，與《聖經》中能和耶和華對等的意志不太一樣——在那裏，人的意志有一點「神聖」的味道——在《道德經》中，人的意志似乎生物性的成分較高；在《論語》中，人的意志有獨立性的味道（「匹夫不可奪其志也。」《九・二六》）也有道德選擇性的味道（「汝安則為之」《一七・二一》）。由於這不是本文主要想討論的問題，我們將按下不論。且讓我們討論一個更重要的問題：即一個影響中國整個文化的神祇特質問題。

我們往往認為只有一神教的神祇，例如猶太教、基督教和伊斯蘭教，是沒有形體的，是沒有偶像的㉟。中國在佛教傳入之前是沒有偶像的，神祇只有靈的存在，而沒有形體的存在。所以中國的宗教是沒有偶像的多神教，中國的天神是沒有形象的，山川的神也是沒有形象的，連廚房的鍋灶的神也是沒有形象的。為什麼這個現象會影響中國整個文化呢？因為神祇是我們尊崇的物件，如果我們有他們的形象，我們就會以繪畫雕刻與書寫的形式記錄下來，這是為什麼埃及與希臘的繪畫與雕刻那樣發達的原因。又如果神祇和我們一樣有七情六慾，又會愛又會恨，那麼我們的文學就會充滿戲劇性，這是為什麼希臘的戲劇那樣地發達的原因。中國直到佛教生根之後，繪畫雕刻小說與戲劇才開始發達。是什麼使我們不賦於神祇以形象的呢？我們認為那是因為受了伏羲八卦的影響。

有了伏羲八卦先驗圖式的中國人沒法像埃及人、巴比倫人與希臘人那樣去觀察自然界的。西方文化由於他們對自然界的觀察印象，導致他們以寫實的方式來記錄自然界；我們因為有了八卦先驗圖，以及與之而來符號性的象形文字（中國文字的產生在傳統中與八卦的發明聯結在一起）的抽象性與卦象自身的系統性。因此，我們以抽象性與系統性的圖案來記錄自然界。我們對看得見、摸得到的自然界尚且以抽象的眼光來看待，對看不見、摸不到的靈界自然更不會以實質的形態來描繪，因此我們的神祇是沒有形象的，我們的宗教是沒有偶像的多神宗教。

而且，我們可以從另一個角度來看這個問題：沒有偶像的一神教是否其繪畫雕刻與戲劇文學也不發達呢？答案是肯定的。希伯來文化沒有留下繪畫雕刻的藝術作品，也沒有留下戲劇那樣的文學作品。但是由於耶和華被人格化了，所以人與神之間，有某一程度的溝通與交流，這種雙向的交流是中國宗教所缺乏的。

當佛教傳到中國來的時候，大家才警覺到中國人缺乏靈界的交流，中國文化也因此起了翻天覆地的變化。可是佛教也是沒有神的，照理應該是純靈性的。佛教雖然沒有神，可是佛的偶像卻是化身千萬的，佛教從根本上改變了下層社會的生活方式，因為佛教的偶像不來自至高無上的神，而來自佛本身的佛祖，還有與隨之而來無數婆羅門教中的神祇妖魔。從此以後，中國傳統土生的神祇也有了偶像的形相；道教更把中國地面上的官僚制度整個地搬到神界中去。可是，三教合一中的儒教卻是沒有幾個偶像的，除了孔子之外，也就是他七十二個弟子加上一個朱子（朱熹）罷了！而且我們對他的禮拜是沒法與對佛祖與觀音的禮拜來相比的。我們認為那是因為受了我們禮文化中的抽象性與系統性所影響而形成的，而這兩個特性來自八卦的文化傳統。那就是伏羲三個爻的八卦與中國禮制中的父系社會家庭組織相關聯，而文王六個爻的八卦與中國父系社會階級制度相關聯[36]。用禮的眼睛看靈界的神祇（包括自己的祖宗的鬼魂），具體偶像的存在是不必要的，也是沒有意義的，因為「禮」知道神祇不是個體性的，是抽象得比卦象還要抽象的東西。

如果我們上面的命題「中國文化應該以禮的眼睛來觀看，而不是用神話的眼睛來觀看」是一個可以接受的觀點的話，則我們可以得到以下兩個不成熟的結論：一、《山海經》雖然是一本有價值的關於神話的原始文獻，但它不能取代《禮記》、《儀禮》等有關禮的原始文獻，而成為主導文化的經典之作。二、西方以神話為文化深層象徵性的「真理」的研究方法，可以用作他山之石，幫助我們研究埋葬在禮文獻中深層文化的「真」意義。特別在閱讀人類文化發展史上各階段的里程碑中禮文化的深層意義。在這個層次的研究上，繁瑣得令人受不了的《儀禮》（若作為真正實行過的禮儀來研究的話）可蛻化成一個像印度神話與南北美洲紅種人神話那樣有價值的一個金礦。

中國科技背後的思維系統

當中國人第一次看到《貝葉經》的時候，那種吃驚是不可想像的㊲。別人薄薄的一張貝葉就能書寫記錄我們要用好幾條的竹簡木牘才能書寫下來的那些文字；一本貝葉小冊子的文字我們要用一大捆，十來斤重的竹簡木牘才能書寫完畢。別人用手輕輕鬆鬆地把貝葉小冊子拿來拿去，我們卻要費盡九牛二虎之力把一捆捆的竹簡木牘從這裏搬到那裏。但是，要學別人用貝葉寫嗎？卻沒有貝多羅樹（Pattra Tree），只好另尋蹊徑，用麻繩頭、破布、舊漁網等舊麻料，用刀斧切碎，用弱鹼草本灰蒸煮，用清水漂洗，再以舂以搗，製造成漿液，然後脫水弄乾，這樣試驗加試驗，經過二三百年之後，才把可以寫字的紙張造了出來。我們古人是滿聰明的，也是很能創新的，而且，有一種不怕失敗的精神，這個方法不行，就換另一種方法，一定要把東西研究出來。這種發明精神，我們認為，一定有一種思維法則在後面運作的。在本章節我們嘗試討論這種思維法則是一種怎樣的思維法則呢？

在十五世紀之前，中國人發明的質與量都是相當驚人的，是發明的大國，稱之為那時的愛迪生，應該是當之無愧的。但我們也必須認識，我們有我們的盲點。故宮被雷擊焚毀了三次，我們也沒能發明避雷針。而遠在美國的佛蘭克林（Benjamin Franklin, 1706-1790）

卻能利用中國人在二千五百年前就已發明的風箏找到避雷針的原理，因為他有關於電的理論知識。

是什麼使我們在思維運用上有優勝的地方呢？說來很多人會不相信，那就是數目字的記錄。我們優秀的數目字念記方法，使我們的頭腦清楚明快。以下我們試論述之。

我們或許會看輕數目字的記載，認為這沒有什麼了不起。可是從二到「2」，從三到「3」，那是經過幾千年之後在一千年前的印度發生的數位記載。在結合阿拉伯數字和印度「0」符號的發明，形成我們今天的印度—阿拉伯數目字，那可是一個偉大的發明，是近千年來算術與代數運算的奠基石，沒有這個記數系統，我們將不知道怎樣去記錄代數的方程式。在這個記數系統發明之前，中國在記數方面是領先世界的[38]。例如很早以前，中國已知道用「九」來代表九件東西，埃及人要畫九根「杖（|）」來代表，巴比倫人用九個「杯（¥）」，羅馬人用「IX（把X「10」減去I「1」）」來代表。其中只有巴比倫人有「位」或「進位」的觀念，但他們是六十數的進位，他們用一個「眼（∢）」代表「10」，用兩個「眼（∢∢）」代表「20」，比中國人用「二十」來代表「20」要複雜得多[39]，那是因為中國人用十進位數的。所以除了「數」的記錄之外，還有「位元」的記錄，而「位元」這個概念在數學上是有畫時代的重要性的（沒有數位這個概念，就不可能有二位數的發明，沒有二位數，就不可能有電腦與網路的發明，也因此不會有我們今天這個資訊世代的）。八卦的「爻」就是一個數位的觀念（觀念者，乃朦朧的概念也。最遲不超過唐代[40]，中國就有「爻位」的定義，那是明確的概念）。中國之所以未能發明印度—阿拉伯那樣的

數位系統，那是因為中國的「十、百、千、萬」符號作為數位的概念，有它們的瑕疵，它們腳踏兩條船，既代表數位也代表數值，「十」同時代表「10」（數值）與「一（？）0」（數位）。一直要到「0」符號的發明，人們才能明確地界定數位的位性。

我們之所以花上這樣多的篇幅來介紹這個問題，是因為我們相信數理的訓練影響一個人的思維方法與它的嚴謹性。我們同意孔子的倫理學缺乏希臘哲人的那種系統性與推理嚴謹性，由於希臘哲人有歐基里德幾何的訓練。一直到十九世紀，歐洲貴族必修歐氏幾何，以之訓練一個人的思維，在托爾斯泰（一八二八—一九一〇）的小說中，就有很生動的描寫。籌算是中國古代讀書人必修的一門功課，用算術的四則問題來訓練他們的思維方法。我們相信孔子受過這種訓練，也是孔門六藝之一。中國近代數學大師陳省身（一九一一—二〇〇四）先生就常常提到他少年時，最愛思考四則問題，以之訓練他的數學頭腦。中國古代人能以代數方程式解答四則問題，那是領先世界的。在下面我們試舉一個例子以說明之，指出他這種思維的方式。他不像後來頭腦像一團爛飯的儒生，孔子有一顆大好的科學思維頭腦。

一個將領必須有基本的計算能力，才能為打仗做出最基本的準備工夫，而孔子是能統兵帶將上戰場的，這是六藝之一。且讓我們思考一個以下的問題。

一個將領，手上有一萬步兵，一百乘軍車與軍車人員，以及足夠供應一個月的糧餉三萬石。現在要派軍士甲帶領五百步兵、十五乘軍車去守東面的關口，軍士乙帶領一千步兵、十乘軍車去守西面的關口。一乘軍車所需的糧餉是一個步兵的六倍。東面的關口只需要守十天就撤退，西關口則需要駐守十五天。問題是：這位將領應該分派給軍士甲與軍士乙每人多少軍餉呢（以每月三十日計）？答案是：軍士甲需糧餉五百五十六點四〇石，軍士乙需糧餉一千四百九十九點四〇石。

這是一個算術上的四則問題，我們不能完全確定孔子那個時代是怎樣計算這個問題的。在漢朝時已有「籌算」實物的出現，籌算與戰爭連在一起，《史記・高祖本紀》就有這樣的說法：「夫運籌策帷幄之中，決勝千里之外，吾不如子房㊶。」籌就是籌算，那是長如手掌般的小棍子，黑色代表正數，紅色代表負數，古人用它們來幫助我們作加減乘除的運算。它們之所以被應用，乃是由於人類一直要等到印度－阿拉伯數字的發明，才能用手寫的方法作算術的運算。在此之前，必須依賴心算或外在的工具作算術的運算。中國的工具就是一條條的籌算小棍子㊷。我們之所以認為籌算在孔子之前就已存在，那是因為「八卦」在孔子之前就已經存在。而八個卦是由十二個「陽爻」（正數黑棍子）與十二個「陰爻」（負數紅棍子）所排列組合（每組「天地人」三個爻）而成的。製造棍子的材料可能是用來算命的蓍草。

說中文數目字優秀，而且影響巨大，可不是我們閉門造車無中生有的事。在二〇〇六年，德國一大群教育家成立了21協會㊸，大力鼓吹德國人學習中國那樣地書寫或念讀數目字，因為，中文數字的念法既簡單而又合乎邏輯，讓中國學童的計數能力普遍性地高過歐美。例如，美國學者米勒就曾經與港大合作，研究中文數位和數學學習的關係，以及東西兩地兒童學習的差異現象㊹。

該研究發現：從「1」數到「10」的能力，歐美三歲小孩與同齡的香港和中國的小孩不相上下；但四歲時，有明顯的差別，歐美小孩能數到「20」的比率就大幅地下降。而且，華童能數到「50」的比率高出西方兒童很多。導致很多歐美數學教育者積極研究中國人的數字概念與用法。發現中文數字念法擁有簡單、可依循的邏輯。但法、德數目字則沒有，從「11」到「20」都是一個新字，而從「21」到「100」又是另外一批新字，光要記好這些數目字，就得花很多時間，何況還要學習怎樣去應用它們。

德國21協會名字的意思乃是，不要像傳統那樣把「21」念成「1和20（ein und zwanzig）」，而要念成「21（zwanzigeins）」，完全像中國人一樣。自然英文好一點，確實是說「21（twenty one）」的。但不要忘記英文的「11（eleven）」與「12（twelve）」都是新字，即使「13（thirteen，「teen」從古英語（Old English）的「tien」而來，意「10」）」也是「3」加「10」的意思。法文最糟糕，「79」的念法是「60和10和9（Soixante-dix-neuf）」，「90」的念法是「四個20和10（Quatre-vingt dix）」，這種念法太複雜了，德、法人變得無法以減法來算帳，必須用加法。該報導舉了一個這樣的例子。

一位臺灣導演參加柏林影展，乘搭計程車，車費是二十一歐元，她拿了一百元給司機，他先找她九元，女導演急著有事，拿了錢就下車，還未算好錢的司機還以為她給了他七十元的小費，趕忙大聲地向她喊感謝。因為，德國人是以加法來找錢的，方式如下：先找九元，這樣是三十元，然後再找二十元，這樣是五十元，最後再找五十元，那便是一百元。有了這種現象，因此21協會鼓吹政府變更德文數字的念法。但我們必須指出，在符號記錄上，至少在文字的記錄上，中文數位是不適合用來作計算的，因此必須依賴籌算或算盤來幫助我們作演算。在這一點上，我們是比不上印度—阿拉伯數字的，但是我們念數目字的概念來自獻唱時代，因此我們對數目字的邏輯觀念遠在有文字之前就已存在的了。

德國人現在念數目字的方法乃是記錄自他們遠古先民的口語，因此，他們上古先民的心算也是比較遲鈍的。能夠把數目字很邏輯地記憶下來，很快地算出來，是我們先民一個思維上的利器。而且，在這個數位系統的背後是數位的觀念與零的觀念，我們認為中國數位與零的觀念（有別於符號）始自這個念數系統，而不是像魏禮（Waley）所說的那樣㊺，由於對易卦二位元數的認識而產生的，而且這個數位系統應在八卦發明之前就已經存在了。八卦是中國世界觀的「原始意想」，也就是，有中國特色世界觀的開始。因此，八卦作為「文化原始圖式」是與禮文化同步而行的，導致我們以禮的眼球看這個世界。在上古口語那個時代，能以清晰的頭腦，把上古的進化史以獻唱的形式記錄了下來㊻。

自從萊布尼茲的二位元數被用來製造電腦背後最原始的運算與運作之後，西方好幾位名漢學家臆測中國人，不自覺地，用二位數的思維法則在作思考，特別認為數位與零的觀念來自易卦，受到法國大漢學家葛蘭言（Granet）的批評㊼。李約瑟先生不甘寂寞，加入論戰，提出他的主張，認為：「被邵雍（一〇一一—一〇七七）在他擺弄《易經》的卦象時無意中發現有二位數的存在，又被萊布尼茲明確地在認知層面演繹出來的數學系統，很有可能，而且是真真正正的有可能，在現代偉大的電腦感到二位元數是如此地合用之前，在很長久之前，就已經被構建進哺乳動物的中樞神經之中㊽」。作為哺乳動物的人類，依他的說法，自然也是以二位數為基礎的神經感應系統運作的，中國人作為人類與哺乳動物之一，也是不會例外的。不過，這只解釋了易卦的普遍性，承傳了哺乳動物運作的最原始系統，不能解釋易卦對中國文化的特殊性，也就是，作為一個思維系統，它的運作是怎樣把中國的世界觀組織起來的呢？在這個朦朧的層次，我還是要用榮格「總體無意識（collective unconscious）」的理論去找一個可能性的解釋的。不過，我們還可以從另一個角落度來研究這一個問題的。

電腦給了我們一個嶄新的世界、一個嶄新的思維系統，而這個思維系統既然是人類自己發明出來的，也就必然是可以用來作為人類哲學思維架構的。正如「歐幾」是從人類幾何常識和推論所構建而來的，因此也就可以作為哲學思維的模式的。而且，電腦程式可以解決「歐幾」題目，因此是一個比「歐幾」範圍更大的思維系統，就像愛因斯坦的宇宙可以包容牛頓的宇宙一樣。撰寫電腦程式的邏輯思維，在中國思維中都是可以找得到的，例如，二分法、必需與滿足條件、次序、疊堆原理（可分二類：後進先退，先進後退——這其實是禮儀的最基本規則，大人物最後進場，最先退場；小人物最先入場，最後離場）等等。我們是非常幸運的，有電腦程式的思維系統做我們的模式，不過，要把孔子的思想建成這樣的一個理論構架，恐怕要三代人的努力才能成功。目前來說，我們如果能用「歐幾」的思維方式，把孔子的思想，用明白清楚的文字，說得條理分明，已是一件功德無量之事。

婚禮所構成的「文明的焦慮不安」

婚禮之所以是禮的開始或本源，乃是婚姻制度使父親知道了兒子，兒子認識了父親，是父系社會的奠基石，而父系社會，是階級社會的開始。《禮記・婚儀》是這樣說的：「男女有別，而後夫婦有義，夫婦有義，而後父子有親，父子有親，而後君臣有正。故曰：昏禮者，禮之本也。」禮是父系社會的產品，是剛性的，是社會理性化後的產品，孔子是這個理性化演進的信仰者，這將是我們演繹孔子思想的一個主要觀點。

但這個理性化的演進中，有一種非理性化的暗流，那就是人的柔性。這個柔性在婚姻之禮一開創的時候，就先婚禮而存在著。創造婚姻制度的不是別人，若傳說是可信的話，是中國人象徵性的母親，替中國人修補天的女媧，她所修補的不是自然界的天，而是母系社會時子不知有父的天，因為她，作為父親代表的天不再有漏洞，父親也有了世系的歷史，人可以追述他的祖先的族譜。由於孔子太注重父系社會的禮，忽視了孕育父系社會誕生的母系社會，所以他的心理有一種不平衡。他在《論語》中稍微帶著暴躁的行為，我們認為不是由於性格上的表現，而是由於母性與父性的一種不平衡而產生的心靈上的焦躁，很有一點（但在層次上與角度上大大迥異的）像佛洛依德（一八五六—一九三九）在《文明與它的焦慮不安》一書中所描述的㊾，在人類文明進化的過程中，人類精神上所會產生的焦躁不安。佛洛依德招牌性的因於「亂倫㊿」與以之而來的「羞恥感[51]」的分析方式大概是很難用來分析春秋戰國時代的，因為那個時代的中國貴族是既亂倫而又沒有什麼廉恥感的，雖然周禮是不認可亂倫的。但在《左傳》中，亂倫的記載約有三十多條，包括所謂「承或報」，那是晚輩男子淫亂長輩女子，其他兄妹間的「亂」、「通」、「誘」等等[52]，對現代人來說，那是不可思議的事。但在《左傳》記載中，沒有作太大的譴責[53]，也沒有像西方《聖經》那樣認為上天（耶和華）會譴責這樣的行為的。事實上在《左傳》的記載中大部分主事其事的男性都沒有受到懲處，更不要說「廉恥感」了。佛洛依德對人類進化的分析，最弱的一個環節，那是他忽略了母氏社會的存在與其淵源甚長的歷史。而春秋時期對母氏社會遺留下來的雜交傳統，雖然已不認可，認為不是社會上標準合禮的行為，但也沒有太大的譴責。

但是佛洛氏對文明進化的分析，禮制下兩性衝突做成的文明的焦慮與不安的心理是存在於文明中的一個實象，一個大家都喜歡用的比喻，乃是人的心靈好像一座冰山，只有一小部分浮在黑暗的水面上，為大家所看得見，大部分隱藏在水面之下，是秘密的，是亂七八糟的，是我們不想給別人知道的。我們的心靈有明亮的一面，有隱藏的一面，越文明則隱藏部分的比重越多。他以男女兩性的性行為作為分析的架構，是有它西方傳統的依據的。我們若要放在中國傳統架構中談這個問題，那就是陰陽兩個自然的力量失去了平衡。

用一個說笑話的方式來表達這個概念，那就是：孔子沒有老子那樣地愛他的母親，所以老子祥和，孔子毛躁。換言之，老子種根他的哲學在母氏社會，他因此守靜，不追求進步；孔子種根他的哲學在父系社會，他因此向前衝。在五十四歲的高齡還要在道德或理想的道路上向前邁進，而且一步一跨的就是十四個年頭。老先生從不用拐杖開始，衰老到必須用拐杖才能走路；十四年的奔波把他最鍾愛的學生顏回的健康硬生生地弄垮，短命而逝（最少顏回的父親有這個想法）；他又不讓三十四歲的兒子孔鯉過安居的家庭生活，弄到孔家幾乎要絕後，沒有孫子（孫子子思在父親孔鯉死的那一年出生，那是前四八三年，那一年孔鯉四十九歲，孔子六十八歲，子思是我們所知道的，孔子唯一的一個孫子），老先生擇善而固執的精神，我們還能說什麼呢？我們認為這是孔子文明焦慮與不安所導致成的擇善精神，我們在上面曾經提到孔子是在野合中誕生的，導致他到十五歲時還不知道父親是誰。而他對禮有一種宗教性的信仰，認為禮給於人類一種社會秩序、一種行為準則與道德規範。而他自己卻是從不合禮（文明準則的規範）的行為中降生到這個世界中的，因此他有一種「原生的矛盾性」，這是他文明焦慮與不安的根源。這將是我們演繹孔子人生的另一個主要脈絡。

人一生到這個世界中來，就會落到一個生活系統之中，這個系統包括自然環境的系統，與人為文明的系統㊴，我們且不談前一種系統，且以後一種為討論目標，法律與禮儀是後一種系統的一部分。我們今天所生活的社會，作為社會的秩序的架構，法律是主體；在孔子生活的年代，禮儀乃是社會秩序架構的主體。不獨人類有社會秩序，動物與昆蟲也有，昆蟲中的蜜蜂與螞蟻的社會結構是與人類社會結構有相類似的地方㊵。且不談階級分類，只說螞蟻與螞蟻之間的「握手」或「打揖」的見面問候禮吧！螞蟻以觸角間的化學信號為媒介，達到問候的目的。人類的握手與打揖在社會與生活意義上，則遠遠超過簡單的問候禮的；因為我們一般來說，不會和我們不認識的人握手。最少要經過介紹之後（包括自我介紹），才會握手。在與多年不見面的朋友、親人握手時，特別在經過災難之後，二人間的握手更具有凝聚濃厚感情的意義；如果在宗教或占卜場合中，人們還可以通過握著巫師的手而達到招魂（或招神祇）的目的，於是握手已超越凡人的交流，直達靈神的區域56，自然那是對相信的人來說，是這樣的；對不相信的人來說，握手就沒有神靈的這個第四空間的層面。

螞蟻與人的社會秩序看起來相似，那只是表象。實質上，正如上面握手例子所說明，與人的秩序比較起來，螞蟻的是單一性的、缺乏自主性的、無文化內涵意義的。也就是說，缺乏文化意義的。螞蟻只有生物性的進化，當牠們生物的基因被——用一個資訊時代的比喻——「電腦程式化」之後，行為就呈自動化，完全按基因程式的指示而運作。人類則不一樣，有意志上的指示，感情上的指示，理性上的指示，甚至心靈訊息在DNA進化史上（在佛洛氏的立場，乃「罪惡感」的沉澱與累積）羞恥心理的指示57。

螞蟻的母后與雄蟻間的配偶過程是否有配偶儀式的舞蹈，我們不清楚。但很多禽鳥野獸都有，而且周詳精美，往往持續數天的時間。如果我們把這個配偶舞蹈看作動物的婚姻制度的話，則其基因程式的單一與自動化的特性還是可以被應用的，生物歷史進化上的基因指示占特別顯要的地位，與人類的多樣化不一樣。孟子所謂「羞惡之心，義之端也」（《公孫丑上》）。「義」者，「儀」也，婚儀則是所有禮儀的根本。在這個層面上、孟子與佛洛氏是有共識的。婚姻中的男女有別，是「羞恥」的起源，在《聖經》也有這樣的追述：「他們（亞當與夏娃）二人的眼睛就明亮了，才知道自己是赤身裸體，便拿無花果樹的葉子，為自己編作裙子。」（《創世記四》）在考古的歷史年代中，男女之別的羞恥感不起源於天地開僻之時，而在父系社會開始的時候。

作為父系社會禮教的擁護者，孔子心甘情願地接受這個禮教教條的束縛，但在他的成長中，他心靈的冰山也一定有一大部分隱藏在黑暗的水面之下；他是怎樣平衡他浮在水面上光明（陽）的一面與沉在水下黑暗（陰）的一面，是他作為一個哲人必須解決的一個問題。我們認為孔子以禮舞美的境界超越了禮所形成的心靈上明暗的衝突；他的美學，不是我們今天抽象性的美學，而是從生活實踐中所產生的美的境界或形象，這個美的境界與形象影響了中國後來獨特性的（與西方完全不一樣的）繪畫、書法與文學作品，這一點將在〈孔子的禮樂美學觀〉一文中會論及。

論《道德經》中母系社會的價值觀

說老子的《道德經》是「女權主義」的支持者，由他的尚「母[58]」、尚「柔[59]」、尚「牝／雌[60]」、尚「谷[61]」、尚「水[62]」的論說，那是不言而喻的，也是公認的。他對「小國寡民[63]」的推崇也是家傳戶曉的，他對原始社會生活的傾向也是大家有共識的。但說他繼承了「母氏社會」的價值觀，則我們必須明確地指出什麼是母氏社會核心性的價值觀；而老子的學說的價值觀在那裏與之相同。但這也只能顯示二者間的價值觀有暗合的地方，並不能顯示老子是誠心誠意地要光揚發大母氏社會的價值觀的。要做到後者，我們還要從文獻上證明老子那個時代的人知道人類文明進展中有母氏社會的存在，而且是經過悠長的一段時間才進入父系社會的，同時對母氏社會的狀況有一個基本的認識，因為不是所有的古文明在二千五百年前都知道自己有這樣一段發展史的。

母系社會是公有制，父系社會是私有制，那就是財產的公有或私有，也就是「財產」這個概念與「擁有」這個概念，與之而來的乃是「遺產承傳」的概念。這三個概念導致子女從「不知有其父」，到想知道自己的父親是誰，因為父親是財富的創造者。在食物朝不保夕的狩獵與採集時代，是談不上什麼累積財富的，既然沒有財富，也就談不上擁有與繼承這二個問題。到人類進化到畜牧與農耕時期，食物過剩，既可以累積，也可以養百工，生產多餘的器皿房舍，於是掌握生產的男性，由於他們力氣大，又不用懷胎十個月，以及哺養嬰兒，就變成財富的擁有人。有了「擁有」這個觀念，就會想到血親的繼承與財富的繼承問題。於是，富有爸爸的子女一生出來就擁有了財產，財產漸漸導致權柄與社會地位的出現，誕生了貴族階級。大約經過兩三千年的演進，人類從母氏社會進入家天下的父氏社會。雖然父親並不實質上生孩子，但父系社會總是把「父慈子孝」掛在口上，好像孩子是從父親身上鑽出來的。老子對這個看法特別不高興，因此他一說到「生」，只提到：母、牝、雌，而不提男子的精。孩子所認識的不是父，而是母，「既得其母，以知其子，既知其子，複守其母，沒身不殆」（〈五十二〉），也就是說血統關係是母子相承傳的，沒有把父親計算在裏面。事實上，「父」字在書中只出現過一次，那是在第四十二章中的「教父」，作「教訓的開始」解，與父親之義無關，因此在血統的承傳上，子女只和母親有關，與父無緣，老子是母子血統承傳的信仰者，那是很明確的了。

「有」字在《道德經》中出現過八二次，大部分有哲理或形而上的意義，但以下章節或章句明顯地訓「有」為擁有之義：

> 萬物作而弗始，生而弗有，為而弗恃，功成而不居。夫唯弗居，是以不去。（〈二〉）
>
> 生而弗有；為而弗恃；長而弗宰；是謂玄德。（〈十〉）
>
> 成功遂事而弗名有（〈三十四〉）
>
> 生而弗有，為而弗恃，長而弗宰。是謂玄德。（〈五十一〉）
>
> 是以聖人為而弗有，成功而弗居也（〈七十七〉）
>
> 既以為人，己愈有；既以與人，己愈多。（〈八十一〉）

從這些引文，老子反對私有財產的擁有是非常清楚明確的。同時他也反對居功，教人不要自恃自己的功德。最後一項的引文更教人要與大家共用，不要自私，第七章的「非以其無私邪？故能成其私」也是這種無私的思維，立基於他認為人應該「少私寡欲」（《一九》）。他認識到人不能否定自我或私的存在，但人必須超越小我，有大我的胸懷。大我也就是公這個概念，公字在書中出現過四次，二次與王公或三公有關，其他二次出現在同一章節，指的乃無私之公，引文如下（〈十六〉）：

> 知常容，認識「常」，才能容物，

容乃公，容物就會有大我精神，
公乃王，有大我精神才能領導人民，
王乃天，無私的領導接近天的運行，
天乃道，天的運行是從自然之道而來的（那是無偏愛的），
道乃久；得自然之道就能像天地那樣地長久；
歿身不殆。物質的軀體雖已滅亡，但先天道身則不會朽壞。

他把大我與天道聯結在一起，而且能長生永久，是一個與天地並生的理念。老子的價值觀是反私有制度的，同時他也反對財物的浮華不切實際，他因此反對看重難得之貨（〈四〉，〈十二〉，〈四十四〉，〈六十四〉）；也反對累積財物，所謂「多藏必厚亡」（〈四十四〉），他很不客氣地說（〈五十三〉）：

財貨有餘，占有多餘的財富，
是謂「盜竽」。這就叫強盜頭子㊿。

在介紹了老子母氏社會的價值觀之後，且讓我們介紹三千年前中國人是怎樣理解母氏社會的。

古人對人類文化的進化史是有所認識的，例如、《周易・繫辭下傳》與《禮記・禮運》都有記載，這種記載亦普遍存在其他子書之中。我們可能會看輕這樣的記載，因為近

代考古學使我們認為那是太普通的常識。但且讓我們想想：古人是怎樣認識這個歷史事實的呢？以火為例，若火種的發明在一萬年前，則古人如何知道人類一萬年前是沒有火種的呢？那就要靠筆記或口傳，我們大約在殷商時才有章句（把字連結成有意義的句子）的存在，所以即使有這方面的筆記，那也只可能發生在距今四千年前；也就是說，最少有六千年的時間，我們是依賴口耳相傳的，能把文化資訊以這種方式薪傳六千年，除了敬佩，我們還有什麼可以說呢！有父氏社會意義的國家在中國的成立大約不早於七千年前，因此最少有三千年，這個口耳相傳保存知識的傳統是靠母氏社會統治層的知識分子所維持的——在傳說的故事中，女媧的知識水準與伏羲是對等的。

可能在夏代，但從目前的考古文物來看，最晚不過殷代，開始把口語的歷史文字化。在周初（前一〇四六）到孔子出生（前五五一）的五百年間，有大量官方文獻的出現，包括易、詩、書、禮、樂律等。但很大部分知識的流傳，從上一代到下一代，還是靠口傳的，「獻」就是口傳的史料記錄[65]。孔子遵循私人不立文字的傳統，因而述而不作。老子是反傳統的，可能寫了第一本私人的著作。對於母氏社會的特性，一萬多年來口耳相傳下來的史料記錄，孔子不可能不知道，但他不重視，因為他是父氏社會最堅決的擁護者，但他的弟子在《禮記．禮運》中把理想化的母氏社會特徵記錄了下來；也就是我們所稱為「大同」的理想社會，這個理想是孫中山先生（一八六六—一九二五），塑造「天下為公」理想社會的原型。

《禮記．禮運》是如此形容這個大同世界的：「大道之行也，天下為公。選賢與能，講信修睦，故人不獨親其親，不獨子其子，使老有所終，壯有所用，幼有所長，矜寡孤獨廢疾者，皆有所養。男有分，女有歸。貨惡其棄於地也，不必藏於己；力惡其不出於身也，不必為己。是故謀閉而不興，盜竊亂賊而不作，故外戶而不閉，是謂大同。」上面所說的，與老子的「生而弗有，為而弗持，功成而不居」（《一二》）是合節合拍的，一個鼻孔裏的說話。從郭店楚簡，我們知道孔子死後五六十年間，他的學說受到當時其他學說的批評與影響，因此曾子與子思不得不「折衷」其他學派的論說，把孔子原來的倫理學擴充，建立一個帶陰陽五行的形而上哲學系統[66]；同時，倫理學上的價值觀也有所擴充，把口耳相傳的母氏社會的價值觀也加以引進，上面所引的與後來孟子的仁政價值觀是一致的。應該說，孔子也不會反對社會應該是這樣的，但不像孟子，他沒有明確地列舉出一個理想社會來。孔子是否會像老子那樣稱母系社會時期為「大道」時期，那是可以存疑的；但他的弟子、《禮運》作者，把這個稱謂放在孔子口中；可能在《禮記》產生時期，大道之說是非常流行的。老子的名句「大道廢，有仁義」（《一八》）可以解釋做：當母氏社會被破壞之後，有階級社會的產生，為了要統治者對人民好一點，才會發明仁（愛心）義（公義／合理）這套東西來規範統治者的。

大同中的「選賢與能」不是小康社會的官僚制度的選拔賢能，而是推舉賢能的領導者，有一點民主的味道。對母系社會氏族制度的「選賢與能」，路易士・摩爾根（Lewis Morgan, 1818-1881）在《古代社會》中有所論述。他是一個人類必然性地經過母系社會進化到父系社會的信仰者，這個見解的是耶非耶還有待進一步的證明[67]，但中國社會是經過母系社會的階段，那是毋庸置疑的一回事，而摩爾根對母系社會的近代人類學觀察是極具參考價值的。

《古代社會》如此形容氏族社會的「選賢與能」的，說：「我們發現，凡在氏族制度流行而政治社會尚未建立的地方，一切民族均處在氏族社會中，無一超越此範圍者[68]」。摩爾根接著說：「他們的政府基本上是民主的，因為氏族、胞族和部落都是按民主原則組織起來的[69]。」他認為[70]：

> 因為當氏族出現的時候，還不知有一夫一妻的婚姻，所以無法確定男性世系。聯繫親屬的紐帶以母方為主。在古代的氏族中，只有按女性下傳的世系。它包括出自一個假定的共同女性始祖、並由女性世系傳下來的所有子孫他們具有共同的氏這一點即可為證。

這與《白虎通・號》與《莊子・盜蹠（雜篇）》所說的民眾「但知其母，不知其父」是相通的。摩爾根引證美洲的印第安部落對首領（sachem）和酋帥（chief）的民主選舉來支持他的論點，他說[71]：

> 他們是每一個氏族從本氏族成員中選舉出來的。……酋帥的職位是不傳襲的，因為這種職位是用以酬勞個人功勳的，本人一死，職位亦隨之而廢。……酋帥之被選任是由於個人的勇敢、處理事務的機智或在會議上的雄辯口才，……。

他因而有這個看法：「他們的政府基本上是民主的，因為氏族、胞族和部落都是按民主原則組織起來的⑫。」按摩爾根的看法，我們先有母系社會的民主，其後才有父系社會的獨裁的。《道德經》中有沒有選舉的觀念呢？可能有一點點，但不明確。有一點點意思乃是「天下樂推而弗厭也」（《六六》）。這句話可以解釋為：天下人民樂意推舉（這個領導人）而不討厭他。

老子的聖人（母系社會的統治者）與孔子的聖人（堯舜禹）是完全兩種不同的概念，這根源自二人都說無為之治，但兩人的無為之治是有天上地下的分別的。孔子的無為而治有三個特徵：賢人政治、仁政與禮樂教化。老子反對仁、反對尚賢、反對禮樂；因此他會唾棄孔子的無為之政的。他的無為之治也有三個特徵：無為（不好大喜功）、無執（不擁有財富）、法天地自然的化育。而孔子則尚功業、熱心於富民，因此前二者是不會為他所接受的。但最後一點孔子是能欣賞的，在與子貢討論無言時，他說：「天何言哉！四時行焉，百物生焉；天何言哉？」（《一七・一九》）所以對老子自然之道的論說，孔子是能欣賞的；對孔子而言，那可能是一種智者的無為而治吧！孔子可能對老子的批評乃是：歷史是向前邁進的，往昔無論多美好，我們是無法重回舊時母系社會的，天行健，君子以自強不息，我們應在現有的基礎上，創造我們今時這刻的美好。

這裏順筆說一件題外話，我們常常說孔子是一個復古主義者，這是一個完全沒有根據的說法。第一，孔子談歷史只談到堯舜，伏羲黃帝神農一概不論；第二，孔子從來沒有說要行堯舜禹湯之政，他堅持周禮是文明之花，那是他所喜歡的禮治；他認為他所生活的世代東周（他不知道歷史上有春秋時代的存在，那是後人後加的世代）在衰敗，需要重建禮樂的秩序，因此他只是要振興自己所生活時代的東周，而不是要復古，他有一個榜樣與偶像，那就是齊桓公與管仲。

老子反對財富的擁有，也因此反對財富的占有，他因此反戰⑬；反對吞併小國。在這一點上、他與孔子有相同，也有不同。他兩人都認為小國有存在的權利，孔子提出：「興滅國，繼絕世，舉逸民。」（《二〇・一》）當他知道二個弟子冉有與子路竟然要幫季氏去消滅鄰近小國顓臾時，他對他倆有極嚴厲的責備。所以，他雖有文化大一統的思想，在政治上他尊重小國的獨立性。老子要保存小國寡民的孤獨性（因此獨立性），恐怕連文化大一統的思想也會反對的。他倆大概都會贊成大國小國間和諧共存的理念的；這一點，連「非攻」的墨子也可以包括進去。

老子的聖人（母系社會的統治者）像照顧孩子那樣照顧他的子民，所謂：「百姓皆注其耳目，聖人皆孩之。」（〈四十九〉）那是一種母性的慈愛。

論伏羲八卦與文王易象的意義

文王易象的六十四卦（六個爻的卦）是重複伏羲八卦（三個爻的卦）而得來的，但二者對中國文化的影響是不同的。如果八卦真的是伏羲氏所創造的，而六十四卦是周文王演繹出來的話⑭，則二者間的時間距離約有三四千年。這三四千年中，中國有了成熟的書寫文字與十進位元算術，與因之而來的文獻記載與典章制度。如果傳說是正確的話，八卦加速了中國用符號構造文字，與系統性地分類了文字；給予數目字的記錄一個數位的觀念；給予自然界一個完滿的（但不一定是科學的）周而復始的系統，與以之而來的世界觀，對天體不停運轉觀察而來的人生觀，乃「天行健，君子以自強不息⑮」。對中國文化的發展有至深至遠的影響。文王易象的六十四卦的卦象以及卦辭與爻辭，後者的爻象反映了階級社會的組織，並保存了一些上古文獻，有史學的價值；原則上，文王演卦的目的是為了筮卜算命，以之而來的乃「避凶趨吉」的人生觀，有它歷史與文化上的價值。但二者對中國文化的影響是天差地遠的。今日所看到的《易經》主體上是一本關於六十四卦的筮卜算命的帶哲理味道的書。只有極少篇幅（〈繫辭上下〉與〈說卦〉）是關於八卦的。

伏羲八卦在中國文化發展史上的重要性

中國戰國（前四〇三—二二一年）以來的文獻關於中國原始文明發展的記述是與近代考古學的考古年代述說是相吻合的。因此在戰國以前一定有文（筆記）獻（口述）記載這方面的歷史，雖然我們目前已看不到。《易經・繫辭下》是什麼時代完成的，一直是學術界爭論的一個問題，我們姑且不論，但它把八卦的發明放在捕魚打獵與原始畜牧的時期，也就是考古上的狩獵、採集與原始飼養時期⑯，在以木或骨耒耜為工具的農耕生產時期之前。在中國考古時期約七千五百—六千五百年前，那時中國已開始嘗試把野生的雞、豬、狗、牛家畜化，石或骨製造的工具有鏟、鐮、磨盤等；已有陶器；也開始有房基與墓地。

不獨中原華北是這樣，連長江中下游與淮河流域也有相同程度的文化遺址[77]。中原華北之所以成為華夏文化的中心，按我們的推想，那是由於八卦的發明。

八卦的文化意義有三：一是導致文字的發明；二是導致數目字位數的發明；三是對自然界與人倫（家庭組織）有一個系統化的世界觀。

在中國的半坡遺址（約七千—五千年前）與大汶口遺址（約六千五百—四千四百年前）都發現有圖像文字或刻畫符號。這些符號大約是文字與數位的濫觴，是由結繩記事（項）[78]發展到刻木記事（項）而來的；在刻木的階段，我們不能不刻畫符號來記錄數目與牛羊粟布等實物。這個時候各文化的符號是不統一的；還好，那個時候已有「日中為市」的制度，所以各部落之間已有交換符號意義的廣泛接觸。八卦的出現使符號正規化，而且符號可以進一步用來代表日常生活實物以外，較抽象的自然現象「天地風雷水火山澤」。

雖然說中國文字為象形文字（象形字約占中國整體文字的百分之五或八），但比起別的繪圖性的象形文字來，例如埃及與東巴文字，則漢字無疑是要抽象化得多，如果最初漢字的創造確實是受了八卦符號所影響的話，則其抽象性是理所當然的。自然還有待我們專家進一步的考訂。

八卦也把文字符號分類化；例如《易經・說卦》的第十一章，坤的同類有「坤為地，為母，為布，為釜，為吝嗇，為均，為子母牛，為大輿，為文，為眾，為柄；其於地也，為黑」。如此，創造了二三百個字，而這二三百個字變成「工具字」，分類出形義字與形聲字來記錄我們的口語。人類在文字之前已有幾萬年口語的歷史，有了基本工具字，再要創建造字的法則，就容易得多。傳說倉頡（推測約為五六千年前人）造字，大約是他把形義（部首）與形聲（同音字）結合在一起，創造了六書的形聲造字法則，其他的三個造字法則（象形、指事、會意），可能在他之前已被人發明，六書的後二者（轉注、假借）乃用字法，與造字無關。文字的創造乃千年的功業，非一朝一夕所能成就的。但創造出最關鍵性的法則，則需要文化偉人像倉頡那樣的人去成就，而中國造字最重要的一個法則乃形聲造字法。

八卦在文化上第二個重要影響，乃是給予自然界一個系統性的構思，這個構思的組成，有三個方面：一是合乎排列組合數學原理的完滿系統（後來成八卦構圖），一是「天地人」爻位的觀念，一是陰陽二分法與「陽極必陰，陰極必陽」的周而復始的原理。

古人完成三個爻位的八個排列與組合，形成一個完滿的周而復始的系統，雖然這個系統的完成不是由數理的推演而來，而是由排比實物（可能是有結與無結的繩，可能是有顏色的耆草，可能是方與圓）而來，但其完美性與邏輯運演性使人有一個洞察宇宙的假相，使人以為自己已明白了天地運行的秘密，這個假相進一步使人以為人類已能與天地平起平坐，鼎足而三。

天地人爻位的意義有二：一是數位在數學上的重要性；一是人類從原始畜牧與農業時期開始，已有多餘的口糧，不需要終日為生存所需的食物而掙扎，有多餘的時間去思考與觀察天象與地理，認為自己與萬物不同，有一種自我的提升，認為人由於他的智慧可以與天地鼎立：上是天，下是地，中間乃人。天地人這個作為神權支柱的觀念一直保存到清末，天壇的三個圓頂就展現這個概念，初建時，上頂為黃色（玄黃），下頂為綠色（滋生），只有中頂是藍色的。

陰陽二分法，既產生自人類對自然的明與暗、男與女的觀察，也是根植於人類二分法的邏輯思維⑲。但八卦在二分法上又加上「物極必反」的第四空間，這空間的由來可能基於「夏至冬至」周而復始的天文觀察，在中國這個觀察只影響了哲學上的世界觀。但當八卦的觀念傳到德國後，可能影響了分析思維的二分法。黑格爾（Georg W. F. Hegel, 1770-1831）的由量化到質變的辯證法，可能受到陰陽互動第四空間的啟發。坊間書籍與網上文章盛傳，黑格爾說過這樣的話：「《易經》代表了中國人的智慧，就人類心靈所創造的圖形和形象來找出人之所以為人的道理，這是一種崇高的事業。」但我們查核了黑格爾討論中國哲學的《哲學史講演錄‧第一卷》，並無這句話⑳。而且，黑氏認為《易經》哲學「也達到了對於純粹思想的意識，但並不深入，只停留在最淺薄的思想裏面㉑」。不但沒有推崇之意，很有一點看不起的態度。正如他在該書的〈導言〉中有「東方及東方的哲學之不屬於哲學史」的斷言㉒。

八卦完滿性的周而復始的系統，是抽象性的，一方面給了人們一個系統模式以之觀察自然界，推測它們的變化與模式；另一方面也影響了我們如何「看」自然界。在生物學上，人類眼球構造的特性侷限了我們對自然界的印象，也就是貓頭鷹眼球的構造與我們不一樣，所以它們所觀察到的形象也和我們不同。除了這個生理上的侷限性之外，文化對我們「看」的觀察也起了一種侷限性；也就是說，有了文化以後，我們沒法以原始人那樣的一種寫實方式去觀察自然。也就是說有了八卦先驗圖式的中國人沒法像埃及人、巴比倫人與希臘人那樣去觀察自然界⑧³。更嚴格地說，西方文化由於他們對自然界的觀察印象，導致他們以寫實的方式來記錄自然界；我們因為有了八卦先驗圖，以及與之而來符號性的象形文字的抽象性與系統性，因此，我們以抽象性與系統性的圖案來記錄自然界。也因此，在我們的青銅器與玉器上變成了雷紋、雲紋、饕餮紋等。我們三個最尊貴的野獸禽鳥：龍、麒麟、鳳凰；都是抽象性的。在生物界既沒有龍，也沒有麒麟與鳳凰的。一直要等到漢朝才有比較有點寫實性的壁畫與雕刻。東晉崛起的中國畫也以寫意為主；宋代的工筆畫也只有半寫實的味道，一直要到近代受了西洋畫的影響，才有真正寫實畫的出現。

在家庭組織方面，八卦有如下的應用：父為乾卦，母為坤卦，「震（卦）一索而得男，故謂之長男。巽（卦）一索而得女，故謂之長女」（《易．說卦傳》）。以此類推，組織成了一個三男三女一家八口的家庭。這個說法我們今天看來是極平庸的，但放在歷史的架構上看，那是有畫時代的意義的。因為八卦出現在母氏社會與父氏社會的的交叉點上，母氏社會是只知有母不知有父的時代。也就是說，一個人不知道有自己父親的存在，也因此很多中國的大聖人是沒有明確的父親的，例如：伏羲母親是「履大人跡於雷澤而生」伏羲的⑧⁴；黃帝的媽媽是突然看見北極光而懷孕的；神農氏母親是看到一條神龍或吞了玄鳥的蛋而有了他的。因此，母系社會在宗族歷史推演中是斷層的，一直要到婚姻制度的出現，才有父系社會的出現，人們才知道父親是誰，上面所引的由八卦而建立成的家庭結構，給婚姻制度一個理性的體系。

人類之所以會從母氏社會進入父氏社會乃是由於生產結構的改變。母系社會以採集與狩獵為食物的基本來源，女性主採集，而那時採集所得乃食物主要的來源，作為食物主要的供給者，女性因此而掌權。當進入原始畜牧與農業的社會時，男性變成主要的生產勞動力，因此漸漸地掌握了支配性的權力。社會從「女尊男卑」走向「男尊女卑」的演進，而八卦的男在上（天）、女在下（地）的天地之道給這個社會的秩序一個理論架構。

八個卦相接而成一環形的圖，確切出現的年代不能確知，但相信不會晚於夏禹年代，因為八卦圖的五個方位（東南西北中）是地理方向與地圖概念的開端。自然，繪圖需要圓規與尺矩，用骨或石，大概未能製造規與矩。在夏禹一二千年之前的仰韶文化（約七千—五千年前）遺址中已有黃銅片的發現，也因此有製造規與矩的原料。夏禹有製地圖的需要與製規與矩的原料。

因此，伏羲八卦對中國文化的發展來說，是太重要的了。

文王易象所創造的筮卜與算命傳統

但中國人是在什麼時候開始用八卦來筮卜的呢？我們不知道。事實上到目前為止，似乎沒有任何卦辭與爻辭與三個爻的卦象聯繫在一起的。如果這是事實的話，則三個爻的卦開始時是與筮卜無關的。一直要到六個爻的卦象（重卦）的出現後，才有筮卜的產生。我們上面提到三個爻的卦代表人與自然的關係，但六個爻的卦則有完全不同的意義，古人用它來代表人類階級的畫分。中國人寫字是所謂「頂天立地」由上而下的（那是三個爻由上而下的次序），揲卜者草筮卜是由下而上的，是下卑上尊的，六個爻從下而上的次序為：「初、一、二、三、四、上」。以初代替一，以上代替六。同時，以「九」指陽爻與奇數，以「六」指陰爻與偶數。中國用「九五之尊」來代表最高統治者就是從這個構思而來的：初爻為士民，二爻為卿大夫，三爻為諸侯，四爻為三公近臣，五爻為天子，上爻為社稷。所以九五成為皇帝的代稱。九爻尊而初爻卑是一種貫穿六爻附辭的思想。從而我們可以得到三個結論：一、有重卦才有筮卜的產生；二、在私有制度與階級制度產生之後，才有重卦的出現；三、重卦出現時已有十進位的記數方法與雙數單數的觀念。

私有制與階級制成熟於中國考古時代的後期（約距今約五千—三千年前），在黃河流域為龍山時期，在長江流域為良渚時期。這個時期，畜牧與農耕已趨成熟期，城堡已趨大型化，已開始有專用的宗教禮制祭壇，大量使用玉器，器物生產呈進一步的畫一化。也就是說，大約是從黃帝到西周那二千年，我們開始有筮卜，開始有重卦的出現，也開始有文字述說依附在重卦上的卦辭與爻辭上。根據《周禮》與鄭玄（一二七—二〇〇）的《易贊》，他們認為夏的《連山》，殷的《歸藏》（這兩本書已遺失），與周的《周易》是一脈相承的。那麼，在夏商二代我們就開始有筮卜。我們所不能確定的乃是：那時有多少個重卦。可能是八個重卦，並附卦辭與爻辭，可能是十二個重卦，可能是三十二個重卦，自然也可能六十四卦齊全。我們相信大史公所述說的，周文王是六十四卦重卦的集大成者，把不齊全的重卦演繹成暗合排列與組合規則的六十四卦，使之得到完滿性，並在所有的卦與爻上附加文辭。事實上，這解釋了為什麼《易經》中四百五十條卦辭爻辭在文字上、在內容上的斑駁雜亂不整齊。有的文句古奧難讀，有的則通順似後來的古文；有韻文，也有非韻文；有引用古歌謠與格言的文字；內容有自然現象、歷史習俗的記述等等……形形式式不一而足。如果那是經過千年不同作者不同時代所湊雜而成的產品，那它的缺乏統一性就理所當然。

不過，這並不貶低文王對《易經》作為一本占卜算命工具書的貢獻。因為與神祇溝通的占卜是國家頭等大事，殷商的骨卜與甲卜是它立國的上層意識形態的「文化典範」。周代雖然沒法完全放棄這個占卜的傳統，但文王把重卦完美化，提升了筮卜作為一個系統性文化典範與神祇溝通的地位。因而建立了一個新的文化典範與殷占卜所代表的上層意識形態相抗衡，所謂「周命維新」，對周室的開國意義是非常重大的。文王七年坐牢嘔心瀝血所構思出來的文化典範，我們應該肯定的。但我們並不認為孔子可能是重卦筮卜《十翼》的作者；孔子不筮卜，避凶趨吉不是孔子的人生觀，孔子也因此不可能著作《易經》中的《十翼》；而且孔子是中國最誠實的一個人，他說他自己「述而不作」，我們應該相信他。

《易》卦變化程式的探討

傳說「八卦」是由傳說中的伏羲所畫成的，約在六七千年前，是一個在文獻上我們還沒有弄明白的時代，但在考古上我們對這個時期是有相當認識的。那時正是中國原始農業畜牧業漁業的開始，是人在自然界建立起自己天地的開始，在生存所需的衣食上已能有一定的控制，能夠量產地貯藏，這讓人類不愁衣食；這也讓人們有時間去思考，去觀察天地的現象，去探討宇宙的法則；這種觀察與探討有一個實際的目的，那就是農作物的生產；為了肚子我們必須與天地的法則共生共長。在伏羲時，人們對自我存在的能力已有信心，認為人因為他的「神明」與天地鼎足而立，而有天地人「三才」的觀念，這是易卦中三個爻的來源，天有陰陽，地有陰陽，人也有陰陽。天地人三才有數理上的「數位」或代數中「函數」的概念，而陰陽則代表二進位元數的數字「0和1」。因此《易》有可能影響中國數理的發展；在談這個問題之前，先容我們談一下它對中國文字發明的可能影響。

伏羲時大概已有數萬年（一個為了方便討論而隨便拈用上的年期）口語的歷史，但未有書寫的文字；所以，他必須創造代表易卦的符號，他可能是用耆草來畫的，不過，他當時還是在「結繩記事」的時代，我們不妨假想他是用十二條無結的繩子作「陽爻」，十二條打有一個結的繩子做「陰爻」去構造出八個符卦來，他必須像一個三歲的小孩一樣比拼著，一個又一個試驗著，重複錯誤，錯誤重複，要在無數次的試驗下，得出八是最大數，八也是最小數。他成功後，他給它們命名為「天、地、水、火、風、雷、山、澤」，這是抽象符號的發明，用以代表口語中對自然景象的認識，這真的可能是中國文字的濫觴，中國書寫文字的起源。

要等到三四千年後，西元前一一〇〇年左右，文王應運而生，在他坐牢的時候，把「八卦」重複演繹成「六十四卦」（六個爻的卦在他之前就可能已存在，但可能未足六十四之數，兩個「三才」構成「六虛」或「六位」的「章」，那是由下而上的六個平衡位子，代表禮制中的階級社會，初爻為士民，二爻為卿大夫，三爻為諸侯，四爻為三公近臣，五爻為天子，上爻為社稷），而且連接起來創造了「周而復始」的六十四卦圖。下面我們將指出這個圖確實是可以以二進位數學去理解的，但是絕不可能是憑二進位數學去創造的；文王自己或周公可能為這些卦與爻寫了或加進了一部分有文化道德意義的「繫辭」。孔子大約是春秋時代最有學問的人，對他當時可以看得到的古籍應該無所不窺，他對文王與周公推崇備至（但他從來沒有討論二人在仁德上的成就），認為是斯文的繼承與保存者，一個可能是文王把中國文字在二三千年的串聯成篇章的發展中，起成熟發酵的作用，使中國文字不再是像甲骨文那樣斷斷續續、意義不連貫。可能也因此「章句」這個名詞是從卦的「六虛」叫「章」而來的，劉勰在《文心雕龍》中就有這個看法[85]；是耶非耶，還有待我們成就卓越的考古學家來論定。

有一點我們差不多可以決定的，那就是《易》中「位／虛」的觀念影響了中國傳統文法中唯一的文法觀念，「虛字」的觀念。例如：X者，Y也。X和Y可以實字代進，而「者——也」有定位的意義，也就是結構的意義，界定章句的結構就是文法。

八卦與六十四卦的演繹確實是可以用二進位數學來推演的；真的要是這樣的話，要證實這個看法，必須用1＋1＝0與0＋0＝0這二個方程式把易卦或易數推演歸納出一個系統來；以下討論一下這個問題，以三個爻的八卦為例子。

數學中的二進位元系統，最重要的一個觀念，自然是1＋1＝0方程式所表示的概念：就是在一個數位上，最大是1。二變成0，三就是1，如此類推。但這個系統要發展成一個數學體系的話，就必須能夠形容或接軌到傳統十進位元數位上，也就是十進位自然數字的法則能應用到這個系統裏面來。例如：2＋3＝5可以用這個二進位元數字來表達，要是這樣的話，就需要「位元」這個概念，那就是，1＋1＝2時必須進一個位，用2＝（1,0）＝（（0,1）＋（0,1））＝（1,1＋1＝0）來表達，「八卦」的卦共有「天地人」三個位；「天位」、「地位」、「人位」的概念有一點像代數中「函數」的概念，這個「函數位元」，只有二個實數：陰爻＝0，陽爻＝1。唐朝的孔穎達是非常明確地以「虛」與「位」求表達這個概念，「周流『六虛』者，言『陰陽』周偏流動在『六位』之虛，『六位』言虛，『位』本無體，因『爻』始見，故稱『虛』[86]」——筆者不太清楚代數是不是由印度或阿拉伯文化傳入中國的，但孔氏所言確實是一個原始性的代數函數觀念——由於「八卦」這個「數匯」只有八個數字｛0,1,2,3,4,5,6,7｝，若數位大過八，例如｛10,11｝，就變成｛2,3｝。八個二進位元數位的表達方式如下：

0＝（0,0,0）＝地＝坤（意順）

1＝（0,0,1）＝水＝坎（意陷／險）

2＝（0,1,0）＝火＝離（意文明）

3＝（0,1,1）＝風＝巽（意入）

4＝（1,0,0）＝雷＝震（意動）

5＝（1,0,1）＝山＝艮（意止）

6＝（1,1,0）＝澤＝兌（意悅）

7＝（1,1,1）＝天＝乾（意健）

從以下計算的例子，明確地證明二進位元的數理系統的計算是完全可以把八個卦周而復始地計算出來的：

1＋0＝（0,0,1）＋（0,0,0）＝（0,0,1）＝1：水＋地＝水；坎＋坤＝坎

1＋1＝（0,0,1）＋（0,0,1）＝（0,1,0）＝2：水＋水＝火；坎＋坎＝離

1＋2＝（0,0,1）＋（0,1,0）＝（0,1,1）＝3：水＋火＝風；坎＋離＝巽

1＋3＝（0,0,1）＋（0,1,1）＝（1,0,0）＝4：水＋風＝雷；坎＋巽＝震

1＋4＝（0,0,1）＋（1,0,0）＝（1,0,1）＝5：水＋雷＝山；坎＋震＝艮

1＋5＝（0,0,1）＋（1,0,1）＝（1,1,0）＝6：水＋山＝澤；坎＋艮＝兌

1＋6＝（0,0,1）＋（1,1,0）＝（1,1,1）＝7：水＋澤＝天；坎＋兌＝乾

1＋7＝（0,0,1）＋（1,1,1）＝（0,0,0）＝8＝0：水＋天＝地；坎＋乾＝坤

上面1＋7＝8＝0是一個「周而復始」，另外有：

2＋6＝（0,1,0）＋（1,1,0）＝（0,0,0）

3＋5＝（0,1,1）＋（1,0,1）＝（0,0,0）

4＋4＝（1,0,0）＋（1,0,0）＝（0,0,0）

5＋3＝3＋5（加數的反射定理）

6＋2＝2＋6（同上）

7＋1＝1＋7（同上）

問題在：古人是否用過二進位數系的計算方法來推演過八卦？我們上面曾經說過周文王「重卦」的時候，把卦符「周而復始」的連接起來，我們要測試古人對八卦是否也有二進位數系的周而復始的計算，就必須在傳統推演八卦中，也存有上面「水＋地＝水／坎＋坤＝坎」等等的推演方法，如果沒有的話，那麼古人並沒有以二進位數系來推演過八卦的周而復始性；以此類推，《周易》六十四卦雖然也是可以以二進位元的數理系統來推演的㊇，從我們目前看到的資料，古人並沒有那樣做。結論乃是：《易》中有二進位數學的「進位」觀念，但不是一個二進位元的數理系統；有「函數」觀念，但看不到代數的影子，《易》不可能影響中國數理的發展。但對中國十進位元數位的記錄與運算，在當時是世界最先進的，有畫時代的貢獻。請見本節〈論伏羲八卦與文王易象的意義〉一文。

一般大家都同意歐氏幾何是希臘哲人與歐洲哲學家如康德的思維模式與哲學架構的原型（prototype），那是一個靜止性的思維架構，在公理的基礎上，一步步推演出邏輯嚴謹的幾何定理，建立了一個人類有史以來最為系統性的推論模式，直到近一百年來，才為別的模式所取代。這個思維方式在明末清初傳到中國，康熙皇帝知道它的價值，但出於政治的考慮，不讓漢人因之而「開腦」，禁止了它在中國生根。如果連康熙也能欣賞這個思維系統，有科學實證觀念的孔子一定會為它而著迷；說不定孔子會為了它一年不知肉味。因而為我們後人創建一個更系統性、更思維嚴謹的倫理哲學。歷史不能從假設中寫就，作為後人，我們按史實來比較《易》系統與《歐幾》系統，以之解讀出隱藏在孔子倫理背後可能存在的系統，為他建立一個合乎現代標準的倫理體系。也就是說，我們在他文化背景中找線索，從這些合乎思維法則的線索，形容出在他倫理體系背後合乎現代標準的思維系統。《歐幾》是一個靜止的思維系統，思維架構自身有獨立的存在，這在數理上是一種完美。應用在人文學科上，有時會成為一種陷阱；因為數理有嚴謹的定義與定理，人文學科則沒有，數理是有一把戒尺來測量長度的，沒有測量尺的人文學科，是用眼睛來估計長度的，因而其結論介於可靠與不可靠之間。《易》的背後雖然有一套嚴謹的二進位數的思維法則，但並沒有被我們的古人所認識，因此當我們古人應用《易》系統時，不把它當作一種思維系統來應用（幫助我們思維推理），而是當作一個文化符號系統按一種神奇（即可能反映宇宙運行的原理）的運行法則把文化符號變來變去（「易者變也」），作文化或吉凶的解讀。近代分析心理學宗師的榮格（C. G. Jung, 1875-1961）對《易》情有獨鍾[88]，認為它是解讀中國文化DNA最要的一個「原始意象（archetype）」。

原始意象在榮格的心理學概念中，那是一個民族總體經驗所形成的原始觀念，一代代遺傳下去，往往以意象作象徵符號，存在在整個民族的「總體無意識（collective unconscious）（心靈包括A與-A，A＝意識，凡心靈中意識以外的東西，統稱『無意識』；乃負面性的界定）」中；換言之，乃刻在DNA上的文化訊息原型符號，再以文化原型的現象浮現在我們的文化中。榮格把人類進化到擁有意識性的心靈，放在文字的發明時期[89]，那是指埃及象形文，為了論說方便而假定在六千年前[90]。也就是說，人類的心智從黑暗的泥土中綻長到地表上頭來，初見文明的陽光，從文字的發明開始；同時也導致文化原始意象的產生。沿著榮格這種思路，我們解讀了《易》的原始意象的文化意義。本文與上文〈論伏羲八卦與文王易象的意義〉已列舉了它對中國文字與句子結構的影響，以及它所反映的家庭組織、國家階級制度、與人和天地（乃神的一種原始意象）的關係。最後一點將會在本書第五章的〈孔子「天生我德」的「天命觀」〉一文作進一步的討論。

神話必須有敘述性的故事（narrative），而後者必須有情節性的結構（plot structure），也就是事與事之間的關聯是因果呼應性（causal）的，那是「因為－所以」的結構關係。中國傳統小說，包括《紅樓夢》，情節與情節之間的關聯是節奏呼應性（echoing）的，不是「因為－所以」的。上文〈以「禮」的眼睛看世界〉中，我們把這個特性歸因於中國文化以禮的眼睛看世界，而中國父氏社會的禮與伏羲八卦同時產生（傳說上），因此，這個特色也可以從卦的演繹中尋覓到依據。卦的演繹不是因果呼應性的，而是與禮制互為呼應的。西周以前筮卜的情形，因缺乏資料，無從考察。春秋時的筮卜，則可從《左傳》窺測一隅，相信那是承傳自西周的傳統的。《左傳》有十八個章節談到，只有十三節牽涉到卦的演繹，列舉如下：

1. 遇《屯 010001》之《比 010000》。（閔西元年）
2. 遇《大有 101111》之《乾 111111》。（閔公二年）
3. 遇《觀 110000》之《否 111000》。（莊公二十二年）
4. （遇）《蠱 100110》之貞（貞為何卦，不明；貞義占問；亦指下三爻）。（僖公十五年）
5. 遇《歸妹 001011》之《睽 101011》。（僖公十五年）

6.遇《大有 101111》之《睽 101011》。（僖公二十五年）
7.遇《復 000001》。（成公十六年）
8.遇《艮 100100》之八／謂《艮 100100》之《隨 011001》（襄公九年）
9.遇《困 011010》之《大過 011110》。（襄公二十五年）
10.遇《明夷 000101》之《謙 000100》。（昭公五年）
11.遇《屯 010001》之《比 010000》。（昭公六年）
12.遇《坤 000000》之《比 010000》。（昭公八年）
13.遇《泰 000111》之《需 010111》。（哀公九年）

除第四與第七之外，餘者十一項皆有始卦與終卦；同時，除第八項之外，其餘十項始卦與終卦的差異只有一個爻，而第八項則是六爻中的第五爻不變，其他五爻則陰陽互換。是如何選擇那一個是應變或不變的爻，我們認為有前提性的條件，包括問筮者在禮制中的身分，是男是女，所問事情的性質（戰爭、生育、婚姻等等），在在影響那個爻的選擇。如此，卦的演繹與禮制間有息息相應的關係；自然這是我們的猜想，還有待進一步的考訂。即使卦的演繹是以「或然律」的方式來選擇的，例如，把個六數目字（初、二、三、四、五、上）放在一個袋子裏，再任意鬮一個出來，才決定在那一個爻位上，九（陽）六（陰）互換；那也必定不是一個「因為－所以」必然性的關係，而是一個或然律的偶然性的關係，從一個階段到另一個階段，果如此的話，情節與情節之間的關聯是節奏呼應性的論說，還是可以成立的。同理，若西周以前《易》的演繹也是用「或然律」的方式來推演的，同樣的解釋也是能成立的。

從《左傳》關於筮卜的記載，我們還可以提出一點，那就是孔子是否有資格做一個問筮者，也就是為了自己的事情而做筮卜。因為在《左傳》的記載中，問筮者都是上層貴族階級，五十歲以前的孔子只是一個貴族平民，五十歲以後有了官職，但也只能為統治者占筮，大概不可能有權力為自己私人的禍福而筮卜的，五十四歲開始他是一個退休大夫，雖在別的國家有客卿的地位，是否有卜或占筮的資格，也是待考的。

傳統《易》的推演雖然缺乏數理的系統化，但基本的陰陽思維還是合乎二分法的思維法則的，而且可以以二進位數來推演易卦的演繹。但是《易》的一個非常重要的概念「陽極必陰，陰極必陽」是不合二進位數的運算的，事實上，我們從「物極必反」這原則上來看陰陽互替的情況，就可以瞭解《易經》的概念與二進位的概念是有同也有不同的，如果陽極表示（陽＋陽）的話，「陽極必陰」就是陽＋陽＝陰，那確是1＋1＝0。但是，陰極的（陰＋陰）＝陽卻與二位數的0＋0＝0不一樣。在中國，這個概念只停留在抽象的思維觀念上，流傳到德國之後，在黑格爾手中，變成具思維法則的辯證法，這一點，我們在本章上文〈論伏羲八卦與文王易象的意義〉已論及。由於《易》合乎二位元數的運算系統，我們將以此為基礎，討論孔子可能的思維方式。

【注釋】

①百度搜索：「嚴文明與一萬年前的稻米」項。

②「獻」義是余英時先生告訴我的。

③《周禮・春官宗伯・大卜》：「（大卜）掌三《易》之法：一曰《連山》，二曰《歸藏》，三曰《周易》。其經卦皆八，其別皆六十有四。」其〈筮人〉又云：「筮人掌三《易》，以辨九筮之名：一曰《連山》，二曰《歸藏》，三曰《周易》。」鄭玄《易贊》：「夏曰《連山》，殷曰《歸藏》，周曰《周易》。」

④Michael Wood, *India* (New York: Basic Books (Perseus Book), 2007), pp. 17-20.

⑤同上。

⑥李零先生稱：「學者懷疑《老子》晚出，有一個原因是，老子的故事幾乎都是出自《莊子》。」見李零：《去聖乃得真孔子：〈論語〉縱橫讀》，北京：三聯書店，二〇〇八年版，頁一〇。

⑦參考：*Clash of the Cavemen*, DVD, History Channel, 2008.

⑧亦稱倭黑猩猩，小黑猩猩，侏儒黑猩猩。

⑨Frans and Frans Lanting de Waal, *Bonobo: The Forgotten Ape* (University of California Press, 1997), pp. 133-162. Jeff Hecht, "Chimps are human, gene study implies," New Scienctist 5/19/2003. Also, The Last Great Ape, DVD, NOVA, PBS.

⑩關於《楚帛書》，見李零：《長沙子彈庫戰國楚帛書研究》，北京：中華書局，一九八五年手寫油印版，頁一—一一二一。

⑪「女媧補天」見《竹書紀年》（約成書於前三〇〇）與《淮南子・覽冥訓與天文訓》（約成書於前一五〇—前一二二）。「女媧造人」見《太平御覽》（成書於九七七—九八三）卷七八引《風俗通／風俗通義》（約成書於一七五—一九六）。「女媧置婚姻」見《繹史》卷三引《風俗通》（約成書於一六五八—一六七三）。「伏羲與女媧兄妹聯婚」見《獨異志》（約成書於八五九—九〇二）卷下。

⑫見《禮記・禮運》：「孔子曰：『……。我欲觀殷道，是故之宋，而不足徵也；吾得《坤乾》焉。《坤乾》之義，……，吾以是觀之（我想認識殷商的禮教文化，因此去了（殷商後裔所建的）宋國，可惜，缺乏足夠的文獻（讓我重述殷商文化）；但我得到《坤乾》這份文獻。……，《坤乾》的精義，我因此能認識得到）。』」由於我們現在通常都説「乾坤」，不說「坤乾」，且讓我們做進一步的解釋。《禮記・禮運》注疏稱：「（《坤乾》這份文獻），殷（商）陰陽之書也。其書存者有《歸藏》。《正義》曰：『先言坤者，熊氏云：「殷《易》以坤為首。」故先坤後乾。』」」這反映了《坤乾》成書時代還是沿用上古母氏社會，女尊男卑，女上男下的價值觀的。到了《周易》，才沿用男上女下的乾坤的。

⑬見馮友蘭：《中國哲學史新編》，共三冊，北京：人民出版社，二〇〇七年重印一九九八年版，上卷，頁五〇九。

⑭奴隸社會指奴隸是生產的主力，例如，希臘最少有百分之三十以上的人是奴隸。中國是一個有奴隸的社會，但不一定是奴隸社會，見本書第一百二十六頁的討論「存在奴隸的社會與奴隸社會」條。

⑮*Britannica*: "Matriarchy".

⑯見北京大學歷史系考古教研室：《元君廟仰韶墓地》，北京：文物出版社，一九八三年版，頁八四。

⑰見《呂氏春秋・恃君覽下》：「昔太古嘗無君矣，其民聚生群處，知母不知父，無親戚兄弟夫妻男女之別，無

上下長幼之道，無進退揖讓之禮。」又見《莊子．盜蹠（雜篇）》第二十九：「神農之世，臥則居居，起則於於。民知其母，不知其父，與麋鹿共處，耕而食，織而衣，無有相害之心。此至德之隆也。」與《白虎通．號》：「古之時未有三綱、六紀，民人但知其母，不知其父，能覆前而不能覆後，臥之言去言去，起之吁吁，饑即求食，飽即棄餘，茹毛飲血而衣皮葦。」

⑱ 該序英文版可在網上找到。中文翻譯見：恩格斯：《家庭、私有制和國家的起源》，北京：人民出版社，一九五四年版。只有一八八四年原序。

⑲ 同上。

⑳ 摩爾根的《古代社會》出版在一三〇年前，由於恩格斯的引用，在中國變成權威著作，即在美國，雖受批評（見網書商 Amazon 書評），二〇〇四年得到重版，可見還是一本有影響力的書。人類經過母系社會再進入父系社會，是一個推測，不是一個考古上或文獻上能完全確證的一個結論。我們不能確知埃及、希伯來或巴比倫是經過母系社會才進入父系社會的。參見（美）路易士．亨利．摩爾根（LEWIS HENRY MORGAN）著：楊東蓴，馬雍，馬巨譯：《古代社會》，北京：中央編譯出版社，二〇〇七年版，頁四八一五〇。另請參考：Adam Kuper, *The Invention of Primitive Society: Transformation of an Illusion* (London and New York: Routledge, 1991), pp. 42-91, pp. 125-51, pp. 231-44.

㉑ 同上。

㉒ Robert J. Wenke, *Patterns in Prehistory: Humankind's First Three Million Years*, Oxford University Press, 1980; rpt. 1990. Bruce G. Trigger, *Understanding Early Civilizations*, Cambridge University Press, 2003. Grahame Clark, *World Prehistory in New Perspective* (Cambridge University, 1961), rpt. 1989. Tim Megarry, *Society in Prehistory: The Origins of Human Culture* (N. Y.: New York University Press, 1995).

㉓二位女士說："Explicit statements on the role of men and women in any walk of prehistoric life have virtually ceased to be presented by any archaeologists who wanted to be accepted by the archaeological establishment of the dominant cultures of the West." M.Gero and Margaret W.Conkey, *Engendering Archaeology: Women and Prehistory* (Oxford UK & Cambridge USA: Blackwell, 1991), P. 97.

㉔Tim Megarry, *Society in Prehistory: The Origins of Human Culture* (N. Y.: New York University Press, 1995), pp. 314-5.

㉕Fritz Graf, "*Myth,*" *in Religions of the Ancient World*, ed. Sarah I. Johnston (Cambridge, Mass: The Belknap Press of Harvard University Press, 2004), pp. 45-58.

㉖同上。

㉗見顧頡剛：《中國上古史研究講義》，北京：中華書店，頁二七—三〇。又請參考：葉舒憲：《老子與神話》，西安：陝西人民出版社，二〇〇四年版，關於「中國神話學百年回眸」的討論（頁二六八—二九一）。

㉘Sarah I. Johnston, ed., "Myth and Sacred Narratives," in *Religions of the Ancient World* (Cambridge, Mass: The Belknap Press of Harvard University Press, 2004), pp. 578-597.

㉙Jan Bremmer, "Ritual," in *Religions of the Ancient World*, ed. Sarah I. Johnston (Cambridge, Mass: The Belknap Press of Harvard University Press, 2004), pp. 32-44.另請參考：克洛德・列維—斯特勞斯（法）（Claude Levi-Strauss）著；張毅聲，張祖建，楊珊譯：《人類學講演集》，關於「神話與禮儀的關係」的討論（頁二四三—二四六）。

㉚Masao Miyoshi, *Accomplices of Silence: The Modern Japanese Novel* (Berkeley, Calif: University of California Press,

1974), pp. ix-xviii.

㉛ Mircea Eliade, *Shamanism: Archaic Techniques of Ecstasy*, trans. from the French by Willard R. Trask (Arkana: Penguin Books, 1964), pp. 12-24.

㉜ 同上，p. 5*f*, p. 21, p. 87, p.451.

㉝ 傳說中一個比孔子略早的同時期人，活躍於西元前五一八年。

㉞ 成書年分大約不晚於西元前三六九年。

㉟ Jan Assmann, "Monotheism and Polytheism," in *Religions of the Ancient World*, ed. Sarah I. Johnston (Cambridge, Mass: The Belknap Press of Harvard University Press, 2004), pp. 17-31.

㊱ 詳細分析見本書〈孔子所承傳的文化與思想：論伏羲八卦與文王易象的意義〉。

㊲ 這自然是一個構思圖。目前來說，我們在敦煌甜水井找到三十多張西元前二〇幾的麻紙，比記載中的東漢蔡倫（?—一二一年）發明的楮皮造紙早了三百年。而佛教東來根據史籍的記載是永平十年（西元六七年），那是指佛教被傳入宮廷而言，在民間一定更早，而且中印兩國間在張騫（前一六四年—一一四年）時，就必已有貿易往來。另外，中國那時的紙又粗又厚，可能是半硬性的，因為一直到唐末，中國沒有椅子與高腳書案。寫字是在懸空情況下完成的，一手懸空握紙（可能是自已，可能是助手），一手握毛筆。因此，握筆的手勢與寫字用筆的手法與宋以後是不一樣的。

㊳ 請看李約瑟先生畫時代的作品：Joseph Needham, *Science and Civilization in China: Mathematics and the Science of the Heavens and the Earth*, Vol. III, pp. 5-17，關於數目字記錄與籌算等討論。並參考：Robert Temple, *The Genius of China*, forwarded by Joseph Needham, Rochester, rev. ed. 2007 (Vermont: Inner Traditions, 1986); pp. 152-61.（兩書

均有中譯。）

㊴巴比倫的六十位數，聽起來很嚇人，但運算起來並不複雜。見陳方正：《繼承與叛逆》，頁五三—五七。

㊵見錢基博：《周易解題及其讀法》，臺灣：臺灣商務印書館，一九六八年版，頁九。

㊶子房，即張良（?—前一八六），漢初三傑之一。戰國晚期韓國人。秦滅韓後，他圖謀恢復韓國，結交刺客，在博浪沙（在河南原陽東南）狙擊秦始皇未遂，逃亡至下邳（今江蘇睢寧北）。後率部投奔劉邦，助劉邦建漢。封為留侯。傳見《史記・留侯世家》、《漢書・張良傳》。

㊷後來，則為算盤所取代。

㊸網址：〈www.verein-zwanzigeins.de〉。

㊹見〈http://mag.udn.com〉。

㊺見 Arthur Waley, "Leibniz and Fu His," in *Bulletin of the London School of Oriental and African Studies*, 1921, 2，P. 165. 為 Needham 所引述，見 Joseph Needham, *Science & Civilization in China: History of Scientific Thought*, Vol. II, P. 342.我們同意李約瑟先生所說：這是強把現代對二位元數的認識加到伏羲八卦的身上的。

㊻見本書第四章的導論。

㊼Joseph Needham, *Science & Civilization in China: History of Scientific Thought*, Vol. II, pp. 342-345.

㊽同上，P.345. Needham States,"Here then, we see how the binary arithmetic, stumbled upon by Shao Yung in his arrangement of the *I Ching* hexagrams and brought to consciousness by Leibniz, might be said in a very real sense to have been built into the mammalian nervous system long before it was found convenient for the great computing machines of modern man."

㊾ Sigmund Freud, *Civilization and Its Discontents*, trans. from the German and ed. James Strachey (N. Y.: W.W.Norton & Company. Inc., 1962), pp. 5-9, pp. 41-46, pp. 54-90. Dr. Armand M. Nicholi, Jr., *The Question of God: G.S. Lewis and Sigmund Freud Debate God, Love, Sex, and the Meaning of Life* (N. Y.: The Free Press, 2002), p. 43, p. 55, p. 70, p. 99, p. 110, pp. 204-6。另參見：克洛德．列維—斯特勞斯（法）（Claude Levi-Strauss）著：張毅聲，張祖建，楊珊譯：《人類學講演集》，北京：中國人民大學出版社，二〇〇七年版，關於「對親屬關係和婚姻的研究」的討論（頁一四九—一五五），關於「婚姻的禁忌」的討論（頁二四七—二四八）。

㊿ 同上，Sigmund Freud, *Civilization and Its Discontents*, pp. 6-7 and p.51.

(51) 同上，p.7, pp. 81-4, p. 89.

(52) 汪玢玲：《中國婚姻史》，上海：上海人民出版社，二〇〇一年版，頁四三—五〇。

(53) 同上。

(54)（英）亞當．弗格森著：孫飛宇、田耕譯：《道德哲學原理》，上海：上海人民出版社，二〇〇五年版，頁九—三四。

(55) Edward O. Wilson, *On Human Nature* (Cambridge: Harvard University Press, 1978); rpt. 2004, pp. 12-3, p. 80, pp. 104-5, p. 199. Also his *The Insect Society,* The Belknap of Harvard University Press, 1971, p. 460. See also his *Sociobiology: The New Synthesis*, Twenty fifth Anniversary Edition, The Belknap of Harvard University Press, 2000（rpt. of 1975）, pp. 378-574.

(56) Mircea Eliade, *Shamanism: Archaic Techniques of Ecstasy*, trans. from the French by Willard R. Trask, Arkana: Penguin Books, 1964, pp. 81-97.

(57) 請參閱本書〈孔子所承傳的文化與思想：《易》卦變化程式的探討〉一文中關於榮格的「總體無意識（collective unconscious）」觀念的討論。

(58) 《一，二十，二十五，五十二，五十九》。

(59) 《十，三十六，四十三，五十二，五十五，七十六，七十八》。

(60) 《六，五十五，六十一》與《十，二十八》。

(61) 《六，十五，二十八，三十二，三十九，四十一，四十二，六十六》。

(62) 《八，七十八》。

(63) 《道德經》的第八十章或說是抄襲自《莊子》的，還有待進一步的考定。但小國寡民應與他的哲學思想是一致的。其文為：「小國寡民；使有什伯之器而不用；使民重死而不遠徙；雖有舟輿，無所乘之；雖有甲兵，無所陳之；使民複結繩而用之。甘其食，美其服，安其居，樂其俗。鄰國相望，雞犬之聲相聞，民至老死不相往來」。《莊子．外篇．胠篋》載：「當是時也，結繩而用之，甘其食，美其服，樂其俗，安其居，鄰國相望，雞狗之音相聞，民至老死而不相往來」。參見李零：《去聖乃得真孔子：〈論語〉縱橫讀》，北京：生活．讀書．新知三聯書店，二〇〇八年版，頁二〇—一一。

(64) 任繼愈先生語譯，見其所著《老子繹讀》，北京：北京圖書館出版，二〇〇六年版，頁一一六。

(65) 獻字一義，是余英時先生告訴我的。

(66) 見前第三章注(164)。

(67) 摩爾根的《古代社會》出版在一百三十年前，由於恩格斯的引用，在中國變成權威著作，即在美國，雖受批評（見網書商 Amazon 書評），二〇〇四年得到重版，可見還是一本有影響力的書。人類經過母系社會再進入父系社會，是一個推測，不是一個考古上或文獻上能完全確證的一個結論。我們不能確知埃及、希伯來或巴比倫是經過母系社會才進入父系社會的。參見（美）路易士・亨利・摩爾根（Lewis Henry Morgan）著；楊東蓴，馬雍，馬巨譯：《古代社會》，北京：中央編譯出版社，二〇〇七年版，頁四八—五〇。另請參考：Adam Kuper, *The Invention of Primitive Society: Transformation of an Illusion* (London and New York: Routledge, 1991), pp. 42-91, pp. 125-51, pp. 231-44. Joan M.Gero and Margaret W.Conkey, *Engendering Archaeology: Women and Prehistory* (Oxford UK & Cambridge USA: Blackwell, 1991), pp. 94-9.

(68)同上，摩爾根《古代社會》，頁四八。

(69)同上。

(70)同上。

(71)同上。頁五一。

(72)同上。頁四八。

(73)老子是極端反對戰爭的，他認為即使勝利了，還是一件可悲痛的事：「戰勝以喪禮處之」（《三十一》）。

(74)參考：黃壽祺，張善文撰：《周易譯注》，上海：上海古籍出版社，二〇〇四年版。他們在〈前言〉中把《周易》的問題都大致介紹了（頁一—三四）。又請參考：潘雨廷：《易學史叢論》，上海，上海古籍出版社，二〇〇七年版，頁一—七〇。

(75)《大象傳上・乾卦繫辭》。另請參見：成中英（美）：《易學本體論》（*Theory of Benti in the Philosophy of Yijing*），北京：北京大學出版社，二〇〇六年版，有關「易之五義與易的本體世界」的討論（頁三—三四）。

(76)James C. Davis, *The Human Story: Our History, From the Stone Age to Today* (New York: Harper Collins Publishers,

2004), pp. 6-87.

(77) 高蒙河：《長江下游考古地理》，上海：復旦大學出版社，二〇〇五版，頁一—一〇二。

(78) 見原書〈附錄五：孔子在六藝中射御數的成就〉一文中有關「結繩記事」的內容。

(79) 請參閱李約瑟先生關於中國科學的基本概念的討論。Joseph Needham, *Science and Civilization in China:History of Scientific Thought*, Vol. II (London: Cambridge University Press, 1956), pp. 216-345.

(80) 黑格爾（德），《哲學史講演錄》（*Vorlesungen Über Die Ceschichte Der Philosophie*）（共四卷），第一卷，賀麟、王太慶譯，北京：商務印書館，一九五九年版一九九七年第十次印刷，頁一二〇。原文內容僅有一句：「易經包含著中國人的智慧（是有絕對權威的）。」並無接著下來的兩句話，虛假的可能性很大，真相待考。

(81) 同上，頁一二〇，見標題。

(82) 同上，頁九五。

(83) Sarah I. Johnston, ed., "Visual Representations," in *Religions of the Ancient World* (Cambridge, Mass: The Belknap Press of Harvard University Press, 2004), pp. 598-621.

(84) 司馬貞《史記索隱》載：「太庖犧氏……母曰華胥，履大人跡於雷澤，而生庖犧於成紀。」庖犧即伏羲。

(85) 見《文心雕龍・原道》與〈章句〉。

(86) 見《易・繫辭下》孔穎達疏，原文：「周流六虛者，言陰陽周偏流動在六位之虛，六位言虛，位本無體，因文始見，故稱虛」。又：錢基博，《周易解題及其讀法》，臺灣：臺灣商務印書館，一九六八年版，頁九。

(87) 例如六四數位的二進位元數可以六位數來表達如下：0 ＝（0,0,0,0,0,0），1 ＝（0,0,0,0,0,1）……，64 ＝（1,1,1,1,1,1）。加數的計算方法如三位數。

⑧⑧ Richard Wilhelm, trans., *The Secret of the Golden Flower—A Chinese Book of Life*, with a Commentary by C. G. Jung, translated into English by Solome Wilhelm (N. Y.: Harvest Book), pp. 84-88.

⑧⑨ C G. Jung *et. al.*, *Man and His Symbols* (New York: Doubleday), p. 23.

⑨⓪ 同上。

五、孔子的思想

導論

這一章包括六個章節，前三個章節討論孔子仁與禮的思想；後二個章節其實是從孔子的行為來談他的思想與他的人格意境的；最後一個章節則談君子行為的內涵。嚴格來說，孔子的哲學是應用性的德行哲學，不是研究本質性的倫理哲學；對前者來說，行為的實踐是必須的；後者則否，允許純理論性的討論，例如，道德的本質是什麼？為什麼道德必須要存在？這些都不是孔子想討論的問題。孔子討論道德是取決於（predicate）這個道德是會被踐行的。正如我們在上一章介紹美國憲法時，指出美國憲法有明文規定要履行憲法的承諾的，因此，憲法的創作人是孔子的信奉者。也是因為這個原因，我們討論孔子的思想之餘，也必須討論他的行為，用他的行為來詮釋他的言論。這又關涉到一個「有機詮釋（organic interpretative）」問題。

一般來說，大家都喜歡而且廣泛地接受中國思想是一個「有機性的思維（organic thinking）」。但到目前為止，基本上還是一個比喻性（metaphoric）的論述，也就是說，分析系統性的架構還未被全面性地建立起來。但是，由於好幾位優秀學者的努力，對有機分析的特性我們最少可以分四方面來討論。

一、有機思維所用的名詞是多義性的，劉若愚先生以這個方法來分析中國的詩論，把重要的關鍵性的名詞都給予多個意思，例如，他釋「興」為「予以靈感（inspire）」、「開始（begin）」、「提升（exalt）」、「觀念聯合狀態（associational mode）」、「使行動

（arouse）」、與「煽動（incite）[1]」。劉先生的這個方法靈感來自現象學（phenomenology）的文學批評理論。我們採用這個方法得出仁的五個涵義而全面性地把《論語》中關於仁的論說梳理出一個系統來。

二、有機思維是動態的，多層次的。正如杜維明先生所指出：我們如果用靜態的切面去作單一性的推理分析，那只能解釋單一層面的狀態，不能在多層次的架構上有完滿的解釋[2]，基於這個提議，我們用仁的五個意義作為五個層面去建構它多層次的架構。

三、李約瑟先生指出有機體的關係是一種有關聯的關係（associative），而不是具有因果關係性質的（causal）[3]。我們以這個分野在第四章第一節討論中國禮文化與希臘神話文化的區別。事實上，早在英國浪漫主義文學崛起的時候，就已有這個醒覺。這個學派認為大自然是一個有機體，文學作品的創作反映了上帝對宇宙的創造，因而要用新的方法來形容文學作品。科爾里奇（Samule T. Coleridge, 1772-1834）是這個運動的創始人，他把沒有生命力的作品稱為「機械體（mechanical being）」，有生命力的作品稱為「有機體（organic being）[4]」，可是，他是以創作人心理上的活動來做分析的，對我們所需要的針對思想和行為的哲學分析，那是不合用的。但整個文學分析的研究範疇的分野是可以拿來作哲學有機分析的借鑑的。它有聲音的分析、文法的分析、修辭的分析、解經的分析、意識形態的分析、歷史背景的分析等等，都能在實踐性（有別於理論性）的哲學中找到相應的範疇（除了有關聲音的分析），而每一個範疇都可以在其中作靜態的分析。問題在：我們如何能把這一個一個範疇連結起來成為一個整體，再把生命力灌注進去，讓文學作品活起來呢？那就需要把讀者（reader）帶進討論之中，從讀者的閱讀行為過程（the act of reading）中，真實地體會作品的生命力。同樣，德行哲學需要一個實踐者，把死的概念用行動演活起來。否則，自由、平等、公正、仁愛都是太抽象的名詞，我們需要道德實踐行為（the moral act）去體會德行哲學的真實生命性，這是有機詮釋的一個關鍵性的環節，也就是有機分析的第四個特性。

四、把一個哲學流派的從事者（practitioner）的行為帶進研究之中，在實際行為上來認識這個流派的理論。這在孔子來說，是一回很容易的事，因為我們有大量關於他和他弟子道德行為的記載。但老子將會是一個問題，我們連有沒有這個人都不知道，又怎可能用他的行為去解讀他的思想呢？我們可以從另一個角度來看這個問題，我們大家都知道有一個非常流行的風氣，那就是以權謀術數的角度來分析老子。可是，我們大家都不會認為李斯（前二八〇—前二〇八）、王莽（前四五—前二三）、曹操（一五五—二二〇）是老子的信徒的；而會認為陶淵明（約三六五—四二七）、嵇康（二二三—二六二），甚至取笑孔子的楚狂人是老子的信徒的。由此可以推論：權謀術數不是《道德經》真精神的所在。

在以下六個章節中，我們演繹了孔子最核心的哲學觀念「仁」，分析了仁可能有的五個涵義，並把這五個意思來測試《論語》中所有關於仁的句子。由此可見，孔子學說不是像黑格爾所說的那樣，是一堆散漫無章的、僅有智慧的格語。其背後實在存有著一個嚴謹的系統的，但要把這個系統分析性地構建起來，那是一個百年的功業；該章節題為〈「仁」的概念性探討〉。接著在下一個章節，題為〈「禮」的概念性探討〉，我們認為禮除了禮貌、禮儀、風俗性行為的規範之外，是一個有哲學性的概念，一個能與仁接軌的概念。我們一層層地分析，把禮向仁的目標靠近。在第三章節，題為〈立國之本的憲禮及其精神〉，我們把禮與仁在憲禮的層次上結合在一起，仁被解讀是憲禮的精神。然後，我們轉了一個方向，解讀孔子的行為，與他晚年所達到有美學味道的行為境界，這個說法是有點玄妙的，我們因此進而解釋中國美學的特質，該章節題為〈孔子的禮樂美學觀〉。接著我們論說：從他的行為我們知道孔子是對天非常敬畏的。天是他道德力量的來源，也是道德行為的最後審判者。因此，孔子是有宗教情懷的，只不過，他表達的方式是與西方宗教中人與神的關係不一樣，這構成第五個章節，題為〈孔子「天生我德」的「天命觀」〉；在最後的那個章節，題為〈孔子「自我價值」的「君子觀」〉，我們用存在主義哲學與現代心理學的「自我實現」的理論來解讀孔門君子的概念。

「仁」的概念性探討

「仁」是孔子道德倫理學中最重要的一個概念，這是大家的共識。但到底仁是什麼，大家就有不同的見解與詮釋，可謂莫衷一是，自然也就談不上有什麼共識的了。那是因為孔子從未為仁下過一個明確的定義，他對不同的學生對仁的講述就不一樣。例如，他對據說是「多言而躁（《史記・仲尼弟子列傳》）」的司馬牛（生年不詳，死前四八一年，為宋貴族）的解答乃是「仁者，其言也仞（通「忍」，謹慎不亂說話的意思）」（《一二・

三》）。也就是說仁的修養要從自己的缺點做起，由於沒有人是沒有缺點的，只要我們認識到自己的缺點，立心去改良，我們就已開始走在修養仁的道路上了。所謂：「仁遠乎哉！我欲仁，斯仁至矣！（仁這個道德修養是不可企及的嗎？（事實上）我想得到它，它立即就可以出現在我人生的道路上了（如果我們開始改變自己的話）。」（《七・三一》）

問題在：人之不同如其面矣。孔子對甲說仁是這樣的；對乙又說仁是那樣的。於是給人有一種矛盾衝突的感覺。我們且以二個例子來說明我們的觀點，例如他對學生樊遲（生卒年不詳，約小孔子三十六歲）的問仁，答說：「愛人」（《一二・二二》）。如果我們把「愛人」一詞替代下面句子的「仁」字的話，以及把「不愛」一詞替代下面的「惡」字：則「子曰」這句話「唯仁者能好人，能惡人」變成「唯（愛人）者能好人，能（不愛）人」。那就給人有一種自相衝突的感覺。又例如：「君子而不仁（愛人）者有矣夫，未有小人而仁（愛人）者也！」（《一四・七》）如果「仁者」只是「愛人者」的話，這句話就給人有一種違反常識的感覺。（真的沒有崇高道德理念的的小人就不愛人嗎？就沒有同情心嗎？）這是由於仁這個理念雖然有「愛」的成分，但愛不能概括仁整體的內涵，愛只是仁的一個開端，孟子就持這個見解。

杜維明先生就《論語》中對仁論述的矛盾性提出這樣的一個解決方案，認為：仁既是基本性的，也同時是普遍共通性的，是一切孔子認可德行——如信、勇、智等等——的源頭，是動態的。因此我們如果用靜態的切面去作單一性的推理分析，那只能解釋單一層面的狀態，不能在多層次的架構上有完滿的解釋⑤。也就是說，孔子以有機體的立場來構建仁整體的架構，因此，我們如果用單一或單向的推理來分析仁，必定會碰上矛盾的牆壁，沒法對仁的整體與仁的核心達到真切的瞭解。

杜先生以「哲學人類學」與「符號學」的語言與觀點來形容仁的本質與它的精神所在。在他的刻畫中，一個仁的修養者，以自我為社會網路的中心作為出發點，通過內在的力量與醒覺以及對禮的體現，創建與造就一個「人類整體屬性（humanity）」的顯示現象，仁就是這個屬性的共通性與完美性達到最高頂峰的顯示現象。也就是儒家的「人道」超越物質世界而與天地自然之道合而為一，這個超越有其超驗主義（transcendentalism）獨立性的存在⑥。他對仁的這種刻畫與描述，那是把仁放在一個「境界」的層次上。

不過，我們要特別指出，境界是我們所用的用語，不是杜先生的，他不採用的原因可能是因為該語彙是一個佛學辭彙。境界這個辭彙本身源自《詩經》，是一個普通名詞，後來成為美學上的一個專有名詞，境界作為美學的概念來自佛學的影響，有到達「彼岸」的含意——由庸俗的（或苦難的）觀感世界昇華到純美純淨的（或極樂的）世界上——中國傳統「道」的概念是沒有「這岸」與「彼岸」兩極世界分別的，「有限的」物質世界是直通到「無限的」靈性世界的。由於境界一詞已成為日常口語，意指一種技藝已達超凡入聖的程度，也就是仁的境界是儒學中，道德最高的層次。這是我們用境界最基本的一個意思，同時境界在美學上是靜態的，仁的境界則是動態的，是一步一步走出來的。下面我們將進一步去界定這個最高層次的特性。

在我們邁向進一步分析之前，且讓我們試作一個初步的試驗，看看把「仁者」解釋做「仁的境界」在孔子的說話中是否行得通。我們且以上面引述過的「君子而不仁者有矣夫，未有小人而仁者也」這句話是否是一句有意義的說話：「君子（修德的人）而沒有達到『仁的境界』，恐怕是有的；但小人（不修德的人）是絕對不可能達到『仁的境界』的！」我們認為這句話比用「愛人者」代替「仁者」來看這句句子：「君子而不是『愛人者』恐怕是有的；但小人是絕對不可能是『愛人者』的！」要有意義得多。

下一步自然是界定什麼在孔子心目中是仁的最高境界？孔子自己沒有直接說明，但他在討論「聖人」的時候，間接申述一個由子貢（生卒年不詳，比孔子小三十一歲，是孔門最聰明的弟子之一，長於語言、外交）提出道德修養所能達到最高的境界，那就是：「博施於民而能濟眾（廣泛地在各領域施行惠政於人民，而又能有效地濟助或改良大眾的生活）。」（《六・三〇》）孔子對子貢所提出來的這條標準，認為它已超過仁的境界，是「聖」的境界，所謂：「必也聖乎」，而且他認為傳統上被推舉為大聖人的堯舜也還沒有達到這個標準，所以他說：「堯舜其猶病諸！」（在《論語》中大概只有大禹在孔子心目中是一個完全到位的聖人）這個標準有三個先決條件：一是有為民造福的心意，一是有完成功業的能力，一是有統治的權柄。一般大家認為孔子雖然在德行上是應該當聖人的，但由於沒有人把一個國家的統治大權交給他，所以孔子做不成傳統意義上的「古聖人」——孔子以前的聖人都是最高的統治者，《道德經》中眾多關於聖人的論說，雖然沒有明指是那個古聖人，但作為統治者的意義是相當明確的——也因此孔子只好追求低於聖境界一級的仁境界，以之作為一個君子在道德追求上所能達到的最高峰。即使這樣，君子還是需要政治權柄的，因此做官是仁的其中一個先決條件。對我們近代人來說，仁的追求中有這樣一個外在條件是非常奇怪的，但孔子時代，士有以天下為己任的責任，要能達到「博施於民而能濟眾」，就必須要有統治權。孔子為這個統治權花了他可以安享晚年的十四個年頭。但是，一個人能不能獲得官職，有其客觀上的條件，不是一件個人在主觀上就可以決定的事情，孔子的一些弟子就在這件事上比他強。後來做官這個條件變成「無可無不可⑦」，再不是是仁的一個先決條件。

我們先放下一個孔子晚年花了十四年周遊列國追求答案的問題：沒有權柄是否能造福廣大人民呢？（不在本文討論範圍內）我們且假設孔子有了造福人民權柄的話，他的福利特點會是什麼呢？我們認為是「教化」。也就是基本禮樂的教育（有別於全面性的六藝教育），以之提升人的文明質素，他提出：「不教而殺謂之虐」（《二〇・二》）在這個君子官僚制度治理下（孔子理想化的官僚制度）的普通人民，是有道德上（有別於今天在法律上所賦於的權利）受教化的權利的。在這個社會中（孔子自己並沒有明確地提出來），但他大約是會同意孟子的建議：每一個人都能溫飽，都能有配偶，都能獲得教化。但他沒有進一步刻畫君子在官僚制度下的政治秩序，所以孔子並沒有構造什麼理想國或者烏托邦。他最終極的理想或使命，乃是提升人類整體的精神或道德文明，在人性的可塑性中，提升人性的整體向善的方向邁進一個臺階。結合與推進整體向善的動力是愛，我們認為「仁愛」是「兼愛」，不是通常所認為的「有等差之愛」。

「愛」是內心一種關心別人的感情，由於關係不同，愛的本質也不一樣。男女之間有情慾之愛，那是有等差的；父母子女之間有養育性的親情之愛，那也是有等差的。但仁愛應該是「具同情心性質的愛」，也就是孟子所謂的「惻隱之心」，那是沒有等差的。同情心的本身是談不上親疏的。感情之所以會產生親疏，那是由於血緣的關係與禮教的規範，與感情的本質是無關的。孟子就曾明確地指出：「仁者無不愛也，急親賢之為務。堯舜之仁，不偏愛人，急親賢也。」（《孟子．盡心上》）如果說四端的惻隱之心會對親人深一點，會對外人淺一點，那是不通的。愛字在《論語》總共出現過九次，其中二次的用法是一般性「喜歡」的意思（「爾愛其羊，我愛其禮」，《三．一七》），一次是指「私欲」性的感情（「愛之欲其生」，《一二．一〇》），一次是指對父母親情性的愛戴（「有三年之愛於其父母乎」，《一七．二〇》）。其他六次，都應該是廣泛性的兼愛，他們是：「節用而愛人」（《一．四》），「泛愛眾而親仁」（《一．五》），樊遲問仁（上引《一二．二二》），「愛之，能勿勞乎」（《一四．八》），君子學道則愛人（《一七．三》）。如果愛人的本身是沒有等差的話，那麼，以之而來的仁愛又怎樣可能會有等差呢？

仁愛除了指一般性的兼愛之外，它在孔子時代則更有進一步的意義，那是指在上位的人對在下位的人的愛心。我們看仁這個字在愛心上的用法就知道，《禮記》關於五倫中的第一義就說：「君仁臣忠」（《禮運》）。所以那是統治者對臣下的愛心。《老子》的名句「天地不仁，以萬物為芻狗，聖人不仁，以百姓為芻狗」（〈五〉），就明確地指出仁愛來自有神祇地位的天地，來自在上位的仁者。《論語》中百來個仁的用語則很少有在上位的意思，一個原因乃仁者已不必一定是統治者，也可以是一個普通人；另一個原因乃愛人只是仁的一個記憶體（感情上）的起點，而不是仁的主體或終點。那麼，仁的主體與終點是什麼呢？

仁的主體是「禮」，是各種道德像「敬」、「勇」、「節用」的體現，體現的方法是從實行（「習」）與反思（「思」）中一點一滴地累積而來的。仁的終點是「道」。是「有限」與「無限」的交接，在行為上，是肉體的死亡；在心靈上，是「人」（或人道）與「天地」（自然之道）的節奏達到「中和」或協調的境界。前者牽連宗教性的含意（禮字從「事神致福」《說文解字》而來的），後者已入信仰的範疇，那是宗教性的層面。

「禮」是在人類社會發展過程中，由於風俗習慣而形成的行為準則、道德規範、和喪婚祭等生命履程中重要的禮節。這是每一個民族的文化都存在著的東西，中國禮文化的特點乃是：在秦漢之前，禮也是國家體制的架構，有憲法的味道，這則是中國政治文化的特色⑧。即使在秦漢郡縣制度後的中國，因為地方上的鄉紳制度的存在——大家庭宗族制度的存在、與中國民事法與合同法的不發達——禮法的統治在地方上還是根深柢固的。禮在中國文化上占有非常特殊的地位，可以說，禮的演繹（與之相對的，乃是「神話」的演繹）影響了中國人的世界觀，我們已在本書第四章〈孔子所承傳的文化與思想：以「禮」的眼睛看世界〉中討論這個問題。在這裏，我們的焦點將放在它與仁的關係上。

「禮法」因為是根據社會的尊卑與宗族的親疏而建立起來的，因此，禮作為一個概念在定義的意義上就已標榜著不平等的，因此孔子的名句「不患寡而患不均」（《一六·

一》）中的「均」，不是平均的意思，而是按一個人在社會階梯中的地位，再按禮法的規定，而能均分得到的一份配給。因此「均」只表示一個社會成員按他在禮制中的位置所應分得的一份。孔子是認可這個各安其分不平等的社會制度的。他也並沒有論說：一個人是怎樣可以從一個階級爬到另一個階級去的。但從他的學生大部分是下層階級的人士，在他那裏受到教育之後，就能改變社會地位來看，他是認可我們所謂的「向較高階層流動爬升（upward mobility）」觀念的，但由於我們對他那個時代社會的實質結構並不太清楚，沒法有更深一層的分析。大概孔子的弟子大部分雖然是下層人士，但並不是最低層的人，這一點由他們進孔門之前就能讀書認字就知道。我們對他弟子們的在受過六藝教育之後，再向較高階層爬升的經過，是有一個基本的認識的。但對經過最基本禮樂「教化」洗禮，屬於社會下層不認字的老百姓如何能改變他們的命運，我們是一無所知的（他們最大特點，按子游（生卒年不詳，約比孔子少四十五歲）說，乃是「易使」，《一七・三》）。

要瞭解禮與仁的關係，我們先要瞭解為什麼禮在個人修養與立身社會中對孔子來說是那樣的重要。因為孔子認為：禮制使我們由一個野蠻人變成一個文明人，使我們從一個野蠻社會進入文明社會。他認識到：人類的文明是在走過一段長長的進化史後，才有他那個時期（二五〇〇年前）的「鬱鬱乎文哉」（《三・一四》）的文明盛況。我們今天或許認為，我們認識到人類文明是從進化中而來的，是一個太普通的常識。但在二千五百年前，可不是這樣的，很少那個時期的世界古文明知道人類是經過一段長遠的母系社會才進入父系社會的。他們對人類過去歷史的進化，不像現代人那樣是以歷史發展的階段來論述的，而是以神話的方式來敘述的。中國則以記實性的形式記錄了人類從茹毛飲血到有居室畜牧耕種的歷史發展，並且明確地記錄了母系社會的情形⑨與父系社會的發生。中國的禮是從父系社會價值觀而來的，而孔子是父系社會的信仰者，而且，其他古文明以「法」立國。中國在孔子那個時候以禮立國，因此認識到禮的重要性，認為談一個人立身處世的道德不能不談禮。但他也認識到：禮與仁是不對等的。仁者，必依禮；依禮者，未必仁（若L＝禮，R＝仁；則｛L｝∩｛R｝＝｛L｝）。禮是外在行為的法則，行為是可以假裝的，沒有內在的感情，禮的行為可以是虛假缺乏真誠的，只有孝的行為而沒有敬愛父母的感情是不仁的。

我們往往以「仁內禮外」這個觀念來看待這個問題。我們認為這是一個錯誤的觀念，禮的確是有內在的，但「禮的內」絕對不是仁。禮的內是人性上的七情六慾，所謂「克己復禮⑩」乃是克制自己的七情六慾復歸到禮（規範人與人之間的和諧）的人際關係，我有七情六慾，別人也有七情六慾，彼此的七情六慾就會有衝突，要如何調協這個衝突才能有和諧的相處關係，那就要依靠禮了。如果仁是禮的「內」的話，則這句話變成「克（制仁的感情）復（歸到）禮（的規範中去）」，那是一句沒有意義的說話。

禮與內之間我們認為有三種關係，一是上面所指要克制的關係；一是指充實禮行為的感情，例如敬，忠，信，親，和等；一是指依禮的法則去施行的感情或內在的品質，例如誠實、正直、勇氣、兼愛等。第二分類最好的例子自然是五倫綱常，所謂：「父慈子孝，兄良弟悌、夫義婦聽，長惠幼順，君仁臣忠⑪。」只有忠的外表，而沒有忠的實質，那是

「鄉愿」的行為，與仁道是有南轅北轍的分別的，不說自明。我們將不把五倫逐一討論，唯一想指出的乃是，這三個分類是有重疊性的，夫婦之道也是可以放在第一類的，因為夫婦的禮另個說法乃是，「夫婦有別」，那就是說，禮雖然體諒男女大欲之存在，但夫婦間的關係必須有等差和克制。又例如第三類中的誠實，那可能是比忠或信更基本的道德質素，因為沒有誠實，就不會有忠信的德行。事實上，誠實應該是測試忠信真實性的一個標準。我們可以把與禮有關的道德質素以內外關係按上面三個分類列表如下：

因禮而臻更完美的道德質素（不能以誠實為測試準則的）	使禮不虛假的道德質素（可以誠實為測試準則的）	禮所要克制的「人的內在」
智、勇、仁愛（愛人）、直（誠實）、義（公正）、信（也在第二類中）	在人類社會中，乃五倫的感情內涵如敬（尊重與尊敬）、忠、信、親、和等 在與天地神祇的關係乃敬畏（崇敬）	七情六慾 貪利 野心等

一般來說，在人類所有的文化中，第三類中的「智勇愛直信」才是道德的基本質素。而且，這些質素不是從禮制中而來的，那麼為什麼我們需要禮來作這些質素的指引導師呢？我們且以「不說假話」這個基本道德質素來解說這個問題。我們都知道說真話是道德的行為，但在某種情形下說假話也並不是不道德的行為，那就是大家都知道的，在禮貌上

所需要說的「白色的謊言」，那是人與人交際中的潤滑劑，促進社會融洽的和諧工具。因此孔子說：「直而無禮則絞（誠實而不依禮行事則「牛」，《八・二》）。」《論語》中「其父攘羊」故事的啟示乃是，孔子認為「父為子隱（瞞），子為父隱（瞞），直（誠實）在其中矣」（《一三・一八》）。自然，那是因為禮的親情關係超過了行政的法治或禮治關係。孔子自然是知道道德上最重要的質素是與禮不相干的，但由於中國文化是以禮的眼睛來看世界的，所以，道德的行為最終在人際關係上還是必須與禮拉上關係。所以關於仁治他說：「知及之（知識上瞭解如何治理民眾），仁能守之（親民上能團結民眾），莊以涖之（在面對百姓時，又有長官的威儀），動之不以禮（但在役使民眾上不按傳統的社會常規來執行任務），未善也（還是不夠好的）。」（《一五・三三》）。當然這只是就「仁政」而言，不是就道德修養核心性的問題而言，但這也說明：當仁與智應用在實質行為上時，往往會牽涉到禮。因此，禮是仁的一個鼎足，信智等道德品質是仁的另一個鼎足，「恕道」與「推已及人」二個道德界定原則是仁的第三個鼎足。它們是建立仁的三個空間度。

孔子對仁智信勇直等道德品質，只申述（或假設）它們是好的品質，並沒有解釋為什麼它們是高尚的道德。我們且以他所提出來的二條道德界定原則「恕道與推已及人」來衡量一下為什麼信直智勇愛是道德的。恕道的「己所不欲，勿施於人[12]」，在邏輯上與耶穌（約生於西元前三或四年，約三十歲時死在十字架上，是天主教與基督教三位一體的聖子）的「金標準的行為準則」（Golden Rule）：「你要人怎樣待你，你也要怎樣待人。」

（A＝欲＝要人怎樣待自己；B＝施於人＝要怎樣待人。耶穌：若A，則B。孔子：若-B，則-A）若在語氣的情緒效應（emotive effective）上，則耶穌是向外輻射性的，所以他的門徒以傳教為天職。孔子是向內輻射性的，故孔子門徒沒有必須傳教的使命感。愛、信、直可以用這個道德原則來測試：你要別人「愛你／是可以信任的／是忠直的」，則你也要「愛人／是可以信任的／是忠直的」。或者：你要別人「不恨你／不是不可信賴的／不是不忠直的」；那你自己也「不要恨人／不要對人有不信賴的行為／不要對人有不忠直的行為」。但智和勇二個道德品質，則不能用恕道來測試，必須以推己及人來測驗。

推己及人的定義乃是「己欲達而達人，己欲立而立人」（《六・三〇》）。一般對這句話的解釋乃是，自己想富貴，也幫助別人富貴；自己想有飯吃，也幫助別人有飯吃；這自然是從利益的立場來應用這個做人的原則的；這樣解說自然是可以的。但我們還可以用更高道德層次的層面來解說這個原則，自己想有知識，也幫助別人獲取知識；自己想有勇力來保護自己，也幫助別人培養勇力去保護他的自身。所以推己可以及人的東西，是別人也想要的東西，並不是單單是我想要的東西，是一個社會上可以共用的東西。我們因此確立了知識與勇氣的利他性，但我還需要說明知識與勇氣為什麼是道德的。

智與仁的其中一個關係乃是「利仁（幫助仁的進展）⑬」，智如何可以幫助仁的修養呢？那就是跑在仁道路上二條腿走路的「習與思」了。習者，學也。學字在《論語》中出現的次數不下於仁字，學必須用智，那是不說自明之事。思字在《論語》中出現的次數不算多，用作思索或反思解，大約有五六處。最有名的自然是「九思」，在各層面上一層一層地去思維反省，所謂「視思明，聽思聰，色思溫，貌思恭，言思忠，事思敬，疑思問，忿思難，見得思義」（《一六・一〇》）。而他的學生子夏（名卜商，生卒年不詳，約少孔子四十四歲，是孔子弟子中在文學上有特出的成就的，後為有名的經學家，弟子良多）以這樣的方式把思與學和仁連結在一起，他說：「博學而篤志，切問而近思，仁在其中矣（學要廣博，而且志要篤實，問要切題，而且思要近核心，仁就會在智的利仁中啦（以「其」指「利仁」），《一九・六》」。」同時也把智放在仁的輔導地位，但由於智是主要協助仁在修養的道路向仁的境界邁進，智的道德性是亦步亦趨地跟隨在仁的進展步伐中的。

在《論語》中我們找不到「為什麼有仁就有勇」的論說，雖然在《一四・五》章中有「仁者必有勇，有勇者不必仁」的說法，那是說勇是仁的一個充足條件，但不是一個必需條件。為什麼是這樣，該章沒有說，別處也沒有說。在《道德經》中我們找到了「仁者必有勇」的根據，第六十七章說：「慈故能勇」，老子是一個「母權主義」者，他的「慈」必是指「母慈子孝」的慈愛，為什麼母親的慈愛會產生「勇」呢？那就讓我們想到母雞在護雛的慈愛中，忘記了自己的弱小，而向強大的蒼鷹擺出恐嚇的模樣。同樣，一個仁者看到不義的事情時，也會激於他的仁愛之心，而勇敢地衛護弱小者的，這是為什麼孔子要說：「見義不為，無勇也。」（《二・二四》）無勇者也就不是仁者的了。孔子、老子與主張「非攻」的墨子（生卒年不詳，活躍於前四七九—前三九一）一樣，都是主張人必須要有勇氣，認為一個有道德的人要衛護自己所愛的人，與護衛自己所信仰的東西。

上面我們描述了在《論語》中仁的四種意義：愛人／修養仁的道路／仁政／仁的境

界。要包括仁在其中所有的意義，我還需要加上「仁的篤實品質」。孔子作為一個教育家，無疑知道一個人天賦的個性品質是不一樣的，有的比較接近仁，有的比較遠離仁。接近仁的個性質素大約有：「剛毅木訥⑭」，「篤信⑮」、「篤敬⑯」、與「篤志⑰」。這種人大約要通過學與思來發揮他們仁的質素就能走在修仁的道路上。另外的人則通過修改遠離仁的篤實品質而行走在修仁的道路上；再通過兼愛與「人的屬性」連結為一體；然後通過禮與社會上每一個成員建立人際關係網路的聯繫，與天地神祇建立單向性的關係。由於仁者很多是在上位的統治者，加上仁最高的理想是「博施於民而能濟眾」。因此，仁政是仁的一個課題。通過恕道與推己及人二個道德評估準則對各種道德質素例如愛信直智勇等的「切問而近思」之後，有時連孔子也會在三個月中發現自己做了違仁的事⑱，但最終仁者與天地的節奏既合節又合拍，達到仁純善純美的境界。

下面我們把《論語》中所有論仁的句子，按仁這五個涵義來替代，看看是否能完滿地包括《論語》中所有仁的意思：

I＝仁的篤實品質

II＝愛人（同情心／兼愛）

III＝修養仁的道路（仁道／修仁）

IV＝仁政

V＝仁的境界

		I	II	III	IV	V
1	《三・三》 子曰：「人而不仁，如禮何？人而不仁，如樂何？」 **白話**：一個人若不走在修養仁的道路上，即使習禮也不過如此罷了！一個人若不走在修養仁的道路上，即使習樂也不過如此罷了！			y[19] y		
2	《四・一》 子曰：「里仁為美，宅不處仁，焉得智？」 **白話**：居留在仁的道路上，是美好的；選擇不居留在仁的道路上，那是不明智的。			y, y		
3	《四・二》 子曰：「不仁者不可以久處約，不可以長處樂，仁者安仁，智者利仁。」 **白話**：不是在修養仁道路上的人，是不能夠長久地處在逆境中的，也不能夠長久地處在順境中的，達到仁的境界的人使仁安穩，達到智的境界的助仁成長。			y		y
4	《四・三》 子曰：「唯仁者能好人，能惡人。」 **白話**：只有達到仁的境界的人才能（有資格）喜好一個人，或者憎惡一個人。					y
5	《四・四》 子曰：「苟志於仁矣，無惡也。」 **白話**：如果立志走在修養仁的道路上、就不會做壞事。			y		

6	7	8
《四・五》子曰：「君子去仁，惡乎成名？君子無終食之間違仁，造次必於是，顛沛必於是。」 **白話**：修德的君子若不走在修仁的道路上，又怎樣能成就功業呢？君子連一頓飯那樣短的時間都不遠離仁道，在忙日常生活的時候是這樣，在不如意的逆境時也是這樣。	《四・六》子曰：「我未見好仁者，惡不仁者。好仁者無以尚之。惡不仁者其為仁也，不使不仁者加乎其身。有能一日用其力於仁者乎？我未見力不足者，蓋有之矣，我未之見也。」 **白話**：我從未看到過一個追求仁道的人（者＝人），在去除不仁的東西（者＝東西＝品質）上，（疑闕文：「力不足者（是力量不足夠的）」）——追求仁道的行為（者＝行為）是令人欣賞的，去除不仁的東西（者＝東西＝品質）就是在仁道上下了工夫啊！就是不使不仁的東西附在自己的身上。是否能用一日的時間去致力在仁的修養（者＝修養）上呢？我從未看到過有力量不足夠的人（者＝人），如果真是有的話，我卻從未見過啊！」	《五・五》或曰：「雍也仁而不佞。」子曰：「焉用佞？御人以口給，屢憎於人，不知其仁，焉用佞？」 **白話**：或曰：「冉雍這人，有仁的篤實品質，但缺乏口才。」子曰：「怎樣可以用口才的角度來審判呢？以口舌應付人，常常只會使人討厭，我不清楚冉雍是否達到了仁的境界，怎樣可以用口才的角度來審判呢？」
	yyy	y
y	y, y,	
		y

9	10	11
《五・八》 孟武伯問：「子路仁乎？」子曰：「不知也。」又問，子曰：「由也，千乘之國，可使治其賦也，不知其仁也。」 **白話**：孟武伯問：「子路達到仁的境界了嗎？」子曰：「不很清楚。」再問，子曰：「由這個弟子，有一千輛軍車的大國，可以讓他治理軍政，但不清楚是否能說他已進入仁的境界。」（以同樣的「不很清楚」回答了關於冉求與公西赤仁的修養問題。）	《五・一九》 子張問曰：「令尹子文三仕為令尹，無喜色；三已之，無慍色。舊令尹之政，必以告新令尹。何如？」子曰：「忠矣。」曰：「仁矣乎？」曰：「未智，焉得仁？」 **白話**：子張問曰：「子文宰相三次做宰相，都沒有喜色；三次被罷免，也沒有慍色。任上的舊政事內情，（每一次），他都告訴新上任的宰相。他怎樣？」子曰：「這是忠的表現。」問：「他有仁的境界了嗎？」曰：「他(對人性與世界)還未瞭解明白，怎可能有仁的境界呢？」（該章接著記載孔子論齊大夫陳文子，也說他：「還未瞭解明白，怎可能有仁的境界呢？」）	《六・七》 子曰：「回也，其心三月不違仁；其餘，則日月至焉而已矣。」 **白話**：子曰：「顏回啊，他的心一連三個月都沒有違背仁道；其他弟子，則到了一個月就往往有所差異了！」
		y
yyy yyy	yyy y	

14	13	12
《六・二六》 宰我問曰：「仁者雖告之曰『井有人焉』，其從之也？」子曰：「何為其然也？君子可逝也，不可陷也；可欺也，不可罔也。」 白話：宰我問曰：「對有仁愛之心的人，雖然對他說『井中有人啊』，他會不會跳下井去救人呢？」子曰：「為什麼他會呢？有仁德的人可以見義勇為，但不會笨到被人陷害，可能有時會上當，但不會不經過思考就去做違反常識的事。」	《六・二三》 子曰：「智者樂水，仁者樂山，智者動，仁者靜。智者樂，仁者壽。」 白話：子曰：「達到智境界的人喜歡水，達到仁境界的人喜歡山，智慧型的人靈動，仁愛型的人不移。智境界的人生觀是中和，仁境界的人生觀是永恆。」	《六・二二》 樊遲問智，子曰：「務民之義，敬鬼神而遠之，可謂智矣。」問仁，曰：「先難而後獲，可謂仁矣。」 白話：樊遲問智，子曰：「戮力於適合老百姓的事情，對鬼神的事情崇敬但不投入，可以稱得上明智的了。」問仁，曰：「（不做表面的功夫，從長遠打算），先做艱苦的事情，才談收穫，可以稱得上仁政的了。」（這裏大約是問智政與仁政。）
	y	
y		
		y
	yy	

15	16	17	18
《六・三〇》 子貢曰：「如博施於民而能濟眾，何如？可謂『仁』乎？」子曰：「何事於『仁』？必也『聖』乎。堯舜其猶病諸！夫仁者己欲立而立人，己欲達而達人。能近取譬，可謂仁之方也已。」 白話：子貢曰：「如果廣泛地在各領域施行惠政於人民，而又能有效地濟助或改良大眾的生活。這怎樣？可以稱得上仁的境界了嗎？」子曰：「何止是仁的境界呢？那一定已是「聖」的境界了。古聖人堯與舜他們恐怕在這個層次上有所欠缺呢！修仁者自己想立身於社會也幫助別人立身於社會，自己想成功也幫助別人成功。能從自身需求而明白別人的需要。（譬，喻也，曉也）。可以稱得上走在仁道路上的一個（可依從的）方法。	《七・六》 子曰：「志于道，據於德，依于仁，游於藝。」 白話：子曰：「把理想放在『宇宙運行』的道上，紮根於『人類開創』的德中，歸依於『人之所以為人』的仁道中，遊學於文化藝術中。」	《七・一五》 曰：「求仁而得仁，又何怨。」 白話：曰：「（伯夷叔齊二人）追求仁的境界而得到這個境界，又怎會有埋怨呢！」	《七・三一》 子曰：「仁遠乎哉？我欲仁，斯仁至矣。」 白話：子曰：「仁這個道德修養是不可企及的嗎？（事實上）我想得到它，它立即就可以出現在我人生的道路上了！」
yy	y		yyy
yy		yy	

19	《七・三五》 子曰：「若聖與仁，則吾豈敢？抑『為之不厭，誨人不倦』，可謂云爾已矣。」 白話：子曰：「若說到聖與仁二種境界，我豈敢當呢？不過我學習（仁道）是不會厭倦的，教育（仁道）也是不會厭倦的，可以稱得上不過這樣吧了！」					y
20	《八・三》 子曰：「君子篤于親，則民興於仁；故舊不遺，則民不偷。」 白話：子曰：「修德的官（提倡）對親人厚道，則老百姓中間產生仁的篤實品質；不遺忘故人舊人，則老百姓不苟且偷生，得過且過（偷訓苟，有偷生的意思）。」	y				
21	《八・八》 曾子曰：「士不可以不弘毅，任重而道遠。仁以為己任，不亦重乎？死而後已，不亦遠乎？」 白話：曾子曰：「作為一個(沒有官職的)讀書人，不可以不增強自己剛毅的力量，（因為）責任是那樣的重，道路是那樣的遙遠。以仁道為自己的責任，還不夠重嗎？到死才終止，還不算遠嗎？」			y		
22	《八・一一》 子曰：「好勇疾貧，亂也。人而不仁，疾之已甚，亂也。」 白話：子曰：「好勇力（而又）不能忍受貧窮，（社會）就會起動盪。人若違反了仁的篤實品質，被逼得太凶了，（社會）也會起動盪。」（此處的「人而不仁」針對下層階級而言，《三・三》的「人而不仁」針對上層階級而言。）	y				

23	24	25	26	27
《九・一》 子罕言利與命與仁 **白話**：孔子極少談到利害與天命，利害與修仁（的關係）。	《九・二八》 子曰：「智者不惑，仁者不憂，勇者不懼。」 **白話**：智境界者知道什麼是自己所不知道的。仁境界者走在修仁的路上，是有為仁犧牲的決心的。勇境界者是不會為不義而畏縮的。	《一二・一》 顏淵問「仁」，子曰：「克己復禮為『仁』。一日克己復禮，天下歸『仁』焉。為仁由己，而由人乎哉？」 **白話**：顏淵問仁，子曰：「克制自己（的七情六慾）回歸到禮（的人際關係），有朝一日，（大家都）克己復禮，天下就還重返回仁的境界了。修仁是由自己開始做起，還能由別人開始做起嗎？」	《一二・二》 仲弓問「仁」，子曰：「出門如見大賓，使民如承大祭。己所不欲，勿施於人。在邦無怨，在家無怨。」 **白話**：仲弓問仁，子曰：「出門好像會見貴賓，役使老百姓好像承辦大祭。自己不想受到的待遇，也不要加之於在別人的身上。在國邦中沒有抱怨你的人，在家族中也沒有抱怨你的人。」	《一二・三》 司馬牛問「仁」，子曰：「仁者其言也訒。」曰：「其言也訒，斯謂之『仁』已乎？」子曰：「為之難，言之得無訒乎？」 **白話**：司馬牛問仁，子曰：「修仁的人他們的言談是謹慎的。」曰：「言談謹慎，這就可以稱得上修仁了嗎？」子曰：「做起來那可不容易，說說就能變得言談謹慎了嗎？」
				y
y		y	y	y
	y	yy		

	28	29	30	31	32
	《一二・二》子曰：「夫聞也者，色取仁而行違，居之不疑，在邦必聞，在家必聞。」 白話：子曰：「聞作為名望的定義就是，外表裝出有仁的品質而在行為上則是不走在修仁的道路上的，對自己這樣的行為從不反省，（目的乃）使自己在邦在家都有好名聲。」	《一二・二二》樊遲問仁，子曰：「愛人。」子夏曰：「富哉言乎！舜有天下，選於眾，舉皋陶，不仁者遠矣；湯有天下，選於眾，舉伊尹，不仁者遠矣。」 白話：樊遲問仁，子曰：「愛人。」（中略）子夏曰：「（…）舜得了天下，在眾人中挑選傑出的人材，選中了皋陶，不修仁的人不見了；湯得了天下，在眾人中挑選傑出人材，選中了伊尹，不修仁的人不見了。」	《一二・二四》曾子曰：「君子以文會友，以友輔仁。」 白話：曾子曰：「修德的人以文化活動結識朋友，靠友朋的輔助來精進仁的修養。」	《一三・一二》子曰：「如有王者，必世而後仁。」 白話：子曰：「如果有聖王出現，也必須在一個世代以後才能有仁境界的社會。」	《一三・二七》子曰：「剛毅木訥，近仁。」 白話：子曰：「堅強有毅力（而又）說話平實，那是接近仁的品質。」
	y				y
		y			
		yy	y		
				y	

33	34	35	36
《一四・二》「克、伐、怨、欲不行焉，可以為仁矣乎？」子曰：「可以為難矣，仁則吾不知也。」 **白話**：「欺負、殺戮、招怨、想要別人的東西等行為都不做，是否就可以達到仁的境界了呢？」子曰：「這可真不容易啊！（說那是）仁的境界，那我就不清楚了。」	《一四・五》　子曰：「有德者必有言，有言者不必有德；仁者必有勇，有勇者不必仁。」 **白話**：子曰：「有德行的人必有有價值的言論，有有價值言論的人不一定有德行；達到仁境界的人必有勇氣，有勇氣的人不一定走在修仁的道路上。」	《一四・七》　子曰：「君子而不仁者有矣夫，未有小人而仁者也。」 **白話**：子曰：「修德的人而沒有達到仁的境界，恐怕是有的；但不修德的人是絕對不可能達到仁的境界的！」	《一四・一〇》　問管仲，曰：「仁人也。奪伯氏駢邑三百，飯疏食，沒齒無怨言。」 **白話**：問管仲，曰：「他是一個因行仁政的而能被稱為「仁人」的人，他駢奪了齊世家伯氏三百戶封地，伯氏（從此）吃粗飯，但他到沒有牙齒的時候還是沒有怨恨管仲。」（這是說管仲雖然以力服人，卻有以德服人的效果。）
	y		
			y
y	y	yy	

37	38	39	40
《一四・一七》子路曰：「桓公殺公子糾，召忽死之，管仲不死，曰未仁乎？！」子曰：「桓公九合諸侯，不以兵車，管仲之力也。如其仁？如其仁？」 **白話**：子路曰：「桓公殺了公子糾（做了齊的統治者），（公子糾的舊臣）召忽為他而死，管仲（也是舊臣）卻不為他而死，是否可以說未達到仁的境界呢？」子曰：「桓公九次聯盟諸侯而成霸主，沒有用兵力，那是管仲的功勞。（因為他的仁政），就應該當他已經達到仁的境界，就應該當他已經達到仁的境界。」	《一五・九》子曰：「志士仁人，無求生以害仁，有殺身以成仁。」 **白話**：子曰：「志（於道）的讀書人與修仁的人，不會因為生存而做不合仁篤實品質的事情的，只會犧牲性命而求達到仁的境界的。」	《一五・一〇》子貢問為人，子曰：「工欲善其事，必先利其器。居是邦也，事其大夫之賢者，友其士之仁者。」 **白話**：子貢問為人（如何做一個「人之所以為人」的人），子曰：「要把一件事做好，就必須磨利做事的工具。住在某一個邦國，就必須與該國大夫中賢德之人打交道，與有仁篤實品質的讀書人做朋友。」	《一五・三三》子曰：「智及之，仁不能守之，雖得之，必失之；智及之，仁能守之，不莊以蒞之，則民不敬；智及之，仁能守之，莊以蒞之，動之不以禮，未善也。」
	y	y	
			yyy
	y		
yyy	y		

編號	內容					
40	白話：子曰：「知識上瞭解了如何治理民眾，在仁愛的親民上未能團結民眾，雖然好像有了仁政，一定不能保持。知識上有了，仁愛上有了，在面對百姓時，都缺乏長官的威儀，人民會不恭敬；知識有了，仁愛有了，威儀也有了，但在役使民眾上不按傳統的社會常規來執行任務，還是不夠好的。」					
41	《一五・三五》　子曰：「民之於仁也，甚於水火。水火，吾見蹈而死者矣，未見蹈仁而死者也。」 白話：子曰：「仁愛對百姓來說，（其重要性），超過水與火。水火這二種基本生活物件，我曾經見到人為了得到它們而犧牲性命的，卻從未見到有人為了得到仁愛而犧牲性命的。」		yy			
42	《一五・三六》　子曰：「當仁，不讓于師。」 白話：子曰：「在仁道的面前，即使是老師也不退讓的（也要爭一個明白的）。」			y		
43	《一七・一》　曰：「懷其寶而迷其邦，可謂仁乎？曰：不可！好從事而亟失時，可謂智乎？曰：不可。日月逝矣，歲不我與。」孔子曰：「諾。吾將仕矣。」 白話：（陽貨）曰：「身上有本領卻讓自己的邦國亂紛紛的，這可以稱為有仁愛之心嗎？應該說：那是不對的。有做事的意向卻常常不把握機會，那可以稱為有明智的眼光嗎？應該說：那是不對的。時光飛快地過去了，青春也將不存在。」孔子曰：「這話很有道理，我將會很快出來為政府服務。」		y			

44	45	46	47
《一七・五》子張問仁於子，子曰：「能行五者於天下，為仁矣。」「請問之？」曰：「恭、寬、信、敏、惠。恭則不侮，寬則得眾，信則人任焉，敏則有功，惠則足以使人。」 白話：子張問仁於子，子曰：「能夠把五個項目在天下進行，可以進入仁的境界了。」「請問那五項呢？」曰：「恭敬，寬厚，信用，聰敏，給人好處。自己態度恭敬，別人就不輕慢，寬厚就得大家的愛戴，有信用別人就會請他做事，做事聰敏就會有成績，給人好處就使喚得動人。」	《一七・七》曰：「好仁不好學，其蔽也愚；好智不好學，其蔽也蕩；」 白話：曰：「追求仁的篤實品質而不追求學識，它的弊端是愚笨；追求智的聰慧品質而不追求學識，它的弊端是浮誇。」	《一七・一六》子曰：「巧言令色，鮮矣仁！」 白話：子曰：「說話活靈活現，容色隨機應變，很少有仁的篤實品質。」	《一七・二〇》宰我出，子曰：「予之不仁也！子生三年，然後免于父母之懷。夫三年之喪，天下之通喪也，予也有三年之愛于其父母乎？」 白話：宰我（宰予）出，子曰：「宰予太沒有仁愛之心了，孩子生出後三年，才能離開父母親的懷抱，守父母親三年的喪禮，那是天下間大家都奉行的喪禮。宰予對他的父母是否也有三年的愛慕呢？」
	y	y	
			y
y			

編號	內容	(1)	(2)	(3)	(4)	(5)
48	《一八・一》　微子去之，箕子為之奴，比干諫而死。孔子曰：「殷有三仁焉。」 白話：（殷商亡國時的大夫）微子（因紂不仁）而離開朝廷邦國，大夫箕子裝狂為奴而不願做官，大夫比干因諫（而觸怒紂王）而被殺死。孔子曰：「殷代有三位可以稱得上達到仁境界的人。」					y
49	《一九・六》　子夏曰：「博學而篤志，切問而近思，仁在其中矣。」 白話：子夏曰：「學識廣博而意志篤實，切中核心地審問而又能近取喻，修仁的道路在其中了。」			y		
50	《一九・一五》　子游曰：「吾友張也，為難能也，然而未仁。」 白話：子游曰：「我的朋友子張，有難能可貴的道德修養，但還未到達仁的境界。」					y
51	《一九・一六》　曾子曰：「堂堂乎張也，難與並為仁矣。」 白話：曾子曰：「子張是那樣地堂皇有華彩，很難與他一起走在修仁的道路上。」			y		
52	《二〇・四》　雖有周親，不如仁人。百姓有過，在予一人。 白話：引《尚書・泰誓》中周武王的話「我雖然有姓周宗族的親人，不如以仁愛待人（那樣有效力），百姓有過失，讓我一個人來承擔吧。」		y			

53	《二〇・九》欲仁而得仁又焉貪 白話：（修德的人）想施行仁政，又得到施仁政的機會，又怎會不滿足呢？（是五件美好的事「五美」之一，孔子自己就得不到這樣的機會。）
總	
14	
10	
29	
4	yy
35	

如果我們以上這個的分析與形容是站得住腳的話，則孔子的倫理思想無疑是存在著一個嚴謹的系統的，並不像黑格爾在《哲學史講演錄》中所說的那樣是一堆片斷沒有組織的格言[20]。我們這裏只是朝嚴謹的分析系統方向邁出淺淺的一步；真正的分析理論系統的建造乃百年的功業，還有待我們大家的努力[21]。

「禮」的概念性探討

仁是孔子倫理哲學的花卉，而禮則是他哲學的樹幹與根基。禮紮根於社會，是社會的形而上的組織，禮文化塑造了一個人的言行舉止，好像一個人的衣飾服裝那樣，這個言行舉止的特徵把他與其他禮文化薰陶出來的人一下子就分別了出來；所以禮文化的重要性是不言而喻的。問題在：孔子時的禮文化的特色是什麼？與其他禮文化的分別在哪裏？為什麼孔子會把道德修養與禮文化聯結在一起呢？

人一生下來就落進了一個系統，這個系統與生態環境與文化環境是分不開來的，而且在其背後有億萬年進化的歷史在影響著這個系統。事實上任何生物都有一個社會性的系統的存在的，這個社會性系統的指令，像電腦程式那樣，刻錄在它們的DNA上，控制它們的社會行為，最明顯的就是螞蟻與白蟻，愛德華・歐威爾遜（Edward O.Wilson）就提出了這個問題㉒：百萬年前螞蟻的DNA指令是否也殘留在我們的身上，殘留的指令是人類把群體組織成社會結構的其中一個力量嗎？這個問題的複雜性更提升了一步，假如我們把家畜化（domestication）的進程帶進討論中：我們大家都知道動物大部分會撫養牠們的幼嬰，撫養者多數是母親，但也有少數動物爸爸照顧牠們的幼雛，最有名的乃是狼爸爸；狗是從狼馴化而來的，而狗爸爸是最不照顧牠們的幼雛的㉓。因此在家畜化過程中，狼爸爸照顧幼雛的DNA指令在狗爸爸身上被破壞了，人類是第一個受馴化的生物（自我馴化），在馴化的進程中，他的各種DNA指令是否也遭受到破壞則是一個待研究的問題。在這個層次，禮只不過是人類在進化或馴化中的群體遊戲規則，而且存活了億萬年，我們的群體遊戲規則有什麼特別地方呢？

如果我們接受禮只是人與人（包括神）相處的群體遊戲規則，則它與人之所以為人的道德價值觀有什麼特殊的關係，導致孔子把它與仁放在同一水準上呢？然而，不是所有人類文化都把禮與高層次道德連在一起的（禮與低層次道德行為準則是相通的），埃及、希臘、希伯來文化都沒有把禮放在如此崇高的地位，連我們的《道德經》的作者在修德上也是反禮的。孔子是一個例外，他所承傳的禮特別在哪裏呢？

在本書第四章的〈孔子所承傳的文化與思想：以「禮」的眼睛看世界〉一文中，我們比較了希臘的神話傳統與中國的禮傳統，希臘人用神話的眼球看外在的世界，以及人際關係；中國人則以禮的眼球。孔子承傳了中國這種傳統，因此把仁德與禮義聯結在一起。但《道德經》的作者也是生活在這個傳統中的人，不接受這個傳統，也就是他不接受孔子的禮；但人與人之間的相處是不可能沒有群體遊戲規則的，所以《道德經》作者所信奉的遊戲規則是什麼呢？我們認為是母氏社會的規則，也就是母氏規則的禮；孔子則信奉父氏規則的禮。

孔子所信奉的禮建立在私有制與血統承傳制的基礎上，他相信階級的畫分，但對階級畫分的世代相傳，他表面上似乎是認可的，但實際上卻通過教育在挖世襲的牆角（見書中〈孔門重要弟子介紹〉一文）。他把用於王權的天命應用到平民身上，使他們提升了自我的價值觀（見本章的〈孔子「天生我德」的「天命觀」〉一文），到孟子與荀子時已有貴族若不賢則應去位的概念㉔，以及平民有德與貴族有位是一樣尊貴的觀念。我們認為我們必須從這個角度切入，去討論孔子的禮與德的關係。後世反對禮的人常常批評孔子的禮複雜得不可行，那是他徒子徒孫或漢朝儒生為了功名而弄出來的毛病。孔子是強調禮必須「儉」的，例如他說：「禮，與其奢也，寧儉。」（《三・四》）又說：「麻冕，禮也；今也純，儉，吾從眾。」（《九・三》）又說：「樂節禮樂。」（《一六・五》）對他的弟子在執禮上，「野人」與「君子」的作風，孔子這樣評說：「先進於禮樂，野人也；後進於禮樂，君子也。如用之，則吾從先進。」（《一一・一》）這是孔子對禮樂應儉應節的精神所在，他重禮的質過於重禮外表的華美。

禮字在《論語》中總共出現過七十五次，分布在四十二個章節之中，我們的工作乃是把一些與道德價值完成有關的篇章挑選出來。這就得篩選去一些與這個討論無關的包含禮字的篇章，列舉如下：

《論語》章節	篩選理由
《二・二三》㉕	乃考證禮的歷史源頭
《三・八》㉖	真義不明確
《三・九》㉗	乃考證禮的歷史源頭
《三・一七》㉘	乃「告朔」禮儀本身有價值
《七・一八》㉙	乃論述雅言
《七・三一》㉚	乃言守習俗性的禮，孔子有為君隱之義
《一〇・四》㉛	乃孔子執享禮時的容貌
《一一・二六》㉜	乃關於仁政的，在上文已討論了仁政與禮的關係
《一三・三》㉝	乃關於正名的
《一三・四》㉞	乃關於仁政的
《一四・四一》㉟	同上
《一五・三三》㊱	同上
《一六・二》㊲	言禮的正統性
《一七・二一》㊳	乃關於三年之喪，與禮的討論沒有很大的關係

篩除去以上十四個章節之後，我們還留餘三十二個章節。這三十二章節主要還是討論禮儀態度的問題，故與道德行為有一定的關係，但與禮成為修德一個終點的概念關係還是不大。所以，我又必須把這些討論一個人禮儀態度的篇章挑選出來。由於正如上面所說，任何文化都不能沒有禮儀態度這個東西，我們一生下來就被烙印在我們成長的過程中可塑造的大腦上。成長後，定了型的大腦有的時候又會重新再學習社會上的正規性或上流社會所奉行的禮儀態度，例如孔子的窮學生要向他學習貴族的禮才能「立」（晉身貴族統治層社會）。在這個篩選中我們拿了美國華盛頓總統（一七三二—一七九九）所抄寫成的小書《文明的禮則》（*Rules of Civility*）做參考[39]，看看孔子的禮，有哪些方面與別的文化是有共通性的，再從共通性來討論孔子的特殊性。

華盛頓抄寫這本書的時候，他還是一個兒童，約十四歲，也是一個「述而不作」的產品，那是一個學童在重新學習禮儀態度上所作的筆記，來源自一六四〇年的英譯本，原著乃一五九五年法國耶穌會傳教士所著作的《文明禮則與良好行為在社交相處與交談時刻》（*Rules of Civility & Decent Behaviour in Company and Conversation*）[40]。因此是西方舊大陸的產品，但也適宜用在新大陸還未獨立的美洲，原產品產生在當時最文明的歐洲社會，其封建制度與孔子時代的封建制度不無相似之處，政治與經濟控制在世襲貴族手上，雖然國家體制立基在法律上，但貴族生活所講究的乃是所謂「儀表禮節（etiquette）」，與孔子禮的儀表禮節是相類似的，華盛頓所抄錄的《文明的禮則》第二十九條規則乃：「當碰到在地位上比你更高貴的人，停步；然後可能的話退隱到一個門戶中或任何直接方便的地方，讓出通道來給貴人通過（When you meet with one of greater quality than yourself, stop, and retire especially it be at a door or any straight place to give way for him to pass）[41]。」例如，孔子立朝，在君主面前，「踧踖如也，與與如也（局促不安，彎身佝背）」（《一〇・二》），孔子「食不語」（《一〇・一〇》），大約不會是吃飯時一聲不吭之意，《文明的禮則》第一〇七條：「當別人說話時要全神貫注，但當你口中有食物的時候不要開口說話（If others talk at table be attentive but talk not with Meat in your Mouth）[42]。」可作孔子「食不語」一語的注解。正確的儀表禮節與說話方式（在法國是拉丁文與口音，在孔子中國是《詩經》與雅言）是一個人要打進上層社會所必須有的「外表」，十七世紀法國的資產階級（bourgeoisie）要打進貴族圈子，必須學好貴族的儀表禮節與說話方式；孔子「立於禮」（《八・八》《一六・一三》《二〇・三》）的觀念也根源自這種社會背景。華盛頓出身自美國南方鄉紳階級，當時還在英國的統治下，從小的鄉紳教養與英國貴族紳士教養有一段距離，因此不能不努力「學禮」。在這個層面上來說，孔子的「立於禮」是有其文化普遍性的，也因此是禮的平凡的一面。

二者間，我們還可以作進一步的比較，因為《文明的禮則》也有很多行為準則（maxim）。例如第一〇八條：「尊敬與服從你親生的父母親，雖然他們出身貧困（Obey your Natural Parents although they be Poor）[43]」，孔子一定會叫好的。《文明的禮則》第一條說：「在群體中，所有的舉動必須以恭敬態度與在場人的人交接（Every Action done in Company, ought to be with some sign of Respect, to those that are Present）。」孔子能反對嗎？怪不得他說：「居處恭，執事敬，與人忠，雖之夷狄，不可棄也。」（《一三・一九》）又好像拍馬屁這件事，二個文化都看不起的，《文明的禮則》第十七條則為：「不要做一個馬屁精（Be no Flatterer）。」《論語》中諂字出現過三次，都有貶義。

所以，禮的規則往往包含道德行為準則，一個人要修養道德，確實是可以從禮的行為準則開始的，二個文化都有這樣的構思，例如在一九七〇年代替華盛頓作傳記的理查・布魯克海撒（Richard Brookhiser）就有這個看法[44]，認為我們如果服從外在的行為準則，當內在的自我完全被馴服之後，我們對別人的尊重油然而生，因為這些行為準則鼓勵我們以恭敬的態度待人，當我們完全「內在化（internalization）」外在的禮法時，我們則可能從外在的一個彬彬君子變成一個有偉人性格的真正君子[45]；我們相信孔子會同意修德可以從遵守外在行為準則開始，他可能也相信內在化有某一種程度的作用，但他仁境界要與禮社會結合為一，才能完成。不是單靠內在化，那只是初始的鍛煉；偉人性格的生命力自有它的源頭，那是智仁勇，只有當這種生命力生長成熟時，才能到達道德最高的彼岸，但他認為這種生命力在成長中必須受到驗證，驗證的準則就是禮；在我們進一步討論這個觀點之前，且讓我們更深一層來分析孔子與其他文化相同的儀表禮節與行為準則。

孔子非常明確地認識到：禮樂在通常的運作上是與道德不相干的，因此他說：一個人沒有仁德的行為，能守禮又有什麼用呢？一個人沒有仁德的心，能奏樂又有什麼用呢？（《三・三》）又說：說禮吧！說禮吧！難道就是穿帛戴玉嗎！說樂吧！說樂吧！難道就是搞鐘打鼓嗎！（《一七・一一》）那純是形式上的操作。另外「君子義以為質，禮以行之」（《二五・一八》）與「文之以禮樂」（《一四・一二》）這樣的說法都把禮當作外在的形式。但孔子對停留在禮的這個外在的儀表態度有一個內涵，那就是「讓」、「恭」、「敬」、「信㊻」、「義」、「仁智勇」；後者我們又可以從二個世界範疇來分析，我們採用海格爾的分類，那就是「眾人中的自我」（they-self）與真我（eigens ergriffenen）（見本章〈孔子「自我價值」的君子觀〉一文），讓恭敬信義屬前者，仁智勇屬後者。我們之所以需要有這樣的區分，那是因為我們認識到一個道德人格的完成，不是從人云亦云中（內在化）成長而來的，而是從反省與發現自我而來的，孔子知天命，就是從反省中知道真我的使命。

在「眾人中自我」的世界，人生如舞臺，我們都是這個舞臺的演員。在這個世界中，真假沒有明顯的界限，只要看起來真就可以。在美學上有一個常常被誤會的題目，那就是一個演員表現哀傷欲絕的場面時，是否內心要充滿這種感情呢？這是一個誤導的問題，因為在舞臺上只要看起來真實就可以，不必而且也沒法知道演員是否內心真的充滿了悲苦之情。同理，當孔子「見齊衰者，雖狎必變，見冕者與瞽者，雖褻必以貌（見到帶孝的人，雖關係親密，也莊容以待（表示同情）；見到有官位的人與盲人，即使熟悉，同樣以禮貌相待（以示尊敬））。」（《一〇・二三》）孔子是一個非常好的禮的表演者，他的學生習禮，其中一門功課就是怎樣做一個良好的禮的表演者，所以弟子有子說：「恭近於禮。」（《一・一三》）自然這不是禮的終極，我們先在這個層次上看孔子的禮，也就是說，我們不從內外的分野來看禮的表現，禮是一把戒尺，規範人的行為。雖然「盡禮」是按禮法行事，但別人看了卻另有想法，孔子無可奈何地說：「事君盡禮，人以為諂也。」（《三・一八》）又說：「能以禮讓為國乎，何有？（這句話真義不明確，恐有脫文，大意則很明確，要以禮讓立國。）」（《四・一三》）正如他在另一處所說的：「君使臣以禮。」（《三・一九》）也就是說，君主作為「社會人」需要以禮行事，孔子作為社會人也必須按禮節表演他的禮的行為，茲列舉這些章節如下：

子告之曰：「孟孫問孝於我，我對曰：『無違』。」樊遲曰：「何謂也？」子曰：「生，事之以禮；死，葬之以禮，祭之以禮。」（《二・五》）

子入太廟，每事問。……曰：「是禮也。」（《三・一五》）

子夏曰：「……君子敬而無失，與人恭而有禮。四海之內，皆兄弟也─君子何患乎無兄弟也？」（《一二・五》）

文之以禮樂，亦可以為成人矣！（《一四・一二》）

道之以德，齊之以禮，有恥且格。（《二・三》）

（上面篩選去的十四個章節的五條關於仁政條項，亦可用於此。）

這些章句都是以禮為一種為社會所接受（「立」）的儀表禮節，沒有一種是關涉道德的內涵的。

但孔子把道德修養最高的境界「仁」和禮聯結在一起，那是為了什麼呢？他又如何把它們結合在一起呢？一個大家都引用的章節乃是「顏淵問仁」（《一二・一》）。那是說，只要能把自己的行為完全合乎禮，那他就完成了仁，達到仁的境界了。在《論語》中關於這方面的討論就只有上面這一章，因此我們不得不把其他一些相關，但不直接的篇章旁敲側擊一翻，再從孔子的自身的人格完成上來尋找答案。

我們在本章上文〈「仁」的概念性探討〉反對「禮外仁內」的說法，認為禮有內涵，那是七情六慾，不是道德的警覺性與道德的生命力。換言之，我們認為仁是有內涵的道德警覺性，以及道德生命力的。那就是仁（博愛）、智（思辨與反省）、勇（不畏強梁）的原生道德力量，這是禮所沒有的一種內在力量。但禮除了七情六慾之外是有其內在質素的，那就是「讓恭敬義」，恭是一種表面的神態，讓與敬則可以有真心的讓敬與表面的讓敬的區分，孔子自然是要行禮者有真心真意的讓敬，正如行喪禮時有真正哀傷的感情（「為禮不敬，臨喪不哀，吾何以觀之哉」）（《三・二六》）。這是普通人的道德行為，不是偉人的道德行為，孔子在討論管仲時就指出了這點，他明確地指出：「管氏而知禮，孰不知禮。」（《三・二二》）但卻說他「如其仁」（《一四・一六》），在另一處又直說管仲：「人（仁）也。」（《一四・九》）因此一個人雖有不合禮標準的行為，也可以「成仁」的，結論是：「克己復禮」固然可以成仁，不克己復禮也是可以成仁的；禮對仁是沒有獨占性的。

我們還需要解釋的是「克己復禮」為什麼能成仁呢？這得從「義」這個字說起，《說文解字》釋「義」為「己之威儀也」；也就是一個人的儀表，這大概是上古年代的初始意思，到孔子時已有正確行為的意思，例如，「見義不為，無勇也」（《二・二四》），

「君子喻於義，小人喻於利」（《四・一六》），「聞義不能徙，不善不能改，是吾憂也（這裏的義與善是平行的）」（《七・三》），「見利思義」（《一四・一二》），「見得思義」（《一六・一〇》與《一九・一》）。由上面引文來看，義是行為準則的指令大約是可以確定的；但這是內在的還是外在的指令，則仍有商榷的餘地。從我們演繹的立場，我們相信義是一個內在的指令，這個看法可以引證孔子下面的說話：「君子義以為質，禮以行之。」（《一五・一八》）但孔子沒有說這是先天之質，還是後天之質，可是一定不是孟子所說的形而上的質／義，因為孔子是不談形而上的東西的。

孔子是相信「生而知之者」（《七・二〇》）的，因此他也可能相信有的人是「生而善／生而義」的；但他作為一個教育家可能更會相信「學而善／學而義」的，也就是人在學習中會在潛移默化中有一種是非之心的，這種直覺的知道「什麼是對、什麼是錯」是不同於外在道德行為準則的認知。孔子有一個很好的例子給我們認識「義」這個概念，我們都知道偷竊是不道德的行為（外在準則），父親偷了東西，做兒子的是否應該去告發呢？孔子認為是不應該的，因為這樣就違反了兒子對父親的義。也就是父、子二者間有一種血親的結合紐帶（bond），義的內在認知來自這個紐帶關係，我們直覺地知道我們要保護我們的血親。特別像孔子那樣的君子，他們是相信天命的（見本章的章節〈孔子「天生我德」的「天命觀」〉一文）。是不敢欺天的，當天命把德種植在一個君子的心中，也把義的是非概念留了下來，義成了走在仁的道路上的一個指標。

孔子強調禮，還有一個更直接的意義，那就是人不能單憑思考或坐禪而增進仁的修養的，這是他與佛祖不同的地方，人一定要用行為在每一個階段中去測試仁的認知與修養程度的，而且從實習行為中對禮有更深一層的認知（實習本身有一種認知，那是不同於思考認知的）。對孔子來說這種實習行為就是禮，因為人不是孤島，人的行為必與自己以外的人聯結在一起；朱熹解「仁」為「從二人」，可能有一點望文生義的味道，但這個解釋的強調：仁不是孤獨在人群以外的修養，則是有畫龍點睛的功效的。仁需要禮的行為去實證，正如孔子所說，有「富而不驕」的情操是不夠的，還要用禮的行動去表達它。即「未若貧而樂，富而好禮者也」（《一・一五》）。同樣，有勇的情操是不足夠的，還得以禮的方式行之㊼。

但我們必須強調孔子對禮的驗證「出仕」這件事上，他就打了「無可無不可」的禪機。伯夷與叔齊乃孔子心目中一等一的仁人，但他們「隱居以求其志，行義以達其道」（《一六・一一》）是沒有以社會上的禮行為來驗證他們仁人的修養的。禮在孔子倫理哲學中是一個非常重要的環節，可以用它的行為準則來起步修仁，也可以用它的實踐來驗證仁修養的程度。但在最高的境界，仁是不依賴禮而有它獨自的存在的。

立國之本的憲禮及其精神

我們在本書的〈前言〉中曾提到，由於受到余英時先生對「仁內禮外」看法的影響，我們重新思考這個分析架構。如果說仁的外在表現是禮的行為，禮行為的內涵是仁的修養。那麼，禮行為包括些什麼呢？仁修養又包括些什麼呢？如果我們把內外的範圍規畫一下，說內是「私家人」，外指「公家人」，那就很容易接受仁內禮外的看法，做私家人的時候以仁德為修養，做公家人的時候以禮的行為來表現自己。但這個規範是有侷限性的，把人切成兩半，一邊是仁，一邊是禮，缺乏統一性或整體性。孔子晚年所達到的有美學境界的道德修養，那是一個整體性的「仁就是禮，禮就是仁」的一個修養最高的境界，因此，我們必須在一個新的層次上看這個問題。

從禮發展由來的角度上來看，禮是為了「和諧」二個人的七情六慾與私利的衝突而產生的。在這個階段，禮內乃指人的七情六慾與私利之心。我們若把禮提升到日常進退揖讓的儀禮上面，禮內也只能指「敬」這個品質，而敬不是仁的核心美德。這是為什麼我們在簡體版的原著中反對仁內禮外的說法，因為，如果仁真的是禮的內涵的話，那麼我們就必須把仁的核心思想「恕道」與「推己及人」二個理念包涵在禮的內部之中，而且禮的行為能表現這二種美德。問題在：如果那只是個人行為，我們只會稱之為道德行為，而不會叫做禮的行為的。那麼，要在什麼時候，仁的道德行為也同時是一種禮的行為呢？一個例子，當周公把王權退還給周成王的時候，他完成了國家對他做大臣的期望，完成了禮制社會一個最高的理念，那就是對最高統治權的禮讓，那是當時的大德，原則上，孔子稱有這種德行的人為仁人，例如，伯夷、叔齊、吳太伯等㊽。讓我再舉一個近代例子，那就是華盛頓當了二任總統之後，把權力還給國家，退位做一個普通平民，完成了美國的憲法精神與條文，為千古民主制度立下了一個偉大的榜樣。因此，這不單止是偉大的憲法行為，也是崇高的道德行為。如果是這樣的話，我們必須把禮提升到一個更高的層次，在這個層次，禮的行為反映了或包容了一個文化中最崇高的理念，我們稱這個層次的禮為「憲禮」，稱仁為「憲禮精神」。這自然是二個新創的名詞，啟發自今世憲法與憲法精神這二個觀念。

憲法的「憲」，在《爾雅》的解釋中，其意也是法，所以憲法是「法律中的法律」，也就是基本法。最重要的乃是，近世憲法不單止是法律之母，而且是把一個國家最崇高的價值觀放進到裏面去。例如，自由、公平、民權這些觀念。這些觀念其實是很抽象的，是一種意向（intent），往往是構建一個有理想的國家創建者的偉大的意向，我們往往稱之為「憲法精神（constitutional spirit）」。美國憲法頭一部分只有一句長句子，稱為意向書（Preamble: Statement of Purpose）㊾，那就是美國作為一個國家，它的憲法精神。包括七點：一、建立一個更完美的共和政體（也就是說，不獨每一個州在法律上是平等的，而且州權（地方主權）與聯邦權（中央主權）之間有一個合理的平衡）；二、給人人法律上的公正；三、保證國土內和諧平安；四、對外則有抵抗能力；五、促進公眾的福利；六、有效地維持我們以及我們的後裔有享受自由的福分；七、把這個憲法在美國土地上推行並實施為法律。最後一條應該不是什麼理念，而是「說了要做」的履行諾言的保證。對禮或仁來說，沒有實踐就不成其為禮或仁的了，因此最後一條，那是定義性的先決條件。以下我們討論禮與仁是否符合其他六個理念。

美國憲法的第一條是論述聯邦的組成。周朝的禮制也是意圖建立一個完美的封建制度的，我們目前對這個制度的認識還是很粗略的，而且可能受了漢朝《三禮》的影響，對它有一種過分理想化的認知。孔子對這禮制是有深刻的認識的，他認為周禮比起夏商二代的禮制來，確實是有所進步的。無論如何，周禮是立國之本大約是不成問題的。因此是與這份憲法的第一條是互相對應的。那麼仁是否因此而能解讀為憲法精神呢？以下我們試論述之。

我們在以上二個章節中，很詳細地分析了孔子仁和禮的觀念，以及二者的關係，我們不在這裏重複了。只撮要地總結一下，在孔子之前，仁與禮就連結在一起。老子的名言「大道廢，有仁義」（〈十八〉）可以解釋為：「母氏社會崩潰後（也就是，婚姻禮制的開始），有仁義這個東西的出現。」這是說，因為有禮教的出現，所以才產生了仁義的觀念。老子的仁是指在上位對下位的一種關愛⑤⓪。到了孔子手中，他把仁這個觀念哲學化起來，並賦予它崇高的理念。要鑑定仁是否有憲法精神的味道，就要看仁的理念是否與美國憲法精神的第二至第六項有吻合的地方。

第二項「給人人法律上的公正」大約是不合用的。孔子時，中國是一個禮治的國家，不是一個法制的國家，因此法律之前人人平等的觀念孔子是沒有的，也因此不是仁的一個理念。

第三項大約是國泰民安的意思，這中間也包括治安良好這個問題。孔子時，鄭國的治安已相當不好，他晚年時，魯國的治安也開始走下坡。不過，孔子富民與「不患寡而患不均」（《一六・一》）的觀念應該給社會一個良好的安定基礎。他重教化而不重刑罰，希望有一個仁德的和諧社會，這大概是不成問題的。因此，二者間的理念是相符合的。

第四項是說：一個國家要有保衛自己的能力。孔子雖然不贊成攻擊性的戰爭，去搶掠消滅其他弱小的國家[51]。但他不是一個主張不抵抗的和平主義者，他盛讚管仲，說因為他，魯國不至於被夷狄所統治（《一四・一七》）。同時又說管仲：不以兵車，就讓齊桓公當上了眾諸侯國的盟主，維持了周朝的禮制（《一四・一六》）。他是知道兵車的重要性的；他提倡「勇」，說勇是一個人的三大美德之一（《一四・二八》），也有勇者是不怕以武力來保衛自己的涵義在其中的。他晚年時，三個弟子有若、冉有和樊遲都勇敢地抵抗了吳國和齊國的侵略，把魯國保衛了下來，受到孔子的稱許。因此，「有抵抗能力」一定是仁的一個基本性的精神。

第五項是「促進公眾的福利」，孔子富民教化的觀念是一種以民為本的思想。晚年時，他嚴厲地批評了宰相季康子的增重百姓負擔的稅收政策。素常他是主張要促進百姓的生活水準和文化教育的，這是他仁德社會一個最主要的理念。

第六項是「有效地維持我們以及我們後裔有享受自由的福分」。在這裏，我們進入了一個灰色的境地，孔子有一點點自由的觀念，但絕不是我們今天在憲法上所說的自由。這又可以分二個方面來說，一是言論自由，一是基本權利的人身自由。我們相信他是會贊成言論自由的，例如，孔子九歲時，子產不讓下屬大夫毀鄉校，因為鄭國人在那裏遊息與議論時政。後來當孔子看到這則記載時，評論說：單單從這一點來看，人家說子產不仁，我是不能相信的[52]。他自己在晚年時，就擔當起一個社會言責者的身分，六次對統治者震木鐸之威，發出譴責的獅子之吼批評聲[53]：按畝徵稅、葬吳孟子的失禮、滅小國的行為、越禮跳六十四人的「八佾」君王禮舞、到泰山祭天、請伐弒其君的齊國。不過，他只限制自己的言責在政論上，與近代言論自由的觀點不盡相同。他「匹夫不可奪其志」（《九・二六》）雖然有一點人權的味道，但與近代憲法上的人權界定，是有一個相當大的距離的。或者，我們可以這樣猜想：如果孔子活在今天，他也會是一個人身自由與言論自由的信仰者。他仁的精神在本質上還是傾向於現代「自由」這個觀念的。

結論很簡單，憲禮這個觀念是可以成立的，憲禮精神就是仁所包含的理念。由於我們上二個章節已詳細地推演了「恕道」和「推己及人」與孔子整個價值觀的關係，我們不再在這裏贅言了。

有一點是可以強調的，那就是孔子有非常科學化的頭腦[54]，因此他不像孟子那樣以形而上的眼光看人性，或人的社會。他希望改良人性，以及人的社會，也相信有些特殊的人可以提升他們的人性，而成為一個有高度道德感的人，例如像他的弟子們。可是，他們只是人類中的一小部分人而已。他是認識到大部分的人類是不能夠提升他們人性的本質的。但他們可以改變他們的「習性[55]」，也就是說，我們所生活的「系統（system）」不同，因而我們的習性不同。目前來說，我們比三十年前的人幸福，那是因為我們的社會比他們的美好，我們生活的系統比他們的優越，但在基本人性的本質上，我們和三十年前的人是差不多的，並沒有比他們更道德。雖然由於教育的普及，在素質上，我們可能更優勝些，但那只是習性，不是人性。關鍵在：有理念的系統可以提升人總體的習性，因而有一個更美好的社會。這是為什麼孔子對禮看得那樣重要，因為禮是一種系統，可以提升人的習性。而這種系統要更人性化的話，就需要仁的理念，來進一步美化人的習性，建造一個更美好的社會。

禮治大概只能用來治理一個小國家，當這個國家變成大帝國的時候，也就不能不用法治了。但禮治並沒有因此而消失，因為純粹的法治把人變成了一個機器，那可不是人能受得了的事。於是秦帝國（前二二一—前二〇二）只維持了十九年就亡了國。有了這個榜樣，漢朝建立了「陽法陰儒」的體制，把禮治當潤滑劑來使用，使秦朝所建立的法治有一點人性的味道，帝國的壽命由十九年變成二三百年。「陽法陰儒」是一個成功的試驗，也就成了以後二千年的統治模式。但是，這個統治模式完全無法解決一個中國政治上的大問題，那就是傳承問題。因為傳承，父子兄弟相殘，導致皇族是沒有家庭親情和溫暖的。而西方近代憲法的傳承制把家庭溫暖重新帶回到統治層的家庭中，那是闕功至偉的。問題在：禮治要如何配合憲治而能打造出一個「陽憲陰禮」的雙贏體制，促進中國建設一個更公平、更合理、更人性的社會。這是一件還得要依靠研究政治哲學的專家們來為我們量身打造的事。

從美國憲法上，我們知道他們憲法精神中的最後一項是履行諾言的保證。但這個諾言要經過二三十年之後才完全兌現，那就是，當歐巴馬總統被當選為總統的時候，在他就任的那一天，《華盛頓郵報》發表社論說：「美國終於不再說謊了！」也就是，美國憲法兌現了它二三十年前的諾言。「陽憲陰禮」中的禮治或許可以成為催化劑，幫助我們履行在憲法上的諾言。

孔子的禮樂美學觀

孔子時，中國輝煌一千五百年的藝術，包括書法、繪畫、雕刻、獨立於音樂以外有音律的詩體都還未發明。所以說孔子有什麼美學觀，看起來是有一點離題萬丈的說法；特別是孔子對《詩經》的文字美缺乏美學的評論。我們之所以要談他的美學觀，那是因為中國有二個美學現象可能追索到他那個時代的。

是哪兩個美學現象呢？一是書畫中臨摹本的權威性；一是後來文人畫抒寫心胸傳統的由來。前者為什麼會是美學的一個大問題呢？因為大家都知道王羲之（三〇三？—三七九）的《蘭亭序》的真跡已失傳，可能在唐太宗的墓裏也說不定，但是我們還是把顏真卿（七〇九？—七八五？）的摹本當成寶貝，乾隆要特別建一個堂來安放它。這從西方美學觀點來看，那是完全不可理解的，臨摹本不獨不會有權威性，而且會給人嗤之以鼻的。是什麼使中國人認可臨摹本，而認為它有美學上的崇高的價值的呢？後者的問題在：中國畫家把一千五百年來的原型山石草本流水畫了又畫，一點都不會生厭，原因乃他們認為他們有自己獨特的藝術氣質；因此，雖然在形方面大同小異，在神方面就不一樣了。這一點，西方評論家雖然姑妄言之，姑妄聽之，但是融化不進他們的美學傳統中去。要如何建立一個「大一統」的美學，還有期諸將來，我們的工作只是把這個現象追溯一下，並提出一些美學上的問題。

一般我們討論中國美學中的境界，都祖述《莊子》，其中〈養生篇〉的庖丁解牛是大家都喜歡用的藝術家神乎其技的例子。不過，我們著重的乃是下面這段與禮舞有關的描寫：「庖丁為文惠君解牛，手之所觸，肩之所倚，足之所履，膝之所踦，砉然嚮然，奏刀騞然，莫不中音。合於《桑林》之舞，乃中《經首》之會。」其中《桑林》是商湯的樂舞，《經首》是堯樂舞《咸池》的一個樂章。也就是說，庖丁以樂舞的境界來解牛，雖然他「以神遇而不以目視㊻」，但節拍上還是與樂舞合節合拍的。這進一步解釋了中國的美學來自音樂與舞蹈，而不是來自視覺藝術的繪畫與雕刻。我們也同意莊子（前三六九？—二八六？）是中國美學的集大成者與開創者；但在孔子時，以美的眼球看禮舞與音樂已存在，那就是季札在《左傳・襄公二十九年》中有名的議論，那時孔子七歲。季札的樂論大約是繼承了傳統的慣例性（conventional）的對政治教化的議論，雖然有美的觀感在裏面，但以教化為主，美感為副；而莊子則完全除去了教化的層面。外加他與莊子還有一點完全不同的，那就是他完全從一個旁觀者（或讚賞者）的立場評論樂與禮舞的效應；莊子則完全由表演者的立場論述他所感受到的意境。孔子介乎二者之間，孔子作為傳統的繼承者，也談教化；例如他說「入其國，其教可知也」（《禮記・經解》）；說《關雎》「樂而不淫，哀而不傷」（《三・二〇》）。但當他聽到從未聽過的音樂，必重複之，也就是拿來把它演奏一番㊼；又如他學韶樂，竟學到不知肉味。作為一個表演者，孔子也一定能體會庖丁在禮舞上神乎其技的解牛，庖丁能「恢恢乎其於游刃必有餘地矣」的，下面我們將說到孔子把跳禮舞的意境用到道德修養上去，而達到「七十而從心所欲，不逾矩」的高深境界，於人一種絕美的感覺。

中國的美學由樂與禮舞而來，有三種意義：一、美是動態的，是不斷更新的；二、美的傳遞者是表演者，不是創造者；三、美附在表演者的身上而存活，不附在作品身上而存活。我們若以之來比較從靜態藝術（例如繪畫與雕刻）而來的美學，則後者是靜態的，是永恆不變的；美是創造者（畫家或雕刻家）在作品中傳遞出來的，像生孩子那樣，生出來就有自己獨立的生命；因此美在作品中存活，不在創造者身上而存活⑱。肖像畫《蒙娜麗莎》的微笑在作品身上，不在畫家達・芬奇（一四五二—一五一九）身上。照理中國字畫也是靜態的，應該可以把後面三個特性應用在上頭的；但偏偏不是那樣，因為我們把中國自音樂而來的動態美學應用到字畫上去，把字畫的美動態了起來；因此臨摹的顏真卿是一個表演者，像演奏《蘭亭序》樂曲（假設）那樣，把王右軍的原作再表演一次，唐朝人認為他表演得出色極了，可以媲美原作的表演，是耶非耶，還得把原作找出來比較一下，看看古人有沒有騙我們。

這個美學的觀點背後有一個假設，那就是王右軍在《蘭亭序》中所捕捉到的神韻，背後有一個形而上的存在。不獨王右軍能這樣做，捕捉到形而上的神韻，在他創造之後，連臨摹者顏真卿也能這樣做，因為後者也能「感應」到這種特殊的形而上神韻；這是中國美學中特有的「感應論」。一定要稟賦有一種特殊的素質，一個藝術家才能對自然界中特有的質素起「感應」作用；若以樂音為比喻，自然界中獨特性的商音，如果要在一個藝術家的心頭引起共鳴的話，該藝術家自身一定要擁有該特殊商音的質素；否則，他作為一個樂器，就不能同音相和的了。也就是說，一個藝術家之所以能夠對一件物體的藝術上的特質或「神」起感應，是由於他擁有某一種特殊的「藝術敏感性」。這個理論可以用來解釋一個常見的現象：有些畫家精於人物，有些畫家精於山水；對山水有感性的藝術家未必對人物有感性。同時，由於每一個作家的氣質不同，敏感性也不一樣，所以，他們所看到或「感應」到的外物的「神」也互異。每一個藝術家，作為一個藝術上的操樂器者，對同一外物的「神」，由於自身質素的不同，所引起的「感應」也不一樣。顏真卿從自己的氣質與學養中「感應」了王右軍原作的神韻。

我們可以以同樣的理論來解釋文人畫的傳統；畫家像音樂演奏者那樣，只是一個表演者，原型的山石草木筆法像樂器的八音（金、石、絲、竹、匏、土、革、木），按五色五聲的運行原理，表達了畫家獨特的氣質，寫出了自然界的「神」。豐子愷（一八九八—一九七五）先生有下面這段經驗[59]：

> 「（我）覺得自然景物的特點，畫筆所不能表達出的，詩詞往往能強明地說出。我冒雨跑到蘇堤，寫了一幅垂柳圖歸來。偶然翻開詩集，看到白居易的《楊柳枝》詞：「可憐雨歇東風定，萬樹千條各自垂。」剛才所見的景色的特點，被這十四個字強明地寫出了。我辛辛苦苦地跑到蘇堤去寫這幅畫，遠不如讀這首詩的快意！」

子愷先生這個時期的畫太受「官感經驗」的束縛，因此還在「寫形」的階段，而未能憑著「藝術想像力」寫出景物的「神」。但是，他已經瞭解到「寫神」的重要，他於是通過讀詩詞來培養他的「藝術想像力」。在表達感情方面，也是一樣，赤裸的感情要經過

「藝術想像力」的錘煉之後才能藝術化起來。一種無論怎樣真誠的感情，它的本身絕對不是一種藝術，一定要通過某種「藝術媒介」洗煉表達之後，才能有它藝術上的生命力。

對二十一世紀的文人畫畫家來說，是有一個挑戰的，因為一千五百年傳統筆法的山石草木原型是農業社會的產品，在資訊世代，用農業時代的原型筆法是否能夠表達今時今日的「神」呢？

我們回到孔子是道德行為上禮舞的表演者這個話題，說「七十而從心所欲，不踰矩」這句話是一個表演者美的意境顯現，是因為我們感到這句話的境界與庖丁解牛的「莫不中音，合於《桑林》之舞；乃中《經首》之會」是相合的。孔子是有意識地把道德修養與禮樂連結在一起的，他說：「興於詩，立於禮，成於樂。」（《八・八》）在他人生快要結束的七十歲，他在道德行為的樂舞中游刃而有餘，不踰矩。外在的社會與內在的「無厚」，中和在樂聲之中，是他人格整體性的完成（見本書〈孔子年表〉七十二歲的討論）。

孔子「天生我德」的「天命觀」

「命」是一個存在的事實，也就是說，人不能選擇自己的性別、種族、國籍、父母等等原生條件（primordial condition）的。孔子相信「天命」，也就是認定天賦於一個人的使命，有神聖的味道，是一個人最崇高的理想，界定一個人形而上存在的本質。因此天命與命的觀念是很不一樣的，命者命運也。命運和天命主要的分歧特性有如下：前者是偶然性地發生的，事段的長短是暫時性的；後者是蓄意去塑造的，是永久性的，是死而後已的。二者都假設在人之上存在著一個神靈世界，同時這個神靈世界能影響人在人間的事宜，但前者可以有多個源頭的，例如祖先的神靈、自然界的山神海怪或上帝（天的一種人格化的表現）；後者只有一個來源，來自最高的神祇，在中國文化，那是天。在介紹孔子的「天命觀」之前，我們將略論第四空間的靈界，與孔子對命運的看法與態度。

孔子有一句名言：「祭神如神在」（《三・一二》），一般大家都因此而認為孔子是不信神的存在的。而這句話似乎是孔子批評他的某些弟子祭神時缺乏誠心，要他們恭敬一點，要當神祇就在眼面前。似乎孔子有些弟子不相信神祇的存在，孔子沒法對他們證明神祇的存在；但是不相信神祇的弟子也沒法證明他們的不存在。一個解決的方法似乎是在我們還未證明他們存在與否之前，且讓我們假設神祇是存在的，行祭禮時要有恭恭敬敬的態度。從孔子幾處在《論語》中談到神祇的言論，例如：「子曰：『嗚呼！曾謂泰山不如林放乎？』」（《三・六》）他似乎是假設神祇是存在的。

一般來說，我們都假設原始人類會有一個原始宗教時期，這種宗教我們目前都稱之為「薩滿笠術宗教（Shamanism）」，每一個文化都有自己不同的薩滿宗教。但有一個共通點，那就是假設神靈的存在，並且人類能通過某種特殊的方式與這個神靈交通；而且在交通其間，人的精神狀態處於極端興奮的狀態[60]。不獨史前有這種宗教現象，目前的少數民族有各式各樣的薩滿宗教，即使在最先進最文明的國度也保留有原始薩滿宗教在所謂「底層次文化層」中間[61]，過去大約是白蓮教，現在大約是一些鄉村中的笠教吧？

人類什麼時候開始假設人是有一個神靈的，那是人類史上一個與神的存在一樣沒法解答的問題。但一般大家都相信，在人類知道埋葬自己的時候，人類對「人」的特殊性有一個宗教性的觀念，隨之而來的乃是人有靈而物無靈的觀念，但對於一些維持我們生命的動物，像牛或狼等等，則賦於更高的神靈品格，有崇敬拜祀的行為。中國人在什麼時候開始有埋葬同類（包括奴隸）的行為，我們不清楚。如果我們接受這個理論架構的話，葬禮的開始意味著人類對自己的特殊性也開始有所創造或有所認識，也是人類自覺性（有別於動物本能性的「道德行為」，如育養與護衛自己的幼雛）的道德行為的開始。

人神溝通時的極端興奮的精神狀態意味人的生物性提升到神性的地位，這包括操縱者與被操縱者二方面。我們往往認為操縱者的「筮」才有這種超自然的快感[62]，而事實上在原始宗教中，被操縱殺害或被犧牲的人，往往是這種快感的擁有者[63]。這解釋了初期基督教徒在羅馬人血腥的統治下前仆後繼地為他們的耶和華而犧牲自己，在肉體上受盡折磨，在精神上則「哈利路亞」地在極樂中結束肉體的生命。三百年間把武功蓋世的羅馬帝國轉化成一個基督教國家。中國沒有高度人格化超乎一切的神，孔子接受一種理性化的關係，人與上天之間存在著一種「純粹禮性」的關係（其他文化自然也是有禮祭的，但更重要的乃是：神人之間有一種私人的交往）。但他「仁」（「志士仁人，無求生以害仁，有殺身以成仁。」《一五・九》）的精神，或根源自薩滿宗教中被犧牲者樂意為道而犧牲自己的精神。果如此，則與基督徒的犧牲有原始薩滿宗教臍帶相連的地方。特別是當我們相信孔子或他的信徒是在「快樂」中求仁得仁的時候，這一點尤為彰現。

在操縱者而言，這種精神的提升是權力的象徵，好像顓頊為了自己能獨霸與神的交通，也就不允許其子民直接與上天（即神）的溝通，正如孔子時，郊禮（祭天）是天子獨有的權利。這有點像羅馬天主教不讓教民與耶和華直接交通，一切崇拜必須通過教廷一樣。由於在中國文化中，人界與神界的關係與埃及、希伯來與希臘不一樣，且容我們進一步介紹這個關係。

下面將對顓頊作進一步的解釋：孔子二十六歲時那年秋天，魯國東南（山東與江蘇邊界上）的一個還保持遠古圖騰形式的小國郯國的王子到魯國來朝見昭公，郯國王子的到來，給了孔子一個認識古禮的機會。魯叔孫昭公子就問他：他祖先少皞氏用鳥名作為官，是什麼緣故呢？郯子列舉黃帝以「雲」為圖騰，炎帝以「火」，共工以「水」，大皞氏以「龍」，自己的祖先少皞氏以「鳥」，也就是以各式各類的鳥來命名與分類百官，這反映了「傳說人物」與其氏族的血緣關係，並用動植物或自然現象作氏族圖騰形象的標誌。近代人類學家一般都同意圖騰是先民用來組織思維的一個系統性的方法。在中國文化中，更突顯先民對生物界分類的認識，對中國造字中鳥類部首的發明，對官制的血緣關係系統化。在研究中國古文明發展史的孔子，知道了這個消息之後，「見於郯子而學之。」後來還這樣告訴別人：「吾聞之，天子失官，學在四夷，猶信。」（《左傳・昭公十七年》）也就是說，正統的官學在古文明史方面已失傳；要追求這方面的學問還得到四方邊遠的小國去尋求。

少皞氏一般認為是中國傳說時期，「三皇（伏羲、神農、黃帝；也有其他說法）五帝

（少皞、顓頊、帝嚳、堯、舜；也有其他說法）時期的五帝」之一，是中國華北平原東面東夷族的首領，在山東西南一帶。」《左傳》中關於郯子對以鳥名分類百官的說法，正是周朝的官僚制度，與圖騰時期真實的情形不一樣。事實上，他也知道他的說法已失古圖騰的真義，所以郯子又說：「自顓頊以來，不能紀遠（沒法推論上古的情形），乃紀於近（只好以近代的情形來描述），為民師（官職）而命（授）以民事，則不能故（追溯歷史沿革）也。」（《左傳・昭公十七年》）

也就是說，黃帝的孫子「顓頊（約四五千年前，也是五帝之一）」，把原始的圖騰氏族組織理性化起來，變成一個有後世夏商周三代禮儀制度的原始性禮制社會。主要是把地上的人事從天事上分割出來，成為一個獨立的司政系統，與司事上天（包括祖先山川的靈神）的系統不相交錯。也就是有名的「絕地天通（斷『絕地』上的事宜向『天通』消息與關係）」的說法。照郯子的說法，少皞氏時，天地是相通的，一個人（可能是平民吧！）可以直接與天地的神靈交通，也就是政府沒有限制人民的原始宗教的信仰；製造這個限制的統治者就是顓頊。

楚昭王（前五一五—前四八九在位）的大臣「觀射父」（生卒年不詳，與孔子同時期）則認為：少皞氏之前也是「民神不雜」的，但在少皞氏後期，九黎人卻打破了這個正常秩序，每一個人都可以祭神或通神，導致「民神雜糅」的混亂局面，於是，顓頊命令手下官員「南正重」司天以屬神，「火正黎」司地以屬民；不讓人民有「天通」的權利[64]。或者應該這樣說，顓頊不讓九黎氏族保存「通天」的薩滿巫術宗教，而要他們向黃帝氏族理性化的禮儀制度看齊。

西周繼承了二三千年前顓頊的「絕地天通」的傳統，統治者獨霸了與神交通的權利，禮器的象徵就是玉琮——其外方內圓中空象徵天圓地方與人神上下交通——那是「天命」的象徵。一千多年來，在夏商西周「天命」有非常特殊與單一的意義，那就是君權來自上天，是上天把這個權柄包括統治統治權與和天打交道的權，交付給統治者的，因此是神聖不可侵犯的㊅。殷商紂王在眾叛親離時，還認為自己是神聖不可侵犯的，因為他說自己：「我生不有命在天乎！」（《史記‧殷本紀》）他有天命，文王沒有天命，他哪裏需要害怕文王呢？孔子如果是殷時代的人，而對紂王說自己「五十而知天命」那樣的話，那可是大逆不道的說話，除了炮烙之刑外，恐怕會像殷代三仁之一的比干那樣，給紂王剖觀其心的。還好，孔子時天命失守，天命的意義有根本性的改變，連只是一個貴族平民的孔子也可以說自己知天命。

這個轉變發生的經過則缺乏文獻資料的提供，《尚書》與《詩經》還保持天命原來的意義，從西周到春秋五百年間，天命失守，諸侯崛起，天命的意義開始改變；到《左傳》時，天命已不單指國祚而言。《左傳》凡天命有五處，如下：

疾不可為也……天命不佑。（〈昭西元年〉）

——病已沒法治療了，因為天命不保佑（天命保佑已不是國運，而是一個君主的生命）。

哀死事生，以待天命。（〈昭公二十七年〉）

——這是在專諸刺吳王僚後，吳國大賢人季札所說的話，意思乃：他會祭祀吳王僚，但會事奉新王闔閭（弒君也是一種天命）。

天命不慆久矣（〈昭公二十七年〉）

——天命不疑久矣（意謂天命選擇季氏、孟懿子、陽虎，而棄魯君昭公；天命的永久性遭受到破壞）。

君命，天也；若死天命，將誰仇？（〈定公四年〉）

——這裏天命是君主的代稱。

則天命也！（〈哀公十五年〉）

——這裏天命作命運解。

天命已失其關於國祚的唯一性與君權的獨一無二權威性，但上面引文還是針對統治層的貴族而言，是什麼導致孔子把天命平民化，用在自己的身上，還待進一步的考訂。不過《論語》中天命概念的平民化，則是可以相當肯定的，因為它談到君子畏天命而小人（普通老百姓）不知天命的話題[66]。我們認為「不知命，無以為君子也」（《二〇・三》）的「命」是指天命。

不過，孔子在《論語》中曾多次討論命運；在討論孔子天命觀之前，讓我們先看一下孔子對命運的看法。《論語》中孔子最少有三趟談到命運：

一次是他首期弟子，以德行稱著的冉伯牛得了惡疾，將死，孔子去看他，在戶牖外握著他的手，說：「亡之，命矣夫（惡疾將要取去他的生命，這就是命運吧）！」然後感觸良深的說：這樣好的人怎會得到這樣兇惡的病呢！連說二次，惋惜之情溢於言表。

再一次是他說顏回安於平民或平凡的生活狀態（「回也其庶乎！」），因此在物質上常常是匱乏的（「屢空」），而子貢則極不安於命運的安排（「不受命」），好作買賣，在賤買貴賣中，眼光準確，累積的錢財一天比一天多（《一一・一九》）。

還有一次是他一個弟子公伯繚與子路鬧意見，吵嘴一直吵到宰相季氏那裏，當時魯國名大夫子服景伯知道子路與孔子是在一條陣線上的，就對孔子說，他有能力把公伯繚陳屍街市，嚇得孔子連忙拒絕，說：「道之將行也歟，命也；道之將廢也歟，命也。公伯寮其如命何！」（《一四・三六》）孔子相信公伯繚沒有做卑鄙的事，硬生生用「命」為籍口，把這件事壓下去，不讓門牆中有流血殘殺事情的發生。

孔子無疑承認在人生變化中，有很多事情不是主觀上我們所可以決定。對這些無可奈何的事，我們就稱之為命運，但孔子似乎並沒有做任何事去影響命運的禍福，或有任何意願想知道未來的禍福是怎樣的，但他對天命則是堅信不移的，那是他道德力量的來源。另外，子夏也曾對同窗司馬牛說：「死生有命，富貴在天。」孔子時的知識分子對命運的態度與我們今天是差不多的；至於《九・一》一章「子罕言利，與命與仁」中的「命」是指命運還是天命則很難決定。

孔子自謂：「五十而知天命。」換言之，孔子在五十歲時，很明確地知道他是擁有「德」的[67]，他也是「斯文」的傳播者[68]；而且、這份使命是上天要他承擔起來的。

「五十而知天命」這個命題有二方面：一是天命的內容是什麼？一是孔子是用什麼方法或方式去認知這個天命的。讓我們先討論第一個命題。首先我們要強調孔子是在生命結束期，大約七十至七十二歲時，對自己一生的總結，才說這段話的。追述自己在二十年前五十歲時會走的那條人生道路，而不是在五十歲時受了天命的感悟時所說的話，如此則我們不知道他後來所走的人生道路是否合乎所顯示的天命的。因此，我們如果總結孔子這二年來的所作所為就能知道天命的內容。這二十年來孔子做了些什麼呢？

他走出象牙塔，跑了出來當官，想推行他心目中的仁政，那就是提升普通人民的生活，並給於他們禮樂的教化，提升老百姓的文化質素。我們認為這是他的理想，但並沒有實現，雖然《史記．孔子世家》說：「為中都宰，一年四方皆則之。」這個說法的可靠性是很可疑的，後面將論說到。後來是孔子的弟子子游替他實行了這一理想。孔子另外一個理想是重建周朝禮制的政治秩序，這個理想隨著墮三都的失敗而潰滅，但他不氣餒，堅持他行仁政的理想，即使居無定所，食無定時，還是願意為仁政而努力的。可惜，十四年來的周遊卻沒有找到行仁政的機會；或者應該這樣說，雖然有一二個機會，但孔子必須犧牲他做人的原則，他不願意，他有他的騾子脾氣，堅持「良工能巧而不能為順」（《史記．孔子世家》）的原則，不求容於世，他這種騾子脾氣只有顏回能欣賞，連最親密的弟子子路都不以為然。而且，孔子十四年來為石子路顛簸得骨散背駝齒落，沒有一句怨言，死前回顧他的一生，認為這就是他的天命，就是自己應該做的事。

天命就是要孔子參與社會，提升老百姓的經濟與文化的生活質素；但沒有統治者願意讓孔子「修道」而行仁政。而孔子也不願因為求取統治者的接納而「求為容」；因此在道德立場上不讓步也是天命的一部分，天命就是要孔子完成道德的實踐。也就是說，五十歲以前孔子完成了他倫理道德的構思；五十歲以後，他完成了這個理論的實踐或實驗，證明那是一個在行為上可以完成的倫理人格，孔子完成了人格的整體化，而且是整個中國「文化人格」的整體化。在這個文化傳統中，是「自生民以來，未有如夫子者也⑲」的，這十四年的烘爐火的試驗，顯露出孔子人格的真金本質。這就是他的天命。

孔子又是怎樣知道他的天命的呢？這是我們要解答的第二個命題。這個命題在《中庸》中有討論。該章開章明議地說：「天命之謂性。」換言之、孔子五十歲而知「性」，此性者，乃形而上的存在，也就是孔子之所以為孔子的「真我」。孔子在五十歲時瞭解到自己的本性或真我。之後二十年間，實行了真我的體現；所謂「能盡其性」，也就是能盡其天命。而《中庸》很明確地指出：「唯天下之至誠，為能盡其性。」所以「誠」是通往天命的衢道，孔子是以對自我誠明的方式來測知所謂「天命」的。從這個意義上來說，有近代宗教上「內省（soul-searching）」的意義，但我們必須強調孔子時雖有魂的概念，但沒有靈魂（也就是真我）的概念。不過，他一定是用一種近乎內省的方式去追求對天命的認識的。

在討論孔子的命運觀時，我們必須分別：熟習與相信《易》的筮卜是二回事，孔子熟習《易》，但不是一個筮卜的信仰者，他能演繹解釋筮卜，那是因為他尊重社會既定的習慣，遵守統治階級的一種禮的儀式。所以《論語》中一直成為大家爭議的記載：「子曰：

加我數年，五十以學易，可以無大過矣。」（《七·一七》）可以作如下的解釋。這句話不是針對六爻重卦的《易》而言的，而是針對三個爻八卦的《易》而言的。因為孔子二十來歲就對六爻的六十四卦的卦辭念得一個滾瓜爛熟，正如封建時代十二歲的童生就把包括《十翼》在內的《易經》讀得背誦如流一樣。說我們孔聖人要到五十歲後才開始學《易》，那真是我們漢儒編故事編得過頭了！

孔子五十來歲時學《易》，那可不是學六十四重卦的《易》，而是學習三個爻八卦的「易（天體恒常運行，也就是天行健）」的精神，學習君子自強不息的精神。一般都說儒家信「命」，墨家「非命（不安於命運的安排）」，這個說法是可以商榷的。孔子認為「命」是一個存在的事實，也就是說，人不能選擇自己的父母，也因此不能選擇自己的貧富貴賤的社會階級；但孔子絕對沒有說人不應該改變自己的「命（運）」，追求更上一層樓的生活空間。這從他的弟子們大部分都是社會下層階級分子就知道；教育使他們改變外在的社會身分，以及內在的自我價值。同時，一個人的「命（天賦）」確實影響一個人的才能，例如，子路天賦上就有勇力與行政能力；子貢在天賦上就有語言與外交能力；子張天賦上就有文學與論述上的能力。一個人不獨要發揮他天賦上的才能（命），也要學習其他六藝上的技能，才能成為社會上的一個通才（非命）。這是孔子的教育。

更有甚者，在道德上、孔子提出「天命」這個概念，也就是給於一個人生命的上天「祂」所寄託在一個人身上的責任，孔子大約在五十來歲的時候警覺到自己要戰勝自己野合出身的心理障礙，在八卦的天行健的啟發下，必須放棄在暮年時的「得」的生活惰性，到列國去，追求「人」或「仁」的境界。所以，孔子不獨是不安於命運的安排（「非命」）的，而且是有「使命感」的。

孔子「自我價值」的「君子觀」

英文中的自我價值（self-worth）這個字很新，大約在一九四四年才出現，起源自歐美的人本主義心理學（humanistic psychology），而這個心理學潮流又根源自存在主義哲學，其中最基本的一個思考問題乃是：我們毫無選擇地被誕生進一個生活與文化系統之中，我們是從什麼時候開始對這個系統有所反省的呢？又是什麼使我們反省這個系統與生活在這個系統中的自我呢？反省後，是什麼導致我們超越這個系統而完成自我的（包括潛力的發揮與人和社會分裂的統一化）呢？用馬丁・海德格（Martin Heidegger, 1889-1976）新穎的辭彙乃是，我們日常生活中的自我〔在世界系統中生物性存活的自我（being-in-the-world; 德文：*Dasein*）〕，是眾人中的我（they-self），不是真正的自我〔那是完全自主性的自我（eigens ergriffenen）〕；要尋找真正的自我，因此自我的價值觀，就必須從眾人中分離出來，用新的眼光看這個世界，選擇自己的價值、生活自我真正的價值，這個價值往往超越舊時眾人中自我的價值觀[70]。

美國心理學家亞拉伯罕・馬斯羅（Abraham H. Maslow, 1908-1970）在存在哲學的影響下，以較易懂的文字，創建了他自我實現（self-actualization）理論。他認為人的激發性動機起源於人的動物性與心理性的需求；這種需求是不同層次的。最基本的乃是生物性的需求（衣食住行），當基本需求得到滿足，就會退求更高一層的需求，依次為安全感需求、歸屬感需求、同類間愛戴的需求，最後乃是自我實現的需求。最後一項是我們關心的題目，因此略作介紹。馬斯羅認為需求的層次越高，越難滿足，因此很少人是真正能夠達到自我實現的境地的。在他來看，只有偉人才會在這個層次上得到滿足的。他研究了林肯總統（一八〇九―一八六五）與傑弗遜總統（一七四三―一八二六）的成長，認為有如下重要的特徵（他列舉了十四點，我們有所省略），最重要的一點乃是他們超越性地獨立自他們生活的社會與文化中，他們都有親密但數量很少的朋友（他們有所謂蘇格拉底式的朋友），他們對他們認為重要的問題有鍥而不捨的精神。他又提出一個概念，叫「巔峰經驗（peak experience）」，是一種轉變人生方向的經驗，他的形容有一點神秘性，那是人在這一剎那間，失去了自我，而為超越自我的一種超經驗性的經驗（transcendental experience）所擁有，精神的視野無疆域性地擴張，為一種巨大的力量所擁有，但又軟弱如嬰孩（重生）。他認為每一個人都有潛質，能產生這種經驗，但只有達到自我實現境地的人才真正地有過巔峰經驗⑪。他的論說用來解說孟子或六祖那是直接派得上用場的，雖然他大概受基督教中神啟示（Revelation）的傳統所影響的。用在孔子與弟子們身上，那是需要「修正主義」的，因為孔子與弟子們是沒有巔峰經驗的記述的，他們是怎樣才知天命的，我們還停留在猜想的階段。但馬斯羅論說中，人性需求的層次架構與自我價值觀是可以應用在孔門弟子對君子的嚮往的。

小人是人，君子也是人，二者間是有共通點的，如果二者都有六藝，能做高官的家臣，那麼他們在溫飽與社會地位上是對等的。唯一不同的乃是君子修德與知天命，小人不修德與不知天命⑫。君子因此而有自我實現的經驗，找到了自我的價值，因而崖岸自高。他們有了這種經驗之後，往往有高官可做也不願做，例如，閔子騫與漆雕開（見本書第三章〈孔門重要弟子介紹〉一文），或者連體面衣服也沒有的原憲面對發了財的同學子貢，不獨不慚愧，還諷刺他只知道追求富貴而不知道追求道或德。

德為什麼有這樣的魔力呢？因為德是聖王或國祚最重要的一個屬性，一個國家能得天命，那是因為統治者的德。《詩經》中德字似乎已能用在個人身上；但把德變成一個形而上的存在，可能是老子；把德與形而上的概念「不朽」連結在一起的是一位魯國的卿大夫，叫叔孫豹（死於前五三八年），他在孔子二歲的時候發表了有名的「不朽論」，把立德放在立功之前，把立功放在立言之前，他並沒有為立德立功者舉例子，只為立言者舉了一個例子，那就是魯國名大夫臧文仲（死於前六一七年），說他有智慧，說了很多有價值的名言。我們用孔子的話補充一下，孔子曾經說：「齊景公有馬千駟，死之日，民無德而稱焉。伯夷叔齊餓於首陽之下，民到於今稱之。其斯之謂與？」（《一六・一二》）所以伯夷叔齊二兄弟是貴族平民中的有德者，民間經過五百年還不能忘記他們，而有千駟馬車的齊景公，屍身剛下葬，民間就忘了他，想不到他有什麼德是可以讓人懷念的。也就是說，一個人有了德，就會被平民百姓所懷念所看重，而且是來自真心的看重。因此，孔門弟子最初可能只是為了貴族六藝而進孔門的，但當他們通過孔子認識到德時，往往從新評審自己與自己生活的社會，進而重德超過看重在社會上的成功。但也有例外，冉有與子貢就選擇社會上的成功而不求進一步的修德。（參見本書第三章的〈孔門重要弟子介紹〉一文的冉有與子貢條。）

君子與小人在德行與人生態度上的分別是大家知之甚稔的東西，我們略過不論。但我們想順筆討論一下「無友不如己者」（《一・八》）的解釋，在孔子的學說中，一個人每天在修德上都應有進步；所以，今天的我應比昨天的我更有進步，明天的我比今天的我更有進步。如果上面引文只作字面上來解——不和在德行上比不上自己的人交朋友——那麼，明天的我就不會與今天的我交朋友，今天的我就不會與昨天的我交朋友；那是有點說不過去的。由於一個人只要肯求上進，雖然今天他不如我，明天他可能遠遠比我超前。因此，筆者認為孔子只是說我們應與有上進心的人交朋友，彼此激勵求上進，在上進的路上不會停下來，不致「為山九仞，功虧一簣」[73]的，這與馬斯羅關於偉人鍥而不捨的精神是有一致性的。孔子最恨不肯用腦筋的人，認為他們連賭徒也比不上[74]，這種人他是不願意交朋友的。

【注釋】

① James J. Y. Liu, *Chinese Theories of Literature* (Chicago: The University of Chicago Press, 1975), pp. 108-10.

② 見本書頁三三六。

③ Joseph Needham, *Science & Civilization in China: Mathematics and the Sciences of the Heavens and the Earth, Vol. III*,, p. 281, 286, pp. 291-2, 338-9, 453-4, 458.

④ 邵耀成：〈試論劉勰二層次的「創作論」〉，載《古代文理論研究》，叢刊第五輯，上海籍出版社，一九八一，頁二五六—二五九。

⑤ Tu Wei-ming, *Confucian Thought: Selfhood As Creative Transformation* (N. Y.: State University of New York Press, 1985), p.85.

⑥ 同上，pp.81-90。另參考：本傑明・史華茲（美）著，程鋼譯，劉東校：《古代中國的思想世界》，南京：江蘇人民出版社，二〇〇四年版，頁七五—八五。

⑦ 原文：「（子）謂：『虞仲、夷逸，隱居放言，身中清，廢中權。我則異於是，無可無不可。』」（《一八・八》）

⑧ 本傑明・史華茲（美）著，程鋼譯，劉東校：《古代中國的思想世界》，頁六八—七五。

⑨ 見原書〈附錄七：論〈道德經〉中母系社會的價值觀〉一文。

⑩ 原文：「顏淵問仁。子日：『克己復禮為仁。一日克己復禮，天下歸仁焉。為仁由己，而由人乎哉？』顏淵日：『『請問其目？』子日：『非禮勿視，非禮勿聽，非禮勿言，非禮勿動。』顏淵日：『回雖不敏，請事斯語矣！』」（《一二・一》）

⑪ 見《禮記・禮運》。

⑫ 《一二・二》與《一五・二四》。

⑬ 原文：「子日：『不仁者不可以久處約，不可以長處樂。仁者安仁，知者利仁。』」（《四・二》）

⑭ 原文：「子曰：『剛、毅、木、訥近仁。』」（《一三・二七》）

⑮ 原文：「子曰：『篤信好學，守死善道。……』」（《八・一三》）

⑯ 原文：「子張問行。子曰：『言忠信，行篤敬，雖蠻貊之邦，行矣。……』」（《一五・六》）

⑰ 見《一九・六》。

⑱《論語》原文：「子曰：『回也，其心三月不違仁，其餘則日月至焉而已矣。』」（《六・七》）

⑲ y=仁作「I／II／III／IV／V」解。

⑳ 黑格爾（德），《哲學史講演錄》（共四卷）第一卷，賀麟、王太慶譯，北京：商務印書館，一九九七，頁一一九。

㉑ 郝大維（美）（David L. Hall），安樂哲（Roger T. Ames）著；何金俐譯：《通過孔子而思》（*Thinking Through Confucius*），北京：北京大學出版社，二〇〇五年版。他們說：「首先，我們希望通過『孔子』而思。目的是，能夠讓孔子的主要思想在我們的研究中獲得相對清晰的闡明。其次，一個同樣重要的目的：就是將孔子思想作為實踐自我之『思』（thinking）的媒介。這就是我們對本書所用方法的最好說明。選擇『思』作為我們工作的重心是經過深思熟慮的。因為，通過反思孔子之『思』的意義以及它與哲學的關係，會讓我們考慮到一個極具相關性的問題——或許，今天，盎格魯—歐洲哲學最急需探討的哲學問題，就是哲學學科的特性及其在整個文化中的地位。」（頁七）

㉒ Edward O. Wilson, *On Human Nature* (Cambridge: Harvard University Press, 1978); rpt. 2004, pp. 12-3, p. 80, pp. 104-5, p. 199. 同時可參考他成名之作：*The Insect Society*, The Belknap of Harvard University Press, 1971, p. 460.創學系之作：*Sociobiology: The New Synthesis*, Twenty fifth Anniversary Edition, The Belknap of Harvard University Press, 2000 （rpt. of 1975），pp. 378-574。芬格萊特的小書《孔子：即凡而聖》中關於「神聖的儀式（holy rite）」的描述，總讓我們想到螞蟻社會DNA的指令，這可能是我們的誤讀。這本八十四頁的小書影響歐美儒學研究達三十年之久，請參考：Herbert Fingarette, *Confucius—The Secular as Sacred* (N. Y.: Harper & Row, 1972), pp. 1-17.

㉓ Jeffrey M. Masson, *The Evolution of Fatherhood* (N.Y.: Ballantine Books, 1999), pp. 37-55.

㉔ 見前第三章注⑮。

㉕《二・二三》原文：子張問：「十世可知也？」子曰：「殷因於夏禮，所損益可知也；周因於殷禮，所損益可知也。其或繼周者，雖百世可知也。」

㉖《三・八》原文：子夏問曰：「『巧笑倩兮，美目盼兮，素以為絢兮。』何謂也？」子曰：「繪事後素。」曰：「禮後乎？」子曰：「起予者商也，始可與言《詩》矣。」

㉗《三・九》原文：子曰：「夏禮吾能言之，杞不足徵也；殷禮吾能言之，宋不足徵也。文獻不足故也。足，則吾能徵之矣。」

㉘《三・一七》原文：子貢欲去告朔之餼羊。子曰：「賜也，爾愛其羊，我愛其禮。」

㉙《七・一八》原文：子所雅言，《詩》、《書》、執禮，皆雅言也。

㉚《七・三一》原文：陳司敗問：「昭公知禮乎？」孔子曰：「知禮。」孔子退，揖巫馬期而進之曰：「吾聞君子不黨，君子亦黨乎？君取於吳，為同姓，謂之吳孟子。君而知禮，孰不知禮？」巫馬期以告。子曰：「丘也幸，苟有過，人必知之。」

㉛《一〇・四》原文：執圭，鞠躬如也，如不勝。上如揖，下如授。勃如戰色，足蹜蹜，如有循。享禮，有容色。私覿，愉愉如也。

㉜《一一·二六》原文：對曰：「方六七十，如五六十，求也為之，比及三年，可使足民；如其禮樂，以俟君子。」……曰：「為國以禮，其言不讓，是故哂之。」

㉝《一三·三》原文：子曰：「……名不正，則言不順；言不順，則事不成；事不成，則禮樂不興；禮樂不興，則刑罰不中；……。」

㉞《一三·四》原文：子曰：「……上好禮，則民莫敢不敬；……。」

㉟《一四·四一》原文：子曰：「上好禮，則民易使也。」

㊱《一五·三三》原文：子曰：「……動之不以禮，未善也。」

㊲《一六·二》原文：孔子曰：「天下有道，則禮樂征伐自天子出；天下無道，則禮樂征伐自諸侯出……。」

㊳《一七·二一》原文：宰我問：「三年之喪，期已久矣。君子三年不為禮，禮必壞；三年不為樂，樂必崩。舊穀既沒，新穀既升，鑽燧改火，期可已矣。」

㊴ Adam Haslett, *George Washington's Rules of Civility* (N.Y.: Akashic Books), p.11.

㊵同上，p. 15.

㊶同上，p. 36.

㊷同上，p. 61.

㊸同上。

㊹ Richard Brookhiser, *Founding Father: Rediscovering George Washington*, (N.Y.: Free Press Paperbacks), pp. 121-36.布魯克海撒（Brookhiser）與《孔子：即凡而聖》的芬格萊特（見注一）都似乎是把外在的禮法「內在化」的信仰者；那大概是歐美七十年代所流行的思潮吧！

㊺同上。

㊻有子曰：「信近於義」（《一・一三》）。信在孔子倫理學中是一個重要的概念，可獨章討論，但不在本文討論範圍內，本文論義不論信。

㊼「勇而無禮則亂」（《八・二》）與「勇而無禮則亂」（《一七・二四》）。

㊽孔子並沒有稱周公為仁人，原因何在，則不明確。可能，除了禮讓外還有別的標準也說不定。有待進一步的研究。

㊾意向書宣稱："We the People of the United States, in Order to form a more perfect Union, establish Justice, insure domestic Tranquility, provide for the common defense, promote the general Welfare, and secure the Blessings of Liberty to ourselves and our Posterity, do ordain and establish this Constitution for the United States of America."

㊿見本書頁三四一—三四二。

(51)孔子提倡「興滅國，繼絕世」（《二〇・一》）。也曾經狠狠地責罵過弟子子路和冉有，因為他們願意替宰相季康子去滅亡一個叫顓臾的國家（《一六・一》）。

(52)原文：「以是觀之，人謂子產不仁，吾不信也。」（《左傳・襄公三十一年》）

(53)見原書附錄第十二，題為：〈論孔子晚年的忙碌與勝利〉。又見本書之〈關於孔子與其年代評論式的詳細年表〉七十歲時。

(54)見本書〈前言〉。

(55)（《一七・二》）載：「性相近也，習相遠也。」

(56)同上，見《莊子・養生篇》。

(57)原文：「子與人歌而善，必使反之，而後和之。」（《七・三二》）

㊽茨維坦·托多洛夫（法）（Tzvetan Todorov），羅貝爾·勒格羅，貝爾納·福克魯爾（比）著；魯京明譯：《個體在藝術中的誕生》（*La naissance de l'individu dans l'art*），北京：中國人民大學出版社，二〇〇七年版，頁一—二三。

㊾見豐子愷：《繪畫與文學》，開明書店，一九四九年版，頁一七。

㊿Mircea Eliade, *Shamanism: Archaic Techniques of Ecstasy*, trans. from the French by Willard R. Trask (Arkana: Penguin Books, 1964), p. 5, pp. 200-243, p. 493*f*, p. 448.

(61)同上，pp. 3-13.

(62)同上，pp.183-235.

(63)見上二注。

(64)見《國語·楚語下》：「昭王問於觀射父，曰：『《周書》所謂重、黎寔使天地不通者，何也若無然，民將能登天乎?』對曰：『……及少皞之衰也，九黎亂德，民神雜糅，不可方物。夫人作享，家為巫史，無有要質。民匱於祀，而不知其福。烝享無度，民神同位。民瀆齊盟，無有嚴威。神狎民則，不蠲其為。嘉生不降，無物以享。禍災薦臻，莫盡其氣。顓頊受之，乃命南正重司天以屬神，命火正黎司地以屬民，使復舊常，無相侵瀆，是謂絕地天通。』」

(65)Edward L. Shaughnessy, "Western Zhou History," in *The Cambridge History of Ancient China: From the Origins of Civilization to 221 B.C.*, ed. Michael Loewe and Edward L. Shaughnessy (Cambridge: Cambridge University Press. 1999), p. 292, 314, 332. 請參考：本傑明·史華茲（美）著，程鋼譯，劉東校：《古代中國的思想世界》，頁五一。

(66)原文：「孔子曰：『君子有三畏：畏天命，畏大人，畏聖人之言。小人不知天命而不畏也，狎大人，侮聖人之

言。』」（《一六・八》）

⑥⑦ 宋難時，他第二次宣揚他對天命的認識，說：「天生德於予，桓魋其如予何！」（《七・二三》）。孔子認為他不單是文化（斯文）的繼承者，也是道德的繼承者。

⑥⑧ 匡難時，弟子們開始有點恐慌了，已在五十歲就知天命的孔子，第一次宣揚他對天命的認識，很有信心地說：「天之未喪斯文也，匡人其如予何！」（《九・五》，《史記》）。言下之意乃是，天是不會滅絕斯文的，也因此不會讓匡人殺死我的。

⑥⑨ 出自《孟子・公孫丑》孟子語。

⑦⓪ Martin Heidegger, *Being and Time*（德文：*Sein Und Zeit*）. Trans. John Macquarrie and Edward Robinson, (N.Y.: Harper & Row, 1962), pp 114-168. 請參考：呂迪格爾・薩弗蘭斯基（德）（Rudiger Safranski）著；靳希平譯：《來自德國的大師：海德格爾和他的時代》，北京：商務印書館，二〇〇七年版，頁一六三—二一九。又請參考：克裏希那穆提（印）（J. Krishnamurti）著；胡因夢譯：《世界在你心中（*You are the World*）》，深圳：深圳報業集團出版社，二〇〇七年版，關於「認清自己」的討論（頁三—一四），關於「世界就是我們本身」的討論（頁三九—五七）以及關於「改變、從覺察自己開始」的討論（頁一〇一—一一六）。

⑦① Abraham H. Maslow, *Religions, Values, and Peak-Experiences* (US: Kappa Delta Pi, 1964: rpt. 1994), pp. 32-65.

⑦② 見上文〈孔子「天生我德」的「天命觀」〉。Owen Flanagan, *Varieties of Moral Personality: Ethics and Psychological Realism*, (Cambridge: Harvard University Press, 1991), pp. 15-31.

⑦③ 語出《尚書・旅獒》。

⑦④ 原文：「子曰：『飽食終日，無所用心，難矣哉！不有博弈者乎？為之猶賢乎已！』」（《一七・二二》）

參考書目

參考書目共分成四個部分：A.古籍；B.中文書刊；C.中譯外文書刊；D.英文書刊。

古籍我們不按傳統慣例，列述版本，那是由於網路電子書的崛起，版本之繁多，已數不勝數。而且、大家正流行古籍以篇章作參考基準。

中文書刊中有時會出現古籍版本，那是為了要引一個特別注家的意見。

很多英文書籍已有中譯本，但因手頭上沒有這些書，故不錄。

古籍

《春秋繁露》

《春秋釋例》

《大戴禮記》

《國語》

《韓非子》

《韓詩外傳》

《漢書》

《孔叢子》

《孔子家語》

《老子》

《呂氏春秋》

參考書目

《論衡》
《墨子》
《前漢記》
《潛夫論》
《闕里志》
《群經平議》
《山海經》
《十三經注疏》
《史記》
《世本》
《說苑》
《孫子》
《太平御覽》
《吳越春秋》
《鄉黨圖考》
《新序》
《荀子》
《晏子春秋》

《越絕書》

《戰國策》

《周官新義》

《周孔子論語年譜》

《竹書紀年》

《莊子》

中文書刊

白壽彝：《中國交通史》，北京：團結出版社，二〇〇七年。

白雲翔：《先秦兩漢鐵器的考古學研究》，北京：科學出版社，二〇〇五年版

蔡尚思：《孔子思想體系》，上海：上海人民出版社，一九八二年版

陳方正：《繼承與叛逆：現代科學為何出現於西方》，北京：生活・讀書・新知三聯書店，二〇一〇年重印二〇〇九年版。

程樹德，程俊英，蔣見元點校：《新編諸子集成：論語集釋》（全四冊），北京：中華書局，一九九〇年版。

杜維明：《杜維明文集》（共五卷），武漢：武漢出版社，二〇〇二年版。

範文瀾：《中國通史簡編》（共四冊），北京：人民出版社，一九六四年版

費孝通：《鄉土中國》，北京出版社，二〇〇六年版。

豐子愷：《繪畫與文學》，開明書店，一九四九年版

高蒙訶：《長江下游考古地理》，上海：復旦大學出版社，二〇〇五版。

顧頡剛：《中國上古史研究講義》，北京：中華書店，二〇〇二年版。

顧炎武（清）：《日知錄．原姓篇》上海古籍出版社，二〇〇六年版

郭仁成：《尚書今古文全璧》，長沙：嶽麓書社，二〇〇六年版

胡新生：《中國古代巫術》，山東：山東人民出版社，一九九八年版

黃懷信主撰，孔德立，周海生參撰：《大戴禮記匯校集注》（上下冊），西安：三秦出版社，二〇〇四年版

黃壽祺，張善文撰：《周易譯注》，上海：上海古籍出版社，二〇〇四年版

金景芳，呂紹綱，呂文郁：《孔子新傳》，長春：長春出版社，二〇〇六年版

孔祥林：《圖說孔子》，濟南：山東友誼出版社，二〇〇六年版

（清）李道平：《周易集解纂疏》，北京：中華書局，一九九四年版

李零：《〈孫子〉十三篇綜合研究》，中華書局，二〇〇六年版

李零：《郭店楚簡校讀記（增訂本）》，北京：中國人民大學出版社，二〇〇七年版

李零：《簡帛古書與學術源流》（修訂本），北京：三聯書店，二〇〇八年版

李零：《去聖乃得真孔子：〈論語〉縱橫讀》，北京：三聯書店，二〇〇八年版

李零：《喪家狗——我讀〈論語〉》，太原：山西出版集團山西人民出版社，二〇〇七年版

李啟謙：《孔門弟子研究》，濟南：齊魯書社出版社，一九八七年版

李啟謙《孔子居衛之謎—兼談魯、衛文化之異同》，載《孔子與孔門弟子研究》，楊朝明、修建軍主編，濟南：齊魯書社，二〇〇四年版
李學勤，郭志坤：《中國古史尋證》，上海：上海科技教育出版社，二〇〇二年版
李學勤：《簡帛佚籍與學術史》，江西：江西教育出版社，二〇〇一年版
李澤厚：《論語今讀》，北京：三聯書店，二〇〇四年版
（清）劉寶楠撰；高流水點校：《論語正義》（全二冊），北京：中華書局，一九九〇年版
劉大白：《白屋文話》，世界書局，一九二九年版
劉大鈞：《今、帛、竹書〈周易〉綜考》，上海：上海古籍出版社，二〇〇四年版
劉小龍：《老子原解》，北京：新星出版社，二〇〇六年版
劉玉建：《周易正義》導讀，濟南：齊魯書社，二〇〇五年版
劉雲等編：《中國箸文化史》，北京中華書局，二〇〇六年版
牟宗三：《周易哲學演講錄》，上海：華東師範大學出版社，二〇〇五年版
潘雨廷：《易學史叢論》，上海，上海古籍出版社，二〇〇七年版
祁潤興：《周易義理學》，上海：上海古籍出版社，二〇〇七年版
錢基博，《周易解題及其讀法》，臺灣：臺灣商務印書館，一九六八年版
錢穆：《孔子傳》，北京：三聯書店，二〇〇二年版
錢穆：《論語新解》，北京：三聯書店，二〇〇二年版
錢穆《先秦諸子繫年》，臺灣：臺灣商務印書館，二〇〇一年重版

任繼愈：《老子繹讀》，北京：北京圖書館出版社，二〇〇六年
任繼愈主編：《中國佛教史》，第三卷，北京：中國社會科學出版社，一九九七年重印一九八八年版
邵耀成：《孔子這個人與他所面對的問題》，北京：中國社會科學出版社，二〇〇九年版
邵耀成：《試論劉勰二層次的「創作論」》，載《古代文理論研究》，叢刊第五輯，上海籍出版社，一九八一年版
譚其驤：《中國歷史地圖集》（第一冊），北京中國地圖出版社出版，一九九六版（重印一九八二年版）
唐明邦：《周易評注》，北京：中華書局，二〇〇四年重印一九九五年版
汪玢玲：《中國婚姻史》，上海：上海人民出版社，二〇〇一年版
王緇塵講述，鎮海董文校訂：《論語（讀本）》，香港：廣智書局，出版日期不明
夏野：《中國古代音樂史簡編》，上海：上海音樂出版社，一九八九年版
許道勳，徐洪興：《中國經學史》，上海：上海人民出版社，二〇〇六年版
楊伯峻：《春秋左傳注》，中華書局，一九九〇年版
楊海峰等編著：《周口店北京人遺址》，北京：中國人事出版社，二〇〇四年版
楊樹達：《周易古義；老子古義》，上海：上海古籍出版社，二〇〇七年版
葉舒憲：《老子與神話》，西安：陝西人民出版社，二〇〇四年版
尹振環：《帛書老子再疏義》，北京：商務印書館，二〇〇七年版

魚易：《東周考古上的一個問題》，《文物》（一九五九年第八期，第六四頁）

張光直：《商文明》，遼寧：遼寧教育出版社，二〇〇二年版

張少康：《文心與書畫樂論》，北京大學出版社，二〇〇六年版

張頌之：《對現代孔子神話的反思》，載《孔子與孔門弟子研究》，楊朝明、修建軍主編，濟南：齊魯書社，二〇〇四年

（宋）鄭樵：《通志・氏族略》，浙江古籍，二〇〇七版

志村良治：《中國世語法史研究》江藍生、白維國譯，北京：中華書局，一九九五年版。

周國榮，《孔母「顏征在」考辨》，載《蘇州大學學報（哲學社會科學版）》一九九七年第二期

周一良，鄧廣銘，唐長孺，李學勤等編：《中國歷史通覽》，上海：東方出版社，一九九四年版

中譯外文書刊

本傑明・史華茲（美）著，程鋼譯，劉東校：《古代中國的思想世界》，南京：江蘇人民出版社，二〇〇四年版

成中英（美）：《易學本體論》（*Theory of Benti in the Philosophy of Yijing*），北京：北京大學出版社，二〇〇六年版。

茨維坦・托多洛夫（法）（Tzvetan Todorov），羅貝爾・勒格羅，貝爾納・福克魯爾（比）

著；魯京明譯：《個體在藝術中的誕生》（*La naissance de l'individu dans l'art*），北京：中國人民大學出版社，二〇〇七年版

郝大維（美）（David L. Hall），安樂哲（Roger T. Ames）著；何金俐譯：《通過孔子而思》（*Thinking Through Confucius*），北京：北京大學出版社，二〇〇五年版。

傑瑞米・布萊克（英）（Jeremy Black）著；張瀾譯：《地圖的歷史》（*Visions of the World*），太原：希望出版社，二〇〇六年版

克里希那穆提（印）（J. Krishnamurti）著；胡因夢譯：《世界在你心中》（*You are the World*），深圳：深圳報業集團出版社，二〇〇七年版

克洛德・列維—斯特勞斯（法）（Claude Levi-Strauss）著；張毅聲，張祖建，楊珊譯：《人類學講演集》，北京：中國人民大學出版社，二〇〇七年版。

路易士・亨利・摩爾根（美）（Lewis Henry Morgan）著；楊東蓴，馬雍，馬巨譯：《古代社會》，北京：中央編譯出版社，二〇〇七年版

呂迪格爾・薩弗蘭斯基（德）（Rudiger Safranski）著；靳希平譯：《來自德國的大師：海德格爾和他的時代》，北京：商務印書館，二〇〇七年版

亞當・弗格森（英）著；孫飛宇，田耕譯：《道德哲學原理》，上海：上海人民出版社，二〇〇五年版

英文書刊

"*Clash of the Cavemen,*" DVD, History Channel, 2008.

"*India,*"BBC DVD, 2007.

"*The Last Great Ape,*" an Episode of Nova, PBS DVD.

Assmann, Jan."Monotheism and Polytheism." in *Religions of the Ancient World*. Ed. Sarah I. Johnston. Cambridge, Mass: The Belknap Press of Harvard University Press, 2004.

Bremmer, Jan. "Ritual." in *Religions of the Ancient World*. Ed. Sarah I. Johnston. Cambridge, Mass: The Belknap Press of Harvard University Press, 2004.

Brookhiser, Richard. *Founding Father: Rediscovering George Washington*. N.Y.: Free Press Paperbacks, 2004.

Chin, Annping. *The Authentic Confucius: A Life of Thought and Politics*. New York: Scribner, 2007.

Davis, James C. *The Human Story: Our History, From the Stone Age to Today*. New York: Harper Collins Publishers. 2004.

de Waal, Frans and Frans Lanting. *Bonobo: The Forgotten Ape*. University of California Press, 1997.

Eliade, Mircea. *Shamanism: Archaic Tecbniques of Ecstasy*. Trans. from the French by Willard R. Trask. Arkana: Penguin Books, 1964.

Fingarette, Herbert. *Confucius — The Secular as Sacred*. N. Y. : Harper & Row, 1972.

Freud, Sigmund. *Civilization and Its Discontents*. Trans. from the German and ed. James Strachey. N. Y.: W.W. Norton & Company. Inc., 1962.

Gero, Joan M. and Margaret W.Conkey. *Engendering Archaeology: Women and Prehistory*. Oxford UK & Cambridge USA: Blackwell, 1991.

Graf, Fritz. *"Myth." In Religions of the Ancient World*. Ed. Sarah I. Johnston. Cambridge, Mass: The Belknap Press of Harvard University Press, 2004.

Haslett, Adam. *George Washington's Rules of Civility*. N.Y. ·· Akashic Books, 2004.

Hecht, Jeff. *"Chimps are human, gene study implies."* New Scientist 5/19/2003.

Heidegger, Martin. *Being and Time*（德文··*Sein Und Zeit*）. Trans. John Macquarrie and Edward Robinson. N.Y.: Harper & Row, 1962.

Hywel, Williams. *Cassell's Chronology of World History: Dates, Events and Ideas that Made History*. Weidenfeld & Nicolson: 2005,

Johnston, Sarah I., ed. "Myth and Sacred Narratives." in *Religions of the Ancient World*. Cambridge, Mass: The Belknap Press of Harvard University Press, 2004.

Johnston, Sarah I., ed. "Visual Representations." in *Religions of the Ancient World*. Cambridge, Mass: The Belknap Press of Harvard University Press, 2004.

Jung, C G. , et. al. *Man and His Symbols*. New York: Doubleday, 1964.

Kuper, Adam. *The Invention of Primitive Society: Transformation of an Illusion*. London and New York: Routledge, 1991.

Liu, James J. Y. *Chinese Theories of Literature*. The University of Chicago Press, 1975.

Maslow, Abraham H. *Religions, Values, and Peak-Experiences*. US: Kappa Delta Pi, 1964: rpt. 1994.

Masson, Jeffrey M. *The Evolution of Fatherhood*. N.Y.: Ballantine Books, 1999.

Miyoshi, Masao. *Accomplices of Silence: The Modern Japanese Novel*. Berkeley, Calif: University of California Press, 1974.

Needham, Joseph. *Science and Civilization in China: Mathematics and the Science of the Heavens and the Earth, Vol. III*. London: Cambridge University Press, 1958.

Needham, Joseph. *Science and Civilization in China: History of Scientific Thought, Vol. II*. London: Cambridge University Press, 1956.

Nicholi, Jr., Armand M. *The Question of God: G.S. Lewis and Sigmund Freud Debate God, Love, Sex, and the Meaning of Life*. N. Y.: The Free Press, 2002.

Owen Flanagan. *Varieties of Moral Personality: Ethics and Psychological Realism*. Cambridge: Harvard University Press, 1991

Shaughnessy, Edward L. "Western Zhou History." in *The Cambridge History of Ancient China: From the Origins of Civilization to 221 B.C.* Ed. Michael Loewe and Edward L. Shaughnessy. Cambridge: Cambridge University Press. 1999.

Skutch, Alexander F. *Moral Foundations: An Introduction to Ethics*. Mount Jackson: Axios Press, 2007

Temple, Robert. *The Genius of China*. Forwarded by Joseph Needham. Rochester, Vermont: Inner Traditions, 1986. Rev. ed., 2007.

Tu Wei-ming. *Thought: Selfhood As Creative Transformation*. N. Y.: State University of New York Press, 1985.

Waley, Arthur. "Leibniz and Fu His." in *Bulletin of the London School of Oriental and African Studies*, 1921, 2, 165.

Wilhelm, Richard, trans. *The Secret of the Golden Flower — A Chinese Book of Life*. With a Commentary by C. G. Jung. Translated into English by Solome Wilhelm. N. Y.: Harvest Book, 1931. Rpt. 1962.

Wilson, Edward O. *On Human Nature*. Cambridge: Harvard University Press, 1978; rpt. 2004.

Wilson, Edward O. *Sociobiology: The New Synthesis*, *Twenty Fifth Anniversary Edition.* The Belknap of Harvard University Press, 1975. Rpt. 2000.

Wilson, Edward O. *The Insect Society*. The Belknap of Harvard University Press, 1971.

Wood, Michael. *India*. New York: Basic Books（Perseus Book）, 2007.

後記

在我小的時候，大姊從香港去了臺大念醫科。每趟春節與暑假回來，總會攜帶回來一大堆文藝小說、世界名著翻譯、古典音樂LP唱片，因而給了我一個機會能接觸到人文學科。後來，我自己也買了一大堆「文星書店」出版的書籍，接觸了一些新思潮，一心以為一個新文化運動要在臺灣開始了。就是因為這個不太正規的、遠端的人文文化的培養與薰陶，使我有勇氣日後從數學系跳進人文學科中去。為了紀念這個已記不得太清楚，可是也忘不了的時光，我把這本書獻給我的大姊邵蓮君醫生。

臺灣是中國文化中第一個實現了民主和言論自由的地方。我從小就對民主和言論自由有一個幻想，認為有了它們，一個社會的文化就會呈現「質」的突變，更生文化的新思想就會湧現。我確信雅典的黃金時代起源於它言論開放自由的環境。那麼，有了它的臺灣，是否也能夠構建一個雅典時代呢？如果我們能在臺北的廣場遇到蘇格拉底；在臺北科學院聽到阿基米德（Archimedes）的演講；在臺北的劇院看到現代泰斯庇斯（Thespis）作品的表演，那是多美妙的啊！這是我對臺灣的期待：一個嶄新的中國文化能因為民主與自由而誕生成功。

今年的四月，在臺灣停留了十天，有機會看到兩本備受關注的書：一本是野夫先生的《江上的母親》；一本是龍應台女士的《大江大海一九四九》。這兩本書使我們重溫中國人過去的苦難；明白：沒有上一代的苦難與犧牲，可能不會有我們今天的安定與繁華。在回到北京不到一周的時間內，就看到一則新聞，中國已立法不允許公安局濫用私刑，虐待被拘禁者。之後，發生了商丘一位趙先生十一年前的冤獄，當年他是在酷毒的刑求下承認殺人罪的。造成這個冤獄的法官與刑警很快都受到處分，趙先生也得到了一份賠償。似乎，兩岸間有一種共鳴性的互動；在這岸的道德之聲，在彼岸還是能聽得到的。

很榮幸，因為余英時先生的介紹，這本書有了金耀基先生的序言。金先生在我很小的時候就是香港文化界的大名人，當我十八歲在《人物與思想》寫稿的時候，主編許冠三先生就想把我介紹和他認識。現在也忘記了什麼原因，當時沒有實現。想不到多年之後，還是有一份緣，彼此聯絡上了。臺灣商務印書館的方鵬程先生和葉幗英女士寶貴的提議，使我重新把原書的思路冥想了一遍。在經過二三個月頭的焦思之後，希望在新書中因而有一個更清晰的思路。作者在簽書稿合約時，漫不經心地向印書館提出了一個定稿時間；結果，在進行時，才感到時日苦短的壓力。還好，為我打字、核稿、查資料的兩位熊小姐：熊海靜與熊婕，能吃苦耐勞，總算沒讓作者食言。最後，我必須感謝我從前的學生，後來的好朋友，陳瑞山先生為我牽線，把我介紹到臺灣來與讀者見面。而且，在我最近一次赴臺訪遊時，他與他夫人李美玲女士熱誠的招待，不但溫暖，而且讓我對臺灣的政、經、文化有一個初始性的認識。瑞山先生更為我們做終稿英文方面的校正，他是英文教授，對文法風格的錯誤有一雙敏銳的眼睛，有他幫助，實是我們的幸運。

我也要謝謝臺灣商務印書館徐平先生對審稿與書的設計作出的努力，深為感激。

孔子這個人

作者◆邵耀成
發行人◆王學哲
總編輯◆方鵬程
主編◆葉幗英
責任編輯◆徐平
校對◆陳圓
美術設計◆吳郁婷

出版發行：臺灣商務印書館股份有限公司
台北市重慶南路一段三十七號
電話：(02)2371-3712
讀者服務專線：0800056196
郵撥：0000165-1
網路書店：www.cptw.com.tw
E-mail：ecptw@cptw.com.tw
網址：www.cptw.com.tw

局版北市業字第 993 號
初版一刷：2010 年 11 月
定價：新台幣 420 元
行政院新聞局局版臺陸字第 101309 號

ISBN 978-957-05-2540-3

孔子這個人／邵耀成著．--初版．-- 臺北市：
臺灣商務, 2010. 11
面： 公分

ISBN 978-957-05-2540-3(平裝)

1.（周）孔丘 2.學術思想 3.傳記

121.23 99018097

讀者回函卡

感謝您對本館的支持，為加強對您的服務，請填妥此卡，免付郵資寄回，可隨時收到本館最新出版訊息，及享受各種優惠。

■ 姓名：________________ 性別：□ 男 □ 女

■ 出生日期：________年________月________日

■ 職業：□學生 □公務(含軍警) □家管 □服務 □金融 □製造 □資訊 □大眾傳播 □自由業 □農漁牧 □退休 □其他

■ 學歷：□高中以下（含高中）□大專 □研究所（含以上）

■ 地址：

____

____

■ 電話：(H) ________________ (O) ________________

■ E-mail：________________________________

■ 購買書名：________________________________

■ 您從何處得知本書？

□網路 □DM廣告 □報紙廣告 □報紙專欄 □傳單

□書店 □親友介紹 □電視廣播 □雜誌廣告 □其他

■ 您喜歡閱讀哪一類別的書籍？

□哲學・宗教 □藝術・心靈 □人文・科普 □商業・投資

□社會・文化 □親子・學習 □生活・休閒 □醫學・養生

□文學・小說 □歷史・傳記

■ 您對本書的意見？（A/滿意 B/尚可 C/須改進）

內容________ 編輯________ 校對________ 翻譯________

封面設計________ 價格________ 其他________

■ 您的建議：________________________________

____

※ 歡迎您隨時至本館網路書店發表書評及留下任何意見

臺灣商務印書館 The Commercial Press, Ltd.

台北市100重慶南路一段三十七號 電話：(02)23115538

讀者服務專線：0800056196 傳真：(02)23710274

郵撥：0000165-1號 E-mail：ecptw@cptw.com.tw

網路書店網址：www.cptw.com.tw 部落格：http://blog.yam.com/ecptw

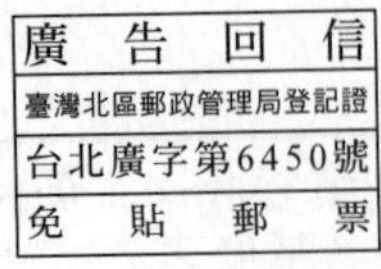

100台北市重慶南路一段37號

臺灣商務印書館 收

傳統現代 並翼而翔

Flying with the wings of tradtion and modernity.